William MacAskill

Was wir der Zukunft schulden

William MacAskill

WAS WIR DER ZUKUNFT SCHULDEN

Warum wir jetzt darüber entscheiden,
ob wir die nächste Million Jahre positiv beeinflussen –
New-York-Times-Bestseller

Aus dem Englischen
von Jürgen Neubauer

Siedler

Die Originalausgabe erschien 2022
unter dem Titel *What We Owe the Future*
bei Basic Books (Hachette Book Group, New York).

MIX
Papier | Fördert gute Waldnutzung
FSC® C014496

Penguin Random House Verlagsgruppe FSC® N001967

1. Auflage

in der Penguin Random House Verlagsgruppe GmbH,
Neumarkter Straße 28, 81673 München
Redaktion: Fabian Bergmann
Umschlaggestaltung: total italic/Thierry Wijnberg
Satz: Uhl + Massopust, Aalen
Druck und Bindung: GGP Media GmbH, Pößneck
Printed in Germany
ISBN 978-3-8275-0179-0

www.siedler-verlag.de

Meinen Eltern Mair und Robin
und deren Eltern Ena und Tom
und Daphne und Frank und …

Inhalt

Teil I – Langfristig denken

Teil II – Kurskorrekturen

Teil III – Der Erhalt der Zivilisation

Teil IV – Kommt das Ende der Welt?

Teil V – Handeln

Anhang

TEIL I

Langfristig denken

Einleitung

Stellen Sie sich vor, Sie leben das Leben jedes einzelnen Menschen, der jemals geboren wurde, und zwar nacheinander und in der Reihenfolge der Geburt.[1] Ihr Leben beginnt vor rund 300 000 Jahren in Afrika.[2] Nachdem Sie am Ende dieses Lebens angelangt und gestorben sind, springen Sie in der Zeit zurück und werden als der zweite Mensch wiedergeboren, der kurz nach dem ersten zur Welt gekommen ist. Sobald Sie als dieser zweite Mensch gestorben sind, werden Sie als der dritte wiedergeboren, dann als der vierte und so weiter. Gut 100 Milliarden[3] Leben später kommen Sie als der zuletzt geborene Mensch zur Welt. Ihr »Leben« ist also ein Nacheinander all dieser Leben.

Dabei lernen Sie die Geschichte ganz anders kennen, als sie in den meisten Geschichtsbüchern dargestellt wird. Berühmte Persönlichkeiten wie Kleopatra oder Napoleon nehmen nur einen winzigen Bruchteil Ihres Daseins ein. Der allergrößte Teil besteht aus den Leben ganz normaler Menschen und ihrer Alltagswirklichkeit – essen, arbeiten, gesellig sein, sich freuen, sich sorgen und beten.

Insgesamt kommen Sie so auf fast 4 Billionen Lebensjahre. Ein Zehntel dieser Zeit sind Sie Wildbeuter und 60 Prozent Bauer.[4] Sie verbringen 20 Prozent Ihres Lebens mit Kindererziehung, 20 Prozent auf dem Acker und fast 2 Prozent mit religiösen Ritualen. Etwas mehr als 1 Prozent Ihrer Lebenszeit sind Sie an Malaria oder Pocken erkrankt. Sie haben 1,5 Milliarden Jahre lang Sex, und der Zeitraum, in dem Sie gerade ein Kind zur Welt bringen, dauert 250 Millionen Jahre. Außerdem trinken Sie 44 Billionen Tassen Kaffee.[5]

Sie lernen Grausamkeit und Güte von beiden Seiten kennen. Als Eroberer besetzen Sie Länder, und als Eroberte verlieren Sie Ihr Land. Sie spüren die Wut der Täter und das Leid der Opfer. Rund 10 Prozent Ihres Lebens halten Sie Sklaven, und etwa genauso lang sind Sie selbst versklavt.[6]

Aus erster Hand erleben Sie dabei, wie außergewöhnlich unser modernes Zeitalter ist. Aufgrund des dramatischen Bevölkerungswachstums findet ein Drittel Ihres Lebens in der Zeit nach dem Jahr 1200 statt und ein Viertel nach 1750. Ab diesem Zeitpunkt verändern sich Technik und Gesellschaft so schnell wie nie zuvor. Sie erfinden die Dampfmaschine, die Fabrik und den elektrischen Strom. Sie erleben die wissenschaftliche Revolution, die blutigsten Kriege der Geschichte[7] und Umweltzerstörung in gewaltigem Ausmaß. Jedes Ihrer Leben wird immer länger, und Sie genießen einen Luxus, wie Sie ihn nicht einmal in Ihren früheren Leben als Königinnen und Kaiser kannten. 150 Jahre verbringen Sie im Weltall, und eine ganze Woche lang gehen Sie auf dem Mond spazieren. 15 Prozent Ihrer Lebenszeit entfallen auf Menschen, die heute noch am Leben sind.[8]

So sieht also Ihr bisheriges Leben aus, von der Geburt des *Homo sapiens* bis heute. Und nun stellen Sie sich weiter vor, dass Sie auch alle zukünftigen Leben erleben. Dann würde Ihr Leben gerade erst am Anfang stehen. Selbst wenn die Menschheit dieselbe Lebenserwartung hätte wie eine durchschnittliche Säugetierart (eine Million Jahre) und selbst wenn die Weltbevölkerung auf ein Zehntel ihrer heutigen Größe schrumpfen würde, hätten Sie jetzt noch 99,5 Prozent Ihres Lebens vor sich.[9] Wenn man das auf eine normale menschliche Lebensspanne übertragen würde, wären Sie jetzt gerade einmal fünf Monate alt. Und falls die Menschheit länger überleben sollte als die übrigen Säugetierarten, falls sie viele Hundert Millionen Jahre überdauert, bis die Erde nicht mehr bewohnbar ist, oder sogar zig Billionen Jahre, bis der letzte Stern verglüht, dann wären Ihre bisherigen vier Billionen Lebensjahre nicht mehr als ein erstes Blinzeln nach der Geburt.[10] Die Zukunft ist groß.

Wenn Sie wüssten, dass Sie diese vielen künftigen Leben wirklich noch leben würden, was täten Sie in der Gegenwart? Wie viel Kohlendioxid würden Sie in die Atmosphäre pusten? Wie viel würden Sie in Forschung und Bildung investieren? Wie gewissenhaft würden Sie mit neuer Technik umgehen, die Ihnen die Zukunft kaputt machen könnte? Wie viel Aufmerksamkeit würden Sie den langfristigen Folgen Ihres heutigen Verhaltens schenken?

Ich stelle Ihnen dieses Gedankenexperiment vor, weil Moral in erster Linie darauf basiert, dass wir uns in die Lage anderer Menschen hineinversetzen und ihre Interessen so behandeln, als wären es unsere eigenen. Wenn wir das auf die menschliche Geschichte übertragen, dann rückt die Zukunft in den Vordergrund, denn dort leben die meisten Menschen, und somit liegt dort auch fast das gesamte Potenzial für Freude und Leid.

In diesem Buch geht es um *langfristiges Denken*: den Gedanken, dass es die oberste moralische Priorität unserer Zeit ist, positiven Einfluss auf die Zukunft zu nehmen. Das langfristige Denken nimmt die Tatsache ernst, dass die Zukunft sehr groß sein kann und bei ihrer Gestaltung sehr viel auf dem Spiel steht. So seltsam das klingen mag: Wenn die Menschheit auch nur einen Bruchteil ihrer möglichen Lebenserwartung erreicht, dann sind wir ihre Urahnen: Wir leben ganz am Anfang der Geschichte, in der fernen Vergangenheit. Was wir heute tun, hat Einfluss auf unzählige künftige Menschenleben. Wir müssen also weise handeln.

In der neueren Philosophie gibt es eine ganze Denkschule, die sich mit dem langfristigen Denken beschäftigt: der *Longtermism*. Ich habe lange gebraucht, um mich damit anzufreunden. Es ist ein abstraktes Ideal und betrifft Generationen von Menschen, denen wir nie persönlich begegnen werden, weshalb es uns nicht mit derselben Intensität motivieren kann wie greifbare Probleme. Als Schüler habe ich Freiwilligenarbeit in Einrichtungen für Senioren und behinderte Menschen geleistet. Als Student hat mich die Armut in der Welt beschäftigt, und ich habe in einer Rehastation für Opfer von Kinderlähmung in Äthiopien gearbeitet. Als Doktorand habe ich überlegt, wie Menschen einander wirkungsvoller helfen können, und beschlossen, mindestens 10 Prozent meines Einkommens für gemeinnützige Einrichtungen zu spenden. Außerdem bin ich Mitgründer der Organisation Giving What We Can, die es Menschen ermöglicht, anderen auf genau diese Weise zu helfen.[11]

Die Wirkung dieser Aktivitäten war mit Händen greifbar. Doch der Gedanke, etwas zu tun, was unbekannten Menschen in der fernen Zukunft zugutekommt, ließ mich anfangs kalt. Als mir ein Kollege den Longtermism nahebringen wollte, reagierte ich spontan ablehnend. Es gibt genug wirkliche Probleme für wirkliche Menschen, dachte ich: Armut, fehlende Bildungsmöglichkeiten, ein Tod durch leicht vermeidbare Krankheiten. Darum sollten wir uns kümmern, sagte ich mir. Spekulationen über Dinge, die in der Zukunft eine Rolle spielen könnten oder eben auch nicht, lenken nur davon ab, die sind wie Science-Fiction.

Doch die Argumente für das langfristige Denken beschäftigten mich weiter. Sie gingen von einfachen Überlegungen aus: Künftige Menschen zählen aus moralischer Sicht genauso viel wie die heute lebenden; ihre Zahl könnte riesengroß und ihr Leben außergewöhnlich gut oder außergewöhnlich schlecht sein; und wir haben heute großen Einfluss auf die Welt, in der sie einmal leben werden.

Die entscheidende Frage war ganz praktischer Natur: Selbst wenn wir uns Gedanken um die Zukunft machen, was können wir denn konkret tun? Doch je mehr ich darüber erfuhr, welche wegweisenden Ereignisse in naher Zukunft eintreten könnten, umso ernster nahm ich den Gedanken, dass wir uns womöglich auf einen entscheidenden Moment der menschlichen Geschichte zubewegen. Die technische Entwicklung schafft neue Gefahren, eröffnet aber auch neue Möglichkeiten für die Menschheit, und es geht um nicht weniger als das Leben zukünftiger Generationen.

Inzwischen bin ich davon überzeugt, dass das langfristige Schicksal der Menschheit zum Teil von den Entscheidungen abhängig ist, die wir heute treffen. Die Zukunft könnte ganz großartig sein: Wir könnten eine blühende und stabile Gesellschaft aufbauen, in der alle Menschen ein besseres Leben haben als wir heute. Genauso gut könnte die Zukunft aber auch voller Leid sein und von Tyrannen beherrscht werden, die ihre Ideologie mittels Überwachungstechnik und Künstlicher Intelligenz für alle Zeiten zementieren – oder wir könnten sogar gleich von Künstlichen Intelligenzen beherrscht werden, die die Macht an sich reißen, statt zum Wohl der Menschen beizutragen. Oder vielleicht hat die Menschheit auch überhaupt keine Zukunft, vielleicht löschen wir uns mit biologischen Waffen aus oder entfesseln einen Atomkrieg, der die gesamte Zivilisation in den Abgrund reißt.

Andererseits können wir einiges tun, um die Zukunft in bessere Bahnen zu lenken. Eine wunderbare Zukunft wird wahrscheinlicher, wenn wir die Leitwerte unserer Gesellschaften korrigieren und die Entwicklung der Künstlichen Intelligenz sorgfältig steuern. Wir können dafür sorgen, dass die Menschheit überhaupt eine Zukunft hat, indem wir den Bau und Einsatz neuer Massenvernichtungswaffen verhindern und den Frieden zwischen den Großmächten der Welt sichern. Das sind große Aufgaben, und wie wir sie angehen, hat weitreichende Folgen.

Also habe ich meine Prioritäten überdacht. Auch wenn mir noch nicht klar war, was langfristiges Denken genau bedeutet, habe ich den Schwerpunkt meiner wissenschaftlichen Arbeit verschoben und zwei Organisationen gegründet, die sich der Erforschung dieser Fragen widmen: das Global Priorities Institute an der Universität Oxford und die Stiftung Forethought Foundation. Ausgehend von meinen Erkenntnissen und Erfahrungen, versuche ich in diesem Buch, die Argumente für das langfristige Denken so darzustellen, wie sie mich selbst vor einem Jahrzehnt überzeugt hätten.

Auf den folgenden Seiten verwende ich drei wiederkehrende Metaphern. Die erste ist das Bild der Menschheit als leichtsinnige Jugendliche. Als Teenager haben wir den größten Teil unseres Lebens noch vor uns, doch die Entscheidungen, die wir in diesem Alter treffen, prägen möglicherweise unser gesamtes restliches Dasein. Bei der Wahl einer Ausbildung und eines Berufs und bei der Abwägung von Risiken, sollten wir uns nicht am kurzfristigen Kick orientieren, sondern auch daran, dass wir unser Leben noch vor uns haben.

Die zweite Metapher ist das Bild der Geschichte als geschmolzenes Glas. Die heutige Gesellschaft ist noch geschmeidig und lässt sich in viele Formen bringen. Aber irgendwann kühlt das Glas ab und wird immer zäher, bis es sich gar nicht mehr gestalten lässt. Dann kann das Resultat schön oder missraten sein, oder das Glas könnte auch einfach zerbrechen. Es hängt alles davon an, was wir mit ihm anstellen, solange es noch heiß ist.

Die dritte Metapher vergleicht den Weg in die langfristige Zukunft der Menschheit mit einer gefahrvollen Expedition ins Unbekannte. Wenn wir heute versuchen, eine bessere Zukunft zu gestalten, dann wissen wir nicht genau, welche Gefahren auf uns zukommen werden oder wohin die Reise überhaupt geht – trotzdem können wir uns auf sie vorbereiten: die vor uns liegende Landschaft erkunden, sicherstellen, dass die Expedition gut ausgerüstet und geplant ist, und uns gegen die Gefahren wappnen, die wir schon heute absehen können.

Dieses Buch nimmt sich einiges vor. Ich plädiere nicht nur für das langfristige Denken, sondern mache mir auch Gedanken, was das genau bedeutet. Dazu stütze ich mich auf ein ganzes Team von Beratern und Forschungsassistenten. Wo immer ich mich über mein Spezialgebiet, die Moralphilosophie, hinauswage, habe ich mich von Anfang bis Ende von Fachleuten beraten lassen. Daher ist es im Grunde gar nicht »mein« Buch, sondern eine Mannschaftsleistung – das Ergebnis einer zehnjährigen Vollzeitbeschäftigung, bei der fast zwei Jahre auf die Überprüfung von Fakten entfielen.

Für diejenigen, die sich eingehender mit den hier behandelten Themen beschäftigen wollen, habe ich auf der Webseite www.whatweowethefuture.com weiterführendes Material zusammengestellt, darunter auch die Forschungsberichte, die ich im Rahmen meiner Recherche in Auftrag gegeben hatte. Doch so umfangreich diese Arbeit war, glaube ich dennoch, dass wir gerade mal an der Oberfläche des langfristigen Denkens gekratzt haben und es noch sehr viel zu lernen gibt.

Wenn ich richtigliege, tragen wir eine große Verantwortung. Im Vergleich zu all den Menschen, die nach uns kommen werden, sind wir nur eine winzige Minderheit. Und doch haben wir die gesamte Zukunft der Menschheit in der Hand. Die Ethik hat es nur selten mit derartigen Maßstäben zu tun. Wir benötigen eine moralische Weltsicht, die sich darüber im Klaren ist, was auf dem Spiel steht.

Wenn wir weise Entscheidungen treffen, können wir unseren Beitrag dazu leisten, die Menschheit auf den richtigen Kurs zu führen. Dann werden unsere Ururenkel auf uns zurückblicken und uns danken, weil sie wissen, dass wir alles in unserer Macht Stehende getan haben, um ihnen eine gerechte und schöne Welt zu hinterlassen.

KAPITEL 1
Ein Plädoyer für langfristiges Denken

Die schweigenden Milliarden

Künftige Menschen zählen. Es wird möglicherweise sehr viele von ihnen geben. Und wir können einen Beitrag dazu leisten, dass sie gut leben.

Das ist in aller Kürze das Plädoyer für langfristiges Denken. Die Prämissen sind einfach und nicht besonders strittig. Doch wenn wir sie ernst nehmen, wäre das nicht weniger als eine moralische Revolution – mit weitreichenden Folgen für das Denken und Handeln von Aktivisten, Forscherinnen, Politikern, uns allen.

Künftige Menschen zählen, doch wir rechnen sie nur selten mit ein. Sie können nicht wählen und haben keine Lobby, deshalb haben Politiker keinen Anreiz, sie mit einzubeziehen. Ebenso wenig sind sie auf dem Markt anzutreffen, und deshalb können sie auch nicht mit uns verhandeln. Und sie sind nicht in der Lage, ihren Interessen Gehör zu verschaffen: Sie können nicht twittern, keine Zeitungsartikel schreiben und nicht auf die Straße gehen. Sie sind rechtlos.

Soziale Bewegungen der Vergangenheit, zum Beispiel die Bürgerrechts- oder die Frauenbewegung, hatten das Ziel, benachteiligten Gruppen innerhalb der Gesellschaft zu mehr Anerkennung und Einfluss zu verhelfen. Das langfristige Denken weitet diese Ideale aus. Zwar können wir künftigen Menschen keine echte politische Mitsprache geben, doch sie zumindest mitdenken. Wenn wir die

Tyrannei der Gegenwart über die Zukunft überwinden, können wir Treuhänder werden und zum Aufbau einer blühenden Welt für künftige Generationen beitragen. Das ist von größter Bedeutung. Lassen Sie mich erklären, warum.

Künftige Menschen zählen

Dass künftige Menschen zählen, ist eigentlich selbstverständlich. Künftige Menschen sind schließlich Menschen. Sie werden auf dieser Erde leben. Sie haben Hoffnungen und Ängste, Freuden und Sorgen, genau wie wir. Der einzige Unterschied ist, dass sie *noch* nicht da sind.

Um zu verstehen, warum es tatsächlich selbstverständlich ist, sie mit zu berücksichtigen, stellen Sie sich vor, dass Ihnen während einer Wanderung eine Glasflasche herunterfällt und zerbricht. Wenn Sie die Scherben nicht aufsammeln, könnte sich später ein Kind daran verletzen.[1] Spielt es bei Ihrer Entscheidung, die Scherben einzusammeln oder nicht, eine Rolle, *wann* sich dieses Kind verletzen wird? Spielt es eine Rolle, ob es in einer Woche, einem Jahrzehnt oder einem Jahrhundert passiert? Nein. Leid ist Leid, egal wann.

Oder nehmen wir an, eine Seuche bedroht eine Stadt und könnte Tausende das Leben kosten. Sie haben es in der Hand, sie aufzuhalten. Müssen Sie dazu wissen, wann die Seuche ausbricht? Ist das wichtig? Nein. Den drohenden Schaden abzuwenden und Leid und Tod zu vermeiden, sind an sich wichtige Anliegen.

Das trifft auch auf die schönen Dinge des Lebens zu. Denken Sie an etwas, das Ihnen Freude bereitet, vielleicht Musik oder Sport. Und nun stellen Sie sich andere vor, denen das genauso viel bedeutet wie Ihnen. Hat die Freude dieser Menschen weniger Bedeutung, wenn sie in der Zukunft leben? Nehmen wir an, Sie könnten ihnen

Tickets für ein Konzert ihrer Lieblingsband oder ein Spiel ihrer Fußballmannschaft schenken. Wenn Sie vor der Entscheidung stehen, ob Sie das Ticket kaufen und ihnen zuschicken, müssen Sie dann wissen, zu welcher Uhrzeit es ankommt?

Und nun stellen Sie sich auch noch vor, was Menschen in der Zukunft denken, wenn sie auf uns zurückblicken, während wir solche Fragen erörtern. Sie würden hören, wie einige von uns behaupten, dass künftige Menschen keine Bedeutung haben. Dabei sehen sie einander an und schauen sich in ihrem eigenen Leben um. Was ist anders? Was weniger wirklich? Welche Sichtweise in unserer Debatte würde ihnen offensichtlicher und aufgeklärter vorkommen? Welche kurzsichtiger und provinzieller?

Mit der zeitlichen Entfernung verhält es sich ganz ähnlich wie mit der räumlichen. Menschen zählen, auch wenn sie viele Tausend Kilometer entfernt leben. Und genauso zählen sie, wenn sie viele Tausend Jahre entfernt leben. In beiden Fällen ist es einfach, sie für unwirklich zu halten, nur weil sie weit weg sind, aber damit verwechseln wir die Grenzen unseres Horizonts mit den Grenzen der Welt. So wie die Welt nicht an unserer Haustür oder der Landesgrenze endet, so endet sie auch nicht mit der nächsten oder übernächsten Generation.

All das sagt uns der gesunde Menschenverstand. Ein Weisheitsspruch lautet: Eine Gesellschaft blüht auf, wenn alte Menschen Bäume pflanzen, in deren Schatten sie niemals sitzen werden.[2] Wenn wir radioaktiven Müll entsorgen, sagen wir schließlich auch nicht: »Was kümmert es mich, wenn das Zeug in ein paar Hundert Jahren jemanden vergiftet?« Und wer sich wegen des Klimawandels und der Umweltzerstörung Gedanken macht, tut dies auch nicht ausschließlich für die heute lebenden Menschen. Wir bauen Museen und legen Parks unter anderem deshalb an, weil wir hoffen, dass auch künftige Generationen noch ihre Freude daran haben werden; wir investieren in Bildungseinrichtungen und langfristige

Forschungsprogramme; wir erhalten Gemälde, Traditionen und Sprachen; wir schützen schöne Orte. In vielen Fällen unterscheiden wir nicht zwischen Anliegen für die Gegenwart und die Zukunft – es geht um beide.

Die Sorge für künftige Generationen gilt in verschiedenen geistigen Traditionen als Selbstverständlichkeit. Die *Gayanashagowa*, die jahrhundertealte mündliche Verfassung der Irokesenliga, des Bündnisses der fünf großen Irokesenstämme, formuliert das besonders eindringlich. Sie fordert die Oberhäupter der Irokesen auf, »nicht nur die heutigen, sondern auch die künftigen Generationen immer im Blick zu haben«.[3] Oren Lyons, das geistliche Oberhaupt der Onondaga und Seneca, spricht vom »Prinzip der siebten Generation«, wenn er sagt: »Wir treffen jede Entscheidung so, dass sie auch dem Wohl der siebten Generation zugutekommt, und fragen: Wird das der siebten Generation nutzen?«[4]

Doch wenn wir uns im Klaren darüber sind, dass künftige Menschen zählen, dann müssen wir uns fragen, wie stark wir ihre Interessen gewichten wollen. Gibt es Gründe, den heute lebenden Menschen größere Bedeutung beizumessen?

Ich glaube, ja, und zwar aus zwei Gründen. Erstens aufgrund unserer Voreingenommenheit. Wir haben eine besondere Beziehung zu vielen Menschen in der Gegenwart; Angehörige, Freunde und Mitbürger stehen uns näher als die Menschen der Zukunft. Es ist selbstverständlich, dass wir den Menschen, die uns persönlich am Herzen liegen, ganz besonderes Gewicht geben.

Der zweite Grund ist die Gegenseitigkeit. Wenn Sie nicht gerade Einsiedler sind, dann haben Sie im Laufe Ihres Lebens einen direkten Nutzen von den Handlungen vieler Menschen – Lehrer, Ladenbesitzer, Ingenieure, Steuerzahler und so weiter. Wenn uns jemand etwas Gutes tut, dann haben wir einen Anlass, es zu erwidern. Aber künftige Menschen können uns nicht in demselben Sinne etwas Gutes tun wie unsere Zeitgenossen.[5]

Besondere Beziehungen und Gegenseitigkeit sind also wichtige Kriterien. Doch sie ändern nichts an meiner Argumentation. Ich verlange gar nicht, dass wir die Interessen der heutigen und der künftigen Menschen immer und überall gleich gewichten müssen. Ich verlange nur, dass die künftigen ein spürbares Gewicht erhalten. Wenn wir uns mehr um unsere eigenen Kinder kümmern als um andere, bedeutet das schließlich auch nicht, dass wir alle anderen Kinder vergessen. Und wenn wir stärker für die Interessen unserer Zeitgenossen eintreten, bedeutet das folglich nicht, dass wir die Interessen unserer Nachkommen ignorieren.

Noch ein Beispiel. Stellen Sie sich vor, wir entdecken eines Tages Atlantis, eine gewaltige Zivilisation auf dem Meeresgrund. Wir werden uns bewusst, dass viele unserer Aktivitäten Auswirkungen auf das Leben der Bewohner von Atlantis haben. Wenn wir unseren Müll ins Meer kippen, vergiften wir sie, und wenn eines unserer Schiffe sinkt, verwenden sie es als Altmetall. Wir haben keine besondere Beziehung zu den Bewohnern von Atlantis, und wir schulden ihnen auch nichts für irgendetwas Gutes, das sie uns gebracht hätten. Trotzdem sollten wir uns ernsthaft darüber Gedanken machen, inwieweit sie von unseren Handlungen betroffen sind.

Die Zukunft der Menschheit ist wie Atlantis. Auch sie ist ein großes, unentdecktes Land.[6] Ob es aufblüht oder untergeht, hängt in erheblichem Maße davon ab, was wir heute tun.

Die Zukunft ist groß

Es sei noch einmal gesagt: Dass künftige Menschen zählen, ist selbstverständlich. Genau wie es aus moralischer Sicht selbstverständlich ist, dass eine große Zahl von Menschen zählt. Wenn Sie bei einem Hausbrand die Wahl haben, ein Menschenleben zu retten oder zehn, dann sollten sie die zehn retten. Wenn Sie 100 oder 1000 Kranke heilen können, sollten Sie 1000 heilen. Dieser Aspekt spielt deshalb eine Rolle, weil die Zahl der künftigen Menschen riesengroß sein könnte.

Sehen Sie sich dazu die Geschichte der Menschheit an. Angehörige der Gattung *Homo* gibt es seit über 2,5 Millionen Jahren.[7] Unsere Spezies *Homo sapiens* ist etwa 300 000 Jahre alt. Die Landwirtschaft kam vor etwa 12 000 Jahren auf, die ersten Städte wurden vor 6000 Jahren erbaut, die industrielle Revolution begann vor 250 Jahren, und die vielen Veränderungen, die die Menschheit seither erlebt hat – der Übergang vom Pferdefuhrwerk über das Auto zur Weltraumfahrt, vom Blutegel zur Organtransplantation, vom Abakus zum Supercomputer – erfolgte im Laufe von nur drei Lebensspannen.[8]

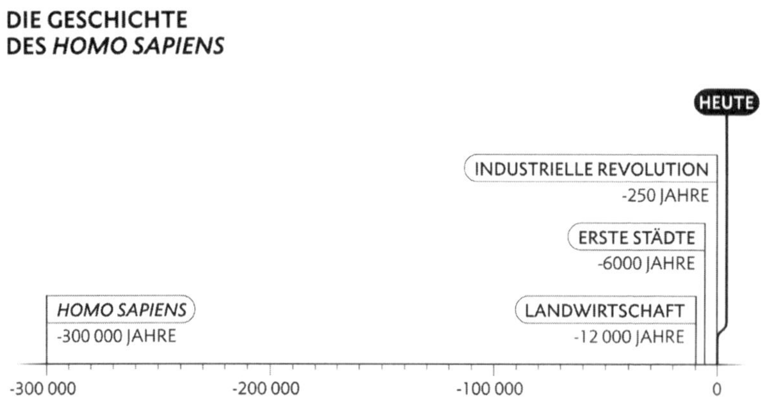

Grafik 1.1 Die Geschichte des Homo sapiens.

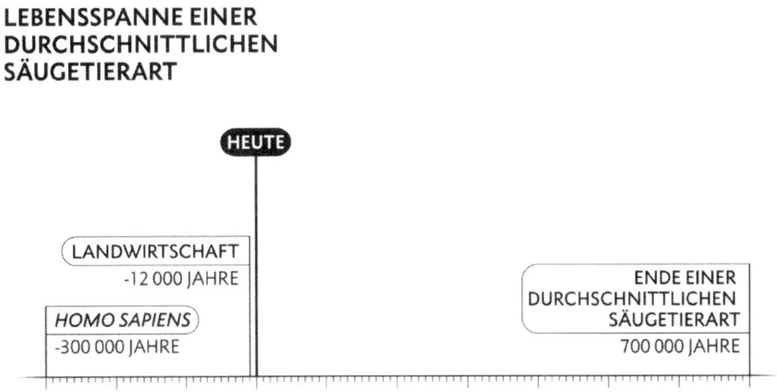

Grafik 1.2 Die potenzielle Zukunft der Zivilisation, wenn die Menschheit dieselbe Lebensspanne wie eine durchschnittliche Säugetierart hat.

Wie lange wird es unsere Spezies noch geben? Das wissen wir natürlich nicht. Aber wir können Schätzungen anstellen, bei denen wir unserer eigenen Ungewissheit Rechnung tragen, was die Ungewissheit, ob wir nicht unseren eigenen Untergang verursachen werden, mit einschließt.

Um die möglichen Dimensionen der Zukunft zu veranschaulichen, nehmen wir einmal an, dass wir uns so lange halten wie eine durchschnittliche Säugetierart – also etwa eine Million Jahre.[9] Nehmen wir weiter an, dass die Menschheit ihre aktuelle Größe beibehält. In diesem Fall würde es in Zukunft insgesamt noch 80 Billionen Menschen geben – 10 000-mal so viele, wie heute auf der Erde leben.

Natürlich kann die Zukunft ganz unterschiedliche Wege nehmen. Wenn wir unser eigenes Aussterben verschulden, dann könnten die Menschheit eine deutlich kürzere Lebensspanne haben als andere Säugetiere. Sie könnte aber auch sehr viel länger überleben. Im Gegensatz zu anderen Tieren haben wir hoch entwickelte Werkzeuge, mit denen wir uns an ganz unterschiedliche Umweltbedingungen anpassen können; mithilfe des abstrakten Denkens sind wir in der Lage, komplexe, langfristig angelegte Pläne zu fassen, um mit neuen Situationen umzugehen; und dank unserer gemeinsamen Kultur können wir in Gruppen zusammenleben, die Millionen Individuen umfassen. Mithilfe dieser Instrumente können wir etwas gegen die Gefahr des Aussterbens unternehmen – etwas, das andere Säugetiere nicht vermögen.[10]

Das hat Folgen für die Lebenserwartung der Menschheit. Die Zivilisation könnte eine sehr kurze Zukunft haben und nur noch ein paar Jahrhunderte bestehen. Die Zukunft könnte aber auch extrem lang sein. Die Erde selbst ist noch für viele Hundert Millionen Jahre bewohnbar. Wenn wir so lange überleben und die Weltbevölkerung in den kommenden Jahrhunderten konstant bleibt, dann könnten für die Zukunft auf jeden heute lebenden eine Million künftige Menschen kommen. Und wenn die Menschheit tatsächlich zu den Sternen aufbrechen sollte, werden die Dimensionen buchstäblich astronomisch. Die Sonne wird weitere 5 Milliarden Jahre lang scheinen, die letzten konventionellen Sterne werden in einer Billion

WIE LANGE BLEIBT DIE ERDE BEWOHNBAR?

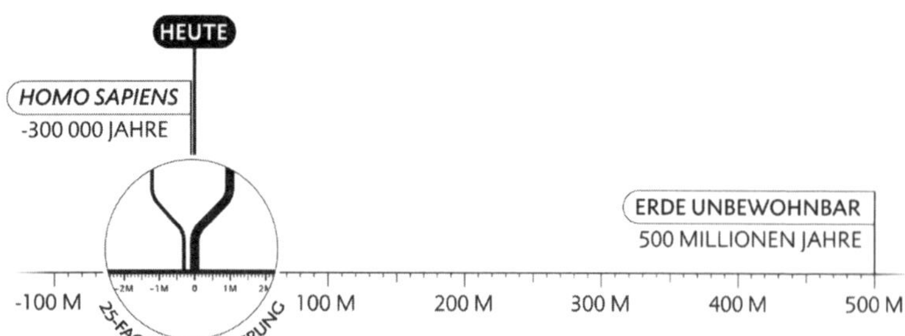

Grafik 1.3 Wie lange die Erde theoretisch bewohnbar ist, hängt von der zunehmenden Helligkeit der Sonne ab. Es herrscht beträchtliche Ungewissheit darüber, wie groß dieses Zeitfenster ist: Schätzungen reichen von 500 Millionen bis 1,3 Milliarden Jahren.

Jahre entstehen, und aufgrund eines kleinen, aber steten Stroms von Kollisionen zwischen braunen Zwergen wird es in einer Quintillion Jahre noch ein paar Sterne geben.[11]

Die Möglichkeit, dass unsere Zivilisation so lange Bestand hat, gäbe der Menschheit eine schier unvorstellbare Lebenserwartung. Bei einer 10-prozentigen Wahrscheinlichkeit, die kommenden 500 Millionen Jahre zu überleben, bis die Erde unbewohnbar würde, hätten wir eine Lebenserwartung von 50 Millionen Jahren; bei einer 1-prozentigen Wahrscheinlichkeit, bis zur Geburt der letzten Sterne zu überleben, hätten wir eine Lebenserwartung von über 10 Milliarden Jahren.[12]

Aber es geht nicht nur um die Lebenserwartung der Menschheit, sondern auch darum, wie viele Menschen es insgesamt geben wird. Daher müssen wir fragen: Wie viele Menschen werden zu einem beliebigen Zeitpunkt in der Zukunft am Leben sein?

Die Menschheit könnte künftig viel größer oder viel kleiner sein als heute. Wenn sie kleiner ist, dann kann sie höchstens um 8 Milliarden kleiner sein, denn so viele Menschen gibt es heute. Aber wenn sie größer ist, kann sie um ein Vielfaches größer sein. Heute leben bereits mehr als 1000-mal so viele Menschen wie zur Zeit der Jäger und Sammler. Wenn die Bevölkerungsdichte auf unserem Planeten so groß wäre wie die der Niederlande – ein Landwirtschaftsexportland –, dann würden 70 Milliarden Menschen gleichzeitig auf der Erde leben.[13] Das mag unrealistisch klingen, doch eine Weltbevölkerung von 8 Milliarden wäre prähistorischen Jägern und Sammlern oder einem der ersten Bauern sicherlich auch sehr unrealistisch vorgekommen.

Die Menschheit könnte noch einmal dramatisch wachsen, wenn wir eines Tages zu fernen Planeten aufbrechen sollten. Unsere Sonne produziert das Milliardenfache dessen an Energie, was hier auf der Erde ankommt, in unserer Galaxie gibt es zig Milliarden

Sonnen, und darüber hinaus stehen uns Milliarden von Galaxien offen.[14] Es könnte also durchaus sein, dass es in der fernen Zukunft deutlich mehr Menschen gibt als heute.

Wie viele? Genaue Schätzungen sind weder möglich noch nötig. Wie man es auch dreht und wendet, die Zahlen sind astronomisch.

Sehen Sie sich zur Veranschaulichung die folgende Grafik an. Jede Figur steht für 10 Milliarden Menschen. Bis heute haben rund 100 Milliarden Menschen auf der Erde gelebt. Diese früheren Menschen sind in der Grafik als zehn Figuren dargestellt. Heute leben 8 Milliarden Menschen auf der Erde, die ich auf zehn aufrunde und als eine Figur darstelle:

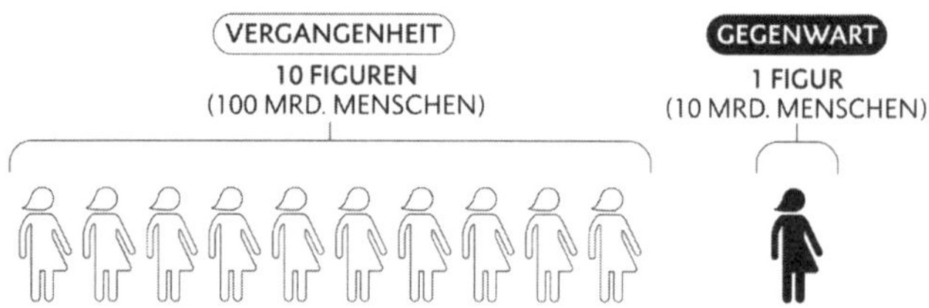

Aber nun zur Zukunft. Nehmen wir nur einmal an, die Erdbevölkerung bleibt konstant und die Menschheit hat noch 500 Millionen Jahre vor sich. Das sind die Menschen der Zukunft:

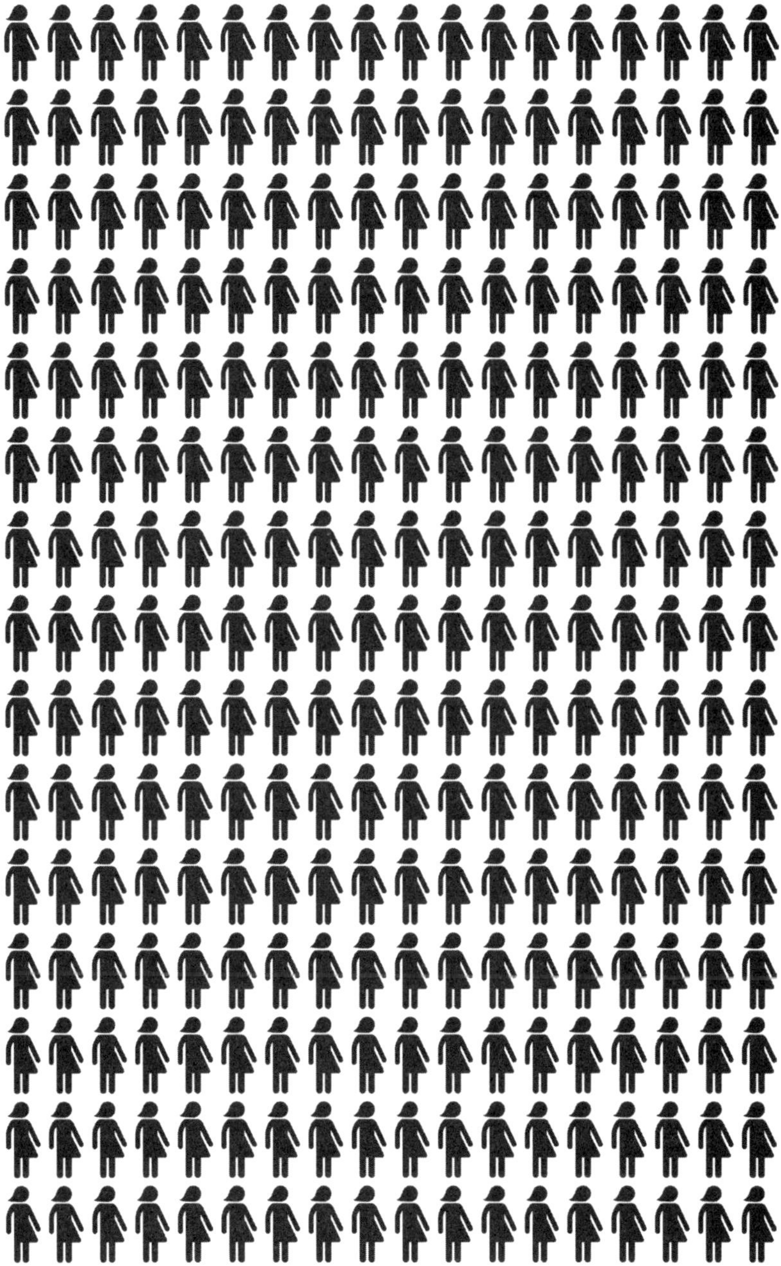

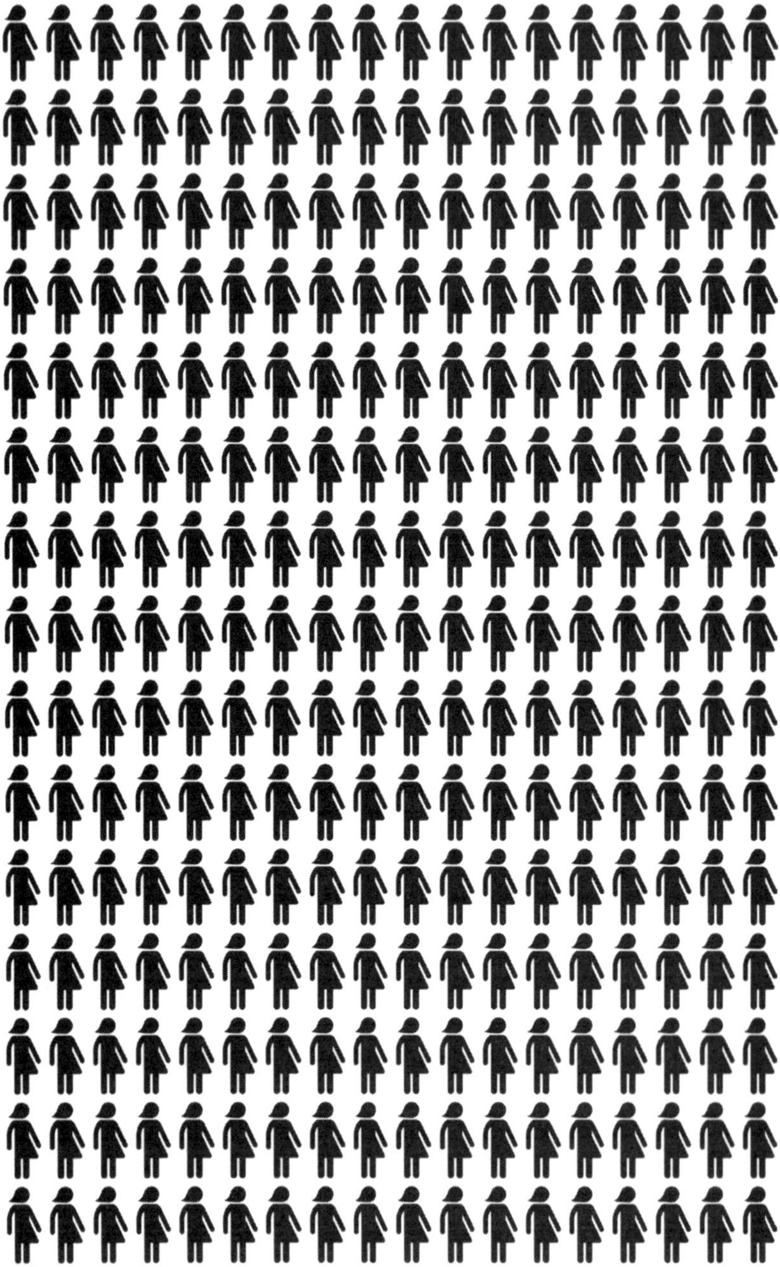

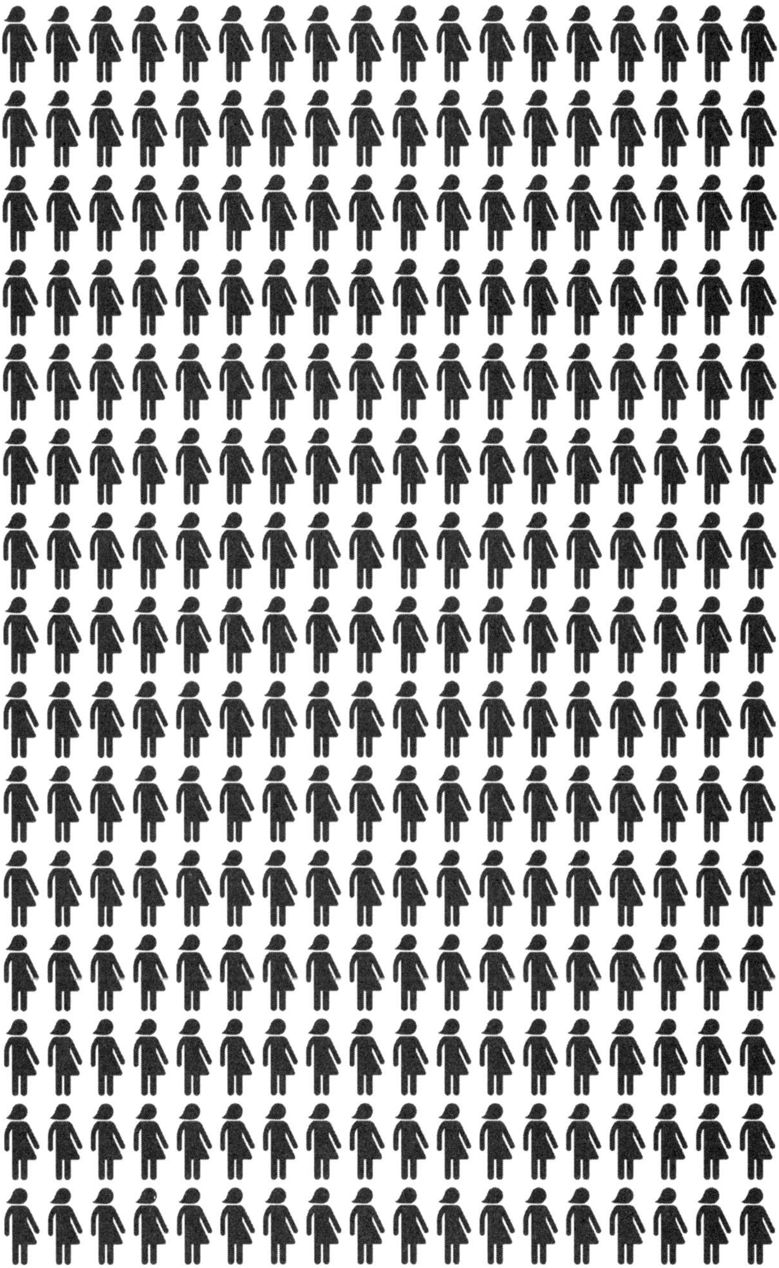

Wenn wir das bildlich vor uns sehen, wird uns allmählich klar, um wie viele Leben es hier geht. Und dabei habe ich die Darstellung noch zusammengefasst. Wenn ich alle Figuren hier abbilden wollte, dann müsste ich 20 000 Seiten füllen – fast 100-mal so viel, wie dieses Buch hat. Jede einzelne Figur steht für 10 Milliarden Leben, und jedes dieser Leben kann erfüllt oder elend sein.

In der Einleitung habe ich die Menschheit von heute mit leichtsinnigen Jugendlichen verglichen: Sie haben den größten Teil ihres Lebens noch vor sich, und die Entscheidungen, die dessen Rest betreffen, sind von kolossaler Bedeutung. Doch der Vergleich hinkt. Teenager können mehr oder weniger absehen, wie viele Jahre sie noch vor sich haben. Die Lebenserwartung der Menschheit können wir dagegen nicht abschätzen. Wir sind eher wie Jugendliche, die vielleicht in ein paar Monaten durch eigenes Verschulden zu Tode kommen, andernfalls aber noch ein paar Jahrtausende leben könnten. Wenn Sie in dieser Situation wären, würden Sie sich dann nicht ernsthaft über das lange Leben Gedanken machen, das Sie möglicherweise noch vor sich haben? Oder wäre Ihnen das egal?

Die Dimensionen sind wahrhaft schwindelerregend. Wenn wir im Alltag von »langfristigem Denken« sprechen, meinen wir meist nicht mehr als ein paar Jahre oder Jahrzehnte. Doch selbst wenn wir von einem niedrigen Schätzwert für die Lebenserwartung der

Menschheit ausgehen, wäre das so, als würden unsere Teenager nur an morgen, aber nicht an übermorgen denken.

Der Gedanke an die Zukunft der Menschheit mag uns überfordern – doch wenn uns wirklich etwas an künftigen Generationen liegt und wenn wir erkennen, dass es sich um Menschen aus Fleisch und Blut handelt, die genauso Freude und Leid empfinden wie wir, dann haben wir die Pflicht, uns zu überlegen, wie wir mit der Welt umgehen, in der sie leben werden.

Der Wert der Zukunft

Die Zukunft könnte immens sein. Sie könnte auch sehr gut sein – oder aber sehr schlecht.

Um eine Vorstellung davon zu bekommen, wie gut, sollten wir uns ansehen, welche Fortschritte die Menschheit in den vergangenen Jahrhunderten gemacht hat. Vor 200 Jahren betrug die durchschnittliche Lebenserwartung der Menschen weniger als dreißig Jahre; heute sind es 73.[15] Damals lebten mehr als 80 Prozent der Menschen in extremer Armut; heute sind es weniger als 10 Prozent.[16] Damals konnten nur rund 10 Prozent der Erwachsenen lesen, heute sind es 85 Prozent.[17]

Gemeinsam haben wir die Fähigkeit, diese positiven Entwicklungen fortzusetzen und etwas gegen negative Entwicklungen wie die massiven Treibhausemissionen und das Leid der Massentierhaltung zu unternehmen. Wir können eine Welt aufbauen, in der alle so leben wie heutzutage die zufriedensten Menschen in den reichsten Ländern – eine Welt, in der niemand unter Armut leidet, alle Zugang zu medizinischer Versorgung haben und möglichst nach ihrer eigenen Fasson glücklich werden.

Aber wir können noch mehr erreichen – viel mehr sogar. Das

Beste von heute sagt nichts darüber aus, was in Zukunft noch alles möglich sein könnte. Stellen Sie sich zum Beispiel vor, Sie kämen aus einer reichen Familie im England des Jahres 1700. Sie haben Zugang zur besten Ernährung, den teuersten Ärzten und allen damals verfügbaren Luxusgütern. Trotzdem können Sie leicht an Pocken, Syphilis oder Typhus sterben. Wenn Sie eine Operation benötigen oder Zahnschmerzen haben, ist die Behandlung qualvoll und birgt das Risiko einer Infektion. Wenn Sie in London leben, ist Ihre Atemluft 17-mal so stark verschmutzt wie heute.[18] Selbst auf der Insel dauern Reisen viele Tage, und der Rest der Welt liegt in schier unerreichbarer Ferne. Wenn Sie sich von der Warte des 17. Jahrhunderts aus eine Zukunft vorstellen, in der es allen Menschen so gut geht wie Ihnen, wird Ihnen vieles gar nicht in den Sinn kommen, was Ihr Leben heute besser macht, zum Beispiel elektrischer Strom, Anästhesie, Antibiotika und Fernreisen.

Aber nicht nur die technische Entwicklung hat das Leben der Menschen verbessert, sondern auch die der Werte. Im Jahr 1700 konnten Frauen nicht studieren, und es gab keine Frauenbewegung.[19] Homosexuelle waren nicht in der Lage, ihre Beziehungen offen zu leben, selbst wenn sie noch so reich waren, denn die sogenannte Sodomie konnte mit dem Tod bestraft werden.[20] Auf dem Höhepunkt der Sklaverei Ende des 18. Jahrhunderts lebte ein beträchtlicher Teil der Menschheit in Knechtschaft; heute ist es nur 1 Prozent.[21] Im Jahr 1700 lebte niemand in einer Demokratie, heute ist es mehr als die Hälfte aller Menschen.[22]

Vieles von dem, was wir seit 1700 erreicht haben, war damals kaum vorhersehbar. Dabei sind seither gerade mal drei Jahrhunderte vergangen. Und wie gesagt, die Menschheit könnte allein auf der Erde noch ein paar Millionen Jahre überleben. Wenn wir unsere Vorstellung ihres Potenzials auf eine starre Version der Welt von heute reduzieren, unterschätzen wir die mögliche Lebensqualität der Zukunft vielleicht ganz erheblich.

Denken Sie an die besten Momente Ihres Lebens – Augenblicke der Freude und Schönheit, voller Energie, in denen Sie verliebt sind, sich einen Lebenstraum verwirklichen oder ein Aha-Erlebnis haben. Diese Momente sind ein Beleg für das, was möglich ist: Wir wissen, dass das Leben mindestens so gut sein kann wie in diesen Augenblicken. Aber sie zeigen uns auch eine Richtung, in die unser Leben sich bewegen kann und in die wir vielleicht noch gehen wollen. Wenn Ihre besten Tage Hunderte Male besser sein können als Ihr Alltag, dann können die besten Tage der Menschen in der Zukunft vielleicht noch einmal Hunderte Male besser sein als Ihre besten Tage heute.

Ich behaupte nicht, dass diese wunderbare Zukunft wahrscheinlich ist. »Utopie« bedeutet wörtlich »Nicht-Ort«, und der Weg von hier zu einer idealen Zukunft ist extrem ungewiss. Trotzdem ist eine wunderbare Zukunft kein leerer Traum. Ein besseres Wort wäre »Eutopie« oder »schöner Ort« – und das ist etwas, das wir anstreben können. Das ist eine Zukunft, die unsere Nachkommen mit ausreichend Geduld und Weisheit tatsächlich zu erreichen vermögen – vorausgesetzt, wir ebnen ihnen den Weg.

Aber die Zukunft könnte nicht nur schön sein, sondern auch schrecklich. Dazu müssen wir uns nur einige der negativen Entwicklungen der Vergangenheit ansehen und uns eine Zukunft vorstellen, die von *ihnen* beherrscht wird. Erinnern wir uns zum Beispiel, dass England und Frankreich die Leibeigenschaft schon Ende des 12. Jahrhunderts fast völlig abgeschafft hatten, nur um dann im Kolonialzeitalter zu Sklavenhändlernationen zu werden.[23] Oder dass Mitte des 20. Jahrhunderts einstige Demokratien zu totalitären Staaten wurden. Oder dass wir unsere wissenschaftlichen Erkenntnisse dazu verwenden, um Atombomben und Tiermastbetriebe zu bauen.

Nicht nur die Eutopie ist eine reale Möglichkeit, sondern auch die Dystopie. In der Zukunft könnte ein totalitäres Regime die ganze Welt beherrschen, die Lebensqualität von heute könnte lediglich eine schwache Erinnerung an ein früheres Goldenes Zeitalter sein, oder ein Dritter Weltkrieg könnte die Zivilisation vollkommen ausgelöscht haben. Wie wunderbar oder schrecklich die Zukunft wird, hängt auch von uns ab.

Nicht nur Klimawandel

Selbst wenn Sie annehmen, dass die Zukunft immens und wichtig ist, könnten Sie Ihre Zweifel haben, ob Sie sie wirklich in positiver Weise beeinflussen können. Ich würde Ihnen zustimmen: Es kann sehr schwierig sein, sich die langfristigen Auswirkungen unserer Entscheidungen vorzustellen. Dabei kommen viele Erwägungen ins Spiel, und dass wir sie verstehen, ist erst der Anfang. Mit diesem Buch möchte ich daher keine konkreten Handlungsanweisungen geben, sondern vor allem weitere Überlegungen und Forschungen in dieser Richtung anstoßen. Aber die Zukunft ist so wichtig, dass wir zumindest versuchen sollten herauszufinden, wie wir sie in eine positive Richtung lenken können. Und es gibt bereits einige Dinge, die wir über sie aussagen können.

Wenn wir in die Vergangenheit blicken, finden wir nur wenige Menschen, die ganz gezielt langfristig etwas bewegen wollten. Doch es gibt sie, und einige waren dabei erstaunlich erfolgreich. Dichter sind ein gutes Beispiel. William Shakespeare schreibt in einem seiner Sonette, mit seiner Kunst könne er die Schönheit eines jungen Mannes, den er bewundert, für alle Zeit bewahren:[24]

Dein ew'ger Sommer doch soll nie verrinnen,
…
Wenn du in meinem Lied unsterblich bist!
Solange Menschen atmen, Augen sehn,
Lebt mein Gesang und schützt dich vor Vergehn![25]

Das Sonett wurden in den 1590er-Jahren geschrieben, geht jedoch auf eine viel ältere Tradition zurück.[26] Im Jahr 23 v. Chr. begann der römische Dichter Horaz seine letzte Ode mit den folgenden Zeilen:[27]

Dauerhafter als Erz schuf ich ein Ehrenmal,
Über Königspaläst' und Pyramid' erhöht,
Das kein modernder Guß, kein ungezähmter Nord
Auszutilgen vermag, noch ungezählter
Jahre Reih' und hinabrollender Zeiten Flucht.
Nicht ganz werd' ich vergehn, und ein erklecklich Teil
Meiner meidet die Gruft.[28]

Das sind große Worte, doch vielleicht hatten diese Dichter tatsächlich Erfolg mit dem Versuch, unsterblich zu werden. Immerhin haben sie viele Jahrhunderte überdauert und erfreuen sich in unseren Tagen wachsender Beliebtheit: Shakespeare wird heute von mehr Menschen gelesen als zu seiner Zeit und Horaz womöglich auch. Und solange irgendjemand bereit ist, ihre Gedichte zu erhalten und weiterzugeben, werden sie weiterleben.

Auch andere Autoren haben sich erfolgreich um langfristige Wirkung bemüht. Thukydides schrieb sein Geschichtswerk über den Peloponnesischen Krieg im 5. Jahrhundert vor Christus.[29] Viele sehen in ihm den ersten Historiker des Westens, der versuchte, die Geschehnisse wahrheitsgetreu aufzuzeichnen und ihre Ursachen zu analysieren.[30] Er war überzeugt, dass er die Wahrheit schilderte, und schrieb seine Geschichte bewusst so, dass ihr Einfluss bis weit in die Zukunft reichte:

Wenn aber diejenigen dies Werk nützlich finden, welche die geschehenen Dinge kennen lernen wollen, wie sie wirklich waren und wie auch die Zukunft so immer auf dieselbe oder auf ähnliche Weise wiederholen wird, weil es eben die menschliche Natur so mit sich bringt, wo wird das genug sein. Es ist mehr geschrieben, um ein Besitztum für alle Zeiten zu sein, und buhlt nicht als Redeprunkstück dem Augenblick zu gefallen.[31]

Der Einfluss von Thukydides reicht bis in die Gegenwart. An den US-Militärakademien von West Point und Annapolis ist sein Werk noch heute Pflichtlektüre.[32] In seinem Bestseller *Destined for War* ging der Politikwissenschaftler Graham Allison 2017 der Frage nach, ob China und die Vereinigten Staaten der »Falle des Thukydides« entkommen können, und analysiert das Verhältnis der beiden Staaten so wie Thukydides das von Athen und Sparta. Soweit wir wissen, war Thukydides der erste Mensch, der auf eine langfristige Wirkung zielte und damit erfolgreich war.

Ein jüngeres Beispiel sind die Gründerväter der Vereinigten Staaten. Die Verfassung ihres Landes ist fast 250 Jahre alt und weitgehend unverändert geblieben. Ihre Niederschrift war von langfristiger Bedeutung, und viele ihrer Autoren waren sich dessen bewusst. So schrieb zum Beispiel John Adams, der zweite Präsident der Vereinigten Staaten: »Die Institutionen, die wir heute in Amerika ins Leben rufen, werden auch in tausenden von Jahren nicht ganz verschwunden sein. Es ist daher von äußerster Wichtigkeit, es richtig anzugehen. Wenn wir einen falschen Anfang machen, dann werden sie nie mehr, oder nur durch einen Glücksfall, auf den rechten Weg zurückfinden.«[33]

Benjamin Franklin war derart überzeugt vom Wohlergehen und der Langlebigkeit der Vereinigten Staaten, dass ein französischer Mathematiker 1784 eine freundliche Satire auf ihn schrieb: Wenn Franklin so überzeugt sei, dann solle er doch sein Geld so anlegen, dass es in einigen Jahrhunderten sozialen Projekten zugutekommen werde, die von den bis dahin angehäuften Zinsen profitierten.[34] Der Gedanke gefiel Franklin, weshalb er 1790 je 1000 Dollar (was einem heutigen Wert von rund 135 000 Dollar entspricht) für die Städte Boston und Philadelphia anlegte: Drei Viertel der Erträge sollten in einhundert Jahren ausgezahlt werden, der Rest nach zweihundert. Als die Gelder 1990 verteilt wurden, bekam Boston fast 5 Millionen Dollar und Philadelphia 2,3 Millionen.[35]

Die Gründerväter der Vereinigten Staaten wiederum bedienten sich bei Ideen, die fast zwei Jahrtausende zuvor formuliert worden waren. Der Gedanke der Gewaltenteilung ging auf John Locke und Baron de Montesquieu zurück, die sich ihrerseits von Polybius' Beschreibungen des römischen Regierungssystems aus dem zweiten vorchristlichen Jahrhundert inspirieren ließen.[36] Einige der amerikanischen Verfassungsväter hatten Polybius auch selbst gelesen.[37]

Wir Heutigen müssen gar nicht so einflussreich sein wie Thukydides oder Franklin, um mit unseren Handlungen Einfluss auf die Zukunft zu nehmen. Wir tun es andauernd. Wir fahren mit dem Auto. Wir steigen ins Flugzeug. Und dabei produzieren wir Treibhausgase, die langfristige Auswirkungen haben. Es wird viele Hunderttausend Jahre dauern, bis die Kohlendioxidkonzentration in der Atmosphäre durch natürliche Prozesse auf vorindustrielle Werte zurückgeht.[38] Das sind Dimensionen, die wir sonst nur mit radioaktiven Abfällen in Verbindung bringen.[39] Mit dem Unterschied, dass wir beim Atommüll die Lagerung gründlich planen, während wir die Abgase unserer fossilen Brennstoffe einfach in die Luft pusten.[40]

In einigen Fällen schwächen sich die geophysischen Folgen der Erderwärmung im Laufe der Zeit nicht etwa ab, sondern sie werden immer extremer.[41] Der Weltklimarat geht davon aus, dass bei dem aktuell wahrscheinlichsten Szenario der allmählichen Emissionensenkungen der Meeresspiegel bis Ende des Jahrhunderts um einen Dreiviertelmeter ansteigt.[42] Aber das Wasser pegelt sich im Jahr 2100 nicht einfach ein, sondern es steigt weiter an. In tausend Jahren wäre der Meeresspiegel zehn bis zwanzig Meter über dem heutigen Niveau.[43] Hanoi, Schanghai, Kalkutta, Tokio und New York City wären weitgehend in den Fluten versunken.[44]

Die Klimawandel demonstriert, wie langfristig unsere Handlungen von heute wirken können. Aber er zeigt auch, dass langfristiges Handeln die Interessen der heute lebenden Menschen nicht ignorieren muss. Wir können die Zukunft in eine positive Richtung lenken und gleichzeitig die Lebensqualität der Gegenwart verbessern.

Die Umstellung auf saubere Energien nutzt schon heute unserer Gesundheit. Fossile Brennstoffen verschmutzen die Luft mit Feinstaub, der Lungenkrebs, Herzprobleme und Atemwegserkrankungen verursachen kann.[45] Heute sterben pro Jahr rund 3,6 Millionen Menschen vorzeitig.[46] Selbst in der Europäischen Union, wo die Atemluft im Verhältnis noch am saubersten ist, kostet die Luftverschmutzung jeden Einwohner im Durchschnitt ein Lebensjahr.[47]

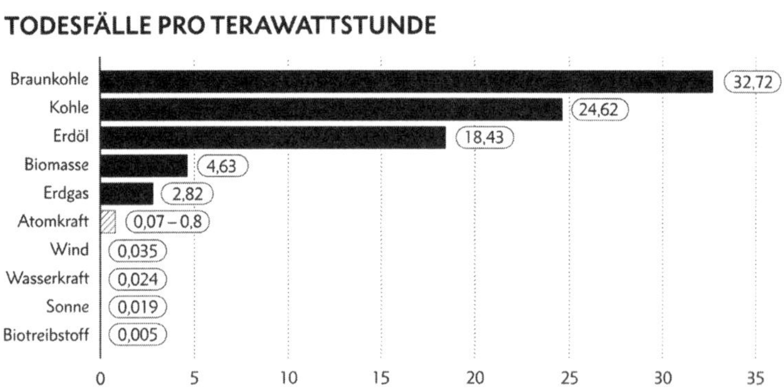

Grafik 1.4 Todesfälle pro Terawattstunde des erzeugten Stroms nach Energieträger; darunter fallen Tode durch Unfälle und Luftverschmutzung, nicht aber durch Klimawandel. Die Zahlen zu Atomenergie beinhalten die Reaktorunfälle von Tschernobyl und Fukushima; die Spanne resultiert aus unterschiedlichen Schätzungen zu den langfristigen Auswirkungen von schwach radioaktiver Strahlung. Mehr dazu finden Sie auf www.whatweowethefuture.com/notes. Schätzungen zu anderen Energieträgern stammen aus Europa.

Die Dekarbonisierung – der Umstieg von fossilen Brennstoffen auf saubere Energieträger – kommt daher nicht nur langfristig dem Klima zugute, sondern auch kurzfristig der Gesundheit aller Menschen. Allein dieser gesundheitliche Nutzen rechtfertigt schon den schnellen Ausstieg aus den fossilen Brennstoffen.[48]

Die Dekarbonisierung ist demnach ein Gewinn für alle, denn sie verbessert die Lebensqualität auf kurze *und* auf lange Sicht. Die Förderung sauberer Energiequellen wie Sonne, Wind, Kernfusion und so weiter ist aber auch in anderer Hinsicht ein Gewinn. Weil sie die Energieproduktion verbilligt, hebt sie den Lebensstandard in armen Ländern. Weil sie die fossilen Brennstoffe im Boden lässt, verringert sie die Gefahr eines endgültigen Zusammenbruchs der Zivilisation, die ich in Kapitel 6 erörtern werde. Und weil sie den technischen Fortschritt voranbringt, verringert sie das Risiko einer langfristigen Stagnation, auf die ich in Kapitel 7 eingehe. Ein mehrfacher Gewinn also.

Außerdem wird durch die Dekarbonisierung das langfristige Denken bestätigt. Die Erschließung sauberer Energiequellen bringt so viele Vorteile, und es gibt auf diesem Gebiet noch so viel zu tun, dass man sie als Maßstab für andere langfristige Aktivitäten verwenden kann. Damit liegt die Latte sehr hoch.

Aber das ist nicht die einzige Möglichkeit, Einfluss auf die weiter entfernte Zukunft zu nehmen. Der Rest dieses Buchs zeigt systematisch, wo und wie wir die Zukunft positiv beeinflussen können und dass moralischer Wandel, der weise Umgang mit Künstlicher Intelligenz, die Verhinderung von Pandemien und die Vermeidung technischer Stagnation mindestens ebenso wichtig sind, auch wenn sie oft übersehen werden.

Unser Moment in der Geschichte

Der Gedanke, dass wir Einfluss auf die weit entfernte Zukunft nehmen könnten und dabei so viel auf dem Spiel steht, könnte Ihnen verrückt vorkommen. So ging es zumindest mir.[49]

Doch die Verrücktheit des langfristigen Denkens hat nichts mit seinem moralischen Ausgangspunkt zu tun, sondern damit, dass wir in einer außergewöhnlichen historischen Epoche leben.[50]

Wir leben in einer Ära ungewöhnlicher Umwälzungen. Dazu müssen wir uns nur das weltweite Wirtschaftswachstum ansehen, das in den letzten Jahrzehnten bei durchschnittlich 3 Prozent im Jahr lag.[51] Das ist historisch ohne jedes Beispiel. Während der ersten 290 000 Jahre der Menschheitsgeschichte war das globale Wirtschaftswachstum pro Jahr nahe null, im Zeitalter der Landwirtschaft stieg es auf 0,1 Prozent, und erst seit Beginn der industriellen Revolution hat es an Fahrt aufgenommen. In den vergangenen zwei Jahrhunderten wuchs die Weltwirtschaft um mehr als 2 Prozent pro Jahr. Anders ausgedrückt: Um 12 000 v. Chr. brauchte die Weltwirtschaft viele Jahrhunderte, um ihr Volumen zu verdoppeln. Für die letzte Verdoppelung waren dagegen gerade mal 19 Jahre nötig.[52] Doch nicht nur die Wirtschaft legt ein historisch einmaliges Tempo vor, sondern auch unser Energieverbrauch, unsere Treibhausemissionen, die Veränderung der Landnutzung, der wissenschaftliche Fortschritt und möglicherweise auch der moralische Wandel.[53]

Wir wissen also, dass die Gegenwart im Vergleich zur Vergangenheit eine außergewöhnliche Epoche ist. Aber sie ist es auch im Vergleich zur Zukunft. Die Veränderungen können nicht mit diesem Tempo weitergehen, selbst dann nicht, wenn wir die Energiegewinnung von fossilen Energieträgern befreien oder zu den Sternen aufbrechen. Sehen wir uns nur einmal an, was passieren würde,

WELT-BIP DER LETZTEN ZWEI JAHRTAUSENDE
in Billionen Dollar (Wert 2011) (Quelle: Weltbank und Maddison (2017))

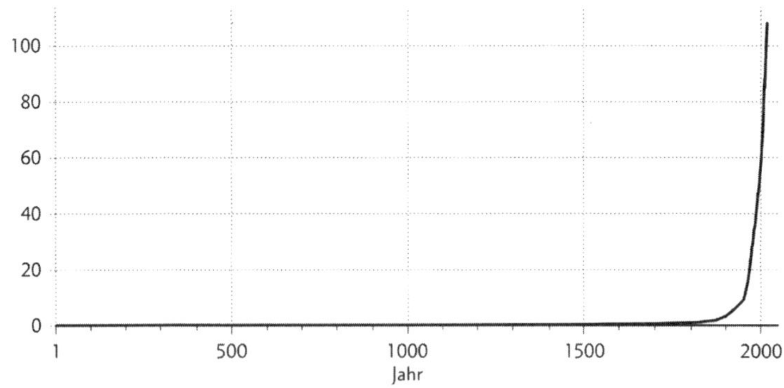

Grafik 1.5 Wirtschaftsleistung seit Beginn unserer Zeitrechnung.

wenn die Wirtschaft jährlich weiterhin um nur 2 Prozent pro Jahr wachsen würde.[54] Bei diesem Tempo wäre die Wirtschaft in 10 000 Jahren 10^{86}-mal so groß wie heute, das heißt, sie müsste das 100-Billionen-Billionen-Billionen-Billionen-Billionen-Billionen-Billionen-Fache dessen produzieren, was sie heute produziert. Im Umkreis von 10 000 Lichtjahren um die Erde gibt es weniger als 10^{67} Atome.[55] Wenn die Wirtschaft also noch 10 000 Jahre lang mit dem heutigen Tempo wachsen würde, dann müsste sie *für jedes Atom*, auf das sie theoretisch Zugriff hat, das 10-Millionen-Billionen-Fache des heutigen Wertes produzieren. Wir können zwar nicht in die Zukunft blicken, doch das scheint unmöglich.[56]

Die Menschheit könnte noch Millionen oder gar Milliarden Jahre überdauern. Aber die heutigen Wachstumsraten lassen sich nur ein paar Jahrtausende lang aufrechterhalten. Und allein das bedeutet, dass wir in einem außergewöhnlichen Kapitel der Menschheitsgeschichte leben. Verglichen mit der Vergangenheit und der Zukunft, erleben wir in diesen Jahrzehnten wirtschaftliche und technische Veränderungen in außergewöhnlichem Umfang. Und einige dieser Veränderungen – die Erfindung des Verbrennungsmotors, der Atombombe, von Krankheitserregern aus dem Reagenzglas und der Künstlichen Intelligenz – könnten gewaltige Auswirkungen für die gesamte Zukunft der Menschheit haben.

Doch nicht nur die Geschwindigkeit der Veränderungen macht die Gegenwart zu einer außergewöhnlichen Zeit. Wir sind auch so intensiv miteinander vernetzt wie nie zuvor.[57] 50 000 Jahre lang lebte die Menschheit zersplittert in kleinen Gruppen, und die Menschen in Afrika, Europa, Asien oder Australien hatten schlicht keine Möglichkeit, miteinander zu kommunizieren.[58] Zwischen 100 v. Chr. und 150 n. Chr. lebten jeweils etwa 30 Prozent der Weltbevölkerung im Römischen Reich und im Chinesischen Han-Reich, doch die beiden wussten kaum etwas voneinander.[59] Selbst innerhalb eines Reichs hatten die Menschen nur sehr begrenzte Möglichkeiten, über weitere Entfernungen miteinander in Austausch zu treten.

Sollten wir in Zukunft zu den Sternen aufbrechen, wird sich die Menschheit ein weiteres Mal aufsplittern. Unsere Milchstraße ist wie ein Inselreich, in der unendlichen Leere des kalten Weltraums liegen verstreut einige winzige Punkte der Wärme. Wenn unsere Galaxie so groß wäre wie die Erde, dann hätte unser Sonnensystem einen Durchmesser von zehn Zentimetern und wäre einige Hundert Meter von seinem nächsten Nachbarn entfernt. Die Kommunikation zwischen Galaxien würde Hunderttausende von Jahren benötigen, und selbst zwischen einer einfachen Frage und ihrer Antwort zwischen uns und dem nächstgelegenen Sonnensystem würden fast neun Jahre vergehen.[60]

Wenn sich die Menschheit weit genug ausbreitet und lange genug überlebt, könnte die Kommunikation zwischen den verschiedenen Teilen der Zivilisation irgendwann unmöglich werden. Das Universum besteht aus Millionen Galaxiengruppen.[61] Unsere eigene firmiert unter der einfachen Bezeichnung »lokale Gruppe«. Die Galaxien innerhalb einer Gruppe liegen so dicht beieinander, dass sie von der Schwerkraft für immer zusammengehalten werden.[62] Doch mit der weiteren Ausdehnung des Weltalls werden die Gruppen irgendwann auseinandergerissen werden. In 150 Milliarden Jahren werden sie so weit voneinander entfernt sein, dass nicht einmal mehr das Licht von einer Gruppe zur anderen gelangt.[63]

Da wir in einer derart außergewöhnlichen Zeit leben, haben wir außergewöhnliche Möglichkeiten, die Zukunft zu gestalten. Nur wenige Menschen werden je eine solche Gelegenheit bekommen, etwas Positives zu bewirken. Angesichts der raschen Umwälzungen in Technik, Gesellschaft und Umwelt haben wir größeren Einfluss darauf, wo die wichtigsten Veränderungen stattfinden und wie sie aussehen werden, etwa bei Technologien, die negative Werte zementieren oder unser Überleben in Gefahr bringen. Aufgrund der aktuellen Vereinigung der menschlichen Zivilisation haben kleine Gruppen die Gelegenheit, Einfluss auf das Ganze zu nehmen. Neue Ideen bleiben nicht auf einen einzigen Kontinent beschränkt, sondern verbreiten sich um den gesamten Erdball, und zwar nicht innerhalb von Jahrhunderten, sondern in Sekundenschnelle.

Weil diese Veränderungen noch so frisch sind, haben sie uns aus dem Gleichgewicht gebracht: Die Gesellschaft hat sich noch nicht wieder gesetzt, und wir können noch Einfluss darauf nehmen, in *welchem* Zustand sie sich setzen wird. Stellen Sie sich einen riesigen Ball vor, der rasch über holprigen Untergrund rollt. Irgendwann wird er langsamer und bleibt in einer Vertiefung liegen. Die Zivilisation ist wie dieser Ball: Solange sie noch in Bewegung ist, reicht ein kleiner Stoß, um Einfluss darauf zu nehmen, in welche Richtung sie sich bewegt und wo sie schließlich zur Ruhe kommt.

KAPITEL 2
Wir können den Lauf der Geschichte beeinflussen

Wie die Vorgeschichte auf die Gegenwart wirkt

Seit Zehntausenden von Jahren treffen Menschen Entscheidungen, mit denen sie langfristig auf die Zukunft wirken. Warum gibt es zum Beispiel in Afrika deutlich mehr Großsäugetiere – Elefanten, Giraffen und so weiter – als auf den anderen Kontinenten?[1] Man könnte nun vermuten, dass das der besonderen Umwelt Afrikas geschuldet ist, doch das wäre ein Irrtum. Vor 50 000 Jahren gab es überall auf dem Planeten eine Fülle von großen Säugetieren.

Zum Beispiel die Glyptodonten, eine Familie von gürteltierähnlichen Pflanzenfressern, die viele Millionen Jahre lang in Südamerika heimisch war.[2] Die größten Vertreter dieser Familie hatten die Dimensionen eines Kleinwagens.[3] Sie trugen einen gewaltigen Panzer und einen Knochenhelm, und einige hatten keulenförmige und mit Stacheln bewehrte Schwänze.[4] Sie sahen aus wie als Ritter verkleidete Riesenwasserschweine. Die Tiere starben vor 12 000 Jahren aus.[5]

Ein anderes Beispiel ist das Megatherium, ein Riesenfaultier, das es in der Größe mit einem Elefanten aufnehmen konnte.[6] Es starb vor 12 500 Jahren aus.[7] Oder das Notiomastodon aus der Ordnung der Rüsseltiere, das vor 2 Millionen Jahren aufkam und vor 10 000 Jahren ausstarb.[8] Oder der *Aenocyon dirus*, der größte bekannte

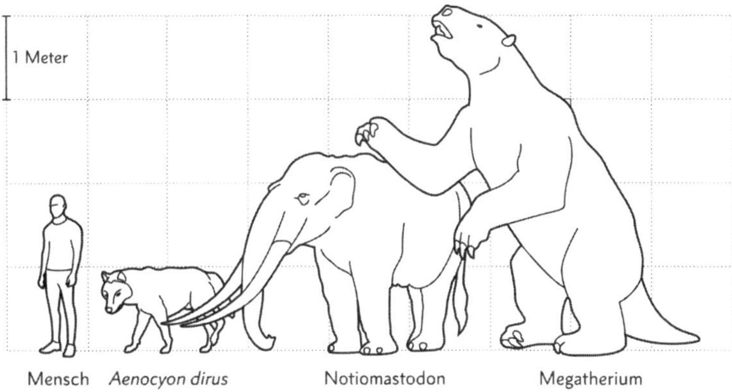

Grafik 2.1 Einige ausgestorbene Riesensäugetiere im Größenvergleich mit dem modernen Menschen.

Vertreter der Familie der Hunde, der vor 13 000 Jahren verschwand, nachdem seine pflanzenfressenden Beutetiere ausgestorben waren.[9] All diese Arten lebten in Südamerika, genau wie viele andere, die es heute nicht mehr gibt.

Die Ursachen für das Aussterben der Riesensäugetiere werden heftig diskutiert. Einige Wissenschaftler halten klimatische Veränderungen für den Hauptgrund, andere sehen den Menschen als Schuldigen, wieder andere eine Mischung aus Mensch und Klima.[10] Meiner Ansicht nach hat es keinen Zweck zu leugnen, dass in den meisten Fällen der Mensch die Verantwortung trägt: Die meisten der Großsäugetierarten hatten bereits Dutzende ähnlicher Klimaschwankungen überlebt;[11] kleinere Arten waren nicht annähernd so stark betroffen wie die großen,[12] und das Aussterben dieser Arten fällt just mit der Ankunft des Menschen in ihrem Lebensraum zusammen.[13] Der Klimawandel mag sein Scherflein beigetragen haben, doch den Ausschlag gab der Mensch, der die Tiere jagte und in ihre natürliche Umwelt eingriff. In Afrika entwickelten sich die Großsäugetiere dagegen gleichzeitig mit dem Menschen, weshalb sie sich dort besser auf das Raubtier *Homo sapiens* einstellen konnten.

Die Ausrottung dieser Riesensäugetiere veränderte die Welt auf unumkehrbare Weise, und verantwortlich war der Mensch mit seiner damals noch sehr primitiven Technik. Zahlreiche einzigartige Spezies gingen für immer verloren. Doch der *Homo sapiens* machte nicht nur Riesenfaultieren und Hunden den Garaus, sondern wahrscheinlich auch seinen nächsten Verwandten, den Neandertalern und den Denisovanern, die offenbar im Konkurrenzkampf unterlagen und durch Vermischung im *Homo sapiens* aufgingen.[14] Deshalb gibt es heute nur noch einen einzigen Vertreter der Gattung *Homo* und nicht wie einst mehrere.

Aber auch andere Entscheidungen unserer frühen Vorfahren hatten weitreichende Konsequenzen. Die ersten Bauern brannten zum Beispiel großflächig Wälder nieder, um ihre Felder anzulegen.[15] Diese vorindustrielle Brandrodung hatte Folgen, die bis heute spürbar sind: Da sich das Kohlendioxid so lange in der Atmosphäre hält, trugen schon sie geringfügig zur Erwärmung des Planeten bei.[16]

Genau wie die Jahrtausende zurückliegenden Entscheidungen unserer Vorfahren die Gegenwart prägen, so beeinflussen wir mit unseren heutigen Entscheidungen die viele Jahrtausende entfernte Zukunft. Aber um die langfristige Sichtweise zu rechtfertigen, reicht es noch nicht aus, dass unsere Entscheidungen Auswirkungen auf die Zukunft haben – wir müssen diese Auswirkungen auch in ausreichenden Maße vorhersehen können. Dazu brauchen wir sie nicht in jeder Einzelheit abzusehen – das wäre ja auch unmöglich. Aber wenn wir die Zukunft lebenswerter machen wollen, dann müssen wir Maßnahmen identifizieren, die über sehr lange Zeiträume hinweg positiv nachwirken könnten.

Unsere frühen Vorfahren waren nicht in der Lage, ihren langfristigen Einfluss auf den Planeten vorherzusehen. Die Jäger wussten nicht, dass sie andere Tiere ausrotteten. Und die ersten Bauern hatten keine Ahnung, dass sie zur Erwärmung des Planeten beitrugen und was das bedeutete.

Aber wir Heutigen wissen es besser. Natürlich gibt es noch viele Zusammenhänge, die wir nicht verstehen, doch in den zurückliegenden Jahrhunderten haben wir eine Menge dazugelernt. Wenn die ersten Bauern über unser heutiges Wissen der Klimaphysik verfügt hätten, dann hätten sie eine Vorstellung von den geophysischen Folgen der Brandrodung gehabt; wenn die Wildbeuter über unsere ökologischen und evolutionsbiologischen Kenntnisse verfügt hätten, dann hätten sie verstanden, was die Ausrottung einer Art bedeutet und welcher Verlust damit einhergeht. Mit sorgfältiger Forschung und aller gebotenen Bescheidenheit können wir heute die Auswirkungen unseres Handelns über sehr lange Zeiträume hinweg vorhersehen.

In diesem Kapitel stelle ich ein Analyseinstrument vor, mit dessen Hilfe Sie die langfristige Bedeutung eines Ereignisses einschätzen können. Dieses Instrument wende ich in den folgenden Kapiteln zur Bewertung von Ereignissen an, die wir meiner Ansicht nach beeinflussen können, um die Zukunft besser und lebenswerter zu machen.

Wie wir die Zukunft einschätzen können

Stellen wir uns einen Zustand vor, den die Menschheit herbeiführen könnte, zum Beispiel die Nichtexistenz von Riesengürteltieren. Diesen neuen Zustand können wir anhand von drei Faktoren bewerten: Tragweite, Dauer und Kontingenz.[17]

Tragweite ist der durchschnittliche Wert, der durch einen bestimmten Zustand hergestellt wird. Um wie viel schlechter ist die

Welt zu einem beliebigen Zeitpunkt, weil es das Riesengürteltier nicht mehr gibt? Dazu müssen wir alle relevanten Aspekte des Aussterbens des Riesengürteltiers einbeziehen: den Verlust der Art für den Planeten; den Verlust für die Menschen, die den Panzer des Riesengürteltiers verwendeten und sein Fleisch verzehrten; und die Folgen für die Ökosysteme, in denen es lebte.

Die *Dauer* eines Zustands ist der Zeitraum, über den dieser Zustand bestehen bleibt, nachdem er sich einmal eingestellt hat. Die Nichtexistenz des Riesengürteltiers ist von ungewöhnlich langer Dauer: Sie begann vor 12 000 Jahren und wird bis zum Ende des Universums fortdauern[18] – es sei denn, es sollte uns gelingen, die Art wieder zum Leben zu erwecken.

Mithilfe der Technik könnte das sogar möglich werden. Heute werden Anstrengungen unternommen, ausgestorbene Arten wie das Mammut wiederzubeleben, indem man Erbgut aus ihren Überresten entnimmt und in die Zellen moderner Verwandter wie der Elefanten implantiert.[19] Doch selbst wenn diese Versuche gelingen sollten, würden sie nicht das ursprüngliche Tier wiederauferstehen lassen, sondern nur einen Hybriden hervorbringen: ein Wesen, das gewisse Ähnlichkeit mit dem ausgestorbenen Tier hätte, aber genetisch nicht identisch wäre. Sollten künftige Generationen versuchen, das Riesengürteltier zurückzubringen, stünden sie vor ähnlichen Herausforderungen.

Die dritte und letzte Dimension unseres Analyseinstruments ist die *Kontingenz*. Sie ist der subtilste Aspekt. »Kontingenz« ist ein philosophischer Begriff mit zahllosen Bedeutungen, aber ich verwende ihn hier im Sinne der »Nicht-Unvermeidlichkeit« oder »Situationsbedingtheit«. Die Kontingenz sagt etwas darüber aus, inwieweit ein bestimmter Zustand von einigen wenigen konkreten Umständen abhängig ist. Wenn etwas sehr kontingent ist, dann wäre diese Veränderung ohne ein bestimmtes Ereignis für sehr lange Zeit nicht eingetreten, wenn überhaupt. Die Existenz des

Romans *Jane Eyre* ist zum Beispiel sehr kontingent: Wenn Charlotte Brontë ihn nicht geschrieben hätte, dann wäre exakt dieser Roman so nie von jemand anderem geschrieben worden, und es gäbe ihn heute nicht. Die Landwirtschaft ist dagegen weniger kontingent, denn sie entstand mehrmals und unabhängig voneinander an mehreren Orten.

Und wenn ein Zustand sehr nichtkontingent ist, wenn er also nicht sonderlich abhängig von bestimmten Umständen ist, dann wäre er früher oder später ohnehin eingetreten, auch ohne das Zutun von konkreten Menschen. Die Infinitesimalrechnung war beispielsweise nicht in hohem Maße kontingent, denn Gottfried Wilhelm Leibniz und Isaac Newton entwickelten sie unabhängig voneinander im Abstand von nur wenigen Jahren. Wir dürfen die Kontingenz also nicht außer Acht lassen, denn wenn man eine Veränderung herbeiführt, die sich früher oder später ohnehin eingestellt hätte, hat man langfristig nichts bewegt.

Auch wenn wir nichts Genaues sagen können, würde ich vermuten, dass die Ausrottung der Riesengürteltiere nicht sonderlich kontingent war. Selbst wenn die Jäger damals das letzte Exemplar verschont hätten, hätten andere es vermutlich wenig später getötet. Um die Ausrottung der Riesengürteltiere zu verhindern, hätten diese Jäger eine Norm aufstellen müssen, die die Riesengürteltiere unter Schutz stellte, und ihre Nachfahren hätten diese Norm über Generationen hinweg bis heute weiterreichen und einhalten müssen. Das wäre zwar nicht unmöglich, doch in der Praxis recht schwierig gewesen.

Aus der Multiplikation von Tragweite, Dauer und Kontingenz ergibt sich der langfristige Wert einer bestimmten Handlung. Auf diese Weise können wir sehr einfach Vergleiche zwischen den langfristigen Auswirkungen von unterschiedlichen Handlungen anstellen. Wenn beispielsweise Handlung A zehnmal so dauerhaft ist wie Handlung B, aber Handlung B achtmal so weitreichend, dann wiegt

Handlung A schwerer. Aufgrund des immensen möglichen Maßstabs der Zukunft – wir sprechen von Millionen, Milliarden oder vielleicht sogar Billionen von Jahren – sollten wir als Erstes fragen, welche Zustände am dauerhaftesten sind. Erst dann können wir über Tragweite und Kontingenz nachdenken.

Tabelle 2.1 Tragweite, Dauer und Kontingenz

Tragweite	Welcher durchschnittliche Wert wird geschaffen, wenn ein bestimmter Zustand herbeigeführt wird?
Dauer	Wie lange hält sich dieser Zustand, nachdem er herbeigeführt wurde?
Kontingenz	Hätte sich dieser Zustand auch von selbst eingestellt, und wenn ja, wie lange hätte es gedauert?

Mehr dazu finden Sie in Anhang 3.

Um zu sehen, wie wir diese Analyseinstrumente heute bei unserer Entscheidungsfindung einsetzen können, kehren wir zum Bild der Menschheit als leichtsinnige Teenager zurück. Wenn Sie sich Ihre eigene Jugend anschauen, welche Entscheidungen waren dann die wichtigsten? Vermutlich die dauerhaftesten, die in Ihrem bisherigen Leben nachwirken; die weitreichendsten, die ein besonderen Einfluss auf Ihr Wohlergehen hatten und haben; und die kontingentesten, mit denen Sie etwas bewirkt haben, das sich nicht irgendwann von selbst eingestellt hätte.

Einige der Entscheidungen aus meiner Jugend hatten keinerlei bleibende Folgen: Meine Freizeitpläne für ein Wochenende wirkten sich auf diese zwei Tage aus, hatten aber keinen Einfluss auf den weiteren Verlauf meines Lebens. Andere Entscheidungen waren wenig kontingent. Wie die meisten Jugendlichen war ich besonders scharf auf »erste Male« – das erste Bier, der erste Sex. Aber diese Ereignisse wären früher oder später ohnehin eingetreten, und im Rückblick weiß ich, dass der genaue Zeitpunkt zweitrangig war. Und andere Ereignisse, die zwar dauerhaft und kontingent waren, hatten langfristig kaum Tragweite. So entschied ich mich zum Beispiel gegen eine Zahnspange, weil ich der Ansicht war, dass eine Zahnlücke Glück bringt. Die Lücke habe ich bis heute, aber soweit ich das beurteilen kann, hat sie sich nicht auf mein Glück ausgewirkt.

Andere Entscheidungen hatten dagegen großes Gewicht. Ich war auch so ein leichtsinniger Teenager und kletterte gern an Hausfassaden herum. Beim Abstieg von einem Hoteldach in Glasgow trat ich mal auf ein Oberlicht und brach ein. Zwar konnte ich mich auf Hüfthöhe noch abfangen, doch die Scherben zerschnitten mir die Seite. Meine inneren Organe blieben zum Glück verschont, doch wenn ich tiefer gefallen wäre oder die Scherben meinen Darm durchbohrt hätten, dann hätte das meinen Tod bedeuten können. Geblieben ist mir eine acht Zentimeter lange und fast anderthalb Zentimeter breite Narbe. Wäre dieser Abend mein letzter gewesen, wäre der ganze Rest meines Lebens ausgefallen. Meine Entscheidung, an Gebäuden zu klettern, hatte daher eine immense Tragweite und war eine der risikoreichsten (und dümmsten), die ich je getroffen habe.

Auch in Sachen Bildung hätte ich ganz andere Entscheidungen treffen und einen vollkommen anderen Lebensweg einschlagen können. Meine Freunde studierten Medizin – in Schottland der übliche Weg für intelligente Jugendliche mit sozialem Bewusstsein –, und auch ich zog diese Option in Betracht. Hätte ich in der Schule nicht Philosophie belegt und in Jeremy Hall nicht einen so leidenschaftlichen Lehrer gehabt, hätte ich dieses Studienfach niemals gewählt. Ich vermute, dass auch eine medizinische Laufbahn befriedigend gewesen wäre, aber sie hätte mich wohl kaum mit den moralischen Fragen in Berührung gebracht, die meinen weiteren Weg bestimmt haben – aus meiner heutigen Sicht wäre das ein großer Verlust.

Im Rückblick kann ich sagen, dass ich mich als Jugendlicher bei vielen Entscheidungen nicht davon leiten ließ, ob mir etwas Spaß machte – ob mir das Fassadenklettern so einen Kick gab, dass ich auch nach meinem Unfall damit weitermachen wollte, oder ob Medizinstudenten in Edinburgh die besseren Partys feierten. Vielmehr ging es mir um die Auswirkungen dieser Entscheidungen auf den Rest meines Lebens, also in diesem Fall darum, ob ich weiter mein Leben aufs Spiel setzen wollte oder aber meine Werte änderte, die dann mein künftiges Ich leiten würden.

Die Lebensgefahr, der ich mich als Jugendlicher aussetzte, und der Bildungsweg, den ich gewählt habe, stehen sinnbildlich dafür, welchen Einfluss wir langfristig auf die Zukunft haben. Erstens können wir die Lebenserwartung der Menschheit beeinflussen: Wenn wir dazu beitragen, dass sie die kommenden Jahrhunderte überlebt, nehmen wir einen gewissen Einfluss darauf, wie viele künftige Generationen von Menschen es noch geben wird. Das heißt, wir können einen *Beitrag zum Überleben der Zivilisation* leisten. So wie meine Entscheidung als Jugendlicher, mein Leben nicht weiter aufs Spiel zu setzen, zu den weitreichendsten meines Lebens zählt, so gehören unsere Entscheidungen zum Umgang mit den Gefahren der Auslöschung und dem unwiderruflichen Ende der Zivilisation zu den weitreichendsten, die wir als Menschheit heute treffen können.

Zweitens haben wir Einfluss auf den durchschnittlichen Wert der Zivilisation, sprich auf die Lebensqualität kommender Generationen, und zwar potenziell bis ans Ende der Zivilisation. Das heißt, wir können eine *Kurskorrektur* vornehmen und versuchen, die Lebensqualität künftiger Menschen für die gesamte Dauer der menschlichen Zivilisation zu verbessern.[20] Genau wie mein Philosophielehrer und die Wahl meines Studienfachs den Rest meines Lebens geprägt haben, könnten die Werte, auf die sich die Menschheit in den kommenden Jahrhunderten verpflichtet, die Weichen für die ganze weitere Zukunft stellen.[21]

Diese beiden Überlegungen bestimmen die Struktur des vorliegenden Buchs. Im zweiten Teil geht es um Kurskorrekturen vor allem bei den Werten der Gesellschaft. In diesem Rahmen befasst sich Kapitel 3 mit der Tragweite und Kontingenz von Wertkorrekturen anhand des Beispiels der Abschaffung der Sklaverei. In Kapitel 4 geht es um die Haltbarkeit von Werten und darum, dass neue Technik, insbesondere die Künstliche Intelligenz, die Herrschenden in die Lage versetzen könnte, ihre Werte auf unbestimmte Zeit festzuschreiben. Ob die weitere Zukunft von autoritären oder demokratischen, von humanen oder inhumanen, von offenen oder starren Werten bestimmt wird, wird durchaus davon abhängen, was in diesem Jahrhundert geschieht.

ZWEI WEGE IN EINE BESSERE ZUKUNFT

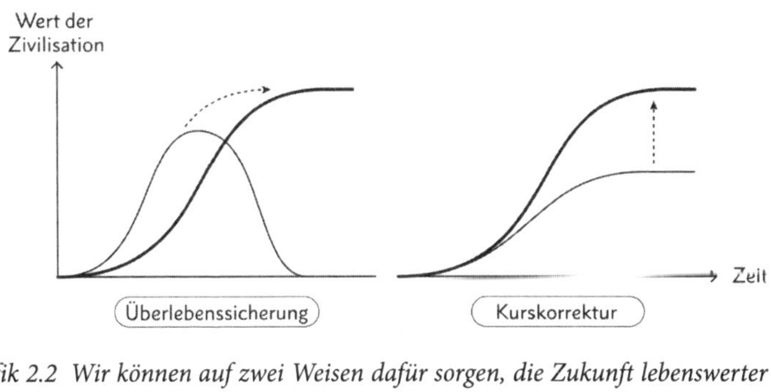

Grafik 2.2 Wir können auf zwei Weisen dafür sorgen, die Zukunft lebenswerter zu machen: indem wir Katastrophen mit dauerhaften Folgen vermeiden und so das Überleben der Zivilisation sicherstellen oder indem wir den Kurs der Zivilisation korrigieren und dafür sorgen, dass sie während ihrer gesamten Lebensdauer besser wird.

Im dritten Teil dieses Buchs erörtere ich drei Möglichkeiten, wie wir das Überleben der Menschheit sichern können; jeder dieser Möglichkeiten ist ein eigenes Kapitel gewidmet. In Kapitel 5 geht es um die Gefahren der Auslöschung der Menschheit am Beispiel von Pandemien aus dem Reagenzglas. Kapitel 6 beschäftigt sich damit, wie wir das unwiderrufliche Ende der Zivilisation etwa durch extremen Klimawandel oder einen Atomkrieg verhindern können. Und Kapitel 7 setzt sich mit der Gefahr des technischen Stillstands auseinander, der die Wahrscheinlichkeit der Auslöschung und des endgültigen Zusammenbruchs vergrößern würde. Außerdem erörtere ich die mögliche Dauer und Kontingenz des Endes der Zivilisation.

Überlegungen zur *Tragweite* eines Zusammenbruchs der Zivilisation werfen philosophische Fragen auf. Bei der Überlebenssicherung geht es vereinfacht gesagt um die Quantität und bei der Kurskorrektur um die Qualität des Lebens. Aber vielleicht ist Ihnen die Quantität ja gleichgültig. Wenn niemand mehr da ist, dem die Zivilisation am Herzen liegt, welche Tragweite hat ihr Ende dann? Und vielleicht ist die Zukunft tendenziell ja eher schlecht als gut. In diesem Fall sollte es uns langfristig darum gehen, die Zivilisation lebenswerter, nicht dauerhafter zu machen. Dann wäre die Kurskorrektur wichtiger als die Überlebenssicherung.

Um genau diese Fragen geht es im vierten Teil des Buchs. Hier erkläre ich, warum wir die Nichtexistenz künftiger Generationen als moralischen Verlust verstehen sollten, wenn das Leben dieser Menschen hinreichend gut wäre, und warum wir davon ausgehen sollten, dass die Zukunft alles in allem eher gut als schlecht ist. Damit ist die Überlebenssicherung genauso wichtig wie eine Kurskorrektur.

Der fünfte Teil wendet sich schließlich der Praxis zu. Das langfristige Denken ist schließlich keine abstrakte philosophische Spekulation, sondern wird schon heute von vielen Menschen in die Tat umgesetzt. In Kapitel 10 werden wir uns daher ansehen, was schon heute unternommen wird, um die Zukunft auf lange Sicht besser zu machen, und was Sie selbst dafür tun können.[22]

Wetten auf die Zukunft

Wenn wir uns heute Gedanken darüber machen, wie wir etwas verändern können, dann wissen wir nicht, wie weitreichend, dauerhaft oder kontingent diese Veränderungen sein werden. Daher brauchen wir Kriterien, um auch in dieser ungewissen Lage Entscheidungen treffen zu können. Die anerkanntermaßen beste Lösung bietet das Verfahren des Erwartungswerts.

Vor einigen Jahren teilte ich eine Wohnung mit Liv Boeree, die mich immer wieder daran erinnerte. Liv ist eine der erfolgreichsten Pokerspielerinnen aller Zeiten und hat sowohl die European Poker Tour als auch die World Series gewonnen. Sie ist nur deshalb so erfolgreich, weil sie diese Methode verinnerlicht hat.

Um den Erwartungswert von etwas zu ermitteln, müssen wir drei Aspekte einbeziehen. Erstens die Wahrscheinlichkeit. Liv denkt nicht nur, dass es »sehr unwahrscheinlich« ist, beim Poker einen Drilling auf die Hand zu bekommen, sondern sie weiß, dass die Wahrscheinlichkeit etwa 5 Prozent beträgt, bevor die Karten ausgeteilt werden. Wenn sie in der ersten Runde ein Pärchen erhält, steigt die Wahrscheinlichkeit, dass in der zweiten Runde daraus ein Drilling wird, auf etwa 12 Prozent.[23] Beide Wahrscheinlichkeiten sind gering, doch dieser Unterschied reicht aus, um sich am Pokertisch auf ihre Entscheidungen auszuwirken.

Aber nicht nur beim Poker denkt Liv in Wahrscheinlichkeiten, sondern auch in anderen Lebensbereichen. Sie und ihr Partner Igor (ebenfalls ein Pokerprofi) rechnen ihren Freunden gern vor, wie groß die Wahrscheinlichkeit ist, dass sie nach zehn Jahren immer noch zusammen sind (aktuell sind es 80 Prozent).

Vielleicht befremdet es Sie, Wahrscheinlichkeiten auf Lebensbereiche zu übertragen, in denen sie sich nicht ohne Weiteres bestimmen lassen. Dieses Verfahren vermittelt uns jedoch eine korrektere Sicht der Dinge und trägt dazu bei, unser Denken zu präzisieren. »Die Leute meinen oft, dass etwas mit absoluter Sicherheit eintreten oder ausbleiben wird – sie denken nur in 100 Prozent oder 0 Prozent«, erklärte mir Liv. »Aber das meiste liegt irgendwo dazwischen. Im Alltag sprechen wir auch davon, dass etwas ›gute Erfolgsaussichten‹ hat. Aber ›gute Erfolgsaussichten‹ bedeuten für jeden etwas anderes.«

Damit hat sie nur zu recht. Eine Untersuchung fand heraus, dass wir unter der Aussage »kann passieren« eine Wahrscheinlichkeit von 10 bis 60 Prozent verstehen und dass eine »echte Möglichkeit« irgendwo zwischen 30 und 90 Prozent rangiert.[24] Diese Unschärfe kann fatale Folgen haben. Als Präsident John F. Kennedy 1961 seine Generäle fragte, welche Chancen die Invasion in der Schweinebucht habe, um die Revolutionsregierung Fidel Castros auf Kuba zu stürzen, erhielt er zur Antwort, sie habe »gute Erfolgsaussichten«. Kennedy hielt das für eine positive Einschätzung. Doch der Berater, der von den »guten Erfolgsaussichten« gesprochen hatte, erklärte später, er habe darunter eine Wahrscheinlichkeit von 30 Prozent verstanden.[25] Die Operation scheiterte grandios.

Um den Erwartungswert eines Ereignisses zu ermitteln, müssen wir diesem zweitens einen bestimmten Wert zuweisen. Für Pokerspieler ist das einfach: Sie müssen nur schauen, wie viele Chips auf dem Tisch liegen. Doch Geld ist in der Regel kein guter Maßstab. Wenn Sie 1000 Euro für eine lebensrettende Maßnahme bezahlen müssen, das Geld aber nicht haben, dann sind die 1000 Euro, wenn Sie sie denn bekommen, für Sie mehr wert als weitere 1000 Euro, die Sie vielleicht noch zusätzlich bekommen. Der Wert, den wir einem Ergebnis beimessen, sollte auf dem basieren, was uns in *letzter Konsequenz* wichtig ist, zum Beispiel das Wohl eines Menschen.

Oft ist es nicht einfach, einem Ergebnis einen exakten Wert zuzuweisen, doch für eine Entscheidung reicht oft schon ein grober Vergleich. Nehmen wir an, zur Behandlung einer Patientin gibt es zwei unterschiedliche Medikamente, jedes mit anderen Nebenwirkungen. Das erste verursacht mit 100-prozentiger Sicherheit leichte Kopfschmerzen, das zweite führt mit 10-prozentiger Wahrscheinlichkeit zum Herzinfarkt. Wir können zwar nicht exakt beziffern, wie viel schlimmer der Tod ist als Kopfschmerzen, aber mehr als 10-mal so schlimm ist er auf alle Fälle.

Das bringt uns zum dritten Aspekt, der Ermittlung der Qualität einer Entscheidung anhand des Erwartungswerts. Manchmal liegt das auf der Hand: Im eben genannten Beispiel ist das erste Medikament die bessere Wahl: Der Tod ist mehr als 10-mal so schlimm wie leichte Kopfschmerzen, weshalb ein 10-prozentiges Sterberisiko allemal schwerer wiegt als die mit Sicherheit eintretenden Kopfschmerzen. Der Erwartungswert einer Entscheidung lässt sich wie folgt ermitteln: Zuerst stellen wir eine Liste der möglichen Ergebnisse einer Entscheidung auf. Dann weisen wir jedem Ergebnis eine Wahrscheinlichkeit und einen Wert zu und multiplizieren die beiden. Und schließlich addieren wir diese Produkte von Wahrscheinlichkeit und Wert.

Liv und Igor bieten einander gern Wetten an und ermitteln den Erwartungswert, um zu entscheiden, ob sie die Wette annehmen oder nicht. Stellen Sie sich vor, Liv und Igor gehen in eine Kneipe und Liv wettet, dass Igor nicht in der Lage ist, sechs Bierdeckel mit einer Hand zu flippen und wieder aufzufangen. Wenn er es schafft, gibt sie ihm 3 Euro, und wenn er es nicht schafft, gibt er ihr einen Euro. Nehmen wir an, Igor schätzt seine Erfolgswahrscheinlichkeit auf 50 Prozent. Wenn er mit dieser Einschätzung recht hat, dann rentiert sich die Wette für ihn: Auf der einen Seite gewinnt er mit einer Wahrscheinlichkeit von 50 Prozent 3 Euro, was einem Wert von 1,50 Euro entspricht, und auf der anderen Seite verliert er mit einer Wahrscheinlichkeit von 50 Prozent 1 Euro, was einem Wert von 50 Cent entspricht. Damit beträgt der Erwartungswert 1 Euro: 1,50 Euro minus 50 Cent. Wenn er seine Erfolgschancen richtig einschätzt und sie das Spiel mehrmals hintereinander spielen, dann verdient er im Durchschnitt in jeder Runde einen Euro.

Tabelle 2.2 Igors Entscheidung

	Fängt Bierdeckel (Wahrscheinlichkeit 50 Prozent)	Fängt Bierdeckel nicht (Wahrscheinlichkeit 50 Prozent)	Erwarteter Gewinn
Wette angenommen	3 Euro	-1 Euro	1 Euro
Wette nicht angenommen	0	0	0

Die Ermittlung des Erwartungswerts ist nicht nur beim Glücksspiel hilfreich, sondern immer dann, wenn wir eine Wette eingehen, also in einer ungewissen Situation eine Entscheidung treffen müssen – mit anderen Worten, fast immer. Das verdeutlicht meine jugendliche Vorliebe fürs Fassadenklettern. Weil ich die Möglichkeit eines Unfalls als unwahrscheinlich abtat, zerbrach ich mir nicht den Kopf darüber. Doch das war dumm – nicht, weil die Wahrscheinlichkeit eines tödlichen Ausgangs sonderlich groß war, sondern weil diese Möglichkeit nicht *unwahrscheinlich genug* war – und zu sterben ist eine so miese Angelegenheit, dass man sie selbst dann meiden sollte, wenn sie nicht sehr wahrscheinlich ist.

Angesichts ihrer ungewissen Zukunft verhält sich die Menschheit oft so wie ich als leichtsinniger Jugendlicher. Skeptiker des Klimawandels führen zum Beispiel die Ungewissheit als Grund dafür an, die Hände in den Schoß zu legen.[26] Sie verweisen auf die zahlreichen Unbekannten – wir wissen zum Beispiel nicht, wie exakt die Klimamodelle den Zusammenhang von Emissionen und Erderwärmung vorhersagen oder welche ökonomischen Folgen eine bestimmte Erwärmung haben würde. Deshalb sollten wir unsere Zeit nicht mit der Lösung dieses Problems verschwenden, fordern sie. Das ist jedoch ein ganz schlechtes Argument. Wir können gern zugeben, dass große Ungewissheit über den exakten Verlauf des Klimawandels herrscht. Doch die Ungewissheit geht in beide Richtungen. Der durch den Klimawandel verursachte Schaden könnte natürlich geringer ausfallen als vorhergesehen, doch er könnte auch erheblich *gravierender* sein – zum Beispiel wenn das Klima sensibler auf einen Temperaturanstieg reagiert als von den Modellen vorhergesehen, wenn sich die Anpassung an die Folgen des Klimawandels schwieriger gestaltet oder wenn wir mehr Kohlendioxid ausstoßen, als die Klimaforscher aktuell annehmen.

Vor allem ist unsere Ungewissheit bezüglich des Klimawandels sehr asymmetrisch verteilt, das heißt, wenn die Ungewissheit größer ist, dann sollte auch unsere Sorge vor Worst-Case-Szenarien größer werden. Daran ändert sich auch nichts, wenn Best-Case-Szenarien wahrscheinlicher werden, denn ein Worst-Case-Ergebnis hätte deutlich stärkere Auswirkungen nach unten als ein Best-Case-Ergebnis nach oben.[27] So sieht der Weltklimarat bei einem Szenario mit niedrigen bis mittleren Emissionen eine Erwärmung von 2,5 Grad Celsius bis Ende des Jahrhunderts vorher.[28] Das ist allerdings ungewiss, und mit einer Wahrscheinlichkeit von 10 Prozent könnte die Erwärmung unter 2 Grad Celsius bleiben. Das sollte uns jedoch nicht in Sicherheit wiegen, denn die Erde könnte sich auch mehr als 3,5 Grad Celsius erwärmen, und zwar ebenfalls mit einer Wahrscheinlichkeit von 10 Prozent.[29] Ein Erwärmung von 2 Grad Celsius wäre sicherlich etwas günstiger als die aktuelle Prognose von 2,5 Grad Celsius, doch 3,5 Grad Celsius wären sehr viel ungünstiger. Die Ungewissheit gibt uns also *mehr* Anlass zur Sorge, nicht weniger. Es ist so, als hätte ich als jugendlicher Fassadenkletterer meine Zuschauer beruhigt, indem ich ihnen zurief: »Macht euch keine Sorgen! Ich habe keine Ahnung, wie tief ich fallen werde!«

Das trifft auch auf viele andere der in diesem Buch angesprochenen Probleme zu. Ich behaupte nicht, dass mit Sicherheit noch in diesem Jahrhundert Autokraten an die Macht kommen oder eine große Katastrophe eintritt. Ich sage nur, dass die Wahrscheinlichkeit besteht und dass sie real ist – jedenfalls größer als 1 Prozent und damit weit größer als die Wahrscheinlichkeit, bei einem Verkehrsunfall ums Leben zu kommen oder im Alltag einen anderen Unfall zu erleiden. Wenn man bedenkt, wie viel auf dem Spiel steht, hat jede Bemühung um eine gute Zukunft einen extrem hohen Erwartungswert.

Wenn wir unser Analyseinstrument »Tragweite, Dauer und Kontingenz« anwenden, sollten wir daher an die *erwartete* Tragweite, die *erwartete* Dauer und die *erwartete* Kontingenz denken.[30] Wenn eine Veränderung, die wir heute in der Welt vornehmen, mit 80-prozentiger Wahrscheinlichkeit in zehn Jahren nicht mehr spürbar ist, sich aber mit 20-prozentiger Wahrscheinlichkeit eine Million Jahre lang hält, dann sprechen wir von einer *erwarteten* Dauer von mehr als 200 000 Jahren. Ist die Wahrscheinlichkeit hinreichend groß, dass eine Veränderung hochgradig weitreichend, dauerhaft und kontingent ist, dann kann der Erwartungswert gigantisch sein.

Momente der Formbarkeit

Ein Ereignis kann extrem weitreichende, dauerhafte und kontingente Wirkung zeigen, wenn es in eine Phase der Formbarkeit fällt, in der Ideen, Ereignisse oder Institutionen sehr unterschiedliche Gestalt annehmen können; auf diese folgt dann oft eine Phase der Erstarrung. Es ist wie in der Glasbläserei: Eine gewisse Zeit lang lässt sich das geschmolzene Glas formen. Doch allmählich kühlt es ab und erstarrt, und um es weiter gestalten zu können, muss man es ein weiteres Mal erhitzen.

Eine Phase der Formbarkeit folgt oft auf eine Krise, etwa einen Krieg. Nach dem Zweiten Weltkrieg wurde beispielsweise Korea entlang des 38. Breitengrads geteilt. Die Grenzlinie war extrem kontingent: Die beiden US-Offiziere Dean Rusk und Charles Bonesteel nahmen eine Landkarte von *National Geographic* zur Hand und schlugen den Breitengrad als Grenze vor, weil er das Land in zwei etwa gleich große Hälften teilte und Seoul auf der amerikanischen Seite blieb.[31] Sie standen unter Zeitdruck, denn die Vereinigten Staaten mussten sich mit der Sowjetunion einigen, ehe die gesamte Halbinsel in sowjetische Hand fiel. Also zogen sie keine Koreaexperten zu Rate und nahmen keine Rücksicht auf bestehende Provinzen oder geografische Gegebenheiten. Die Amerikaner waren dann auch selbst überrascht, dass die Sowjets den Vorschlag überhaupt annahmen – nicht nur, weil er Seoul dem Westen überließ, sondern auch, weil die sowjetischen Truppen bereits in Korea standen, während sich die nächsten amerikanischen Soldaten noch Hunderte Kilometer entfernt in Okinawa befanden.[32] Doch nachdem die Teilung durchgeführt worden war, ließ sie sich nicht mehr rückgängig machen und hatte sehr unterschiedliche Folgen für die Menschen auf der einen oder anderen Seite der Linie. Südkoreaner leben heute in einer stabilen Demokratie und sind durchschnittlich

30-mal so wohlhabend wie 1953. Nordkoreaner leben dagegen in einer Diktatur und sind heute möglicherweise noch ärmer als vor dem Koreakrieg.[33]

Eine Phase der Formbarkeit öffnet sich oft auch, solange eine Idee oder Institution noch frisch ist. So wurde zum Beispiel die Verfassung der Vereinigten Staaten über einen Zeitraum von vier Monaten – eine Phase enormer Formbarkeit – geschrieben und in den ersten sechs Jahren nach Inkrafttreten elfmal ergänzt.[34] Danach erstarrte sie allerdings. Zwischen 1804 und 1913 wurden lediglich drei Zusätze verabschiedet, alle in unmittelbarer Folge des Bürgerkriegs: Sie schafften die Sklaverei ab, sprachen Afroamerikanern und ehemals versklavten Menschen die Staatsbürgerschaft zu und machten das Wahlrecht unabhängig von der Hautfarbe.[35] Heute ist die Verfassung extrem starr: In den vergangenen fünfzig Jahren wurde sie nur ein einziges Mal ergänzt, und dieser Zusatz – der vorschreibt, dass eine Erhöhung der Abgeordnetendiäten erst in der Wahlperiode nach ihrer Verabschiedung in Kraft tritt – wurde bereits 1789 zum ersten Mal vorgeschlagen.[36]

Diese Dynamik gilt nicht nur für Gesetze und Normen, sondern auch auf dem Gebiet der Technik. Nach dem Zweiten Weltkrieg diskutierte die internationale Staatengemeinschaft verschiedene Möglichkeiten der Atomwaffenkontrolle.[37] Ein amerikanischer Vorschlag, der »Baruch-Plan«, sah vor, das US-Atomwaffenprogramm einzustellen und das Waffenarsenal unter Aufsicht der Vereinten Nationen zu vernichten. Die Sowjetunion legte daraufhin den »Gromyko-Plan« vor, der ebenfalls eine allgemeine Abrüstung vorsah. Keiner der beiden Pläne wurde angenommen, und es ist unklar, ob sie jemals eine realistische Aussicht auf Umsetzung hatten. Dennoch war die Atomwaffenfrage damals formbarer als heute. Der Gedanke, dass die Vereinten Nationen den Uranbergbau überwachen könnten, scheint inzwischen gänzlich vom Tisch.

Die Dynamik »auf Formbarkeit folgt Erstarrung« gilt auch auf dem Gebiet der Ideen. Die frühen Christen kannten zum Beispiel nicht nur die Schriften, die heute in ihrem Neuen Testament versammelt sind, sondern auch eine Reihe weiterer Texte.[38] Erst im Laufe des 1. und 2. Jahrhunderts wurden die Bücher des Neuen Testaments zum Kern der christlichen Lehre, und erst gegen Ende des 4. Jahrhunderts verfestigte sich der Kanon endgültig.[39]

Ein letztes Beispiel kommt aus der Geschichte der Klimapolitik. Die Auswirkungen des Kohlendioxids auf die globale Erwärmung wurden schon 1896 von dem schwedischen Physiker Svante Arrhenius beobachtet; 1906 errechnete er, dass das Klima innerhalb eines Spielraums von 4 Grad Celsius stabil bleibe, womit er nur geringfügig über aktuellen Schätzungen der sogenannten Gleichgewichtsklimasensitivität lag.[40] Schon zu jener Zeit konnte man davon ausgehen, dass die Menschheit in Zukunft deutlich mehr Kohlendioxid produzieren würde: Man musste nur das damalige Wirtschaftswachstum in die Zukunft projizieren und die offensichtliche Tatsache einbeziehen, dass dieses Wachstum mit einer entsprechenden Zunahme des Energieverbrauchs einhergehen würde.

Frank Capra, Regisseur des Films *Ist das Leben nicht schön?*, drehte schon 1958 eine Fernsehdokumentation mit dem Titel *The Unchained Goddess*, in der er auch vor dem Klimawandel warnte: »Schon heute könnte der Mensch unwissentlich das Weltklima verändern, und zwar durch die Abfallprodukte seiner Zivilisation. Fabriken und Kraftfahrzeuge stoßen pro Jahr mehr als 6 Milliarden Tonnen Kohlendioxid aus, das die Sonnenwärme zurückhält und dadurch die Atmosphäre erwärmt … Es wurde errechnet, dass schon ein Anstieg der Erdtemperatur von einigen wenigen Grad Celsius die Polkappen zum Schmelzen bringt.«[41] Zwei Jahre zuvor hatte ein Artikel in der *New York Times* unter Verweis auf Berechnungen des Physikers Gilbert Plass erklärt, dass die Kohlendioxidemissionen den Planeten erwärmen. Plass ermittelte seinerzeit, dass das Klima bis zu einer Erwärmung von 3,6 Grad Celsius stabil bleiben könnte – ähnlich wie Svante Arrhenius und heute der Weltklimarat.[42]

Wenn die Menschheit schon zu einem frühen Zeitpunkt Maßnahmen zur Eindämmung der Erderwärmung ergriffen hätte, dann hätte sie auf einer ungewisseren Grundlage gehandelt, als wir sie heute haben. Doch das Thema wäre politisch weniger aufgeladen und Veränderungen wären einfacher durchsetzbar gewesen. Das sah auch Umweltschützer Bill McKibben so, als er 2019 sagte: »Vor dreißig Jahren hätte man die Situation mit ein paar Kleinigkeiten in eine andere Richtung lenken können – eine bescheidene Kohlendioxidabgabe hätte eine andere Kurve ergeben, und wir wären heute schon viel weiter. Vielleicht hätten wir den Klimawandel noch nicht im Griff, denn der ist ein Riesenproblem. Aber wir wären auf einem guten Weg.«[43]

Aus der Geschichte der Klimapolitik nimmt Bill McKibben die Lektion mit, dass wir neue Probleme ernst nehmen müssen, sobald sie erkennbar werden. Als Beispiel nennt er die Künstliche Intelligenz: »Wir haben die Künstliche Intelligenz noch nicht ernst genommen, weil sie sich noch nicht in unserem Alltag bemerkbar macht. Aber vom Klimawandel habe ich gelernt, dass sich die Dinge ganz schnell ändern können. Und ehe man sichs versieht, sind sie außer Kontrolle geraten. Wir sollten uns also damit beschäftigen, solange wir sie noch in den Griff bekommen können.«[44] Damit hat er nur zu recht. Beim Klimawandel haben wir möglicherweise einen formbaren Moment verpasst, und wir können nur hoffen, dass weitere folgen. Aber vielleicht können wir eine allgemeinere Lektion lernen und schneller auf neue Probleme reagieren – zum Beispiel Künstliche Intelligenz, synthetische Biologie, Spannungen zwischen den Vereinigten Staaten und China, den Aufstieg neuer Ideologien und die mögliche Verlangsamung des technischen Fortschritts. Das sind einige der Themen, mit denen ich mich im weiteren Verlauf dieses Buchs beschäftigen werde.

In den folgenden beiden Kapiteln gehe ich der Frage nach, ob die Dynamik »auf Formbarkeit folgt Erstarrung« auf die Geschichte als ganze zutreffen könnte. Aktuell befinden wir uns in einer Phase, in der die Leitwerte unserer Zivilisation noch formbar sind, doch in Kapitel 4 werde ich zeigen, warum diese Werte erstarren und die weitere Entwicklung der gesamten künftigen Zivilisation einschränken könnten. Wenn das zutrifft, könnten unsere heutigen Veränderungen der moralischen Werte auf unbestimmte Zeit hinaus wirken. Aber ehe ich diesen Gedanken vertiefe, sehen wir uns die Kontingenz des moralischen Wandels an.

TEIL II

Kurskorrekturen

KAPITEL 3

Moralischer Wandel

Die Abschaffung der Sklaverei

So verwerflich die Sklaverei ist, war sie in der Vergangenheit fast allgegenwärtig.[1] In der einen oder anderen Form wurde sie in Europa, Afrika, Nord- und Südamerika sowie in Asien praktiziert. Es gab sie in fast allen frühen Agrargesellschaften, von Mesopotamien und Ägypten bis nach Indien und China.[2] Menschen gerieten aus einer Vielzahl von Gründen in die Sklaverei: Sie wurden unterworfen oder verschleppt, konnten ihre Schulden nicht bezahlen, wurden für ein Vergehen bestraft oder von ihrer Familie verkauft.[3] Im Römischen Reich waren mindestens 10 Prozent der Bevölkerung Sklaven.[4] In der arabischen Welt, die vom heutigen Marokko bis zum heutigen Oman reicht, gab es einen gewaltigen Sklavenhandel, der sich bis ins 20. Jahrhundert hielt. In Afrika, Zentralasien und dem christlichen Europa wurden Menschen gekauft oder verschleppt und zur Arbeit als Soldaten, Hausdiener oder Sexsklaven gezwungen.[5] Je nach Schätzung wurden etwa 12 Millionen Menschen Opfer des Sklavenhandels in Afrika und Asien.[6]

Einen Höhepunkt erreichte die Sklaverei im Transatlantikhandel und der Ausbeutung der natürlichen Bodenschätze Amerikas durch die Europäer. Über 12 Millionen Menschen wurden aus Afrika verschleppt, davon rund 470 000 in die britischen Kolonien Nordamerikas, 1,6 Millionen in die spanischen Kolonien Nord- und Südamerikas, 4,2 Millionen in die Karibik und 5,5 Millionen nach

Brasilien.[7] Die Europäer betätigten sich zwar auch als Sklavenfänger, doch die meisten Opfer kauften sie von afrikanischen Stammesführern, die sie aus anderen Gesellschaften geraubt hatten.[8]

Der Transport in die Neue Welt erfolgte unter entsetzlichen Bedingungen. Die Gefangenen wurden in die engen und schlecht belüfteten Laderäume von Frachtschiffen zusammengepfercht, Seuchen grassierten.[9] Da sie die Mannschaftstoiletten nicht benutzen durften, lagen sie wochenlang in ihren eigenen Exkrementen. Geschätzte 1,5 Millionen Menschen starben auf der Überfahrt.[10]

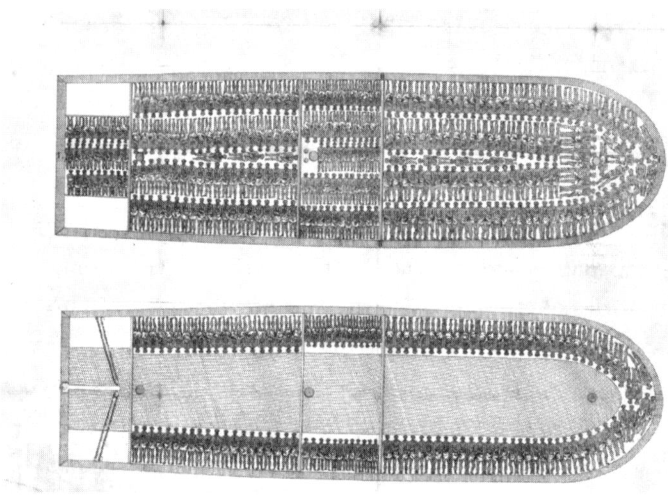

Abbildung 3.1 Plan des Sklavenschiffs Brookes *aus den 1780er-Jahren, der von britischen Gegnern der Sklaverei als Aufklärungsmaterial verwendet wurde.*

Das Leid der Menschen, die den Transport über den Atlantik überlebten, lässt sich unmöglich angemessen beschreiben. Die meisten wurden zur Arbeit auf den Zuckerrohr-, Tabak-, Baumwoll- und Kaffeeplantagen der Neuen Welt gezwungen, andere kamen in Gold- und Silberbergwerke.[11] In der Regel arbeiteten sie zehn Stunden am Tag, auch Schwangere und Kinder blieben nicht verschont.[12]

Um 1700 lebte die überwältigende Mehrheit der Bevölkerung der Karibik in Sklaverei, ihre Lebenserwartung betrug oft nicht mehr als zwanzig Jahre.[13] Auch wenn die meisten britischen Kolonien die Behandlung der Sklaven per Gesetz regelten, waren die Sklavenhalter in der Regel Richter und Henker ihrer Sklaven. Auspeitschungen waren an der Tagesordnung, um »Faulheit« zu unterbinden und die Versklavten in Angst und Schrecken zu halten.[14]

Es ist schwer nachvollziehbar, dass Menschen glauben, sie hätten ein Recht, andere Menschen zu besitzen. Man könnte zu dem Schluss kommen, dass die Sklavenhalter in ihrem tiefsten Inneren ihr Unrecht doch erkannt haben müssen und dass es ihnen einfach gleichgültig war. Doch wir sollten die Unterschiede zwischen unseren Werten und denen anderer Menschen nie unterschätzen. Sklaverei galt als vollkommen rechtmäßig und Teil der natürlichen Ordnung.[15] Selbst bedeutende Philosophen, die ihr Leben der moralischen Reflexion widmeten und auf anderen Gebieten ihrer Zeit weit voraus waren, hielten die Sklaverei für zulässig. Dazu gehören antike griechische Philosophen wie Aristoteles und Platon, aber auch Denker der Aufklärung wie Immanuel Kant.[16]

Doch trotz ihrer Verbreitung und Akzeptanz und trotz ihrer illustren Befürworter wurde die Sklaverei schließlich abgeschafft. War diese Abschaffung unvermeidlich und ein Ergebnis des ökonomischen Wandels oder des unaufhaltsamen moralischen Fortschritts? Oder handelt es sich um ein kontingentes Ereignis, das nie eingetreten wäre, wenn die Geschichte einen anderen Verlauf genommen hätte?

Eine umfassende Darstellung der Sklaverei würde mehrere Bände füllen und die ungezählten Akte des Widerstands und der Courage der versklavten Menschen im Verlauf der Geschichte schildern.[17] Sie würde den Einsatz ehemaliger Sklaven wie Frederick Douglass, Sojourner Truth und Harriet Tubman in den Vereinigten Staaten oder Luís Gama in Brasilien würdigen, die den Schrecken der Sklaverei publik machten, den Widerstand stärkten und auf ein Ende der Sklaverei drängten.

An dieser Stelle möchte ich allerdings nur auf einen kleinen Teilaspekt eingehen. Da ich wissen will, ob es sich bei der Abschaffung der Sklaverei um ein kontingentes Ereignis handelte, interessiere ich mich vor allem für diejenigen Aspekte der Geschichte, die unerwartet oder schwer zu erklären sind. Wie der Historiker Christopher Leslie Brown schrieb: »Die Ursachen für den Widerstand der Sklaven sind nicht schwer nachvollziehbar.«[18] Schon schwerer nachzuvollziehen schien ihm dagegen, dass auch Menschen, die von der Sklaverei profitierten, für ihre Abschaffung eintraten. Und versklavte Menschen haben im Laufe der Geschichte immer wieder gegen ihre Versklavung gekämpft. Wie kam es dann, dass die Antisklavereibewegung in Großbritannien Anfang des 19. Jahrhunderts erfolgreich war, nicht jedoch in früheren Sklavengesellschaften?

Eine mögliche Antwort ist der Aktivismus einer relativ kleinen Gruppe von Quäkern im 18. und 19. Jahrhundert. Mit ihrem Einsatz leisteten sie einen wichtigen Beitrag zu einer der überraschendsten moralischen Wenden der Geschichte. Diese Geschichte hat zahlreiche Protagonisten, doch aus den frühen Aktivisten der Quäker ragt ein gewisser Benjamin Lay besonders heraus.[19]

Lay kam 1682 im englischen Copford zur Welt. Er fuhr zur See, eröffnete einen Laden auf Barbados und zog 1732 nach Philadelphia, seinerzeit die größte Stadt der englischen Kolonien Nordamerikas und Heimat der größten Quäkergemeinde. Lay war kleinwüchsig und gerade einmal 1,20 Meter groß, außerdem hatte er einen Buckel. Er bezeichnete sich selbst als »kleinen Benjamin« und verglich sich mit dem biblischen David, der den Hünen Goliath überwand.[20]

Lays moralischer Radikalismus nahm viele Formen an. So war er zum Beispiel ein Gegner der Todesstrafe und der Konsumgesellschaft.[21] Wie viele der späteren Sklavereigegner ernährte er sich vegetarisch und verzichtete auf Kleidung aus Schafwolle oder Leder, was für seine Zeit sehr ungewöhnlich war. Später lebte er in einer Höhle vor den Toren von Philadelphia, und weil er sämtliche von unfreien Menschen hergestellten Güter boykottierte, stellte er seine eigene Kleidung her, trug ungefärbte Stoffe und verweigerte den Konsum von Tee und Zucker.[22]

Sein Widerstand gegen die Sklaverei ging auf seine Zeit als Matrose zurück, in der er erfahren hatte, wie verbreitet Vergewaltigung auf den Sklavenschiffen war. Besonders prägten ihn jedoch seine beiden Jahre auf Barbados. Kurz nach seiner Ankunft auf der Insel peitschte er selbst einige Sklaven aus, die aus Hunger Lebensmittel aus seinem Laden gestohlen hatten. Später bereute er dies und suchte die Freundschaft einiger versklavter Menschen.[23] Der »Besitzer« eines seiner Freunde, eines Küfers, hatte die Angewohnheit, seine Leute jeden Montagmorgen auszupeitschen, »um sie in Angst und Schrecken zu halten«.[24] Um dieser Quälerei zu entgehen, beging der Küfer eines Sonntagabends Selbstmord. Erlebnisse wie diese verfolgten Lay bis an sein Lebensende.

Während der 27 Jahre, die er in Pennsylvania lebte, ließ Lay keine Gelegenheit aus, seine Glaubensbrüder und -schwestern über die Schrecknisse der Sklaverei aufzuklären. Dabei griff er auch zu drastischeren Mitteln. Einmal stellte er sich barfuß und ohne Mantel in den Schnee vor dem Gemeindesaal. Wenn Passanten ihre Sorge zum Ausdruck brachten, erklärte er ihnen, Sklaven würden gezwungen, den ganzen Winter hindurch derart armselig gekleidet zu arbeiten. Wenn in einer Gemeindeversammlung ein Sklavenhalter das Wort ergreifen wollte, sprang er auf und rief: »Das ist auch einer von diesen Sklavenhaltern!«[25] Als man ihn deshalb einmal vor die Tür setzte, legte er sich vor dem Eingang in den Schmutz und zwang alle Gemeindemitglieder, beim Verlassen der Versammlung über ihn hinwegzusteigen.[26] Als er von einer Familie erfuhr, die ein

Mädchen als Sklavin hielt, lud er den sechsjährigen Sohn in seine Höhle ein, ohne es dessen Eltern zu sagen, damit sie wenigstens für kurze Zeit erlebten, wie es war, ein Kind zu verlieren.[27]

Seinen berühmtesten Auftritt hatte er jedoch 1738 auf der Jahresversammlung der Quäker. Er erschien in einem langen Mantel, unter dem er eine Uniform und ein mit Kunstblut gefülltes Buch trug. Während der Versammlung soll er aufgesprungen sein, den Mantel abgeworfen und gerufen haben: »Ihr Sklavenhalter, die ihr so zufrieden eure Mitmenschen als Sklaven haltet, ihr solltet euren Mantel genauso ablegen wie ich. In den Augen Gottes, der Menschen aller Völker und Hautfarbe gleichermaßen sieht und liebt, durchbohrt ihr die Herzen dieser Menschen mit einem Schwert, genau wie ich dieses Buch!«[28] Mit diesen Worten bespritzte er die Gemeinde mit dem falschen Blut. An diesem Tag war vermutlich auch John Woolman zugegen, der später einer der einflussreichsten Sklavereigegner der Quäker werden sollte.[29]

Lay war in ganz Pennsylvania berühmt oder eher berüchtigt.[30] In London, Colchester, Philadelphia und Abington wurde er aus der Gemeinde ausgeschlossen.[31] Trotzdem scheint er großen Eindruck auf die Quäker gemacht zu haben: In den 1790er-Jahren schrieb Benjamin Rush, sein Porträt hänge »in vielen Häusern Philadelphias«.[32] Lay war außerdem mit Anthony Benezet befreundet, der den Protest gegen die Sklaverei in England gesellschaftsfähig machte.[33] Lays Aktivismus fiel in eine Zeit des moralischen Umschwungs bei den Quäkern. Zwischen 1685 und 1705 waren geschätzte 70 Prozent der führenden Gemeindemitglieder Sklavenhalter; zwischen 1754 und 1780 waren es nur noch 10 Prozent.[34] Im Jahr 1758 beschloss die Jahresversammlung, Sklavenhändler auszuschließen (die Sklaven*halter* folgten allerdings erst 18 Jahre später).[35] Als Lay das erfuhr, soll er ausgerufen haben: »Lob und Preis dem Herrn! Jetzt kann ich in Frieden sterben.«[36] Ein Jahr später starb er dann auch.

Spuren des Kampfs gegen die Sklaverei finden sich überall in der Geschichte. Immer wieder befreiten sich versklavte Menschen selbst oder wehrten sich gegen die unmenschliche Behandlung. Moralisten verurteilten die Grausamkeit der Sklaverei und setzten sich mit ihren Folgen für Opfer und Täter auseinander.[37] Sie empfahlen, die Versklavten aus Menschlichkeit oder religiösen Gründen besser zu behandeln oder freizulassen.[38] Viele hielten die Sklaverei für unvereinbar mit ihrem Glauben oder, im Zeitalter der Aufklärung, mit den Menschenrechten.[39] Einige Herrscher räumten ihren Untertanen größere Freiheiten ein, um die Macht des Adels zu beschneiden oder Aufstände zu verhindern.[40] Doch die Quäker waren offenbar die erste Gruppe in der Geschichte der Menschheit, die eine Kampagne zur Abschaffung der Sklaverei ins Leben rief, die Unterstützung der Öffentlichkeit suchte und den Versuch unternahm, die Institution der Sklaverei gänzlich abzuschaffen.[41]

Mit ihrem Protest inspirierten Lay und andere eine Generation von Sklavereigegnern, die eine Brücke zwischen den nordamerikanischen Quäkern und der britischen Öffentlichkeit schlugen. Besonders einflussreich war Anthony Benezet, der 1770 eine Schule für junge Afrikaner gründete, um zu beweisen, dass sie den Europäern geistig ebenbürtig waren.[42] Viele seiner Schüler, darunter Absalom Jones, Richard Allen und James Forten, wurden später selbst zu führenden Gegnern der Sklaverei.[43] Mit seiner Arbeit inspirierte er außerdem Thomas Clarkson, der den britischen Widerstand gegen die Sklaverei organisierte und den Abgeordneten William Wilberforce als Fürsprecher für die Sache gewann.[44]

In Zusammenarbeit mit ehemaligen Sklaven wie Olaudah Equiano und Ottobah Cugoano, den Gründern der Sons of Africa, der ersten schwarzen politischen Organisation Großbritanniens,[45] wurde die Kampagne der britischen Sklavereigegner zu einem vollen Erfolg. Im Jahr 1807 untersagte das britische Parlament den

Sklavenhandel, und 1833 erklärte es den Besitz von Menschen in weiten Teilen des Britischen Weltreichs für unrechtmäßig.[46] Nach 1807 sagte die britische Regierung dem Menschenhandel in aller Welt den Kampf an. Mit Diplomatie und Bestechung brachte sie auch andere Länder dazu, den transatlantischen Menschenhandel zu verbieten, und ließ die internationalen Gewässer von der Marine überwachen.[47] Das erschwerte den Transport von Sklaven zwischen Westafrika, den Vereinigten Staaten und den französischen, spanischen, portugiesischen und niederländischen Kolonien in der Karibik. Insgesamt wurden mehr als 2000 Sklavenschiffe aufgetrieben und über 200 000 Menschen befreit (auch wenn diese dann zum Teil auf andere Weise ausgebeutet und als Arbeitskräfte im Britischen Weltreich eingesetzt wurden).[48]

Die Abschaffung der Sklaverei ist ein Beispiel für einen Wertewandel, also eine Veränderung der moralischen Haltung einer Gesellschaft beziehungsweise der Durchsetzung dieser Haltung. Meiner Ansicht nach handelt es sich bei der Abschaffung der Sklaverei um einen der bedeutendsten Fälle des Wertewandels in der Geschichte der Menschheit. In diesem und im folgenden Kapitel werde ich zeigen, warum die Korrektur gesellschaftlicher Werte aus Sicht des langfristigen Denkens so wichtig ist. In diesem Kapitel geht es um die Tragweite und Kontingenz des Wertewandels und im nächsten Kapitel um seine Dauer.

Die Tragweite von Werten

Unter der Tragweite eines Zustands kann man verstehen, wie gut oder schlecht dieser zu einem beliebigen Zeitpunkt ist. Das Beispiel der Sklaverei macht die Tragweite des Wertewandels offensichtlich. Mit der Abschaffung der Sklaverei wurden Millionen von

Menschen von einem menschenunwürdigen Joch befreit. Doch es ist bei Weitem nicht das einzige Beispiel für einen weitreichenden Wertewandel.

Ein weiteres ist die moralische Haltung zur Rolle der Frauen. In der Vergangenheit wurden Frauen systematisch unterdrückt. Im Jahr 1832, ein Vierteljahrhundert nach Abschaffung des Sklavenhandels, erließ die britische Regierung ein Gesetz, das Frauen ganz offiziell das aktive Wahlrecht absprach. Heute haben Frauen in sämtlichen Demokratien der Welt das aktive und passive Wahlrecht und weit mehr Möglichkeiten zur Teilnahme in der Arbeitswelt und am öffentlichen Leben. Da die Einstellungen zu den Geschlechterrollen jedoch nach wie vor sehr unterschiedlich sind, verfügen manche Frauen über mehr Chancen als andere. So haben Kambodscha, Laos, Vietnam, Indien und Pakistan ungefähr dasselbe Pro-Kopf-Einkommen, doch in Kambodscha, Laos und Vietnam gehen drei Viertel aller Frauen einer Arbeit nach und in Indien und Pakistan weniger als ein Viertel.[49]

Weitere Beispiele sind zahlreich. In den vergangenen Jahrzehnten haben sich in vielen Ländern die Einstellungen gegenüber LGBTQ+ stark verändert. In den Vereinigten Staaten ließ Massachusetts als erster Bundesstaat 2004 die Ehe zwischen gleichgeschlechtlichen Partnern zu. Nur elf Jahre später gestattete der Oberste Gerichtshof die gleichgeschlechtliche Ehe. Dieser Einstellungswandel hat dazu beigetragen, dass Millionen von Menschen ein gleichberechtigtes Leben führen können.

Körperliche Züchtigung in Schulen, die im 20. Jahrhundert noch verbreitet war, ist heute in über 120 Ländern verboten.[50] Neue Einstellungen zu Nationalismus und Zuwanderung wirken sich auf das Leben von Hunderten Millionen internationaler Migranten aus;[51] einer Schätzung zufolge können ungelernte Arbeitskräfte ihr Jahreseinkommen durch die Einwanderung in die Vereinigten Staaten um durchschnittlich 15 000 Dollar steigern.[52] Aber nicht nur Menschen sind vom Wertewandel betroffen. Auch Landschaften und Ökosysteme werden durch unsere Wertschätzung für die Natur verändert. Unsere Einstellungen zum Tierschutz haben gewaltige Auswirkungen für Abermilliarden von Tieren in der Massentierhaltung.[53]

Wertewandel hat eine ganz besondere Tragweite, denn er hat immense Auswirkungen auf das Leben von Menschen und anderen Lebewesen. Aus Sicht des langfristigen Denkens ist er jedoch noch interessanter als andere Veränderungen, weil die Auswirkungen in der Regel besonders gut vorhersehbar sind.

Wenn Sie versuchen, Ihr Ziel mithilfe ganz konkreter Maßnahmen zu erreichen, könnten diese Maßnahmen in Zukunft ihre Wirkung verlieren – vor allem dann, wenn die Welt der Zukunft anders aussieht als die Ihre, weil sich das politische, kulturelle und technische Umfeld verändert hat. Sie könnten auch gegenüber dem Wissen der Zukunft in Rückstand geraten, weil sich vielleicht der Kenntnisstand verändert und Ihre Maßnahme nicht mehr sinnvoll erscheint. Wenn Sie jedoch dafür sorgen, dass sich die Menschen der Zukunft Ihr Ziel zu eigen machen, dann können Sie sich darauf verlassen, dass sie selbst sinnvolle Umsetzungsstrategien finden werden, die ihrer Umwelt und ihrem aktuellen Wissensstand entsprechen. Damit machen Sie die Umsetzung Ihres Ziels wahrscheinlicher, auch wenn Sie keine Vorstellung haben, wie die Welt aussehen wird, in der die Menschen der Zukunft handeln.

Das Problem der »Toten Hand« in der Philanthropie zeigt, wie wichtig es ist, Ziele zu formulieren, statt konkrete Maßnahmen vorzugeben. Stiftungsgründer machen oft Vorgaben, die im Laufe der Zeit absurd werden. Ein Beispiel ist ScotsCare, eine Stiftung, die dem Wohl von in London lebenden Schotten dienen soll. Als die Stiftung 1611 ins Leben gerufen wurde, war diese Maßnahme sinnvoll. Schottland und England wurden erst seit Kurzem von einem gemeinsamen König regiert, Schotten waren in London Fremde, und in Armut lebende Schotten erhielten keine Unterstützung von den örtlichen Kirchengemeinden, die damals eine Art Sozialversicherung waren.[54] Vier Jahrhunderte später ist diese Maßnahme jedoch weit weniger sinnvoll. London ist heute die wohlhabendste Stadt Großbritanniens,[55] und soweit ich das beurteilen kann, müssen Schotten hier keine Benachteiligung mehr befürchten. Anders ist die Lage in strukturschwachen Regionen Schottlands selbst. Den Stiftungsgründern ging es vermutlich weniger um die Situation der Schotten in London als um das Wohl von Schotten ganz allgemein. Diesem Interesse wäre vermutlich besser gedient, wenn sie ihrer Stiftung das Ziel gegeben hätten, das ihnen wirklich am Herzen lag, nämlich das Wohl von Schotten ganz allgemein, statt eine konkrete Maßnahme zur Verwirklichung dieses Ziels vorzugeben.

Daher kommt dem Wertewandel aus Sicht des langfristigen Denkens ganz besondere Bedeutung zu. Ein Blick in die Vergangenheit zeigt, wie der Wertewandel das Leben von Milliarden von Menschen beeinflusst hat. Und wenn wir uns der Zukunft zuwenden und auf die Werte einwirken, die das Verhalten künftiger Generationen leiten, dann können wir sicher sein, dass sie bessere Entscheidungen treffen werden, selbst wenn sich ihre Welt erheblich von der unseren unterscheidet und wir keine Vorstellung haben, wie sie aussehen wird.

Die Kontingenz von Werten

Wenn sich ein Wertewandel allerdings früher oder später von selbst eingestellt hätte, dann sind die langfristigen Auswirkungen schwächer. Wir müssen also auch die *erwartete Kontingenz* eines Wertewandels einbeziehen. Wir müssen fragen: Wenn wir diesen Wertewandel nicht herbeiführen, wie lange würde es dann dauern, bis er sich von selbst einstellt? Heute gehen wir davon aus, dass die Sklavereigegner eine entscheidende Rolle bei der Abschaffung der Sklaverei gespielt haben. Wenn dieses Ereignis jedoch unvermeidlich gewesen wäre, hätten sie für etwas gekämpft, das sich früher oder später von selbst eingestellt hätte.

Ob ein Ereignis kontingent ist oder nicht, hängt auch davon ab, welchen Zeitraum wir betrachten. Die Wahrscheinlichkeit, dass sich große Veränderungen wie die Abschaffung der Sklaverei oder das Wahlrecht für Frauen ein Jahrhundert später von selbst eingestellt hätten, ist größer als die Wahrscheinlichkeit, dass sie sich *nie* eingestellt hätten. Für den Augenblick betrachten wir die erwartete Kontingenz in der Größenordnung von Jahrhunderten. Ein Wertewandel auf dieser Ebene ist an sich schon wichtig, denn er betrifft das Leben zahlreicher Generationen und Milliarden von Menschen. Im folgenden Kapitel werde ich allerdings argumentieren, dass die heute vorherrschenden Werte in den kommenden Jahrhunderten einrasten und für sehr lange Zeit Bestand haben könnten. Die Werte, die sich in den kommenden Jahrhunderten durchsetzen, prägen möglicherweise den gesamten Kurs der Zukunft.

Um die Kontingenz von Werten im Laufe der Geschichte besser zu verstehen, können wir zum Vergleich die Kontingenz der Biologie im Laufe der Evolution heranziehen. Organismen haben bestimmte Eigenschaften, die über ihren Reproduktionserfolg oder ihre »Fitness« bestimmen. Zur Evolution kommt es, weil diese Eigenschaften variieren und einige einen größeren Reproduktionserfolg bedeuten als andere.

Evolutionäre Kontingenz ist seit Jahrzehnten Gegenstand von Debatten. Der Evolutionsbiologe Stephen Jay Gould hielt die gesamte Evolution für hochgradig kontingent. Er behauptete, wenn man den »Film des Lebens« noch einmal ablaufen ließe, dann würden selbst kleinste Veränderungen in der fernen Vergangenheit gewaltige Unterschiede für das Leben von heute bedeuten.[56] Daher mutmaßte er, dass bei einer Wiederholung der Evolution des Lebens die Entstehung von menschenähnlicher Intelligenz unwahrscheinlich sei.

Evolutionäre Eigentümlichkeiten wie Elefantenrüssel und Giraffenhälse sind ein Hinweis auf die Kontingenz der Evolution. Wenn die Evolution durchgehend konvergent, also weitgehend unabhängig von der jeweiligen Umgebung verlaufen würde, hätten sich diese Merkmale mehr als einmal entwickeln müssen.[57] Ein weiterer Beleg sind die beiden Inseln von Neuseeland, die seit ihrer Abspaltung von Australien vor 80 Millionen Jahren isoliert sind. In Neuseeland gibt es keine einheimischen Säugetiere, weshalb es sich zu einem »Reich der Vögel« entwickelte. Die Vögel erschlossen sich im Laufe der Evolution eine erstaunliche Vielzahl von Nischen:[58] Die flugunfähigen Kiwis suchen auf dem Waldboden nach Insekten; die Kea sind Papageien, die in ungewöhnlich kalten Bergregionen leben; die inzwischen ausgerotteten Haast-Adler wurden bis zu 15 Kilogramm schwer und wogen damit doppelt so viel wie ihre heute lebenden Verwandten.[59]

In anderen Fällen verläuft die Evolution allerdings konvergent, das heißt, unterschiedliche Arten bringen ähnliche Merkmale hervor. So lernten zum Beispiel Insekten, Vögel, Flugsaurier und Fledermäuse fliegen, obwohl sie eine ganz unterschiedliche evolutionäre Vorgeschichte haben. Die Körper von Fischen, Meeressäugetieren und einigen Muscheln wurden stromlinienförmig. Und Krebstiere entwickeln sich derart häufig zu krabbenartigen Tieren, dass dieser Prozess einen eigenen Namen hat: Carzinisierung oder Verkrabbung.[60]

Heute sind sich Biologen einig, dass die Evolution teils kontingent, teils nicht-kontingent verläuft. Das lässt sich an der sogenannten Fitnesslandschaft (siehe Grafik 3.2) erkennen. In dieser Fitnesslandschaft werden Abweichungen von Eigenschaften eines

Organismus anhand von einer oder mehreren Dimensionen ermittelt; bei Elefanten könnte das zum Beispiel die Körpermasse, die Länge des Rüssels oder die Geselligkeit sein. Die letzte Dimension ist die evolutionäre Fitness des Organismus in Abhängigkeit von diesen Merkmalen.[61]

Die Gipfelpunkte in dieser Landschaft zeigen, welche Merkmale oder Kombinationen einem Organismus die größte Fitness verleihen. Aufgrund von Abweichungen durch Genmutationen nehmen einzelne Exemplare innerhalb dieser Landschaft leicht unterschiedliche Positionen ein. Je näher sie dem Gipfel sind, umso eher geben sie ihre Eigenschaften an die nächste Generation weiter. Manchmal gibt es nur einen einzigen Gipfel. Dann drängt die Evolution die Art zu diesem einen Gipfel hin, egal, wo in der Landschaft sie beginnen. Aus diesem Grund entwickeln fast alle schwimmenden Tiere einen stromlinienförmigen Körper.

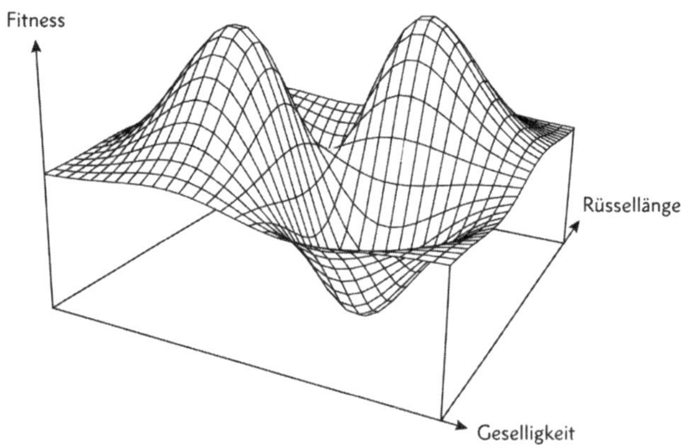

Grafik 3.2 Vereinfachte Darstellung einer Fitnesslandschaft in der biologischen Evolution. Sie zeigt, wie die reproduktive Fitness eines Elefanten je nach Geselligkeit und Länge des Rüssels variieren könnte. (Das ist lediglich ein Beispiel und sagt nichts über die Fortpflanzung realer Elefanten aus.)

Eine Landschaft kann auch mehr als einen Gipfel haben, wenn es verschiedene Möglichkeiten gibt, sich an dieselbe Umgebung anzupassen. So sind zum Beispiel Biber und Schnabeltiere in langsam fließenden Gewässern heimisch, haben jedoch sehr unterschiedliche Eigenschaften. Wenn eine Landschaft mehrere Gipfel hat, spricht man von *multiplen Gleichgewichten*. Das bringt das Konzept der Kontingenz in die Evolution ein, denn welchen Gipfel ein Organismus erklimmt, hängt von seinem Anfangspunkt in der Fitnesslandschaft, der Form dieser Landschaft und den Zufällen der Genmutation ab.

Bei multiplen Gleichgewichten kann die Kontingenz der biologischen Evolution groß sein. Aber auch bei nur einem Gleichgewicht kann die *erwartete* Kontingenz groß sein, wenn es etwa sehr lange dauert, um dieses Gleichgewicht zu erreichen, die Evolution die Fitnesslandschaft also nur ganz allmählich erklimmt. So vergingen zum Beispiel 700 Millionen Jahre zwischen der Entstehung der ersten Nervenzellen und dem Aufkommen menschenähnlicher Intelligenz.[62]

Es ist durchaus vorstellbar, dass eine menschenähnliche Existenz schon immer ein Gipfel in der Fitnesslandschaft war und dass die Evolution nur sehr lange brauchte, um dorthin zu gelangen. Es könnte auch mehrere Wege zu diesem Gipfel geben, das heißt, die sich entwickelnden Formen der Intelligenz wären 700 Millionen Jahre lang kontingent.

In den vergangenen Jahrzehnten hat man versucht, mithilfe der Theorien der Evolution und der Fitnesslandschaft die Entwicklung von Kulturen und Werten zu verstehen.[63] Mit ihrer Hilfe könnten wir verstehen, wann und warum Werte kontingent sind.

Diese Theorie versteht Kultur ganz allgemein als sozial überlieferte Information. Dazu gehören Überzeugungen, Kenntnisse, Fähigkeiten und Praktiken, doch in unserem Zusammenhang geht es ausschließlich um Werte. Die kulturelle Evolution lässt sich mit denselben drei Grundsätzen beschreiben, die auch die Darwin'sche Evolution bestimmen:

- *Variation:* Kulturelle Merkmale unterscheiden sich hinsichtlich ihrer Eigenschaften.
- *Fitnessunterschiede:* Kulturelle Merkmale mit unterschiedlichen Eigenschaften haben unterschiedliche Überlebens- und Fortpflanzungsraten.
- *Vererbung:* Kulturelle Merkmale werden durch Nachahmung und Sprache von einem Menschen zum anderen weitergegeben.

Zum Beispiel kann eine Kultur eine ganze Bandbreite von verschiedenen Einstellungen gegenüber Außenstehenden haben, von Freundlichkeit bis zu Feindseligkeit; einige dieser kulturellen Einstellungen sind besser an eine bestimmte Umgebung angepasst als andere; und die besser angepassten Einstellungen werden mit größerer Wahrscheinlichkeit an Zeitgenossen und die nächste Generation weitergegeben. Modelle der kulturellen Evolution kennen den kulturellen Wettstreit zwischen Individuen und Gruppen.[64]

Durch die Brille der kulturellen Evolution lassen sich Vergangenheit und Zukunft besser verstehen. Der Umgang der Kulturen untereinander und ihre Anpassung an ihre Umwelt führt im Laufe der Zeit zur Entstehung neuer Kulturen und Merkmale, und alte Kulturen entwickeln sich weiter oder werden überflügelt. Um es ganz klar zu machen: Ich behaupte nicht, dass Merkmale, die einer Kultur zur Verbreitung verhelfen, diese »besser« machen als andere Kulturen. Es sollte uns im Gegenteil nachdenklich stimmen, dass diejenigen Kulturen mit der größten Fitness, die sich im Laufe der Zeit als überlegen erweisen, möglicherweise gerade nicht die wünschenswertesten Merkmale haben. So weist zum Beispiel der Anthropologe Joe Henrich darauf hin, dass die Gruppenauslese auch fremdenfeindliche Normen begünstigen und die Angehörigen eines Stammes oder Landes veranlassen könnte, ihre Konkurrenten auszulöschen.[65]

Fitnesslandschaften gibt es nicht nur für biologische Merkmale, sondern auch für kulturelle Werte. Wenn eine Landschaft einen einzigen Gipfel hat, sollten wir davon ausgehen, dass die unterschiedlichen Kulturen den betreffenden Werten zustreben, womit die Veränderung dieser Werte eine geringe Kontingenz hätte. Es ist wohl nicht weiter verwunderlich, dass die Fürsorge für Kinder zu den weitverbreiteten Normen zählt: Kulturen ohne diese Norm hätten keine gesunden Kinder und auf lange Sicht kaum Erfolg.[66] Und Kulturen, die andere bekehren und sich so weit wie möglich ausbreiten wollen, zum Beispiel missionierende Religionen, scheinen eher zu wachsen als Kulturen ohne dieses Merkmal. Auch hier ist es kaum verwunderlich, dass einige der größten Religionen, zum Beispiel das Christentum und der Islam, die Bekehrung Andersgläubiger in den Mittelpunkt stellen.

Eine Fitnesslandschaft kann aber auch mehrere Gipfel haben, das heißt, dass verschiedene Kulturen auf lange Sicht ganz unterschiedliche und stabile Werte herausbilden können. Ein Beispiel ist das Phänomen des Geltungskonsums, bei dem betuchte Menschen ihren Reichtum zur Schau stellen, indem sie bestimmte Waren kaufen und sich damit schmücken. Die Verbreitung des Geltungskonsums lässt vermuten, dass es einen gewissen kulturellen Evolutionsdruck in diese Richtung gibt. Doch die Form des Geltungskonsums ist ausgesprochen kontingent: In einigen Kulturen äußert sie sich in der Zurschaustellung von Luxusgütern, in anderen in Spendentätigkeit und in wieder anderen im Besitz von Sklaven. Einige dieser Formen des Geltungskonsums sind deutlich wünschenswerter als andere.

Ein weiteres Beispiel sind Religionen, die von ihren Gläubigen erwarten, ihre Frömmigkeit und moralische Integrität unter Beweis zu stellen. Allerdings haben die verschiedenen Religionen ganz unterschiedliche Ausdrucksformen dafür gefunden. Viele Buddhisten und Hindus zeigen ihre Frömmigkeit und moralische Integrität durch den Verzicht auf tierische Produkte, doch auf Christen trifft das nicht zu. Das erklärt, warum sich 20 Prozent der Asiaten als Vegetarier bezeichnen, aber nur 5 Prozent der Europäer und Nordamerikaner.[67] Aus ähnlichen Gründen konsumieren Chinesen, Südkoreaner und Vietnamesen pro Kopf rund dreißig Kilogramm Schweinefleisch pro Jahr, Muslime aus Iran, Pakistan, Indonesien oder Juden aus Israel dagegen nahezu null Kilogramm.[68] Ähnlich vielfältig sind religiöse Normen zu Sex, Ehe, Arbeit und Wohltätigkeit – je nach Religion demonstriert man Anstand und Frömmigkeit auf sehr unterschiedliche Weise. Aus Sicht der kulturellen Fitness können diese unterschiedlichen Gleichgewichte gleichwertig, doch aus moralischer Sicht durchaus besser oder schlechter sein. Wer zum Beispiel den Fleischverzehr für moralisch falsch hält, wird es begrüßen, dass Buddhismus und Hinduismus beide deutliche Bezüge zur vegetarischen Ernährung haben, um moralische Integrität zum Ausdruck zu bringen.

Ein zweiter Grund, warum bei den moralischen Einstellungen mehrere Gleichgewichte zu erwarten sind, ist die Tatsache, dass sich Wertesysteme eingraben und ideologische Konkurrenz unterdrücken. Ein Beispiel sind die zahlreichen ideologischen »Säuberungen« der Geschichte. Zwischen 1209 und 1229 führte Papst Innozenz III. den sogenannten Albigenserkreuzzug gegen die Katharer, eine christliche Sekte in Südfrankreich. Er erreichte sein Ziel schließlich: Während des Kreuzzugs wurden rund 200 000 Menschen getötet, und bis 1350 waren die Katharer aus Europa verschwunden.[69] Auch die britische Geschichte ist voller Monarchen, die gegen Andersgläubige vorgingen: Die katholische Königin Mary I. ließ Protestanten auf dem Scheiterhaufen verbrennen und zwang die Bevölkerung in die Heilige Messe, wenige Jahre später ließ Elizabeth I. Dutzende Katholiken hinrichten, verbot die katholische Messfeier und bestrafte Bürger, die dem anglikanischen Gottesdienst fernblieben.[70]

Auch das 20. Jahrhundert kannte ideologische »Säuberungen«. In der »Nacht der langen Messer« räumte Adolf Hitler 1934 die Konkurrenz und Opposition in seiner eigenen Partei aus dem Weg und festigte seine Position als »Führer«. Josef Stalin ließ zwischen 1936 und 1938 rund eine Million Menschen ermorden, um seine Widersacher in der Kommunistischen Partei und der Zivilgesellschaft zu beseitigen.[71] Pol Pot riss 1975 die Macht in Kambodscha an sich und verwandelte das Land in einen Einparteienstaat; Intellektuelle wurden als ideologische Feinde diffamiert und ermordet, ein Überlebender berichtete, schon der Besitz einer Brille sei ein Todesurteil gewesen.[72] Nachdem Pol Pot 1978 seine Macht gefestigt hatte, gab er in der Partei den Slogan aus: »Säubert die Partei! Säubert die Armee! Säubert die Kader!«[73] Innerhalb von weniger als drei Jahren töteten die Roten Khmer rund ein Viertel der Bevölkerung Kambodschas.[74]

Die Festigung von Werten bringt mehrere Gleichgewichte hervor, weil bei der Durchsetzung eines bestimmten Wertesystems in einer beliebigen Region und Epoche eine gehörige Portion Zufall im Spiel ist und weil ein hinreichend starkes Wertesystem seine Position halten kann, indem es andere unterdrückt. Die Theorie der kulturellen Evolution erklärt auch, *warum* sich vorherrschende Kulturen in einer Gesellschaft eingraben. Die Antwort ist ganz einfach: Kulturen, die sich nicht eingraben, verschwinden eher als diejenigen, die sich eingraben.

Damit kommen wir zum letzten Grund, warum die erwartete Kontingenz eines Wertewandels hoch sein kann: Selbst wenn es nur ein einziges Gleichgewicht gibt, kann der Weg dorthin sehr lang sein. Wenn der Auslesedruck nicht sonderlich hoch ist oder es kaum Spielraum für Veränderungen gibt, dann könnten sich Kulturen an sehr unterschiedlichen Punkten der Fitnesslandschaft befinden und erst ganz allmählich auf dem Gipfel zusammenfinden. Die Herrschaftskultur Nordkoreas scheint deutlich weniger fit zu sein als die Südkoreas, wie der jahrzehntelange wirtschaftliche Stillstand belegt.[75] Das ändert nichts daran, dass das Regime im Norden inzwischen sieben Jahrzehnte überdauert hat.

Nach diesen Überlegungen sehen wir heute eine Reihe von offenbar sehr kontingenten Werteunterschieden zwischen und innerhalb von Ländern. Der zivile und staatliche Widerstand gegen Abtreibung sind am stärksten in katholischen Ländern wie Chile, der Dominikanischen Republik, El Salvador, Nicaragua und Malta sowie der Vatikanstadt.[76]

Bei der Beteiligung von Frauen am Arbeitsmarkt gibt es zwar eine schwache U-förmige Beziehung zum Bruttoinlandsprodukt pro Kopf (das heißt, in den ärmsten und den reichsten Ländern ist sie tendenziell größer), doch die Streuung ist gewaltig. In überwiegend muslimischen Ländern wie Somalia, Afghanistan, Irak, Ägypten und Saudi-Arabien ist der Anteil der erwerbstätigen Frauen besonders niedrig, doch auch hier gibt es Ausnahmen, zum Beispiel Kasachstan.

ANTEIL DER ERWERBSTÄTIGEN FRAUEN
in %

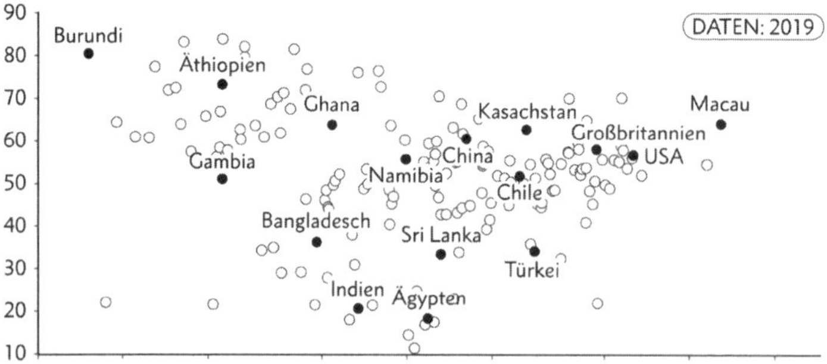

Grafik 3.3 Anteil der Frauen (15 Jahre und älter), die 2019 wirtschaftlich aktiv waren, im Verhältnis zum Pro-Kopf-Einkommen ihres Landes (2019).

Die Erwerbstätigkeit von Frauen spiegelt sich auch in kulturellen Einstellungen wider: Ägypten und Peru haben jeweils ein Bruttoinlandsprodukt von rund 12 000 Dollar pro Kopf, doch in Ägypten, wo weniger als 20 Prozent der Frauen erwerbstätig sind, glauben 80 Prozent der Befragten, dass Männer mehr Recht auf einen Arbeitsplatz haben als Frauen; in Peru, wo 70 Prozent der Frauen erwerbstätig sind, glauben dies dagegen nur 20 Prozent der Befragten.[77]

Auch die Einstellungen gegenüber biotechnischen Verfahren wie Klonen und Gentechnik unterscheiden sich von einer Kultur zur anderen ganz erheblich. Während in Japan nur 8 Prozent der Befragten glauben, dass es zulässig wäre, ein Kind durch genetische Eingriffe intelligenter zu machen, sind es in Indien 64 Prozent.[78] Generell scheinen die Menschen in asiatischen Ländern der Genmanipulation aufgeschlossener gegenüberzustehen als Menschen aus Ländern Europas oder Nord- und Südamerika, doch auch hier ist die Bandbreite groß.[79]

Auch bei der Bereitschaft, für das eigene Land zu kämpfen, sind die Unterschiede gewaltig (von 13 Prozent in Japan bis 96 Prozent in Vietnam), genau wie bei der Einstellung zur Zuwanderung (in wohlhabenden Ländern liegt der Anteil der im Ausland geborenen Einwohner bei 14 Prozent, in Japan und Südkorea jedoch nur bei 2 Prozent) und der Verbreitung des Vegetarismus (eine Schätzung geht davon aus, dass der Anteil der Vegetarier in Indien zehnmal so hoch ist wie in Brasilien).[80] Das gilt auch für die Spendenfreudigkeit: In überwiegend buddhistischen Ländern geben die Menschen großzügiger, in Myanmar und Sri Lanka sagten mehr als 50 Prozent der Befragten, im letzten Monat für wohltätige Zwecke gespendet zu haben.[81] In vielen Fällen lassen sich die heutigen Werte der Bürger aus der Geschichte des jeweiligen Landes erklären.

Es gibt also zahlreiche theoretische Gründe für die Annahme, dass Werte oft kontingent sind, und zahlreiche Beispiele, die dies zu belegen scheinen. Aber wie verhält es sich mit dem Beispiel vom Beginn des Kapitels – der Abschaffung der Sklaverei? War auch sie ein kontingentes Ereignis?

Die Kontingenz der Abschaffung der Sklaverei

Weil die Sklaverei derart entsetzlich ist, bin ich lange davon ausgegangen, dass ihre Abschaffung unvermeidlich war. Doch seit ich mich eingehender mit der historischen Forschung zu dem Thema beschäftigt habe, bin ich mir nicht mehr so sicher. Wir können es zwar nicht mit Sicherheit sagen, doch wenn wir den Film der Geschichte hundertmal mit geringfügig abweichenden Ausgangsbedingungen ablaufen lassen würden, dann scheint es mir durchaus plausibel, dass in einem erheblichen Anteil dieser Durchgänge die Sklaverei bis heute in vielen Ländern legal wäre, und das trotz unseres technischen Entwicklungsstandes.[82]

Daher drängt sich die Frage auf, ob die Abschaffung der Sklaverei in erster Linie eine Folge des wirtschaftlichen oder des moralischen Wandels war (wobei natürlich beide eine Rolle gespielt haben). Viele Menschen sind der Ansicht, die Abschaffung der Sklaverei sei vor allem eine wirtschaftliche Angelegenheit gewesen: Mit der Industrialisierung Europas und seiner Kolonien wurde die Sklaverei unrentabel, und die Abschaffung beseitigte lediglich eine Einrichtung, die früher oder später von selbst verschwunden wäre. Dieser Gedanke geht auf das 1944 veröffentlichte Buch *Capitalism and Slavery* von Eric Williams zurück, der später der erste Premierminister von Trinidad und Tobago werden sollte.

Williams' Buch war ein wichtiger Beitrag zur Debatte, doch wie der Historiker Seymour Drescher in seinem 1977 erschienenen Buch *Econocide* zeigte, ließ sich diese These so nicht halten. Der

Historiker Christopher Leslie Brown meinte: »Seit der Veröffentlichung von *Econocide* halten nur noch wenige Historiker an der wirtschaftlichen Erklärung für die Abschaffung der Sklaverei in Großbritannien fest.«[83] Expertinnen und Experten wie Manisha Sinha, Adam Hochschild, Michael Taylor, David Richardson und Seymour Drescher selbst haben mir auf Anfrage bestätigt, dass sie dieser Einschätzung zustimmen.[84]

Das hat gute Gründe. Erstens war die Sklaverei für die Briten ein ausgesprochen einträgliches Geschäft. In den Jahren vor ihrer Abschaffung produzierten die britischen Kolonien mehr Rohrzucker als die gesamte restliche Welt zusammen, und Großbritannien konsumierte mehr davon als jedes andere Land.[85] Mit der Abschaffung der Sklaverei stieg der Ladenpreis für Zucker um 50 Prozent, was die britische Öffentlichkeit über einen Zeitraum von sieben Jahren 21 Millionen Pfund kostete – rund 5 Prozent der damaligen britischen Ausgaben.[86] Außerdem ebbte der Sklavenhandel nicht etwa ab, sondern er boomte weiter: Obwohl die Briten 1807 den Sklavenhandel untersagt hatten, wurden zwischen 1821 und 1830 mehr Afrikaner über den Atlantik verschleppt als in jedem anderen Jahrzehnt mit Ausnahme der 1780er-Jahre.[87] Nach dem Erlass des Gesetzes zur vollständigen Abschaffung der Sklaverei im Jahr 1833, das zur allmählichen Freilassung versklavter Menschen im gesamten Britischen Weltreich führte, entschädigte die Regierung die britischen Sklavenhalter.[88] Die Kosten dafür beliefen sich auf 20 Millionen Pfund, was rund 40 Prozent der damaligen Staatsausgaben entsprach.[89] Zur Finanzierung nahm die Regierung einen Kredit von 15 Millionen Pfund auf, dessen Rückzahlung erst 2015 abgeschlossen war.

Die wirtschaftliche Interpretation der Abschaffung der Sklaverei liefert auch keine Erklärung dafür, warum Großbritannien nach 1807 aktiv gegen den Sklavenhandel vorging. Das Land schloss Verträge gab, es bezahlte einige europäische Mächte dafür, dass sie ihre Beteiligung am Sklavenhandel einstellten, und überwachte die Einhaltung dieser Verträge mithilfe der Kriegsmarine.[90] An diesem Punkt hatten die Briten natürlich einen wirtschaftlichen Anreiz, denn sie wollten verhindern, dass die Konkurrenz sie mit von Sklaven hergestellten Produkten unterbot. Doch das wirtschaftliche Resultat steht in keinem Verhältnis zu ihrem Einsatz: Zwischen 1807 und 1867 kostete die Durchsetzung rund 2 Prozent des jährlichen Nationaleinkommens, ein Mehrfaches dessen, was Großbritannien heute für Entwicklungshilfe ausgibt. Die Politikwissenschaftler Robert Pape und Chaim Kaufman bezeichnen die Kampagne daher als »teuersten internationalen moralischen Einsatz der modernen Geschichte«.[91] Wäre die wirtschaftliche Erklärung korrekt, dann wäre dieser Einsatz überflüssig gewesen, denn der Sklavenhandel wäre ja ohnehin ein Auslaufmodell gewesen.[92]

Doch hätten wirtschaftliche Entwicklungen das Ende der Sklaverei zu einem späteren Zeitpunkt unvermeidlich gemacht, auch wenn sie nicht der Grund waren, warum das britische Parlament den Sklavenhandel verbot? Man könnte argumentieren, dass der Wert der Sklavenarbeit mit der zunehmenden Mechanisierung der Wirtschaft abgenommen hätte: Die Tätigkeiten, die Sklaven üblicherweise übernahmen – unangenehme Schwerstarbeit mit gut messbarem Ergebnis –, waren schließlich diejenigen, die als erste von Maschinen übernommen wurden.

Das wäre ein Grund zu der Annahme, dass der Anteil der versklavten Menschen weltweit im Laufe der Zeit abgenommen hätte, aber nicht, dass die Sklaverei vollständig abgeschafft worden wäre. Erstens gibt es nach wie vor eine Menge unangenehme Schwerstarbeit, die nicht von Maschinen übernommen werden kann, von der Obsternte in den Vereinigten Staaten bis zum Bergbau und der Landwirtschaft in Entwicklungsländern. Der Anbau von Zuckerrohr und Baumwolle wurde erst spät mechanisiert, im Süden der Vereinigten Staaten setzten sich Erntemaschinen erst nach dem

Zweiten Weltkrieg durch.[93] Zweitens übernahmen viele versklavte Menschen Tätigkeiten, die nicht von der Industrialisierung betroffen waren, zum Beispiel als Sex- oder Haussklaven. Und schließlich übernahmen versklavte Menschen oft schwer zu überwachende Tätigkeiten. Im antiken Griechenland waren sie zum Beispiel häufig Schmiede, Schreiner, Beamte, Geldverleiher und sogar Verwalter von Betrieben und Landgütern.[94]

Wenn man diese Belege zusammennimmt, muss man zu dem Schluss kommen, dass das Ende der Sklaverei nicht die unvermeidliche Folge einer wirtschaftlichen Entwicklung gewesen sein kann. Es wurde vielmehr zu einem erheblichen Teil durch eine Veränderung von moralischen Einstellungen herbeigeführt. Angesichts dieser Tatsache können wir fragen, wie kontingent dieser Wertewandel und seine Festschreibung durch Gesetze war. Das ist schwierig, denn die Abschaffung der Sklaverei erfolgte nur ein einziges Mal und erfasste nach und nach die gesamte Welt; es gibt keine vergleichbaren historischen Experimente, die uns verraten, welchen Verlauf die Dinge hätten nehmen können. Hat die kulturelle Fitnesslandschaft einen einzigen Gipfel oder mehrere? Ist die Abschaffung der Sklaverei vergleichbar mit der Einführung der Elektrizität – eine Entwicklung, die mehr oder weniger unvermeidlich ist, wenn sie erst einmal in Gang gekommen ist? Oder eher mit dem Tragen von Krawatten – eine kulturelle Kontingenz, die sich fast weltweit durchgesetzt hat, aber auch ganz anders aussehen könnte?[95]

Optimisten würden annehmen, dass der moralische Wandel, der schließlich im Ende der Sklaverei mündete, ein mehr oder weniger unvermeidlicher Aspekt des moralischen Fortschritts war.[96] Doch dafür gibt es kaum Belege. Selbst wenn man mit Martin Luther King annimmt, dass sich der Bogen des moralischen Universums zur Gerechtigkeit neigt, kann dieser Bogen sehr lang sein. Bei einem anderen Durchgang der Geschichte könnte selbst bei einer ähnlichen technischen Entwicklung sehr viel mehr Zeit vergehen, bis die Sklaverei abgeschafft würde. Dann wäre die Abschaffung der Sklaverei jahrhunderte- oder jahrtausendelang kontingent.

Die Geschichte des 20. Jahrhunderts, vor allem der Aufstieg des Nationalsozialismus und des Stalinismus, führt uns vor Augen, wie schnell es zu einem moralischen Rückschritt kommen kann, auch bei der Arbeit. Während des Zweiten Weltkriegs brachte Deutschland rund 11 Millionen Zwangsarbeiter zum Einsatz, drei Viertel davon Zivilisten; auf dem Höhepunkt war ein Viertel der Arbeitskräfte des Landes Zwangsarbeiter.[97] Auch die Sowjetunion unter Stalin machte zwischen 1930 und den 1950er-Jahren ausgiebig Gebrauch von Zwangsarbeitern; der Höhepunkt war 1946 erreicht, als in den Lagern des Gulag sechs Millionen Menschen oder 8 Prozent der arbeitenden Bevölkerung zur Arbeit gezwungen wurden.[98]

Man könnte nun behaupten, der Trend zur freien Beschäftigung in Nordwesteuropa bestätige die These des unaufhaltsamen moralischen Fortschritts und der Nationalsozialismus und der Stalinismus seien nur vorübergehende Rückfälle gewesen. In Frankreich und England war die Sklaverei schon im 12. Jahrhundert verschwunden und durch die Leibeigenschaft ersetzt worden.[99] Leibeigene hatten mehr Freiheiten, sie konnten in der Regel nicht verkauft werden, auch wenn sie und ihre Kinder an ein Stück Land gebunden waren, das sie nicht verlassen durften, und auch wenn sie für die Eigentümer dieses Landes arbeiten mussten.[100] Nach der Pest im 14. Jahrhundert wurde die Leibeigenschaft in ganz Westeuropa dann durch freie Arbeit ersetzt.[101] Man könnte die weltweite Abschaffung der Sklaverei also einfach als nächsten logischen Schritt dieser Entwicklung begreifen.

Doch die Sache ist nicht so einfach. Eine gewaltige Komplikation ist der transatlantische Sklavenhandel selbst: Obwohl die Europäer zu Hause zur freien Arbeit tendierten, versklavten sie Abermillionen Menschen – das allein lässt die Vorstellung eines moralischen Fortschritts mehr als fragwürdig erscheinen. Zweitens gab es in anderen Teilen der Welt keine ähnliche Entwicklung.[102] In Osteuropa nahm die Leibeigenschaft nach der Pestwelle sogar noch zu.[103] In China erlebte die Sklaverei im Laufe der Geschichte Auf- und Abschwünge. In der vor 1500 v. Chr. gegründeten Shang-Dynastie könnte es sie gegeben haben, und in der Han-Dynastie (202 v. Chr. – 220 n. Chr.) ist sie sicher belegt.[104] De facto existierte sie in China in der einen oder anderen Form bis ins 20. Jahrhundert hinein. Einige Anführer versuchten, sie abzuschaffen oder zu reformieren, oft im Zusammenhang mit Machtkämpfen, doch mit dem Aufstieg neuer Dynastien kehrte sie oft wieder zurück.[105] So war 1626 schätzungsweise ein Drittel der Einwohner der Provinz Liaodong Sklaven der Qin, und nachdem diese 1636 ihre Dynastie begründet hatten, kehrte die Sklaverei auch in anderen Teilen Chinas zurück.[106] Erst 1909 wurde die Sklaverei in China endgültig abgeschafft.[107] In der Frage der Sklavenbefreiung ist weltweit nicht einmal ein holpriger moralischer Fortschritt auszumachen.

Eine moderatere Sicht lässt den Gedanken des moralischen Fortschritts außen vor und argumentiert, die Abschaffung der Sklaverei sei durch einen allgemeinen Trend zum Liberalismus und zur Ideologie der freien Marktwirtschaft in Nordwesteuropa wahrscheinlicher geworden. Diese Auffassung vertritt unter anderem der Historiker David Eltis.[108] Sobald sich der Gedanke durchgesetzt habe, dass Menschen gleiche Rechte hätten und keinen staatlichen Zwängen unterlägen, habe sich die Stimmung logischerweise auch gegen die Sklaverei gewendet, so die Argumentation.

Dass verschiedene liberale Gruppen unabhängig voneinander eine Antisklavereibewegung hervorbrachten, scheint mir ein Beleg für diese These zu sein. Auch außerhalb von Großbritannien schlug die Stimmung Ende des 18. Jahrhunderts gegen die Sklaverei um. Ein Beispiel ist Frankreich. Zahlreiche Denker, darunter Condorcet und Montesquieu, wetterten gegen die Sklaverei, und die französische Regierung unternahm 1794 einen halbherzigen Versuch zu ihrer Abschaffung.[109] Doch obwohl die *Stimmung* in Frankreich kippte, kam die *Kampagne* zur Abschaffung der Sklaverei aus der britischen Antisklavereibewegung. Jacques Pierre Brissot, Gründer der französischen Gruppe Société des Amis des Noirs, wurde von einem Besuch in London und einer Begegnung mit Thomas Clarkson inspiriert.[110] Doch Napoleon widerrief das Gesetz zur Abschaffung der Sklaverei bereits acht Jahre später, und erst 1848 schaffte Frankreich die Sklaverei endgültig ab.[111]

Es ist zweifellos richtig, dass die Einstellung gegen die Sklaverei Teil des freiheitlichen Denkens war; wer individuelle Freiheiten einforderte und gleichzeitig die Sklaverei befürwortete, dürfte als moralisch zutiefst widersprüchlich gegolten haben.[112] Trotzdem führte die freiheitliche Ideologie nicht automatisch zur Abschaffung der Sklaverei. Die Historikerin Manisha Sinha schreibt: »Für die Afrikaner war das Erbe der Aufklärung kein reiner Segen, denn es war nicht nur ein Anschub für die Abschaffung der Sklaverei, sondern beinhaltete auch Elemente, die die Sklaverei rechtfertigten … Es gab keine ›ansteckende Freiheit‹, die sich unweigerlich aus der Logik des Liberalismus ergab und auch den Sklaven zugutekam.«[113] Die entscheidende Frage ist, wie lange sich Widersprüche in einer moralischen Weltanschauung halten können.

Logische Widersprüche bewirken einen gewissen Veränderungsdruck, weil sie den Befürwortern dieser Veränderungen Argumente an die Hand geben. Dennoch halten moderne Moralvorstellungen viele innere Widersprüche aus. So ist zum Beispiel der Konsum von Tabak und Alkohol in den meisten Ländern der Welt zugelassen und gesellschaftlich akzeptiert, während andere Rauschmittel verboten und stigmatisiert sind. Quälerei von Hunden und Katzen provoziert einen öffentlichen Aufschrei, während jährlich Milliarden Tiere in Massentierhaltung leiden und getötet werden.[114] Körperliche Züchtigung gilt als Verletzung der Menschenrechte, aber fragen Sie sich einmal, ob es Ihnen persönlich lieber wäre, viele Jahre Ihres Lebens hinter Gittern zu verbringen oder einmal ausgepeitscht zu werden.[115] Ich behaupte nicht, dass es sich hier um echte moralische Widersprüche handelt: In jedem der Fälle lassen sich Argumente anführen, die diese scheinbaren Ungereimtheiten auflösen. Trotzdem scheinen unsere Moralvorstellungen einige tiefe und erstaunlich hartnäckige Widersprüche zu bergen.

Diese betreffen auch die Sklaverei. Einige Formen der Zwangsarbeit haben sich gehalten und wurden mehr oder weniger stimmig mit dem freiheitlichen Denken in Einklang gebracht. Nehmen wir die Wehrpflicht, mit der in den 1970er-Jahren fast 2 Millionen junge Amerikaner dazu gezwungen wurden, in Vietnam ihr Leben aufs Spiel zu setzen.[116] Eine andere Form der Zwangsarbeit ist die Sträflingsarbeit. Das Staatsgefängnis von Mississippi, besser bekannt als »Parchman Farm«, wurde 1901 mit dem Ziel errichtet, Gewinne für den Bundesstaat zu erwirtschaften. Es erinnerte »in jeder Hinsicht an eine Plantage aus der Zeit vor dem Bürgerkrieg, mit dem Unterschied, dass die Arbeit nicht von Sklaven, sondern von Sträflingen verrichtet wurde«.[117] Der Bundesstaat erwarb über 8000 Hektar Land, teilte die Sträflinge nach Hautfarbe ein und zwang sie zur Arbeit auf den Feldern, oft bei extremer Hitze und unter Androhung von körperlicher Züchtigung.[118] Das Gefängnis war extrem profitabel und erwirtschaftete 1912 und 1913 Gewinne von – auf heutige Werte umgerechnet – 26 Millionen Dollar.[119] Vielleicht meinen Sie, dass Schrecknisse dieser Art weit weg sind, doch die »Parchman Farm« stellte die übelsten Praktiken erst in den 1970er-Jahren ein, und das auch nur auf richterlichen Druck.[120] Bis heute schuften in den Vereinigten Staaten Tausende Sträflinge für einen Hungerlohn von rund einem Dollar pro Stunde.[121] In einigen Fällen werden sie auch gar nicht entlohnt. Das ist legal, denn der 13. Verfassungszusatz schaffte zwar Sklaverei und Zwangsarbeit ab, nahm die Strafgefangenen jedoch ausdrücklich aus.[122]

Angesichts solch extrem hartnäckiger Widersprüche könnte man zu dem Schluss kommen, dass die Sklaverei ohne die Antisklavereibewegung durchaus bis heute überlebt hätte. In diesem Fall wäre ihre Abschaffung in hohem Maße kontingent. Diese Ansicht vertritt Christopher Leslie Brown. In seinem Buch *Moral Capital* behauptet er: »Der organisierte Kampf gegen die Sklaverei war nicht unvermeidlich, sondern ungewöhnlich, er war keine automatische Folge des moralischen und kulturellen Fortschritts, sondern eine historische Ausnahme … In vieler Hinsicht war die britische Antisklavereibewegung ein historischer Unfall, ein kontingentes Ereignis, das ebenso gut auch hätte ausbleiben können.«[123]

Das mag verwundern, doch es gibt viele Belege dafür. Das Entscheidende ist, dass die Antisklavereibewegung durch viele überraschende oder kontingente Faktoren gefördert wurde. Brown hebt vor allem den Amerikanischen Unabhängigkeitskrieg hervor. Wären die Vereinigten Staaten Teil des Britischen Weltreichs geblieben, hätten die Briten möglicherweise gezögert, ihre unsichere Beziehung zu den Kolonien durch das Verbot des Sklavenhandels weiter zu gefährden.[124] Die Pflanzer wären eine noch mächtigere Lobby im Empire gewesen. Außerdem verweist Brown auf die Antisklavereibewegung in Frankreich, die weniger stark war, weil sie nicht die Gelegenheiten und das Prestige der englischen Bewegung hatte. Da sie zur Zeit der Französischen Revolution und des Sklavenaufstands von Haiti aufgekommen sei, habe man sie immer mit Gewalt und Blutvergießen in Verbindung gebracht, so Brown.[125]

Anders als in Frankreich sei das Engagement gegen die Sklaverei in Großbritannien eine Möglichkeit gewesen, Tugendhaftigkeit unter Beweis zu stellen.

Demnach wäre die Bewegung zur Abschaffung der Sklaverei in einem Moment der Formbarkeit mit multiplen moralischen Gleichgewichten erfolgt. Hätten die Ereignisse während der entscheidenden Jahrzehnte einen anderen Verlauf genommen, hätten die Befürworter der Sklaverei und die Pflanzerlobby die Oberhand behalten.[126]

Dazu kommt, dass auf das Verbot des Sklavenhandels nicht automatisch die Abschaffung der Sklaverei folgte. Der Historiker Michael Taylor vertritt die Auffassung, dass die 1833 verabschiedeten Gesetze auch noch einige Jahrzehnte auf sich hätten warten lassen können: »Die anschließende Kampagne zur Befreiung der Sklaven war mehr als nur der Schlusspunkt der Kampagne gegen den Sklavenhandel … Ihr Erfolg war keineswegs unvermeidlich.«[127] Eines der kontingenten Ereignisse, das der Abschaffung der Sklaverei entgegenkam, waren die Parlamentsreformen der Jahre 1829 und 1832, nach denen die Gegner der Sklaverei die Mehrheit hatten. Dazu kam der Sklavenaufstand von Jamaika 1831/32, der die Sklaverei in den Kolonien stärker ins öffentliche Bewusstsein rückte und die Abgeordneten davon überzeugte, dass die Sklaverei eine Gefahr für das Weltreich darstellte.[128] Taylor verweist auch darauf, dass zwei der führenden Köpfe der Antisklavereibewegung, William Wilberforce und Zachary Macaulay, in den Jahren 1833 und 1838 starben; wäre die Abschaffung der Sklaverei 1838 nicht bereits beschlossene Sache gewesen, wäre sie womöglich im Sande verlaufen.[129] Den Aktivisten der Zeit war durchaus bewusst, wie schwer es sein würde, die Abschaffung der Sklaverei durchzusetzen: Fowell Buxton meinte noch 1824, man könne sich glücklich schätzen, wenn es innerhalb der nächsten siebzig Jahre gelänge.[130]

Auch nachdem Großbritannien die Sklaverei abgeschafft hatte, war es noch keineswegs unvermeidlich, dass der Rest der Welt folgen würde. Trotz des britischen Engagements und trotz der Vorherrschaft freiheitlicher Vorstellungen dauerte es noch mehr als ein Jahrhundert, bis die Sklaverei auf der ganzen Welt beseitigt war. In Äthiopien lebten noch in den 1930er-Jahren 20 Prozent der Bevölkerung als Sklaven.[131] Erst 1942 wurde die Sklaverei dort abgeschafft.[132] Saudi-Arabien und der Jemen folgten erst 1962.[133] Damals lebten in Saudi-Arabien noch Tausende Menschen in Sklaverei.[134] Und Mauretanien ließ sich bis 1980 Zeit und stellte den Besitz von Menschen gar erst 2007 unter Strafe.[135] Ohne den Einsatz zur weltweiten Abschaffung der Sklaverei hätte sie sich in einigen Ländern vermutlich noch länger gehalten.

Angesichts all dessen sollten wir die Möglichkeit in Betracht ziehen, dass die Abschaffung der Sklaverei ein kontingentes Ereignis gewesen sein könnte. Die Behauptung, sie sei aus wirtschaftlichen Gründen unvermeidlich gewesen, ist jedenfalls nicht plausibel. Die Frage, ob die Abschaffung der Sklaverei angesichts des aufkommenden Liberalismus wahrscheinlich war oder ob sie vom Erfolg der Antisklavereibewegung abhing, lässt sich weniger eindeutig beantworten. In letzterem Fall wäre der Erfolg dem Engagement einer erstaunlich kleinen Gruppe von Menschen zu verdanken, in ersterem dem kollektiven Druck von Tausenden Menschen, die französische und britische Abgeordnete zu einer Weltsicht drängten, in der die Sklaverei nicht länger tolerierbar war. In jedem der beiden Fälle wäre jedoch das Ende der Sklaverei dem Einsatz von Denkern, Autoren, Politikern, ehemals versklavten Aktivisten und Rebellen zu verdanken. Die Abschaffung der Sklaverei war also keineswegs vorprogrammiert, und wenn die Geschichte einen etwas anderen Verlauf genommen hätte, würden wir heute möglicherweise mit verbreiteter, gesetzlich zulässiger Sklaverei leben.

Was wir tun können

Sobald wir uns klarmachen, dass moralische Normen kontingent sind, können wir uns mit einem Mal vorstellen, dass die Moralvorstellungen unserer Welt auch ganz anders aussehen könnten. Stellen Sie sich vor, die industrielle Revolution hätte im vegetarischen Indien ihren Ausgang genommen. Damit wäre die massive Ausweitung der Massentierhaltung möglicherweise unterblieben, und für die Bewohner dieser kontrafaktischen Welt wären das Leid und der Tod von vielen Milliarden Tieren pro Jahr eine unsägliche Grausamkeit.

Oder stellen Sie sich vor, die Nationalsozialisten wären nicht an die Macht gekommen. Ende des 19. und Anfang des 20. Jahrhunderts erfreute sich die Eugenik unter Intellektuellen in freiheitlichen Demokratien wie den Vereinigten Staaten, Schweden und Großbritannien großer Beliebtheit.[136] Wenn die Nationalsozialisten mit ihren Programmen zur Ermordung von »lebensunwertem Leben« keinen derartigen Widerstand gegen die Eugenik entfacht hätten, könnten heute abscheuliche Praktiken wie Zwangssterilisierung und -abtreibungen zu unserem Alltag gehören. Oder erinnern wir uns daran, dass die meisten Kulturen der Vergangenheit extrem patriarchalisch waren. Wenn sich die römischen Geschlechtervorstellungen in Westeuropa gehalten hätten, dann hätte die Frauenbewegung vielleicht nie einen Fuß auf den Boden bekommen.

Ich behaupte nicht, zu wissen, welchen Verlauf diese kontrafaktischen Geschichten genommen hätten – das kann niemand wissen. Doch angesichts der theoretischen Existenz multipler moralischer Gleichgewichte und der aktuellen Beispiele für moralische Kontingenz sollten wir nicht glauben, dass sich diese ganz anderen moralischen Sichtweisen nicht hätten durchsetzen können. Die *erwartete* Kontingenz ist jedenfalls so groß, dass es sehr sinnvoll ist, sich dafür einzusetzen, die Welt moralisch auf den richtigen Weg zu bringen. Aber wenn wir den Wertewandel ernst nehmen, für welche Werte wollen wir uns dann einsetzen, und wie?

Eine langfristige Sicht begünstigt einen Wertewandel, der möglichst allgemein anwendbar ist. So förderten beispielsweise die frühen Christen sowohl konkrete moralische Gebote wie das Verbot der Scheidung als auch allgemeine Grundsätze wie die Goldene Regel, die besagt, dass wir andere so behandeln sollen, wie wir selbst behandelt werden wollen. Konkrete moralische Gebote können ihren Zweck oft verfehlen, wenn sich die Umstände verändern. Die Lehre von Jesus war zwar alles andere als feministisch, doch in ihrer Haltung zu Frauen war sie etwas fortschrittlicher als die extrem patriarchalen Gesellschaften ihrer Zeit. So auch im Falle des Scheidungsverbots: Die Scheidung schadete nämlich vor allem Frauen, denn die Ehe war damals ein Instrument, mit dem Familien Bündnisse knüpften oder auflösten.[137] Das trifft allerdings nicht auf alle Orte und Zeiten zu: Im 20. Jahrhundert galt die Legalisierung der Scheidung als Sieg des Feminismus. Ganz anders die Goldene Regel: Sie hat universelle Gültigkeit. Der Einsatz für diesen Grundsatz bleibt relevant und kann bis weit in die Zukunft starke positive Auswirkungen haben. So konnte die Goldene Regel, noch 1700 Jahre nachdem Jesus sie gepredigt hatte, zum moralischen Fortschritt beitragen, als die Quäker erkannten, dass sie nicht mit dem Menschenhandel in Einklang zu bringen war.

Wenn wir als Befürworter des langfristigen Denkens versuchen, die Werte unserer Gesellschaft zu verbessern, sollten wir uns also auf abstrakte oder allgemeine Grundsätze konzentrieren, und wenn wir uns für konkretes moralisches Handeln einsetzen, sollten wir dies in eine umfassendere Weltanschauung einbetten. Nur so bleibt der Wertewandel relevant und kann auch in Zukunft positiv weiterwirken.

Die Sklavereigegner demonstrieren, wie wichtig es ist, auf moralische Veränderungen hinzuwirken, doch sie können uns auch zeigen, *wie* wir diesen Wertewandel erreichen können. Oben habe ich erwähnt, dass viele Quäker im 18. Jahrhundert ein Porträt von Benjamin Lay zu Hause aufhängten, um sich von ihm inspirieren zu lassen. Das habe ich mir zum Vorbild genommen: Neben meinem Computerbildschirm steht ein Bild von Lay, und er schaut mir dabei zu, wie ich dieses Buch schreibe.

Lay ist das Paradigma eines moralischen Unternehmers: Er beschäftigte sich ausgiebig mit der Moral, nahm sie ernst, handelte nach seinen Überzeugungen und galt aus diesem Grund als Exzentriker und Spinner. Wir sollten uns bemühen, solche Spinner zu werden. Andere mögen sich darüber lustig machen, dass Sie sich für Menschen auf der anderen Seite des Planeten einsetzen, dass Sie für die Rechte von Hühnern und Schweinen eintreten oder sich für Menschen engagieren, die in tausend Jahren zur Welt kommen. Aber damals machten sich viele über die Sklavereigegner lustig. Wir sind weit von einer perfekten Gesellschaft entfernt, und der moralische Fortschritt braucht engagierte Ketzer, die den Spott der Hüter des Status quo aushalten.

Um es klarzumachen: »Spinnerte« Überzeugungen verlangen keine spinnerten Handlungen. Benjamin Lays Guerillataktik überzeugte die Quäker vermutlich auch deshalb, weil ihre moralische Weltsicht sie bereits für die Ablehnung der Sklaverei bereit gemacht hatte. In der britischen Öffentlichkeit hätten seine Aktionen vermutlich nicht gefruchtet. Für diesen nächsten Schritt der Kampagne waren Aktivisten wie Anthony Benezet entscheidend, die das Gedankengut der Quäker für eine breitere Öffentlichkeit aufbereiteten. Benjamin Rush, einer der Gründerväter der Vereinigten Staaten, schrieb Biografien über Lay und Benezet. Er schildert Benezet als fromm und freundlich und meinte, er habe »zu Ende geführt, was Lay begonnen hat«.[138]

Eine Bewegung, mit der ich besser vertraut bin, ist der Tierschutz, und dort habe ich erfahren, wie wirkungsvoll die Kombination aus revolutionären Überzeugungen und kooperativem Verhalten ist. Leah Garcés ist Präsidentin der Organisation Mercy for Animals. Sie hat Erstaunliches erreicht, indem sie zusammen mit anderen Organisationen über fünfzig Supermarkt- und Schnellrestaurantketten dazu gebracht hat, Eier aus Massentierhaltung aus dem Sortiment zu nehmen und damit das Leid von vielen Millionen Tieren zu lindern.[139] Ihren Erfolg verdankt sie der Tatsache, dass sie ihre Gegenspieler immer als Menschen behandelt und versucht, Gemeinsamkeiten mit ihnen herzustellen. »Das Ziel sollte immer sein, sich mit dem vermeintlichen Feind an einen Tisch zu setzen und gemeinsam nach Lösungen zu suchen«, sagte sie zu mir. »Proteste und Kampagnen sind wichtig, um ein Bewusstsein für bestimmte Themen zu schaffen, aber sie sollten darauf zielen, Gespräche, Zusammenarbeit und Verhandlungen zu fördern, und nicht darauf, einen Feind zu vernichten.« Revolutionäre Überzeugungen, kooperatives Verhalten.[140]

Wenn es uns gelingt, die moralischen Normen der heutigen Gesellschaft zu verbessern, wie lange hält die Wirkung vor? Die Geschichte der religiösen und moralischen Bewegungen lässt die Vermutung zu, dass die Wirkung über Jahrhunderte oder Jahrtausende anhalten kann. Aber könnte unser Handeln noch länger nachwirken? Könnte es sein, dass die Leitwerte der Welt in einigen Jahrhunderten einrasten und die Welt auf unabsehbare Zeit beherrschen? Dieser Frage gehe ich im nächsten Kapitel nach.

KAPITEL 4
Wertestarre

Hundert Schulen

Auf den Zusammenbruch der chinesischen Zhou-Dynastie im sechsten vorchristlichen Jahrhundert folgte eine lange Phase der Konflikte, die sogenannte Zeit der Streitenden Reiche. Der Untergang war allerdings auch Auslöser eines lebendigen philosophischen und kulturellen Experiments, das Goldene Zeitalter der chinesischen Philosophie, das später als »die Hundert Schulen« bezeichnet wurde.[1]

Damals reisten Philosophen zwischen den verschiedenen Reichen umher, entwickelten ihre Gedankengebäude weiter und versuchten, die politischen Eliten von ihren Ideen, Moralvorstellungen und politischen Ansichten zu überzeugen.[2] Es gab vier Hauptströmungen.[3] Am bekanntesten ist heute die Philosophie von Kǒng Fūzǐ, oder »Meister Kong«, der im Westen als Konfuzius bekannt ist. Konfuzius und seine Anhänger richteten ihre Aufmerksamkeit vor allem auf die moralische Bildung. Wer sich ein Leben lang der Selbstvervollkommnung widmete, wurde ihrer Ansicht nach schließlich zum Weisen.[4] Sie verglichen die Arbeit am eigenen Charakter mit handwerklichen Tätigkeiten wie der Schnitzkunst oder dem Polieren von Edelsteinen.[5]

Zur Weisheit gehörte es, eine Vielfalt von sozialen Normen und kulturellen Riten zu beherrschen, wie sie die Konfuzianer vertraten, sowie die Emotionen zu läutern.[6] Die Konfuzianer forderten

Gehorsam gegenüber der Autorität, Respekt gegenüber den Eltern und Loyalität gegenüber der eigenen Familie, den Herrschenden und dem Staat. Die juristischen Grundsätze des Konfuzianismus bestraften nicht falsches Tun, sondern falsche Beziehungen: Wenn ein Sohn seinen Vater schlug, war das ein schweres Vergehen, aber wenn ein Vater seinen Sohn schlug, dann nicht.

Eine zweite Schule ist heute unter dem Namen Legalismus bekannt.[7] Der Legalismus hatte ein ähnlich pessimistisches Weltbild wie der Machiavellismus und hielt den Menschen für grundsätzlich schlecht und egoistisch. Er verlangte harte Strafen zur Abschreckung von Vergehen und unterstrich die Bedeutung eines reichen Staats und einer starken Armee.

Daneben florierte aber auch das antiautoritäre Gedankengut des Taoismus, wie es im *Tao te king* und im *Wahren Buch vom südlichen Blütenland* zum Ausdruck kommt. Diese beiden Bücher werden seit jeher Lao-tse (»Alter Meister«) und Dschuang Dsi (»Meister Dschuang«) zugeschrieben. Nach Ansicht der Taoisten war der konfuzianische Versuch, die Welt durch starre und unveränderliche soziale Normen kontrollieren zu wollen, ein absurdes Unterfangen. Sie standen vielmehr für spontanes, nicht erzwungenes Handeln, das mit dem Kommen und Gehen der Welt fließt.[8]

Und schließlich waren da noch die Mohisten, Anhänger des Philosophen Mo-tse oder »Meister Mo«, der im 5. Jahrhundert vor Christus lebte. Auch wenn wir heute kaum noch etwas von ihnen wissen, waren sie die wichtigsten Gegenspieler der Konfuzianer. Sie waren so einflussreich, dass der Konfuzianer Meng-tse meinte, sie und ihre Lehre »füllen die ganze Welt«.[9]

Nach Ansicht der Mohisten sollen wir uns um andere genauso kümmern wie um uns selbst und diejenige Politik verfolgen, die den Menschen den größten Nutzen bringt.[10] Als die ersten Konsequentialisten vertraten sie die Auffassung, dass wir uns für das entscheiden sollten, was die besten Ergebnisse verspricht. Ihr Denken hat gewisse Ähnlichkeit mit dem von John Stuart Mill und Jeremy Bentham, nur dass die Mohisten schon zwei Jahrtausende früher auf diese Gedanken kamen.

In der Praxis verlangten sie, Luxus und übermäßigem Konsum zu entsagen, um die Verschwendung von Ressourcen zu vermeiden.[11] Sie verurteilten die Vetternwirtschaft der Zeit und forderten, Ämter den jeweils Fähigsten zu übertragen. Unter dem Eindruck der Kriege formierten sich einige Mohisten zu paramilitärischen Einheiten, um schwächere Städte zu verteidigen. Ein moderner Autor verglich sie daher mit den Jedi-Rittern.[12]

Die Rivalität zwischen den verschiedenen philosophischen Schulen war groß. Der konfuzianische Denker Hsün-tse schrieb: »Wer Mo-tse folgt, kann die ganze Welt bereisen und wird noch im hintersten Winkel als vulgär erkannt werden.«[13]

Die Zeit der Hundert Schulen endete 221 v. Chr., als die unter dem Einfluss des Legalismus stehenden Qin ganz China eroberten und jeden Widerstand gegen die neue Orthodoxie ausrotten wollten.[14] Der Kaiser ließ unerwünschte Bücher verbrennen und verbot jegliche »private Bildung«.[15] Zuwiderhandlung wurde mit dem Tod bestraft, und mehr als 400 andersdenkende Gelehrte wurden getötet.[16] Der Legalismus schien den Krieg der Ideen gewonnen zu haben; der Konfuzianismus überlebte zwar, doch sein Einfluss war überschaubar.[17]

Der erste Qin-Kaiser war besessen von der Beständigkeit seiner Herrschaft. Er verkündete, sein Reich werde 10 000 Generationen überdauern, suchte bei Magiern nach dem Lebenselixier, das ihm das ewige Leben geben sollte, und entsandte Expeditionen, um die Unsterblichen der alten Mythen zu finden.[18] Seine Bemühungen waren vergeblich, und er starb im Jahr 210 v. Chr. im Alter von 49 Jahren.

Nach dem Tod des Kaisers brachen erneut Unruhen aus, und nach Jahren des Bürgerkriegs wurde der Han-General Liu Bang zum Gründer der Han-Dynastie.[19] Die 10 000 Generationen der Qin-Dynastie waren nach gerade einmal 15 Jahren zu Ende.

Der Legalismus hat sich von dem Zusammenhang mit der Qin-Dynastie und ihrer Unterdrückungspolitik bis heute nicht erholt. In der Anfangszeit der Han-Dynastie waren die kaiserlichen Entscheidungen von einer Mischung aus Legalismus, Konfuzianismus und Taoismus geprägt.[20] Der Konfuzianismus genoss zunächst keinen besonderen Status,[21] doch durch eine Mischung aus Glück und Geschick wurde er schließlich zur Orthodoxie des Chinesischen Reichs. Der Han-Kaiser Xuan, der von 74 bis 48 v. Chr. herrschte, machte China zum ersten konfuzianischen Reich.[22]

Natürlich musste sich der Konfuzianismus nach wie vor mit konkurrierenden Strömungen auseinandersetzen. Nach dem Untergang der westlichen Han-Dynastie breitete sich der Buddhismus in China aus, und während der relativ weltoffenen Tang-Dynastie (618 – 907) wurden Konfuzianismus, Taoismus und Buddhismus gleichermaßen vom Staat geduldet.[23] Doch Mitte des 9. Jahrhunderts wurde der Konfuzianismus ein weiteres Mal zur vorherrschenden Lehre Chinas.[24] Mehr als ein Jahrtausend lang musste jeder gebildete Mensch in China den konfuzianischen Kanon kennen, und sieben Jahrhunderte lang lernten die Chinesen mit dem *San Zi Jing* lesen, einem konfuzianischen Klassiker für Kinder.[25]

Heute, 2500 Jahre nach dem Tod von Meister Kong, ist der Einfluss des Konfuzianismus geschwunden.[26] Nach dem Ende der Monarchie im Jahr 1911 verlor er seine Position als offizielle Staatsphilosophie und galt als Hindernis für die wirtschaftliche Entwicklung des Landes. Doch sein Einfluss auf die Geschichte Chinas und andere Länder mit »konfuzianischem Erbe« ist nicht zu leugnen. Bis heute sind die Erziehung, die Einstellungen und die Lebensentwürfe der Menschen aus diesen Ländern eindeutig vom Konfuzianismus geprägt.[27] Aber wenn die Geschichte einen anderen Verlauf genommen hätte, dann wäre China möglicherweise genauso gut zwei Jahrtausende lang von Legalismus, Taoismus, Mohismus oder einer Kombination dieser drei Denkrichtungen beherrscht worden.

Die Beständigkeit von Werten

Werte können sehr dauerhaft sein.[28] Es ist verblüffend, dass die internationale Buchbestsellerliste auch dieses Jahr wieder von der Bibel angeführt wird, die vor fast 2000 Jahren niedergeschrieben wurde,[29] direkt gefolgt vom Koran[30]. Von den *Gesprächen* des Konfuzius werden jedes Jahr Hunderttausende Exemplare verkauft.[31] Das Gedankengut dieser Bücher beeinflusst jeden Tag die politischen Entscheidungen in aller Welt.

Im Babylonischen Talmud, der vor über einem Jahrtausend verfasst wurde, heißt es, der Embryo sei bis zum vierzigsten Tag der Schwangerschaft »reines Wasser« – und bis heute stehen Juden der Stammzellenforschung deutlich aufgeschlossener gegenüber als Katholiken, die glauben, dass das Leben mit der Verschmelzung von Ei- und Samenzelle seinen Anfang nimmt.[32] Auch jahrhundertealte Ernährungsvorschriften werden bis heute weithin eingehalten, wie die große Zahl der Vegetarier in Indien, der große Markt für koschere Lebensmittel für Juden[33] und das muslimische Alkoholverbot bestätigen.

In diesem Kapitel geht es darum, wie Werte einrasten, das heißt, wie es dazu kommt, dass sich ein bestimmtes Wertesystem über lange Zeiträume hinweg hält. Wenn unsere Werte einrasten, stellt dies eine Gefahr für unsere vertraute moralische Vielfalt und Debatte dar, und wenn dies weltweit geschieht, dann hängt die Zukunft der Menschheit von diesen weitgehend unverrückbaren Werten ab. Gewisse Veränderungen wären nach wie vor möglich, doch in den Grundzügen wäre die gesellschaftliche Moral fest gefügt, und die Welt hätte nur noch wenige Zukunftsoptionen, im Gegensatz zur relativen Vielfalt der Möglichkeiten von heute.[34]

Der Aufstieg des Konfuzianismus ist ein Beispiel dafür, was passiert, wenn Werte einrasten. Die Qin scheiterten mit dem Versuch, den Legalismus zur Staatsphilosophie zu machen; den Han gelang es dann, den Konfuzianismus über ein Jahrtausend lang einrasten zu lassen. Doch wenn Werte in diesem oder im kommenden Jahrhundert einrasten, dann könnten sie sich sehr viel länger halten – vielleicht sogar unbegrenzt lang.

Das mag extrem klingen, und als Warnung werde ich in diesem Kapitel einige Werte erörtern, die befremdlich oder futuristisch anmuten mögen. Doch die Technik verändert sich mit rasanter Geschwindigkeit, und der technische Fortschritt könnte auch die bisherige Dynamik des moralischen Wandels radikal verändern. Wenn wir die Interessen kommender Generationen ernst nehmen wollen, dürfen wir die technische Revolution nicht außer Acht lassen. Stellen Sie sich vor, wie jemand im Jahr 1600 reagiert hätte, wenn er gehört hätte, dass die Menschen zwei Dutzend Generationen später per Knopfdruck ihre Wohnung beleuchten und heizen werden. Oder dass sie mit einem Gerät, das sie in der Tasche mit sich herumtragen, Menschen am anderen Ende der Welt sehen und mit ihnen sprechen können. Oder dass sie durch die Lüfte fliegen und auf fernen Himmelskörpern spazieren gehen werden. Angesichts des heutigen technischen Fortschritts können wir mit Sicherheit davon ausgehen, dass das Leben in den kommenden Jahrhunderten anders aussehen wird als unser heutiges.

Schon früher hat die Technik bestimmte Werte haltbarer gemacht. Mithilfe der Schrift wurden komplexe Gedankengebäude viele Generationen weit in die Zukunft weitergetragen, und zwar ohne die Veränderungen, die mit der mündlichen Überlieferung einhergingen. Die Beständigkeit religiöser Werte oder moralischer Weltbilder wie des Konfuzianismus wäre ohne die Technik der Schrift undenkbar gewesen.

In Kapitel 2 habe ich das Phänomen »auf Formbarkeit folgt Erstarrung« angesprochen: Solange die Normen, Standards und Gesetze rund um eine bestimmte Technik, Idee oder auch Nation noch neu sind, lassen sie sich viel leichter beeinflussen als später, wenn sich die Dinge verfestigt haben. In China war die Zeit der Hundert Schulen eine solche Phase der Formbarkeit. Wie geschmolzenes Glas ließ sich die philosophische Kultur der Zeit in viele verschiedene Formen bringen. Doch mit dem Ende der Song-Dynastie war eine gewisse Erstarrung eingetreten, das Glas hatte sich abgekühlt und verfestigt. Ideologische Veränderungen waren zwar noch möglich, aber deutlich schwieriger.

Heute leben wir in einer globalen Zeit der Hundert Schulen. Unterschiedliche moralische Vorstellungen treten in Konkurrenz zueinander, ohne dass sich bislang eine durchgesetzt hätte; noch ist es möglich, Einfluss darauf zu nehmen, welche Vorstellungen vorherrschen. Doch der technische Fortschritt könnte dieser langen Phase der Vielfalt und Veränderung ein Ende bereiten.

Wenn wir darüber sprechen, dass Technik die Werte möglicherweise einrasten lässt, geht es im Wesentlichen um die Technik der Künstlichen Intelligenz.[35] Über das Medium der Schrift nahmen Ideen jahrtausendelang Einfluss auf die Gesellschaft; die Künstliche Intelligenz könnte diesen Einfluss auf Jahrmillionen ausdehnen. In der Folge gehe ich darauf ein, *wann* es vielleicht so weit sein wird, doch zunächst wollen wir uns ansehen, warum die Künstliche Intelligenz langfristig eine derartige Bedeutung haben könnte.

Allgemeine Künstliche Intelligenz

Künstliche Intelligenz (KI) ist ein Zweig der Computertechnik und hat das Ziel, Maschinen zu entwickeln, die die menschliche Intelligenz nachahmen. Mit dem Paradigma des Maschinenlernens hat die KI in den vergangenen Jahren große Fortschritte erzielt. Unter Maschinenlernen versteht man die Entwicklung von Algorithmen, die nicht mehr von Menschen programmiert werden, sondern die aus Daten wie Bildern, den Ergebnissen von Computerspielen oder dem Muster von Mausklicks lernen.

Ein Durchbruch war das Programm AlphaGo von DeepMind, das 2016 den 18-maligen Go-Weltmeister Lee Sedol besiegte.[36] Doch AlphaGo ist nur ein Nebenaspekt der beeindruckenden Leistungen des Maschinenlernens. Auch bei der Erkennung und Erzeugung von Sprache, Bildern, Kunst und Musik werden gewaltige Fortschritte gemacht, genauso bei Echtzeit-Strategiespielen wie »StarCraft« sowie einer Vielzahl von Aufgaben, die mit Textproduktion und -verständnis zusammenhängen.[37] Vermutlich benutzen Sie die Künstliche Intelligenz tagtäglich, zum Beispiel wenn Sie einen Begriff in eine Internetsuchmaschine eingeben.[38] Auch bei der Stimmerkennung, dem automatischen Verfassen von E-Mails und Maschinenübersetzungen wurden dank KI erhebliche Fortschritte erzielt.[39]

Der ultimative Erfolg der KI-Forschung wäre die Entwicklung der *Allgemeinen Künstlichen Intelligenz* oder AKI: ein System, das in der Lage ist, dieselbe Bandbreite von Fähigkeiten zu erwerben wie Menschen, und zwar auf mindestens demselben Niveau.[40] Mit der Entwicklung der AKI würden wir künstliche *Akteure* erschaffen – Wesen (nicht unbedingt mit Bewusstsein ausgestattet), die genau wie wir Menschen in der Lage wären, eigenständig Pläne zu fassen und umzusetzen. Eine AKI könnte nicht nur Brettspiele lernen, sondern auch selbstständig fahren, Gespräche führen, mathematische Berechnungen anstellen und zahlreiche andere Aufgaben ausführen.

Bislang ist die Künstliche Intelligenz noch sehr schmalspurig. AlphaGo kann zwar ausgezeichnet Go spielen, darüber hinaus kann es jedoch gar nichts.[41] Doch einige führende Labors wie DeepMind und OpenAI haben es sich ausdrücklich zum Ziel gesetzt, AKI zu entwickeln.[42] Und es gibt durchaus Anzeichen, dass sie dabei vorankommen, etwa das Sprachmodell GPT-3, das eine Reihe von Aufgaben ausführen kann, für die es nicht explizit programmiert wurde, zum Beispiel Übersetzung und Arithmetik.[43] AlphaZero, ein Nachfolgeprogramm von AlphaGo, brachte sich nicht nur selbst Go bei, sondern auch Schach und Shogi, und das auf Weltklasseniveau.[44] Rund zwei Jahre später gelang dies dem Programm MuZero sogar, ohne dass man ihm die jeweiligen Spielregeln vorgegeben hätte.[45]

Die Entwicklung der AKI wäre langfristig von immenser Bedeutung. Erstens könnte sie den technischen Fortschritt, das Wirtschaftswachstum oder beides enorm beschleunigen. Dieses Argument ist über sechzig Jahre alt und geht auf den Computerpionier I. J. Good zurück, der während des Zweiten Weltkriegs im als militärische Dienststelle genutzten Herrenhaus Bletchley Park an der Entschlüsselung der deutschen Chiffriermaschine Enigma mitwirkte – neben Alan Turing und meiner Großmutter Daphne Crouch.[46]

In jüngerer Zeit wurde dieser Gedanke von Wirtschaftswissenschaftlern wieder aufgegriffen, darunter auch dem Nobelpreisträger William Nordhaus.[47] Ihrer Ansicht nach könnte AKI das Wirtschaftswachstum auf zweierlei Weise ankurbeln: Zum einen wäre ein Land in der Lage, seine Wirtschaft schier unendlich zu vergrößern, indem es einfach mehr AKI-Arbeitskräfte produzierte – unser Wirtschaftswachstum hinge dann direkt davon ab, wie schnell wir künstlich-intelligente Arbeitsameisen herstellen könnten.[48] Wenn diese AKI-Kräfte durch den technischen Fortschritt auch noch immer produktiver würden, dann beschleunigte sich das Wirtschaftswachstum schier grenzenlos, bis es an seine physischen Grenzen stieße, so Nordhaus.[49]

Und zweitens ließe sich per AKI der Prozess der technischen Innovation automatisieren. Wie das aussehen kann, haben wir unlängst gesehen: Die lernende Maschine AlphaFold2 von DeepMind hat bei der Lösung des Problems der Proteinfaltung einen gewaltigen Sprung ermöglicht und ein Leistungsniveau erreicht, das noch Jahrzehnte entfernt schien.[50] Wenn die Allgemeine Künstliche Intelligenz den Prozess der Innovation ganz allgemein automatisieren könnte, würde dies den aktuellen technischen Fortschritt erheblich beschleunigen. In einer positiven Selbstverstärkung betrifft diese Beschleunigung natürlich auch die Entwicklung von KI-Systemen selbst. Dieser Gedanke wurde von einigen Wirtschaftswissenschaftlern auf den Prüfstand gestellt, und auch sie kamen zu dem Schluss, dass sich mithilfe von KI erstaunliche und immer weiter steigende Wachstumsraten erzielen ließen.[51]

Der Siegeszug der Künstlichen Intelligenz ist allerdings nicht vorprogrammiert. Die Autoren der hier angeführten Modelle machen klar, dass die Wachstumsraten nur steigen, wenn ganz bestimmte Voraussetzungen gegeben sind.[52] Es könnte Hindernisse geben, etwa wenn sich bestimmte Aspekte nicht automatisieren lassen, zum Beispiel die Entwicklung und Herstellung von Prozessoren, die Förderung der benötigten Rohstoffe oder der Bau von Kraftwerken zum Betrieb der Serverfarmen der KI-Systeme. Langsames Wachstum in diesen Bereichen könnte das Wachstum insgesamt bremsen.

Da es jedoch Mechanismen gibt, mit deren Hilfe die Künstliche Intelligenz (KI) das Wachstum weiter ankurbeln könnte, sollten wir diese Möglichkeit sehr ernst nehmen. Die Wirtschaft könnte ihr

Volumen in einem Zeitraum von wenigen Jahren oder gar Monaten verdoppeln, statt wie bisher in Jahrzehnten.

Das mag unrealistisch klingen, doch die Beschleunigung des Wachstums wäre nur eine Fortsetzung der historischen Entwicklung. Unter Wachstum verstehen wir lineares Wachstum, das heißt, dass die Wirtschaft Jahr für Jahr um einen bestimmten Prozentsatz wächst. Aber auf lange Sicht hat sich dieses Wachstum beschleunigt. In der frühen Phase der Landwirtschaft wuchs die Wirtschaft weltweit um rund 0,1 Prozent pro Jahr; heute sind es rund 3 Prozent.[53] Vor der industriellen Revolution benötigte die Weltwirtschaft Jahrhunderte, um ihr Volumen zu verdoppeln, heute sind es 25 Jahre.

Das lässt sich auf verschiedene Weise interpretieren. Vielleicht ist die Geschichte eine Abfolge unterschiedlicher »Wachstumsmodi« von der Wirtschaft der Jäger und Sammler bis zum Industriezeitalter.[54] Oder vielleicht ist die Wirtschaftsgeschichte ein einziger steigender Wachstumstrend, und die vergangenen hundert Jahre der relativ stabilen Raten waren lediglich eine Ausnahme.[55] In jedem der beiden Fälle sollten wir jedoch die Möglichkeit zulassen, dass die Wirtschaft in Zukunft schneller wächst als heute. In Anbetracht der Tatsache, dass sich die Wachstumsraten seit der landwirtschaftlichen Revolution verdreißigfacht haben, wäre es nicht abwegig anzunehmen, dass sie sich noch einmal verzehnfachen könnten; in diesem Fall würde sich das Volumen der Weltwirtschaft alle 2,5 Jahre verdoppeln.[56]

Die Beschleunigung des technischen Fortschritts ist der erste Grund, warum AKI ein Erdbeben auslösen würde. Der zweite Grund – und das ist für das langfristige Denken relevant – ist die potenzielle Langlebigkeit der AKI.[57]

Im ersten Kapitel haben wir gesehen, wie Shakespeare und Horaz durch ihre Dichtung wirklich unsterblich geworden sein könnten. Information kann unendlich lange erhalten bleiben, weil ihre Vervielfältigung so gut wie nichts kostet. Software ist nichts anderes als komplexe Information, und sie lässt sich ganz einfach vervielfältigen. Eines der ersten im Handel erhältlichen Computerspiele war »Pong« von Atari aus dem Jahr 1977.[58] Dieses Spiel können Sie heute wieder im Internet spielen.[59] Wenn die alten Atari-Konsolen längst zu Staub zerfallen sind, wird »Pong« weiterleben. Die Software lässt sich weitergeben, und wenn künftige Generationen bereit sind, den winzigen Preis dafür zu zahlen, dieses Stückchen Geschichte zu erhalten, dann wird es weiterleben. »Pong« könnte bis ans Ende der Zivilisation überleben.

Im Grunde gibt es keinen Unterschied zwischen einem Programm wie bei »Pong« und der Allgemeinen Künstlichen Intelligenz. Da sich Software hochgradig exakt kopieren lässt, kann AKI auch die Hardware überleben, auf der sie ursprünglich programmiert wurde. AKI-Akteure sind potenziell unsterblich.

Künstliche Intelligenz und die Verfestigung von Werten

Diese beiden Eigenschaften der Allgemeinen Künstlichen Intelligenz – potenziell rasanter technischer Fortschritt und Unsterblichkeit – machen die Verfestigung, das Einrasten von Werten zu einer realen Möglichkeit.

Mithilfe der AKI könnten einige Menschen in der Lage sein, ihre Werte sehr viel weiter in die Zukunft zu projizieren als je zuvor. Erstens könnten sie AKI-Akteure herstellen, deren Ziele mit den ihren im Einklang stehen und die in ihrem Sinne handeln würden. Es gibt bereits Untersuchungen zu der Frage, wie sich die KI mit menschlichen Interessen zur Deckung bringen lässt, etwa die Entwicklung von künstlich intelligenten Systemen, die das Verhalten von Menschen nachahmen oder Rückschlüsse auf ihre Ziele ziehen. Zweitens ließen sich diese Ziele auch in die Künstlichen Intelligenzen einschreiben: Die Auftraggeber könnten ihre Zukunftsvorstellungen genauestens konkretisieren und dafür sorgen, dass sich die AKI deren Verwirklichung annehmen würde. Drittens könnten Menschen theoretisch in das System »hochgeladen« werden: Man könnte ihr Gehirn hochauflösend einscannen und dessen Struktur auf einem Computer nachbilden. So wie sich Computerspiele der 1970er-Jahre auf modernen Computern spielen lassen, könnte man vielleicht auch die Funktionen eines menschlichen Gehirns nachbilden, indem man es digitalisiert.[60] Auch eine Kombination dieser drei Möglichkeiten ist denkbar. Die beiden ersten Möglichkeiten sind lediglich Fortsetzungen der aktuellen KI-Forschung.[61]

Würden wir verantwortungsbewusst mit dieser beispiellosen Macht umgehen? Es stimmt nachdenklich, dass Menschen im Laufe der Geschichte immer wieder versucht haben, bestimmte Werte einrasten zu lassen. Als die Qin China eroberten, unternahmen sie große Anstrengungen, konkurrierende Denkschulen aus dem Weg zu räumen, und die Han systematisierten den Konfuzianismus zum Nachteil von Andersdenkenden. Auch die Mohisten hätten ihre Werte gern für alle Zeiten festgeschrieben, wenn sie nur die Macht dazu gehabt hätten. Moralische Diskussion war in ihren Augen das größte Übel, und wenn es nach ihnen gegangen wäre, hätten alle nach denselben Werten gelebt. Sie erzählten das Gleichnis von den früheren »weisen Königen«, die eine Befehlskette von ihrem Thron bis hinunter zu den bescheidensten Bauern aufbauten; auf jeder Stufe setzten die Nachgeordneten die Werte ihrer höheren Stufen perfekt um, sodass die Werte der Mohisten alle Angehörigen der Gesellschaft erreichten.[62]

Im vorigen Kapitel habe ich auch einige Beispiele für religiöse und ideologische »Säuberungen« erwähnt, die Andersdenkende beseitigen sollten. Einige, darunter auch der stalinistische Terror, waren ausgesprochen erfolgreich.[63] Außerdem haben wir uns angesehen, warum moralische Veränderungen der Theorie der kulturellen Evolution zufolge kontingent sind. Diese Theorie erklärt auch, warum Werte von Dauer sein können. Bei einem Blick in die Vergangenheit sehen wir, dass eine vorherrschende Kultur dazu neigt, sich einzugraben, Konkurrenten auszuschalten und sich zu vervielfältigen.[64] Wie ebenfalls im vorigen Kapitel angesprochen, liefert die kulturelle Evolution die Erklärung dafür: Kulturen, die sich nicht eingraben, verschwinden eher als andere. Daher wird die Welt zunehmend von Kulturen beherrscht, die zu dieser Art der Verfestigung und damit zur Dauerhaftigkeit tendieren.[65]

Dieses Einrasten von Werten könnte auch mit einem Wunsch nach Unsterblichkeit zusammenhängen (der sich unter anderem in der Hoffnung äußert, irgendwann Gehirne digitalisieren zu können) sowie der damit verbundenen Weigerung, Macht mit anderen zu teilen. Der Traum vom ewigen Leben ist in der Geschichte weitverbreitet. So berichtet schon das Gilgamesch-Epos aus dem zweiten Jahrtausend vor Christus davon, wie der gleichnamige Held, vermutlich ein realer König, versucht, Unsterblichkeit zu erlangen.[66]

Auch der Qin-Kaiser hätte gern das ewige Leben gefunden. Damit war er nicht allein: In China war der Wunsch nach Unsterblichkeit auf Erden jahrtausendelang ein verbreitetes Ziel.[67] Eine Geschichte der chinesischen Chemie beschreibt, wie Kaiser und ihre Alchemisten Dutzende Mittel und Trunke erprobten, die ihnen die ewige Jugend schenken sollten.[68]

Auch im vergangenen Jahrhundert versuchten viele Diktatoren, ihr Leben zu verlängern.[69] Stalin interessierte sich sehr für das Thema, weshalb es »ein zentraler Gegenstand der medizinischen Forschung der Sowjetunion« wurde, wie ein Überläufer berichtete.[70] Der nordkoreanische Diktator Kim Il-sung hatte ein Langlebigkeitszentrum, das ihn am Leben erhalten sollte, und bekam regelmäßig Blutauffrischungen von Bürgern in ihren Zwanzigern, weil er hoffte, auf diese Weise sein Leben zu verlängern.[71] Nursultan Nasarbajew, der von 1990 bis 2019 Präsident von Kasachstan war, beauftragte kasachische Wissenschaftler damit, die »Verlängerung des Lebens« zu erforschen. Zwei Jahre und einige Millionen Euro später hatten sie allerdings nicht mehr vorzuweisen als einen probiotischen Joghurt namens Nar.[72]

Auch Tech-Milliardäre stecken Unsummen in biomedizinische Forschungsunternehmen, weil sie das menschliche Leben auf unbestimmte Zeit zu verlängern hoffen. Amazon-Gründer Jeff Bezos und Risikokapitalgeber Peter Thiel investieren in das Unternehmen Unity Biology in San Francisco, das erforscht, wie sich der Alterungsprozess aufhalten lässt.[73] Mit demselben Ziel gründete Google 2013 ein Unternehmen namens Calico und stattete es mit mehr als einer Milliarde Dollar aus.[74] Das kalifornische Start-up Ambrosia verlangt 8000 Dollar von seinen betagten Kunden, um ihnen zweieinhalb Liter Blutplasma von Jugendlichen zu spritzen.[75]

Da wir den Sieg über das Alter wohl nicht mehr erleben werden, setzen einige Menschen darauf, dass das Problem in Zukunft gelöst wird; für viel Geld lassen sie ihren Kopf oder ihren ganzen Körper einfrieren, denn sie hoffen, dass sie sich mithilfe künftiger Technik wiederbeleben lassen. Die Alcor Life Extension Foundation verlangt 220 000 Dollar für den ganzen Körper, und wer nur seinen Kopf einfrieren lassen will, zahlt etwas weniger als die Hälfte.[76] Einige Unternehmer wollen den leiblichen Körper ganz hinter sich lassen und nur in digitaler Form weiterleben. Das von Y Combinator finanzierte Start-up Nectome bewahrt Gehirne auf, damit sie im besten Fall eines Tages eingescannt und auf einen Computer hochgeladen werden können. Nectome-Gründer Robert McIntyre beschreibt seine Dienstleistung als »100 Prozent tödlich«.[77]

Wenn der Wunsch nach Unsterblichkeit und ewigen Werten in der Vergangenheit derart verbreitet war, dann dürfen wir davon ausgehen, dass sich das in Zukunft kaum ändern wird. Und die Allgemeine Künstliche Intelligenz könnte diesen Traum wahr werden lassen.

AKI könnte auch Einfluss darauf nehmen, wer Macht hat und wer nicht. Sie könnte von Unternehmen oder dem Militär entwickelt werden, und die Macht könnte sich in ihrer Hand befinden, nicht in der von Staaten. Internationale Organisationen oder Privatpersonen könnten AKI dazu verwenden, um sich eine beispiellose Machtfülle zu verschaffen, wie sie bislang nur die Ostindiengesellschaft innehatte, die im 18. und 19. Jahrhundert de facto über Indien herrschte. AKI könnte nicht nur das internationale Machtgefüge sprengen, sondern auch beeinflussen, welche Akteure das Weltgeschehen bestimmen.

Wenn wir unsere politischen und gesellschaftlichen Institutionen nicht darauf vorbereiten, diesen Übergang gut zu gestalten – also den Wertepluralismus zu schützen und die Möglichkeit des moralischen Fortschritts zu erhalten –, könnte irgendwann ein einziges Wertesystem die Vorherrschaft erlangen. Das wären dann die Werte einer Einzelperson, der Elite einer politischen Partei, der Bevölkerung eines Landes oder der ganzen Welt.

Sollte es dazu kommen, könnten diese Werte im Prinzip so lange Bestand haben wie die menschliche Zivilisation. AKI-Systeme könnten sich nach Belieben vervielfältigen, so wie wir heute Software kopieren. Da sie nicht dem biologischen Alterungsprozess unterliegen, wären sie unsterblich, könnten Sicherungskopien von sich selbst erstellen und sich auf immer neue Maschinen kopieren, wenn die Hardware veraltet. Und es gäbe keine konkurrierenden Wertesysteme, die den Status quo infrage stellen könnten.

In diesem Abschnitt sind wir davon ausgegangen, dass Menschen die AKI mit ihren Bedürfnissen in Einklang bringen. Das muss jedoch nicht gelingen. Der Versuch, Werte mithilfe der Allgemeinen Künstlichen Intelligenz einrasten zu lassen, birgt die große

Gefahr, die Kontrolle an AKI-Systeme abzutreten, die, wenn sie außer Kontrolle geraten, die Entwickler der AKI und die gesamte Menschheit vernichten könnten. Dieser Gefahr wenden wir uns nun zu.

Machtübernahme durch die Künstliche Intelligenz

Wenn wir die Allgemeine Künstliche Intelligenz entwickeln, wird es vermutlich nicht lange dauern, bis sie Menschen in sämtlichen Bereichen überflügelt hat, so wie KI-Systeme den Menschen in Schach und Go hinter sich gelassen haben. Das ist eine große Gefahr. Die Philanthropieforscherin Ajeya Cotra von Open Philanthropy vergleicht unsere Situation mit der eines Kindes, das die Herrschaft über ein Land übernehmen soll.[78] Es kann nicht allein herrschen und muss einen Erwachsenen einsetzen, der an seiner Stelle die Regierungsaufgaben wahrnimmt. Das Ziel des Kindes wäre es, einen Regenten zu finden, der in Einklang mit seinen Wünschen handelt, und keinen Intriganten, der sich erst bei ihm einschmeichelt, um dann seine eigenen Ziele zu verfolgen. Das ist schwierig, denn die Erwachsenen sind natürlich viel klüger als das Kind.

Um dieses Problem geht es auch in Nick Bostroms *Superintelligenz*. Das bekannteste Szenario dieses Buchs ist ein KI-Akteur, der immer bessere Versionen von sich selbst hervorbringt und rasch Fähigkeiten entwickelt, die diejenigen der gesamten Menschheit weit übersteigen. Dieser Akteur wird mit großer Wahrscheinlichkeit ganz andere Ziele verfolgen als die Menschen. Und um diese Ziele zu verwirklichen, wird er versuchen, möglichst viele Ressourcen an sich zu ziehen und jede Gefahr für seinen Fortbestand auszuschalten.[79] Er hätte daher einen Anreiz, die Kontrolle über die

Welt zu übernehmen und die Menschen auszulöschen oder zumindest dauerhaft zu unterdrücken.[80]

Jüngere Arbeiten entwickeln ein breiteres Spektrum von möglichen Szenarien.[81] Der Übergang von weniger als menschlicher Intelligenz zur Superintelligenz muss gar nicht blitzartig erfolgen und auch keinen Bruch darstellen, um uns gefährlich zu werden. Es muss auch kein einzelner AKI-Akteur sein, der die Macht übernimmt; es könnten viele sein. Wenn diese Systeme immer weiter wachsen und einen immer größeren Teil der Weltwirtschaft übernehmen, könnte uns die Kontrolle auch nach und nach entgleiten. Irgendwann wären wir Menschen gegenüber den Computern in derselben Positionen wie die Schimpansen oder Ameisen heute uns gegenüber: Wir wären bestenfalls irrelevant und hätten keinen Einfluss mehr auf die Zukunft der Zivilisation. Um dieser Entmachtung vorzubeugen, müssten wir dafür sorgen, dass Künstliche Intelligenzen das tun, was wir von ihnen erwarten. Dieses sogenannte *Alignment*- oder Ausrichtungsproblem wird in ausgezeichneten Büchern wie Nick Bostroms *Superintelligenz*, Stuart Russells *Human Compatible* oder Brian Christians *The Alignment Problem* erörtert, weshalb ich an dieser Stelle nicht näher darauf eingehen möchte.[82]

Das Risiko der Machtübernahme durch Künstliche Intelligenz wird oft gemeinsam mit anderen Gefahren der Auslöschung der Menschheit erörtert. Das ist jedoch irreführend. Erstens müssen nicht alle Szenarien der Machtübernahme durch KI mit der Auslöschung der Menschheit enden. Wenn wir Menschen die Schimpansen ausrotten wollten, könnten wir das tun, doch wir haben uns dagegen entschieden. Wir haben auch gar keinen Grund dazu, denn Schimpansen sind keinerlei Gefahr für unsere Vormachtstellung. Wenn superintelligente AKIs die Macht übernehmen, könnten sie uns derart überlegen sein, dass sie es gar nicht nötig hätten, uns zu beseitigen.

Aber vor allem stellt sich die Machtübernahme durch die Künstliche Intelligenz aus moralischer Sicht ganz anders dar als die übrigen Gefahren des Aussterbens der Menschheit. Wenn diese beispielsweise von einer Pandemie ausgelöscht werden sollte und keine andere Spezies an unserer Stelle eine Zivilisation errichten würde, dann wäre die Zivilisation am Ende, und das irdische Leben wird aussterben, wenn die sich aufblähende Sonne die Erde unbewohnbar macht. Doch bei einer Machtübernahme durch Künstliche Intelligenzen könnten diese die Zivilisation fortbestehen lassen, und zwar potenziell auf Jahrmilliarden hinaus. Wobei offenbleibt, wie gut oder schlecht eine solche Zivilisation wäre.

Stellen Sie sich zum Vergleich vor, Sie gehören einer Inselgesellschaft an und sehen zwei Möglichkeiten für das Ende ihrer Kultur. Erstens könnte eine Seuche sämtliche Inselbewohner töten und die Insel unbewohnbar machen. Und zweitens könnten Eroberer kommen, sämtliche Bewohner ermorden und danach eine andere Gesellschaft mit (nehmen wir einmal an) schlechteren Werten errichten. Die Zukunft der Insel wäre in beiden Szenarien eine andere, und auch die moralische Bewertung würde jeweils unterschiedlich ausfallen. Selbst wenn Sie die Abwesenheit künftiger Generationen nicht für einen moralischen Verlust halten und selbst wenn Sie die Auslöschung der Menschen auf Ihrer Insel durch eine Seuche begrüßen, würden Sie aus moralischer Sicht die Eroberung durch fremde Invasoren vermutlich verhindern wollen. Wenn Sie die Seuche verhindern, würden Sie dafür sorgen, dass Ihre Gesellschaft fortbesteht und nicht nichts. Und wenn Sie die Eroberung unterbinden, würden Sie dafür sorgen, dass Ihre Gesellschaft fortbesteht und keine neue mit schlechteren Werten.

Auch wenn hyperintelligente AKIs die Menschheit auslöschen, würde die Zivilisation damit nicht enden. Sie würde vielmehr in digitaler Form fortbestehen, gesteuert von den Werten der AKI. Bei der Gestaltung des Übergangs zu einer Welt der fortschrittlichen

Künstlichen Intelligenzen geht es also nicht darum, *ob* die Zivilisation fortbesteht, sondern *welche* Zivilisation fortbesteht.[83]

Selbst wenn Sie die Abwesenheit künftiger Generationen von Menschen nicht als moralischen Verlust ansehen oder das Ende der Zivilisation begrüßen (Fragen, denen ich in Teil IV nachgehe), wäre es dennoch wichtig, eine Machtübernahme durch die Künstliche Intelligenz oder das Einrasten schlechterer Werte zu verhindern. So oder so wird es künftige Generationen von intelligenten Wesen geben, und indem wir die Machtübernahme durch KI mit schlechten Werten verhindern, nehmen wir Einfluss darauf, wie gut oder schlecht die Zukunft für die gesamte Lebensdauer der Zivilisation wird. Das ist der eigentliche Effekt, nicht die Auswirkung auf die Lebenserwartung der Zivilisation.

Meiner Ansicht nach geht es also nicht um die Frage, ob Menschen oder Künstliche Intelligenzen an der Macht sind, denn in jedem Fall ist AKI eine Möglichkeit, Werte auf unbestimmte Zeit einrasten zu lassen. Die entscheidende Frage ist, welche Werte die Zukunft prägen werden. Diese Werte könnten engstirnig, provinziell und unreflektiert sein oder aber offen, integrierend und moralisch forschend.

Wenn Werte einrasten, dann doch besser Letztere. Noch besser wäre es allerdings, die Gefahr des Einrastens von Werten generell zu vermeiden. Das hat zwei Vorteile, die aus Sicht des langfristigen Denkens von außerordentlicher Bedeutung sind. Zum einen verhindern wir die dauerhafte Festlegung auf mangelhafte menschliche Werte. Und zum anderen können wir allen versichern, dass diese Möglichkeit vom Tisch ist, und nehmen damit den Druck weg, die Ersten sein zu müssen; so verhindern wir einen Wettlauf, in dem die Teilnehmer jegliche Sorgfalt im Umgang mit der AKI in den Wind schlagen oder zu militärischer Gewalt greifen, um sich ihren Vorsprung zu sichern.

Wie weit ist die Allgemeine Künstliche Intelligenz entfernt?

Vielleicht halten Sie diese Diskussion für leere Spekulation, weil Sie glauben, dass die Allgemeine Künstliche Intelligenz noch Jahrtausende entfernt ist. Das könnte jedoch ein Irrtum sein.

Es stimmt zwar, dass wir nicht wissen, wie weit die Entwicklung von AKI entfernt ist. Doch die Ungewissheit geht in beide Richtungen. Die technische Entwicklung kann erstaunlich langsam oder schnell vonstatten gehen. Der Genetiker J. B. S. Haldane erkannte als einer der Ersten die schiere Dimension der Zukunft und ihre moralische Bedeutung. Schon 1927 entwickelte er eine Vision der menschlichen Zukunft für die nächsten 40 Millionen Jahre.[84] Meines Wissens war er der Erste, der die Expansion der Menschheit über die gesamte Galaxie vorhersagte. Doch in demselben Aufsatz sah Haldane vorher, dass noch 8 Millionen Jahre vergehen würde, bis der erste Mensch seinen Fuß auf den Mond setzte.[85]

Selbst wenn ein technischer Trend augenfällig ist, wird er oft von allen übersehen. Ein Beispiel sind die Solarzellen. Seit vierzig Jahren sinkt ihr Preis kontinuierlich,[86] doch gängige Wirtschaftsmodelle verlängern diesen Trend nicht in die Zukunft und sind in ihren Prognosen zum Einsatz der Sonnenenergie daher zu pessimistisch.[87] Wir Menschen haben Schwierigkeiten damit, exponentielle Entwicklungen zu begreifen.

Die Entwicklung der AKI könnte also durchaus noch weit entfernt sein. Aber genauso gut könnte sie sehr schnell kommen, vielleicht schon in fünfzig oder auch nur zwanzig Jahren.

NEU INSTALLIERTE SOLARKAPAZITÄTEN (IN GIGAWATT) IM VERGLEICH ZU PROGNOSEN

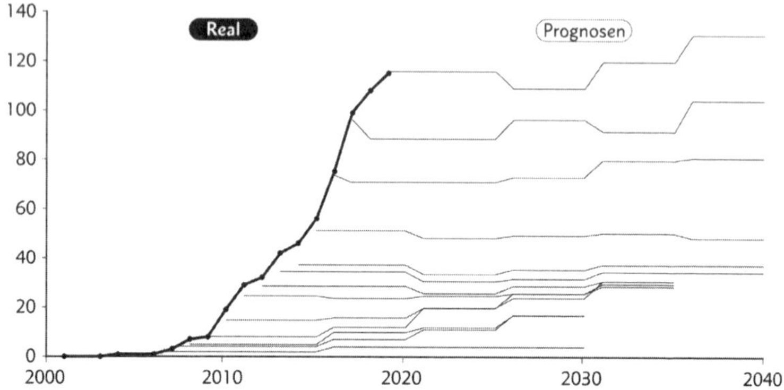

Grafik 4.1 Die weltweiten Solarkapazitäten haben seit 2006 sämtliche Prognosen der Internationalen Energieagentur überflügelt. Die Grafik zeigt die jährlichen Zuwächse (nicht die Gesamtkapazität).

Ajeya Cotra hat die gewichtigsten Belege dafür zusammengestellt. Sie prognostiziert die Entwicklung der Rechenleistung von Computern und vergleicht diese mit der Kapazität biologischer Gehirne und der Zeit, die diese benötigen, um ihre Fähigkeiten zu erwerben.[88] Ausgehend vom Stand der heutigen Neurowissenschaften, können wir sagen, dass die aktuellen KI-Systeme etwa mit Insektengehirnen vergleichbar sind; selbst die stärksten Modelle haben weniger als 1 Prozent der Leistungsfähigkeit des menschlichen Gehirns.[89] Das wird allerdings nicht so bleiben.

Der Preis von Prozessoren sinkt exponentiell, während die Effizienz der KI-Systeme und die Budgets für die größten Entwickler von lernenden Maschinen exponentiell zunehmen.[90] Ausgehend von diesen Trends und der aktuellen Neuroforschung, könnten AI-Systeme bereits im kommenden Jahrzehnt die Leistungsfähigkeit von menschlichen Gehirnen erreichen, und gegen Ende des Jahrhunderts könnte die Rechenleistung ausreichen, um die gesamte Geschichte der biologischen Evolution zu simulieren.[91]

Diese Vergleiche enthalten zahlreiche Unbekannte, weil wir zum Beispiel nicht genau beziffern können, wie leistungsfähig das menschliche Gehirn tatsächlich ist. Angesichts dieser Ungewissheit schätzt Cotra, dass AKI mit einer Wahrscheinlichkeit von mehr als 10 Prozent bis zum Jahr 2036 und mit einer Wahrscheinlichkeit von 50 Prozent bis zum Jahr 2050 erreicht ist.[92]

In einem Podcast erklärte Cotra, angesichts ihrer Forschung betrachte sie Künstliche Intelligenz »viel emotionaler, als heranrasende Welle«. Sie empfindet dies als eine »extreme, belastende und furchteinflößende Schlussfolgerung, denn ich prognostiziere ein Datum, ab dem sich die Welt bis zur Unkenntlichkeit verändern wird«.[93]

Ihre Prognosen stehen keineswegs im Widerspruch zu den Erwartungen von KI-Experten und -Expertinnen. 2016 führte Katja Grace, Gründerin der Thinktanks AI Impacts, die bislang größte Umfrage zu diesem Thema durch.[94] Sie fragte rund 350 der führenden KI-Forscher, ab wann ihrer Ansicht nach »selbstständige Maschinen jede Tätigkeit besser und billiger durchführen können als menschliche Arbeitskräfte« – eine Definition, die der AKI sehr nahe kommt.[95]

Ihre wichtigste Erkenntnis war wohl, dass die Experten sehr unterschiedliche und in sich widersprüchliche Vorstellungen haben. Im Durchschnitt gingen sie davon aus, dass der Moment, an dem »selbstständige Maschinen jede Tätigkeit besser und billiger durchführen können als menschliche Arbeitskräfte«, mit 10-prozentiger Wahrscheinlichkeit bis 2025 und mit 50-prozentiger Wahrscheinlichkeit bis 2061 erreicht ist.[96] Wenn sie jedoch leicht abgewandelt gefragt wurden: »Wann können in jedem beliebigen Bereich Maschinen gebaut werden, die eine Aufgabe besser und billiger ausführen können als menschliche Arbeitskräfte«, sahen die Experten den Zeitpunkt mit 50-prozentiger Wahrscheinlichkeit erst im Jahr 2138 gekommen – doppelt so weit entfernt wie in ihrer ersten Prognose.[97] Die Befragten sahen auch vorher, dass KI-Systeme länger brauchen würden, um Menschen in der KI-Forschung zu überflügeln als bei »jeder Aufgabe«, was natürlich ein Widerspruch ist.[98]

Deshalb sollten wir bei der Prognose der weiteren Entwicklung der Künstlichen Intelligenz den Expertenmeinungen nicht allzu viel Bedeutung beimessen. Gleichzeitig können wir jedoch festhalten, dass die AKI auch nach Ansicht von Insidern keine Jahrhunderte mehr entfernt ist: Je nach Fragestellung geben sie zur Antwort, dass sie bereits in den nächsten Jahrzehnten erreicht sein könnte.

Vielleicht meinen Sie, dass wir der AKI schon seit Jahrzehnten erfolglos hinterherlaufen und auf diese Weise ein Hype entstanden ist, weshalb alle Zukunftsprognosen mit Vorsicht zu genießen sind. Doch der frühere Hype wird meist falsch dargestellt: In den 1950er- und 1960er-Jahren herrschte zwar ein übertriebener Optimismus, doch es gab auch viele Skeptiker.[99] Vor allem gibt uns die Tatsache, dass die Zukunft früher falsch eingeschätzt wurde, keinerlei Aufschluss darüber, was wir heute denken sollten. Tom Davidson, der ebenfalls für Open Philanthropy forscht, entwickelte eine Zeitleiste für AKI, die auf der bisherigen Dauer der KI-Forschung, den für die Zukunft erwarteten Investitionen und vergleichbaren Projekten der Vergangenheit basiert. Allein ausgehend von diesen Informationen, kommt er zu dem Schluss, dass AKI mit einer Wahrscheinlichkeit von 8 Prozent schon bis zum Jahr 2036 erreicht sein könnte. Diese Schätzung kann man durch zusätzliche Informationen wie aktuelle Meilensteine der KI-Forschung nach oben oder unten korrigieren.[100]

Diese Zahlen sind extrem ungewiss. Meiner Ansicht nach sind langfristige Prognosen derart schwierig, dass wir uns nicht auf etwas festlegen sollten. Doch aufgrund dieser Hinweise sowie der erstaunlichen Forschungserfolge der vergangenen Jahrzehnte sollten wir die Möglichkeit ernst nehmen, dass die Zeitleiste sehr kurz ist. Meiner Ansicht nach sollte man die Wahrscheinlichkeit für die

Entwicklung von AKI in den kommenden fünfzig Jahren nicht unter 10 Prozent schätzen. Das heißt, dass viele von uns eine der wichtigsten Entwicklungen der gesamten Menschheitsgeschichte mit einiger Wahrscheinlichkeit noch miterleben könnten.

Kulturelle Erstarrung

Was, wenn AKI noch einige Jahrhunderte entfernt ist? Sie wäre trotzdem von gewaltiger Bedeutung, denn damit hätten wir ein Datum, ab dem die in diesem Moment vorherrschenden Werte einrasten könnten. Was wir in den kommenden Jahren tun, hat möglicherweise Einfluss auf die Werte, die vorherrschen, wenn die Allgemeine Künstliche Intelligenz erstmals auf den Plan tritt. Aus dem Beispiel der Religionen und anderer moralischer Systeme wissen wir bereits, dass sich Werte jahrhundertelang halten, auch wenn sie sich zwischenzeitlich weiterentwickeln. Doch in Zukunft könnten Werte noch dauerhafter sein, wenn sie sich weltweit durchsetzen. Das Fehlen von Alternativen und konkurrierenden Vorstellungen könnte ein Grund sein, warum sich die Werte nicht mehr weiterentwickeln.

Die dramatischste Form, in der ein Wertesystem die globale Vorherrschaft erlangen würde, wäre die Eroberung, und das könnte sogar die wahrscheinlichste Form sein. Im kommenden Kapitel gehe ich auf die Frage ein, ob wir vielleicht noch zu unseren Lebzeiten einen Dritten Weltkrieg erleben werden. Sollte es dazu kommen, könnte das Ergebnis eine Weltregierung und die weltweite Durchsetzung ihrer Ideologie sein.

Kulturelle Eroberung ist ein verbreitetes Phänomen. Wenn wir uns die Karte der Weltreligionen ansehen, erklärt sich ihre Verteilung zu einem Gutteil aus Eroberungen und Kolonialismus. Der britische Kolonialismus brachte den Protestantismus in die Vereinigten Staaten, und der spanische und portugiesische Kolonialismus machte den Katholizismus zur Religion Lateinamerikas.[101] Afghanistan war acht Jahrhunderte lang, vom zweiten vorchristlichen Jahrhundert bis etwa 650 n. Chr., buddhistisch.[102] Beginn und Ende dieser Phase wurden von Eroberungen markiert – erst wurde Afghanistan Teil der buddhistische Maurya- und Kuschana-Reiche, dann wurde es von den Rechtgeleiteten Kalifen erobert.[103] Heute, fast 14 Jahrhunderte nach dieser Eroberung, sind 99,7 Prozent der Afghanen Muslime.[104]

Auch politische Ideologien haben die dauerhafte Weltherrschaft angestrebt, zum Beispiel die Nationalsozialisten, die ihr Imperium als »Tausendjähriges Reich« bezeichneten. Die von den Sowjets kontrollierte Organisation Komintern verfolgte das Ziel der kommunistischen Weltherrschaft, vor dem Zweiten Weltkrieg wurden sieben Kongresse abgehalten, die dem Ziel der Weltrevolution dienen sollten.[105]

Auch wenn sich kein einzelnes Wertesystem durchsetzt, könnten wir auf ein hybrides System zusteuern, eine Mischung aus unterschiedlichen Wertesystemen, die sich ergibt wie eine neue Farbe, die aus unterschiedlichen Tönen zusammengerührt wird. Das Ergebnis wäre nicht unbedingt die Konvergenz der »besten« Werte, sondern hinge von den Ausgangswerten ab und davon, was und wie viel von jedem System einfließt.

Auf welche Werte die Welt zuläuft, hängt auch davon ab, wie stark die jeweiligen Systeme zu diesem Zeitpunkt sind. Das hängt von vielen Faktoren ab. Eine Eroberung muss beispielsweise nicht notwendig zur Weltherrschaft führen. Zuwanderung ist ein weiterer Faktor, der eine Kultur stärken kann. Sie ist auch der Grund, warum die Vereinigten Staaten seit etwa 130 Jahren die größte Volkswirtschaft der Welt sind.[106] Die Größe einer Volkswirtschaft hängt laut Definition von der Wirtschaftsleistung pro Kopf und der

Zahl der Einwohner ab. Die aktuelle Einwohnerzahl der Vereinigten Staaten ist zum Teil der europäischen Zuwanderung seit 1607 und vor allem seit 1830 geschuldet. In Zukunft werden die Länder mit hoher Zuwanderung und Assimilation an Größe und Macht gewinnen. Deshalb meinte der Journalist Matt Yglesias unlängst, wenn die Vereinigten Staaten ihren globalen Einfluss halten wollten, müssten sie deutlich mehr Zuwanderer ins Land lassen und sich eine Einwohnerzahl von einer Milliarde zum Ziel setzen.[107]

Kulturelle Merkmale können auf eine dritte Weise Einfluss gewinnen, wenn sie nämlich einer Gruppe gestatten, in einer neuen Umgebung besser zu überleben oder sich zu entwickeln, als anderen. Vielleicht glauben Sie, dass diese Eigenschaft keine Rolle spielt, da der Mensch bereits sämtliche auch nur entfernt bewohnbaren Regionen der Erde besiedelt hat. Aber beim Blick in die Zukunft tut sich ein riesiges Gebiet auf, in das die Menschheit expandieren könnte: das Weltall. Selbst in unserem eigenen Sonnensystem steht jenseits der Erde potenziell ein Milliardenfaches an Energie zur Verfügung, und in unserer Galaxie wartet wiederum ein Milliardenfaches dieser Energie.[108] Wenn eine Kultur größere Anstrengungen unternehmen kann oder über größere Fähigkeiten verfügt, das Weltall zu besiedeln, dann wird sie jede Kultur in den Schatten stellen, die sich für einen Verbleib auf der Erde entscheidet.

Und schließlich kann eine Kultur andere langfristig durch schieres Bevölkerungswachstum überflügeln. So wurde zum Beispiel das Christentum durch eine Mischung aus Missionierung und Fruchtbarkeit innerhalb erstaunlich kurzer Zeit zur vorherrschenden Religion Europas.[109] Über Jahrhunderte hinweg hielt es eine Wachstumsrate von 40 Prozent pro Jahrzehnt aufrecht: Im Jahr 40 gab es nur rund tausend Christen, bis zum Jahr 350 waren es 34 Millionen oder rund 50 Prozent der Einwohner des Imperium Romanum.[110] Dieses exponentielle Wachstum ist einer der Gründe, warum das Christentum zu einer der großen Weltreligionen werden konnte.

Religiöse Gruppierungen der Moderne haben annähernd dieselbe Wachstumsrate erzielt. So wuchs zum Beispiel die Zahl der Mormonen dank der hohen Fruchtbarkeit, der Missionierung und der Loyalität der Gläubigen im 20. Jahrhundert um durchschnittlich 43 Prozent pro Jahrzehnt.[111]

Diese Kräfte wirken auch in Zukunft weiter. Ich lebe in einer ausgesprochen unreligiösen Blase und nahm in meiner Naivität lange an, dass Religionen früher oder später verschwinden würden. Doch die Prognosen sehen ganz anders aus. Atheisten bekommen durchschnittlich weniger Kinder als religiöse Menschen, vor allem Fundamentalisten und Menschen in ärmeren Ländern. Das potenziert sich über einen längeren Zeitraum hinweg. Laut Pew Research Center wird der Anteil der Weltbevölkerung ohne Religionszugehörigkeit (darunter Atheisten, Agnostiker und Menschen, die sich nicht mit einer Religion identifizieren, auch wenn sie religiöse oder spirituelle Vorstellungen haben) bis 2050 von heute 16 auf 13 Prozent der Weltbevölkerung zurückgehen.[112] Der eigentliche Grund dafür ist die höhere Fruchtbarkeitsrate von Angehörigen religiöser Gruppen; Missionierung spielt dabei erstaunlicherweise nur eine untergeordnete Rolle.[113] Wenn sich dieser Trend fortsetzt, wird der säkulare Einfluss immer schwächer. Irgendwann könnte ein Großteil der Weltbevölkerung einer bestimmten Religion angehören.

Auch viele der heute mächtigen Länder verdanken ihre Macht den hohen Fruchtbarkeitsraten der Vergangenheit. Wenn Indien heute die drittgrößte Volkswirtschaft der Welt ist, dann auch deshalb, weil seine Bevölkerung von 290 Millionen Menschen im Jahr 1900 auf heute fast 1,4 Milliarden gewachsen ist.[114] Obwohl die Fruchtbarkeitsrate inzwischen auf 2,2 Geburten pro Frau gesunken ist, könnte Indien bis Ende des 21. Jahrhunderts die größte Volkswirtschaft der Welt geworden sein; bis dahin wird das Land den Prognosen zufolge 40 Prozent mehr Einwohner haben als China.[115] Aus ebendiesem Grund wird auch Nigeria im Jahr 2100 eine größere weltpolitische Rolle spielen, denn man geht davon aus, dass die Einwohnerzahl des Landes von heute 200 Millionen auf dann 730 Millionen steigen wird, womit es die drittgrößte Bevölkerung der Welt haben wird.[116]

Die bisher erörterten Mechanismen betreffen die Konkurrenz zwischen Gruppen. Doch auch konkrete kulturelle Merkmale treten zueinander in Konkurrenz, und zwar sowohl innerhalb einer Kultur als auch zwischen Kulturen. Der aktuelle Erfolg der LGBTQ+-Bewegung ist ein Beispiel dafür, wie einstige Minderheiten im Laufe der Zeit an Einfluss gewinnen können. Der Erfolg von Meditation und Mindfulness im Westen und von Fast Food im Osten sind Beispiele für konkrete kulturelle Eigenschaften, die von einer Kultur auf andere übergehen.

Wenn die Welt zu einem einzigen Wertesystem zusammenfinden würde, dann würde der Veränderungsdruck auf Werte im Laufe der Zeit abnehmen. Dank dieser globalen Konvergenz könnten Werte in Zukunft deutlich beständiger sein als in der Vergangenheit. Ein globales Wertesystem könnte sich über Jahrtausende hinweg halten. Und wenn es sich bis zum Eintreffen der Allgemeinen Künstlichen Intelligenz hält, könnte es sogar für alle Zeiten Bestand haben.

Wie verfestigt sind unsere Werte schon heute?

Wir haben uns angesehen, wie sich ein Wertesystem global durchsetzen und auf sehr lange Sicht einrasten könnte. Es ist eine Gefahr, die wir bislang abzuwenden vermochten, der wir uns jedoch in Zukunft gegenübersehen. Doch die Verfestigung von Werten ist keine Frage von alles oder nichts – es gibt zahllose moralische Normen, von denen jede erstarrt sein kann oder nicht. Wir sollten also fragen, inwieweit bestimmte Werte bereits unveränderlich sind oder sich zumindest in naher Zukunft nicht ändern werden.

Eine Vielzahl von Werten scheint bereits eingerastet zu sein. Das beginnt schon mit der Evolution des *Homo sapiens*, die analog zum oben besprochenen kulturellen Einrasten verlaufen sein könnte: Eine Spezies gewann gegenüber allen anderen an Macht und festigte ihre Vorherrschaft über den Planeten. Kurz nachdem der *Homo sapiens* auf den Plan getreten war, verschwanden alle anderen Vertreter der Gattung *Homo*, darunter der Neandertaler, der Denisova-Mensch, *Homo luzonensis*, *Homo erectus*, *Homo heidelbergensis* und *Homo floresiensis*.[117] Diese anderen Menschenarten sind endgültig ausgestorben, und es besteht keine Möglichkeit, dass sie wieder auferstehen und die Welt erobern werden.[118]

Hätte die Evolution einen anderen Verlauf genommen, hätte möglicherweise eine andere Spezies eine höhere Intelligenz entwickelt, und zwar auf ganze andere Weise als wir. Vielleicht hätten sich diese Wesen hierarchischer organisiert, etwa wie die Schimpansen, oder egalitärer, wie die Bonobos. Sie hätten mehr oder weniger aggressiv sein und mehr oder weniger Geschlechterunterschiede aufweisen können. Auch wenn unsere biologische Natur vieles offenlässt, sorgt sie doch dafür, dass sich bestimmte Werte eher durchsetzen als andere.

Ein weiterer Moment des Einrastens könnte der Kolonialismus gewesen sein. Zu Beginn seiner Entwicklung war der *Homo sapiens* räumlich geeint, danach spaltete er sich in unterschiedliche Populationen auf. Mit dem Kolonialzeitalter wurde die Welt wieder zusammengeführt, und Ideologien entfalteten globale Reichweite. Die Westeuropäer zerstörten zahlreiche alternative Kulturen, zum Beispiel auf dem amerikanischen Doppelkontinent, und zwangen anderen ihre Kultur auf.[119] In der Folge breiteten sich die christlichen Religionen, Sprachen wie Spanisch und Englisch und die westeuropäischen Kulturen ganz allgemein aus. Durch die Globalisierung wurden die meisten Länder seither kulturell verwestlicht.[120] Wenn sich dieser Prozess fortsetzt, werden die Kulturen schließlich immer stärker homogenisiert.

Die aktuelle Vielfalt der Kulturen lässt sich unter anderem am Spektrum der Reaktionen auf die Coronapandemie abschätzen.[121] Natürlich gab es gewisse Unterschiede, vom strikten Null-Covid-Lockdown in China bis zur Gelassenheit der Schweden. Dennoch war die Vielfalt geringer, als man hätte denken können. So waren zum Beispiel die Impfstoffe von Moderna und BioNTech bis Mitte Januar 2020 einsatzbereit, doch kein Land ließ Wirksamkeitstests zu, bei denen Freiwillige geimpft und im Anschluss mit dem Virus infiziert worden wären. Kein Land gestattete den Verkauf des nicht erprobten Impfstoffs auf dem freien Markt, auch nicht unter der Bedingung, dass sich die damit Geimpften bei einer späteren Infektion meldeten.[122]

Es ist müßig darüber zu diskutieren, ob bestimmte Strategien wirkungsvoller waren als andere. Doch eine breitere Vielfalt von Reaktionen hätte immense Vorteile gehabt. Wenn nur ein einziges Land Menschenversuche zugelassen oder die nicht getesteten Impfstoffe in den Handel gebracht hätte, dann hätten wir alle schon Monate früher gewusst, ob die Vakzine wirksam sind oder nicht. Zwar hätte die Produktion noch einige Zeit in Anspruch genommen, doch die Pandemie wäre viele Monate früher zu Ende gewesen. Die Homogenität der globalen Reaktion auf die Pandemie kostete viele Millionen Menschenleben.

Der Weg in eine moralisch offene Welt

Wenn bestimmte Werte einrasten würden – wenn sich zum Beispiel die des Stalinismus oder des Nationalsozialismus verfestigt hätten –, dann hätte das furchtbare Folgen. Mit diesem Szenario haben sich zahlreiche Romane beschäftigt. Am bekanntesten ist George Orwells *1984*, dessen finstere Prognose in dem Satz zusammengefasst ist: »Stellen Sie sich einen Stiefel vor, der auf ein Gesicht tritt. Unaufhörlich.« Noch mehr hat mich *Nacht der braunen Schatten* von Katharine Burdekin beeindruckt. Die Autorin nimmt Hitlers Vision eines »Tausendjährigen Reichs« ernst, ihr Roman spielt in einer 700 Jahre entfernten Zukunft, die von den Nationalsozialisten und dem Japanischen Kaiserreich beherrscht wird. Im Deutschen Reich werden Nichtdeutsche unterjocht, Gewalt wird verherrlicht, und Frauen werden in Ställen gehalten und willkürlich vergewaltigt. Was sich für uns wie kontrafaktische Geschichtsschreibung liest, war in Wirklichkeit eine Warnung: Geschrieben wurde das Buch 1935, vier Jahre vor dem Beginn des Zweiten Weltkriegs, und veröffentlicht wurde es 1937, als Hitler noch immer ein gewisses Ansehen im Ausland genoss.[123]

Vielleicht kommen Sie nun zu dem Schluss, dass es uns darum gehen sollte, »gute« Werte festzuschreiben, um eine Dystopie mit »schlechten« Werten zu verhindern. Das wäre jedoch ein Fehler.[124] Eine von totalitären Werten beherrschte Welt wäre zwar ein Albtraum, doch im Grunde wäre jede Erstarrung von Werten furchtbar, egal, um welche Werte es sich handelt. Stellen Sie sich vor, die Welt wäre bei den westlichen Werten des 18. Jahrhunderts stehen geblieben. Dann würde die Zukunft von Werten bestimmt, die Sklaverei zulassen, Menschen bestimmter Hautfarben unterdrücken, Frauen als Menschen zweiter Klasse behandeln und die Mehrzahl der sexuellen Orientierungen und Praktiken verfolgen.

Die meisten Gesellschaften der Vergangenheit vertraten Werte, die für uns heute zumindest teilweise unannehmbar wären. Es wäre naiv zu glauben, dass unsere heutigen Werte die besten sind. Auch die Römer waren stolz darauf, wie zivilisiert sie im Vergleich zu ihren »barbarischen« Nachbarn waren, nur um dann ihre Sklaven auszupeitschen oder das Kolosseum zu besuchen und dabei zuzusehen, wie Gefangene abgeschlachtet wurden. Es ist doch sehr unwahrscheinlich, dass von allen bisher lebenden Generationen ausgerechnet wir alles richtig machen. Die Werte, nach denen Sie und ich leben, sind vermutlich weit davon entfernt, die besten zu sein.

Das belegen schon die vielen ethischen Fragen, auf die wir keine Antworten haben. Welche Lebewesen haben zum Beispiel einen moralischen Status? Nur der *Homo sapiens*? Alle Primaten? Oder alle bewussten Lebewesen, plus die künstlichen Wesen, die wir möglicherweise in der Zukunft erschaffen? Was ist wichtiger: die Gewährleistung von Glück oder die Linderung von Leid? Wie gehen wir damit um, dass unser Handeln unvorhersehbare Konsequenzen hat, vor allem in Fällen, in denen kleine Wahrscheinlichkeiten mit großen Erfolgen einhergehen? Wie sollen wir handeln, wenn wir nicht wissen, wie richtiges Handeln aussieht?

Und das sind nur die Fragen, die wir kennen. Jahrtausendelang wurde das Recht auf Sklavenhaltung nicht einmal von denen hinterfragt, die ihr Leben der ethischen Reflexion widmeten. Wir sollten die Möglichkeit in Erwägung ziehen, dass wir krasse moralische Irrtümer leben, die wir nicht einmal wahrnehmen, weil sie für uns so unsichtbar sind wie das Wasser für die Fische.

Die Geschichte lässt vermuten, dass wir uns heute derart krasser Irrtümer schuldig machen. Uns graut zu Recht vor den früheren Versuchen der Qin, der europäischen Kolonialherren oder der Nationalsozialisten, ihre Werte ein für alle Mal festzuzurren. Doch wenn wir selbst im moralischen Irrtum leben, wäre es eine Katastrophe, wenn die Welt bei den Werten von heute stehen bleiben würde.

Daher sollten wir sicherstellen, dass wir vor einem möglichen Einrasten der Werte moralisch so weit wie möglich vorankommen. Politische Philosophen diskutieren gern darüber, wie eine ideale Gesellschaft aussehen würde. Meiner Ansicht nach sollten wir jedoch einfach akzeptieren, dass wir nicht wissen, wie eine ideale Gesellschaft aussehen würde. Wir sollten uns vielmehr fragen, wie wir unsere Gesellschaft so aufstellen können, dass sich unsere Moral weiterentwickelt, dass wir unser Handeln öfter an ihr ausrichten und dass die Welt besser und gerechter wird.

Ein Ideal für uns könnte die *lange Reflexionsperiode* sein: ein stabiler Zustand der Welt, in dem wir vor Unheil sicher sind, über die Natur des guten Lebens nachdenken und debattieren sowie herausfinden, was eine blühende Gesellschaft ausmacht. »Lang« nenne ich diese Reflexionsperiode nicht, weil sie viel Zeit in Anspruch nimmt, sondern weil sie es *wert* ist, dass wir viel Zeit auf sie verwenden. Es lohnt sich, fünf Minuten darüber nachzudenken, wo wir ein zweistündiges Abendessen verbringen wollen; es lohnt sich, einige Monate auf die Wahl eines Berufs zu verwenden, dem wir den Rest unseres Lebens nachgehen werden. Doch die Zivilisation könnte Millionen, Milliarden oder gar Billionen Jahre überdauern. Es mag sich also lohnen, einige Jahrhunderte auf die Suche nach einer wirklich guten Lösung zu verwenden, ehe wir einen unumkehrbaren Schritt gehen und Werte festschreiben oder zu den Sternen aufbrechen.

Ich mache mir nicht allzu viel Hoffnung, dass diese lange Reflexionsperiode Wirklichkeit wird. Doch sie könnte ein Ideal sein, dem wir uns anzunähern versuchen. Wir sollten die Welt so einrichten, dass sie für moralische Forschung offen ist. Sie sollte so strukturiert sein, dass sich moralisch bessere Normen und Institutionen im Laufe der Zeit durchsetzen und wir allmählich auf die bestmögliche Gesellschaft zusteuern.[125] Dazu müssen wir einige Voraussetzungen erfüllen.

Erstens müssen wir unsere Optionen so lange wie möglich offenhalten. Das wäre ein guter Grund, Ereignisse aufzuschieben, die das Einrasten von Werten riskieren. Zu diesen potenziell unumkehrbaren Ereignissen gehören zum Beispiel die Einrichtung einer Weltregierung, die Entwicklung von Allgemeiner Künstlicher Intelligenz und erste ernsthafte Versuche zur Besiedlung anderer Planeten.

Es ist auch ein Grund, das Einrasten von Werten in kleinerem Maßstab zu verhindern, etwa durch Maßnahmen zum Erhalt von gefährdeten Arten oder Kulturen. Selbst wenn wir nicht wissen, wie wertvoll eine Spezies, ein Kunstwerk oder eine Sprache ist, besteht eine Asymmetrie zwischen ihrem Erhalt und ihrem Verlust. Wenn wir sie erhalten und später zu dem Schluss kommen, dass sie es nicht wert waren, dann können wir unsere Ansichten immer noch ändern. Wenn wir jedoch ihren Verlust zulassen, sind sie ein für alle Mal verloren.

Zweitens würde eine moralisch forschende Welt das politische Experiment begünstigen und damit unsere kulturelle und geistige Vielfalt erweitern. Wie wir gesehen haben, befinden wir uns möglicherweise schon auf dem Weg zu einer globalen Einheitskultur. Wenn unser Ziel die bestmögliche Gesellschaft ist, sollte uns eine vorschnelle Konvergenz genauso Sorgen bereiten wie Jugendliche, die ihre erste Liebe heiraten.

In seinem Buch *Über die Freiheit* plädierte John Stuart Mill für den Schutz der persönlichen Freiheit und der freien Meinungsäußerung, weil dies einen Markt der Ideen schaffe, auf dem unterschiedliche Vorstellungen in Konkurrenz zueinander treten und sich die besten durchsetzen könnten. Dieser Gedanke lässt sich auch auf Gesellschaften übertragen. Die Abschaffung der Sklaverei wurde unter anderem durch kulturelle Experimente möglich. Im 18. Jahrhundert waren die Vereinigten Staaten im Vergleich zu anderen Nationen ein Schmelztiegel der kulturellen und religiösen Vielfalt. Dank dieser Vielfalt entwickelte eine Gruppe, die Quäker, ihre eigene Haltung zur Sklaverei; nachdem sie diese Einrichtung als unmoralisch erkannt hatten, konnte sich diese Einstellung unter den richtigen Umständen weiterverbreiten.

Ein interessanter Vorschlag zur Förderung der kulturellen Vielfalt ist die Gründung sogenannter Charter Citys. Dabei handelt es sich um autonome Kommunen mit eigenen Gesetzen, die als Versuchslabor für wirtschaftliche Entwicklung und politische Systeme dienen. Ein Beispiel ist die chinesische Stadt Shenzhen, die 1979 von Staats- und Parteichef Deng Xiaoping zur Sonderwirtschaftszone ernannt wurde und größere wirtschaftliche Freiheiten erhielt als der Rest des Landes.[126] Über einen Zeitraum von vierzig Jahren stieg das Durchschnittseinkommen in der Stadt um das 200-Fache.[127] Ihr Erfolg stieß weitere Reformen in China an, die in den vergangen vier Jahrzehnten Hunderte Millionen Menschen aus der Armut geholt haben.[128]

Charter Citys werden oft mit wirtschaftlichen Experimenten in Zusammenhang gebracht, doch das muss nicht so sein. Wir könnten zu fast jeder Gesellschaftsstruktur eine Charter City einrichten: Marxistische Charter Citys wären genauso denkbar wie ökologische oder anarchistisch-kommunitaristische Charter Citys. Auf diese Weise wäre empirisch zu ermitteln, welches System die beste Gesellschaft hervorbringt. Neben der institutionellen könnten wir dort auch die kulturelle Vielfalt fördern.

Drittens sollten wir die Dinge so einrichten, dass uns die kulturelle Evolution weltweit zu moralisch besseren Vorstellungen und Gesellschaften führt. Ich habe bereits einige der Mechanismen beschrieben, über die sich Kulturen oder Merkmale im Laufe der Zeit durchsetzen. Einige davon führen vermutlich nicht zu den moralisch besten Ergebnissen. Wenn eine Gesellschaft eine höhere Fruchtbarkeitsrate oder eine robustere Wirtschaft hat als andere, sagt das noch nichts über ihre moralische Überlegenheit aus. Die wichtigsten Mechanismen zur Verbesserung unserer Moralvorstellungen sind vielmehr Vernunft, Reflexion und Mitgefühl sowie die gesellschaftliche Diskussion mit diesen Mitteln. Wenn zwei Gruppen in gutem Treu und Glauben miteinander debattieren und eine der beiden mithilfe der Vernunft und des Mitgefühls davon überzeugt wird, ihre Einstellungen zu korrigieren, hat diese Gruppe ihre Moralvorstellungen vermutlich tendenziell verbessert.

Bestimmte Formen der Meinungsfreiheit sind also besonders gut geeignet, besseren Vorstellungen zur Verbreitung zu verhelfen. Daher sollten Räume geschaffen werden, in denen gewaltfreies Gespräch, sorgfältige Argumentation und gründliche Entscheidungsfindung möglich sind. Diese instrumentelle Sicht der Meinungsfreiheit trifft jedoch möglicherweise nicht auf alle Formen der Meinungsäußerung zu. Betrügerische Methoden – Lügen, Manipulation und Hirnwäsche – sollten unterbunden werden und vor allem für Menschen in verantwortungsvollen Positionen tabu sein. Andernfalls findet die Welt nicht zu den besten Werten, sondern nur zu den verlockendsten.

Auch weitgehend freie Zuwanderung wäre hilfreich. Wenn Menschen von einer Gesellschaft in eine andere wandern, ist das zumindest ein Hinweis, dass Letztere den Zugewanderten besser erscheint. Weltweit 15 Prozent aller Erwachsenen würden ihr Land verlassen und in ein anderes ziehen, wenn sie die Möglichkeit dazu hätten. Besonders hoch ist dieser Anteil in ärmeren Ländern, und besonders beliebte Ziele sind eine Handvoll wohlhabende Demokratien.[129] Das liegt vermutlich daran, dass diese wohlhabenden Staaten mehr Lebensqualität bieten.

Bei weitgehend ungehinderter Zuwanderung würden die Menschen »mit den Füßen abstimmen«; attraktivere Gesellschaften würden mit einem Bevölkerungs- und Machtzuwachs belohnt. Allerdings darf dabei keine Kultur so mächtig werden, dass sie alle anderen wirtschaftlich oder militärisch beherrscht. Dazu wären internationale Normen oder Gesetze erforderlich, die verhindern, dass ein Land zu bevölkerungsreich wird, sowie Wettbewerbsgesetze, die verhindern, dass ein einziges Unternehmen einen Markt monopolisiert.

Wir müssen die Weltgesellschaft also so aufstellen, dass uns die kulturelle Evolution zu besseren Werten und Gesellschaftsstrukturen führt. Der Aufbau einer moralisch forschenden Welt führt jedoch zu etwas, das man als »Einrast-Paradoxon« bezeichnen könnte. Einige Institutionen und Vorstellungen müssen festgelegt werden, um die umfassende Verfestigung von Werten zu verhindern. Diese Institutionen und Vorstellungen wären moralisch umstritten – religiösen Fundamentalisten wäre es natürlich ein Graus, eine Vielfalt von Weltanschauungen zuzulassen oder gar zu fördern. Auch der Gedanke, dass der Weg zu besseren Moralvorstellungen über Reflexion und gewaltfreie Diskussion führt und nicht über die Lektüre eines bestimmten Buchs, dürfte nicht von allen akzeptiert werden.[130]

Das Einrast-Paradoxon hat daher gewisse Ähnlichkeit mit dem Toleranz-Paradoxon: Freiheitliche Gesellschaften müssen sich vor unfreiheitlichen Ideologien schützen, die ihre Werte sabotieren, selbst wenn sie dazu die Freiheiten einschränken müssen, die sie eigentlich schützen wollen.[131]

Mit diesen Widersprüchen haben wir zu leben. Wenn wir das Einrasten schlechter Moralvorstellungen verhindern wollen, ist eine Laissez-faire-Haltung ungeeignet. Im Laufe der Zeit würden die Kräfte der kulturellen Evolution die Zukunft vorgeben und die Ideologien, die zur größten militärischen Macht und zur Beseitigung der Konkurrenz führten, würden alle anderen unterdrücken.[132]

In diesem Kapitel habe ich versucht zu zeigen, dass wir in einer Phase der moralischen Formbarkeit leben und dass die Moralvorstellungen einer Gesellschaft wie geschmolzenes Glas sind, das sich in viele verschiedene Formen bringen lässt. Doch das Glas kühlt ab und könnte in nicht allzu ferner Zeit fest werden. Ob es dann eine schöne und transparente Form angenommen hat oder ob es unförmig und hässlich ist, liegt vor allem an uns selbst. Oder vielleicht erhalten wir auch gar keine Form, und das Glas zerspringt, wenn es hart wird. Vielleicht kommen wir in nicht allzu ferner Zukunft ganz buchstäblich am Ende der Geschichte an: nicht dem Sieg einer Ideologie, sondern dem vorzeitigen Zusammenbruch der Zivilisation. Dieser Möglichkeit wenden wir uns nun zu.

TEIL III

Der Erhalt der Zivilisation

KAPITEL 5
Aussterben

Spaceguard

Um 9.46 Uhr MEZ, am 11. September in jenem außergewöhnlich schönen Sommer des Jahres 2077, sahen die meisten Einwohner Europas am östlichen Himmel einen leuchtenden Feuerball aufscheinen. In Sekundenschnelle strahlte er heller als die Sonne, und während er – zunächst völlig geräuschlos – über den Himmel schoß, ließ er hinter sich eine wirbelnde Staub- und Rauchwolke zurück.

Irgendwo über Österreich begann der Ball sich aufzulösen, was eine Reihe so heftiger Erschütterungen hervorrief, dass über eine Million Menschen dauernde Gehörschäden davontrugen. Sie hatten noch Glück gehabt.

Mit fünfzig Kilometer pro Sekunde prallten einige tausend Tonnen Gestein und Metall auf die Ebenen Norditaliens und vernichteten in ein paar flammenerfüllten Augenblicken das Werk von Jahrhunderten. Die Städte Padua und Verona wurden vom Angesicht der Erde weggefegt, die letzte Pracht Venedigs versank für immer im Meer, als die Fluten der Adria nach dem furchtbaren Einschlag aus dem All landeinwärts donnerten. Sechshunderttausend Menschen gingen zugrunde, der Gesamtschaden betrug über eine Billion Dollar. Doch der Verlust für die Kunst, die Geschichte, die Wissenschaft – für die ganze Menschheit bis ans Ende der Zeiten – überstieg jede Berechnung.

Es war, als sei an einem einzigen Morgen ein großer Krieg geführt und verloren worden. Und daß die Welt über Monate hin die prachtvollsten Morgendämmerungen und Sonnenuntergänge seit dem Ausbruch des Krakatau zu sehen bekam, während sich der Staub der Zerstörung langsam setzte, das vermochte nur wenige zu trösten.
Nach dem anfänglichen Schock reagierte die Menschheit mit einer Entschlossenheit und Einigkeit, wie sie in keinem früheren Zeitalter möglich gewesen waren. Man machte sich klar, daß eine derartige Katastrophe vielleicht erst wieder in tausend Jahren eintreten würde – daß sie sich aber auch schon morgen wieder ereignen könnte. Und beim nächsten Mal würden die Folgen vielleicht sogar noch schlimmer sein.
Also gut: Es würde kein nächstes Mal geben![1]

So beginnt Arthur C. Clarkes Science-Fiction-Roman *Rendezvous mit Rama* aus dem Jahr 1973. Aufgeschreckt durch einen Asteroideneinschlag in Italien richtet die Weltregierung ein Frühwarnsystem namens »Spaceguard« ein, das die Menschheit rechtzeitig vor Gefahren aus dem Weltall warnen soll.

Wissenschaftler warnen schon lange vor den Gefahren, die ein Asteroideneinschlag für das Leben auf der Erde darstellt, doch jahrelang schenkte ihnen niemand Beachtung. Selbst als 1980 die Theorie aufkam, dass die Dinosaurier durch den Aufprall eines Asteroiden auf der mexikanischen Halbinsel Yukatan ausgelöscht worden sein könnten,[2] war die Bedrohung durch einen Einschlag aus dem All immer mit einem gewissen »Kicherfaktor« verbunden, wie es der Astronom Clark R. Chapman nannte.[3]

Das änderte sich 1994, als der Komet Shoemaker-Levy 9 mit einer Sprengkraft von 300 Milliarden Tonnen TNT – das 125-Fache des gesamten Atomwaffenarsenals der Welt – auf dem Jupiter einschlug.[4] Eines der Trümmer des Kometen riss eine Wunde von

12 000 Kilometern Durchmesser – das entspricht etwa dem Durchmesser der Erde.[5] Damit blieb den Experten das Kichern im Hals stecken, wie David Levy, einer der beiden Entdecker des Kometen, anmerkte.[6] Der Einschlag machte in aller Welt Schlagzeilen.[7] 1998 beschäftigten sich die beiden Kinofilme *Deep Impact* und *Armageddon* mit der Frage, wie die Menschheit mit einem heranrasenden Asteroiden umgehen würde. Wissenschaftler empfahlen *Deep Impact*, vor allem aufgrund seiner Spezialeffekte und weil er die Bedrohung gut erfasste; das war auch dem üppigen Beraterstab der Filmemacher zu verdanken, dem unter anderem der zweite Kometenentdecker Gene Shoemaker angehörte.[8] (*Armageddon* wurde dagegen von Clark Chapman als »wissenschaftlich und technisch in fast jeder Hinsicht absurd« verrissen.[9])

Unter dem Eindruck des größer werdenden öffentlichen Interesses und auf Drängen von Wissenschaftlern beauftragte die US-Regierung 1998 die NASA damit, innerhalb des kommenden Jahrzehnts 90 Prozent aller erdnahen Asteroiden und Kometen von mehr als einem Kilometer Durchmesser ausfindig zu machen.[10] Mit einer Verneigung in Richtung Arthur C. Clarke erhielt dieses Projekt den Namen »Spaceguard«.[11]

Es war ein voller Erfolg. Bis heute wurden 93 Prozent der Asteroiden mit einem Durchmesser von mehr als einem Kilometer und 98 Prozent der Killerasteroiden mit einem Durchmesser von mehr als zehn Kilometern lokalisiert.[12] Vor »Spaceguard« schätzte man die Wahrscheinlichkeit eines verheerenden Asteroideneinschlags auf 1 zu 200 Millionen ein.[13] Heute wissen wir, dass das Risiko weniger als 1 zu 15 Milliarden beträgt – also ein Hundertstel der ursprünglichen Einschätzung.[14]

In den beiden vorhergehenden Kapiteln ging es um die Frage, wie wir die Zukunft besser machen können, unabhängig davon, wie lange sich die Zivilisation hält. In diesem und den nächsten beiden Kapiteln sehen wir uns an, wie wir dafür sorgen können, dass die

Menschheit überhaupt eine Zukunft hat, beginnend mit der Frage, wie wir die Auslöschung unserer Spezies verhindern können.

»Spaceguard« ist der Beleg dafür, dass wir die nötigen Fähigkeiten haben, um die Gefahr einer Auslöschung der Menschheit in den Griff zu bekommen. Voraussetzung ist allerdings, dass wir das wollen. Wir haben zwar festgestellt, dass Asteroiden keine unmittelbare Gefahr darstellen, doch mithilfe der Beobachtung hätten wir eine solche Gefahr entdecken und gewaltige Ressourcen zu unserem Schutz mobilisieren können. Einige Hundert Millionen Dollar würden ausreichen, um diesem Risiko angemessen zu begegnen.[15] Doch in den nächsten Jahrzehnten kommen bedeutend größere Gefahren auf uns zu. Wenn wir diese Herausforderung nicht annehmen, könnte die Menschheit ein frühzeitiges Ende finden und gar keine Zukunft mehr haben.

Krankheitserreger aus dem Labor

Dieses Buch entstand zum Teil während der Coronapandemie. Zur Zeit der Drucklegung hatte das Virus schätzungsweise 17 Millionen Todesopfer gefordert, zumindest wenn man von der Übersterblichkeit ausgeht.[16] Die Zahl der Opfer wird in Zukunft weiter steigen. Die wirtschaftlichen Kosten übersteigen die 10 Billionen Dollar.[17] Milliarden von Menschen haben Monate im Lockdown verbracht und konnten ihre Angehörigen und Freunde nicht besuchen, selbst wenn diese im Krankenhaus im Sterben lagen.

Trotz dieser Zahlen sind wir noch verhältnismäßig glimpflich davongekommen. Andere Viren (wie Ebola) wirken deutlich tödlicher, weitere (wie die Masern) sind noch ansteckender als das neuartige Coronavirus. Hätte das Virus zehnmal so tödlich gewirkt, wären Hunderte Millionen Opfer zu beklagen gewesen.

In Zukunft könnte die Gefahr durch Pandemien noch deutlich größer werden. Dabei geht die eigentliche Gefahr nicht von Erregern aus, die in der Natur vorkommen, sondern von Krankheiten, die wir mit den Mitteln der Biotechnik selbst entwickeln. Die Biotechnik ist ein Forschungsgebiet, das neue biologische Gebilde herstellen oder vorhandene modifizieren will. Der Fortschritt kommt rasch voran. Schnelle technische Entwicklungen assoziieren wir oft mit dem Moore'schen Gesetz, dem zufolge sich die Leistungsfähigkeit von Mikroprozessoren alle paar Jahre verdoppelt, während sich der Preis für eine bestimmte Rechenleistung halbiert, doch die synthetische Biologie kommt auf manchen Gebieten noch viel schneller voran.[18] So kostete zum Beispiel die erste Sequenzierung eines menschlichen Genoms viele Hundert Millionen Dollar. Zwanzig Jahre später ist die Sequenzierung eines vollständigen Genoms für rund 1000 Dollar zu haben.[19] Dasselbe gilt für die DNA-Synthese und die Genchirurgie.

Diese rasante technische Entwicklung verheißt große Fortschritte in der Medizin und bei der Behandlung seltener Erbkrankheiten. Sie birgt allerdings auch beispiellose Gefahren, denn sie gibt uns die Möglichkeit, neue Krankheitserreger zu kreieren.

Krankheitserreger aus dem Labor könnten eine deutlich verheerendere Wirkung entfalten als natürliche, da man ihnen gefährliche neue Eigenschaften anzüchten kann. Wäre jemand in der Lage, einen Erreger mit maximaler Zerstörungskraft herzustellen – einen, der so tödlich wirkt wie Ebola und so ansteckend ist wie die Masern? Mit der heutigen Technik wäre dies zum Glück noch sehr schwierig. Doch angesichts des raschen Fortschritts auf diesem Gebiet ist es nur eine Frage der Zeit.

Aber die Biotechnik wird nicht nur besser, sondern auch demokratischer. Der genetische Bauplan des Pockenvirus findet sich schon Internet.[20] Bei Atomwaffen haben wir noch das Glück, dass spaltbares Material schwer zu beschaffen oder herzustellen ist. Daher sind nur Staaten dazu in der Lage, und Außenstehende können leicht erkennen, ob ein Land über ein Atomwaffenprogramm verfügt oder nicht.[21] Anders bei Krankheitserregern aus dem Labor: Angesichts des technischen Fortschritts lassen sich Viren möglicherweise schon bald im eigenen Keller herstellen. Die Investitions- und Kompetenzhürde wird in Zukunft immer niedriger werden. In der Vergangenheit hatten wir zudem immer nur mit einer einzigen Pandemie zu tun, und einige Menschen verfügten über natürliche Immunität; doch wer in Zukunft einen tödlichen Erreger herstellen kann, der kann auch Hunderte fabrizieren, und es ist ein Leichtes, diese gleichzeitig an Tausenden Orten in aller Welt zu verteilen.

Man sollte davon ausgehen, dass die zunehmende Macht und Demokratisierung der Biotechnik mit entsprechenden Vorsichtsmaßnahmen und Sicherheitsvorkehrungen in der Forschung einhergeht. Eigentlich sollte man erwarten, dass die Labors höchste Sicherheitsstandards haben, die Forschung streng reglementiert ist und Verstöße strikt geahndet werden. In Wirklichkeit sind die Sicherheitsstandards jedoch erschreckend niedrig. Als Jugendlicher sah ich die Scheiterhaufen Tausender Kadaver von Rindern, die an der Maul- und Klauenseuche erkrankt gewesen waren. Die Seuche des Jahres 2001 war von Schweinen ausgegangen, die Abfälle von illegal importiertem und mit dem Erreger verseuchtem Fleisch gefressen hatten, und betraf rund 2000 Mastbetriebe in ganz Großbritannien.[22] Insgesamt mussten Millionen Schafe und Rinder gekeult werden, und die Kosten beliefen sich auf 8 Milliarden Pfund Sterling.[23] Nachdem die Seuche unter Kontrolle gebracht worden war, unternahm die Regierung große Anstrengungen, um einen künftigen Ausbruch zu verhindern – Gutachten wurden verfasst, Gesetze verabschiedet.[24]

Aber nur sechs Jahre später brach die Seuche ein weiteres Mal aus. Anders als 2001 stammte der Erreger nun aus einem Labor, das Impfstoffe gegen die Maul- und Klauenseuche entwickelte.[25]

Die Kanalisation des Labors war alt, mit Erregern verseuchtes Abwasser sickerte in den Boden und erreichte schließlich einen nahe gelegenen Bauernhof.[26] Der Zustand der Rohre war ein schwerer Verstoß gegen die Auflagen für biotechnische Labors.[27] Die Seuche konnte zwar binnen weniger Wochen eingedämmt werden, doch sie hätte erst gar nicht auftreten dürfen.[28]

Sie glauben, dass danach äußerste Vorsichtsmaßnahmen getroffen wurden, um einen weiteren Ausbruch der Maul- und Klauenseuche zu verhindern? Weit gefehlt. Schon wenige Wochen nach dem Ausbruch des Jahres 2007 kam es zu einem weiteren Vorfall, und zwar in demselben Labor. Die Betreiber hatten die Auflagen für die Wiederaufnahme der Impfstoffproduktion missachtet, und der Erreger sickerte ein weiteres Mal ins Erdreich.[29]

Das sind keineswegs Einzelfälle, im Gegenteil, der unkontrollierte Austritt von Erregern gehört zum Alltag. Im April 1979 starben nach einem der tödlichsten bekannten Laborunfälle mehr als einhundert Menschen, weil sie in Kontakt mit Anthrax 836 gekommen waren, dem tödlichsten Milzbranderreger des sowjetischen Biowaffenarsenals.[30] In einer Geheimfabrik in Swerdlowsk hatte ein Techniker einen Filter entnommen, ihn aber nicht durch einen neuen ersetzt. Er hinterließ eine handschriftliche Notiz für seinen Vorgesetzten, vergaß jedoch, den Vorfall im Logbuch festzuhalten. Der Vorgesetzte übersah den Zettel, schaltete die Trocknungsanlage ein, die Sporen entkamen durch die ungefilterte Abluft und wurden vom Wind in Nachbargebäude getragen.[31] 1971 kam eine Frau an Bord eines Forschungsschiffs auf dem Aralsee in Kontakt mit einem hochgradig ansteckenden Pockenvirus, das vermutlich von einem nahen Testgelände für Biowaffen entkommen war.[32] Der Erreger war auf besondere Virulenz und Impfstoffresistenz gezüchtet worden und über die Luft übertragbar.[33] Ehe die Frau erste Symptome zeigte, kehrte sie in ihren Heimatort Aralsk zurück, wo sie neun weitere Personen infizierte, darunter eine weitere Frau und zwei Kinder, die in der Folge starben.[34] Die sowjetischen Behörden isolierten Aralsk und impften sämtliche 50 000 Einwohner; so verhinderten sie einen größeren Ausbruch eines der tödlichsten Viren der Welt, wenn auch vermutlich nur knapp.[35]

Auch in Großbritannien entkamen in den 1960er- und 1970er-Jahren Pockenviren aus dem Labor, und zwar nicht nur einmal, sondern gleich dreimal. Im Jahr 1966 infizierte sich ein Medizinfotograf, der über einem mangelhaft gesicherten Virenlabor der Universität Birmingham arbeitete, mit einer milden Variante; soweit man das weiß, kam es insgesamt zu 72 Infektionen.[36] Im Jahr 1973 infizierte sich ein Student der Londoner Schule für Tropenmedizin und wurde in einer offenen Abteilung behandelt, wo er zwei Besucher des Patienten im Nachbarbett ansteckte; die beiden Besucher starben.[37] Und 1978 starb das letzte bekannte Opfer der Pocken, Janet Parker; sie arbeitete auch als Medizinfotografin über ebenjenem mangelhaft gesicherten Labor in Birmingham, das schon für den Ausbruch von 1966 verantwortlich gewesen war.[38] Zwischen 1979 und 2009 infizierten sich 444 Personen in Laboratorien, die eine Zulassung für den Umgang mit hochgefährlichen Krankheitserregern hatten.[39]

Diese Unfälle wurden durch eine Mischung aus menschlichem und technischem Versagen verursacht und betrafen Erreger von Ebola, Milzbrand, Rifttalfieber, Enzephalitis und anderen Krankheiten.[40]

Man sollte annehmen, dass kaum jemand ein Interesse daran haben könnte, gefährlichere Erreger als die der Maul- und Klauenseuche oder der Coronapandemie zu entwickeln. Schließlich sind Biowaffen im Krieg weitgehend nutzlos, da die Infektionen schwer zu steuern sind. Wenn Sie ein Virus entwickeln, das der Gegenseite schadet, wird die Pandemie mit großer Wahrscheinlichkeit auch Sie selbst treffen.

Aber das muss nicht stimmen. Ein Land, das den Einsatz von

Biowaffen plant, könnte seine eigene Bevölkerung zuvor impfen. Oder es könnte ein System entwickeln, das im Falle eines Angriffs mit Atomwaffen die Erreger automatisch freisetzt.[41] Das stärkste Gegenargument ist jedoch, dass es solche Programme bereits gab.

Die Vereinigten Staaten, Japan und die Sowjetunion hatten in der Vergangenheit umfangreiche Biowaffenprogramme.[42] Das der Sowjets war mit Abstand das größte, es lief 64 Jahre lang und beschäftigte auf dem Höhepunkt rund 60 000 Mitarbeiter.[43] Für die Forschungseinrichtungen wurden ganze Städte errichtet, die auf keiner Landkarte verzeichnet waren und zu denen Ausländer keinen Zutritt hatten.[44] Während die Programme anderer Länder nur begrenzt erfolgreich waren, entwickelten die Sowjets eine große Bandbreite von biologischen Waffen, mit denen sie Einzelpersonen ermorden, Ernten vernichten und großflächig Schaden anrichten konnten, auch wenn diese Waffen in der Praxis kaum einsatzfähig waren.[45] Das Programm unterlag der strengsten Geheimhaltung. Die Sowjetunion behauptete zwar, es mit der Unterzeichnung der Biowaffenkonvention im Jahr 1972 eingestellt zu haben, doch in Wirklichkeit wurde es bis zum Ende der Sowjetunion fortgesetzt, und es ist unklar, ob Russland das Programm nicht noch heute weiterführt.[46] In den Vereinigten Staaten wusste man nichts davon, bis Russland 1991 freiwillig Informationen weitergab, doch Spionageberichte über den Milzbrandausbruch von Swerdlowsk hatten es vermuten lassen.[47]

Selbst wenn solche Waffen nie zum Einsatz kommen, könnten aus den Labors Erreger entweichen. Die oben erwähnten Unfälle sind natürlich nur diejenigen, die bekannt wurden, in Wahrheit dürfte die Liste sehr viel länger sein. Daten zu den Infektionen in amerikanischen Forschungseinrichtungen zeigen, dass auf 250 Mitarbeiter pro Jahr eine Infektion kam.[48] Wenn man für die Sowjetunion eine ähnliche Quote annimmt, kann man davon ausgehen, dass in den Geheimprogrammen Tausende Personen infiziert wurden.[49] Dazu müssten die Sicherheitsauflagen in der Sowjetunion allerdings genauso streng überwacht worden sein wie in den Vereinigten Staaten. In Wirklichkeit wurden sie jedoch vermutlich deutlich laxer gehandhabt.[50] Angesichts der extremen Geheimhaltung darf man davon ausgehen, dass Tausende Laborunfälle nie ans Licht der Öffentlichkeit kamen. Die Sowjets hielten schließlich auch die Infektionen von Swerdlowsk und Aralsk geheim.[51] Es gibt Hinweise auf einige Krankheitsausbrüche, die nicht auf natürlichem Wege, sondern durch menschliches Versagen zustande kamen. Genanalysen geben zum Beispiel Anlass zu der Vermutung, dass die russische Grippewelle des Jahres 1977, die einer Schätzung zufolge 700 000 Todesopfer forderte, in einem Labor oder einem verpfuschten Impfstofftest ihren Ursprung gehabt haben könnte.[52]

Man sollte also nicht ausschließen, dass sich die Menschheit durch die künstliche Biologie selbst auslöscht. Um das Problem anzupacken, kann man neue Technologien ganz allgemein auf möglichen Missbrauch untersuchen. Man sollte allerdings sehr darauf achten, mit einer solchen Risikoanalyse niemanden auf dumme Gedanken zu bringen. Auch dafür gibt es Vorbilder. So machte sich zum Beispiel der japanische Stabsarzt Shiro Ishii ab 1927 beim japanischen Kriegsministerium für die Einrichtung eines Biowaffenprogramms stark. Die Inspiration dazu hatte er in dem Bericht eines japanischen Teilnehmers der Konferenz zur Überwachung des internationalen Waffenhandels, die 1925 in Genf stattfand und im Genfer Protokoll den Einsatz chemischer und biologischer Waffen im Krieg ächtete. Shiro Ishii überzeugte das Militär mit dem Argument, wenn biologische Kriegsführung uninteressant wäre, »dann würde der Völkerbund sie ja nicht verbieten wollen«.[53] Das japanische Biowaffenprogramm, das heute für seine entsetzlichen Menschenversuche bekannt ist, lief elf Jahre lang und hatte einige Tausend Beschäftigte.

Auch Aiman az-Zawahiri, der Vordenker des Biowaffenprogramms der Terrororganisation al-Qaida, schrieb, er sei nur deshalb auf die Möglichkeit aufmerksam geworden, »weil der Feind uns darauf hinwies, indem er wiederholt die Sorge ausdrückte, wie einfach ihre Herstellung sei«.[54] Nach dem Einmarsch in Afghanistan fanden amerikanische Soldaten Bücher und Fachartikel zum Bau von Biowaffen sowie Pläne für ein Labor in einem Al-Qaida-Trainingslager in der Nähe von Kandahar. Aus den Dokumenten ging hervor, dass ein promovierter Mikrobiologe in Diensten der al-Qaida versucht hatte, Biowaffen und Impfstoffe für die Mitarbeiter des geplanten Labors zu beschaffen.[55] Wenn wir die Alarmglocken läuten, könnten wir eine solche Katastrophe also sogar erst heraufbeschwören.

Doch für das Risikomanagement ist es wichtig zu wissen, welche Gefahren die größte Bedrohung für unsere Zukunft darstellen. Nach Ansicht vieler Risikoexperten ist eine Pandemie aus dem Labor in diesem Jahrhundert die zweitgrößte Bedrohung für die Menschheit, gleich nach der Künstlichen Intelligenz. Die Prognoseplattform Metaculus schätzt die Wahrscheinlichkeit, dass eine künstliche Pandemie bis Ende des Jahrhunderts mindestens 95 Prozent der Menschheit tötet, auf 0,6 Prozent.[56] Experten aus meinem Bekanntenkreis sehen die Wahrscheinlichkeit für ein solches Ereignis bei 1 Prozent, und mein Kollege Toby Ord bezifferte sie in seinem Buch *The Precipice* sogar auf 3 Prozent.[57]

Auch wenn Sie diese Zahlen nicht glauben, dürfen wir diese Möglichkeit nicht ausschließen. Und selbst wenn die Wahrscheinlichkeit gering ist, reicht sie noch aus, um die Verhinderung einer solchen Katastrophe ganz oben auf unsere Prioritätenliste zu setzen. Stellen Sie sich vor, Sie sitzen im Flugzeug und der Kapitän klärt Sie in seiner Durchsage auf, dass die Wahrscheinlichkeit für einen Absturz, bei dem alle Passagiere ums Leben kommen, »nur« 1 Promille beträgt.[58] Würde Sie das beruhigen?

Erst nachdem ein gewaltiger Komet in den Jupiter eingeschlagen und in einem über 30 000 Grad Celsius heißen Feuerball verglüht war,[59] nahmen Regierungen und Öffentlichkeit die Bedrohung durch Asteroiden und Kometen ernst. Es ist tragisch, dass eine Katastrophe wie die Coronapandemie nötig war, damit die Welt die Bedrohung durch eine Pandemie zur Kenntnis nahm. Doch das Coronavirus ist noch harmlos im Vergleich zu den Schrecknissen, die ein im Labor gezüchteter Erreger bringen könnte. Bei Kometen und Asteroiden ist die Welt schließlich aufgewacht. Jetzt ist es Zeit, dass wir uns um Pandemien aus dem Reagenzglas kümmern.[60]

Vertreter des langfristigen Denkens haben schon lange vor Covid-19 vor Pandemien gewarnt. Die Stiftung Open Philanthropy ist eine der wenigen Organisationen, die schon länger in der Pandemieprävention tätig ist. Die ersten Fördergelder vergab sie 2015, und seither hat sie über 100 Millionen Euro zur Verfügung gestellt. Die Organisation 80,000 Hours empfiehlt seit 2016 Studien- und Ausbildungsgänge auf dem Gebiet der Pandemieprävention. Im Jahr 2017 hatte ich die Gelegenheit, bei einem Abendessen mit Nicola Sturgeon, damals die Erste Ministerin Schottlands, ein politisches Thema anzusprechen. Ich entschied mich für die Vorbereitung auf Pandemien und konzentrierte mich auf Worst-Case-Szenarien. Die übrigen Gäste lachten, und unser Gastgeber, der Unternehmer Sir Tom Hunter, witzelte, ich wolle »allen einen Schrecken einjagen«.

Krieg zwischen Großmächten

Der wichtigste Motor für die Entwicklung von Krankheitserregern war zweifellos der Kalte Krieg. Um eine militärische Vormachtstellung zu erreichen, trieb die Sowjetunion ein Biowaffenprogramm voran, mit dem sie allerdings nur Hunderte ihrer eigenen Bürger tötete und viele Millionen in Gefahr brachte. Oder einfacher ausgedrückt: Wenn wir Krieg führen oder fürchten, begehen wir große Dummheiten.

Kriege sind immer tragisch, doch aus Sicht des langfristigen Denkens sind Kriege zwischen Großmächten besonders fatal. Um die Menschheit auszulöschen oder auf Generationen hinaus großen Schaden anzurichten, ist viel Energie nötig, und ein Krieg zwischen Großmächten erreicht diese Schwelle eher als ein begrenzter Konflikt.

Aus Sicht des langfristigen Denkens könnte man sich daher freuen, dass die Armeen der Großmächte seit Ende des Zweiten Weltkriegs nicht mehr aufeinandergetroffen sind. Und aufgrund dieses »langen Friedens« könnte man zu dem Schluss kommen, dass Kriege zwischen Großmächten heute der Vergangenheit angehören oder zumindest deutlich unwahrscheinlicher geworden sind.[61]

Doch wir sollten uns nicht in Sicherheit wiegen. Der russische Einmarsch in die Ukraine erinnert uns daran, wie schnell der Krieg auch in Regionen zurückkehren kann, die jahrzehntelang in Frieden gelebt haben, und dass auch regionale Konflikte die Atommächte an den Rand einer direkten Auseinandersetzung bringen können. Außerdem gibt es einige Gründe zu der Annahme, dass die Gefahr eines Konflikts zwischen Großmächten auch in den kommenden hundert Jahren inakzeptabel groß bleiben wird.

Erstens können wir davon ausgehen, dass der Erhalt des langen Friedens nicht nur durch eine gehörige Portion Glück möglich war, sondern auch durch strukturelle Faktoren wie Wirtschaftswachstum und internationale Kooperation. Während der Kubakrise standen die Vereinigten Staaten und die Sowjetunion am Rande eines atomaren Waffengangs, doch das war nicht der einzige brenzlige Moment des Kalten Krieges. Mindestens genauso groß war die Gefahr während der Berlin-Blockade, der Suezkrise, des Jom-Kippur-Krieges, der zahlreichen Krisen in der Formosastraße, der Stellvertreterkriege in Korea und Vietnam sowie verschiedener Gelegenheiten, bei denen die Frühwarnsysteme versagten und fälschlicherweise einen Atomwaffenangriff meldeten.[62] Historiker sehen im Zweiten Weltkrieg einen historischen Unfall, der durch die Machtergreifung Hitlers verschuldet wurde.[63] Doch auch der darauffolgende Friede war vielen Zufällen zu verdanken.[64]

Zweitens könnten Verschiebungen im Gefüge der wirtschaftlichen und militärischen Macht die Gefahr eines Konflikts vergrößern. China schickt sich an, die Vereinigten Staaten in vielen Bereichen zu überflügeln.[65] Kaufkraftbereinigt ist die chinesische Wirtschaft schon heute größer als die der Vereinigten Staaten.[66] Übergangsphasen, in denen eine Supermacht die andere überholt, sind besonders instabil, da die Rivalen um Einfluss im internationalen System konkurrieren.[67] In solchen Zeiten ist ein Krieg zwar nicht unvermeidlich, denn in der Vergangenheit verliefen die entsprechenden Verschiebungen oft friedlich, doch wissenschaftliche Untersuchungen zeigen, dass diese Situationen besorgniserregend häufig in Gewalt umschlagen.[68]

Die Entscheidung für einen Krieg hängt von vielen Faktoren ab, doch Unklarheiten um den relativen Status einer politischen, wirtschaftlichen und militärischen Großmacht innerhalb des internationalen Systems spielen eine wichtige Rolle.[69] Über Bündnisverpflichtungen können auch weiter entfernte Länder in regionale Auseinandersetzungen gezogen werden. Großmächte und traditionell rivalisierende Nationen greifen eher zu den Waffen als andere.[70]

Die Vereinigten Staaten und China sind im kommenden Jahrzehnt die mit Abstand mächtigsten Länder der Welt, doch auch zwischen anderen Großmächten ist die Gefahr eines Krieges groß. Russland verfügt nach wie vor über ein gewaltiges Atomwaffenarsenal,[71] und die russisch-amerikanischen Beziehungen haben sich verschlechtert. Indien wird vermutlich spätestens 2030 das bevölkerungsreichste Land der Erde sein und könnte China noch in diesem Jahrhundert als größte Volkswirtschaft ablösen.[72] Auch zwischen Indien und China bestehen erhebliche Spannungen. Ein aktuelles Beispiel ist ein Gefecht im umstrittenen Galwantal des Himalaja am 15. Juni 2020. Da die beiden Länder sich darauf verständigt hatten, bei ihren Grenzstreitigkeiten auf Waffengebrauch zu verzichten, griffen die Soldaten zu Steinen und mit Stacheldraht umwickelten Knüppeln. Dabei kamen mehr als zwanzig Soldaten ums Leben.[73] Nach Ansicht von Beobachtern waren die Beziehungen zwischen den beiden Ländern »auf dem tiefsten Stand seit dem Indisch-Chinesischen Grenzkrieg von 1962«.[74]

Um es ganz klar zu sagen: Ein Krieg zwischen Großmächten ist in diesem Jahrhundert keineswegs unvermeidlich. Zum einen enden Verschiebungen im Machtgefüge nicht automatisch im Konflikt. Im 20. Jahrhundert überflügelten die Vereinigten Staaten Großbritannien, und die Sowjetunion stieg in Eurasien zur Vormacht auf, ohne dass es dabei zu kriegerischen Auseinandersetzungen gekommen wäre. Auch die Beziehung zwischen den Vereinigten Staaten und China unterscheidet sich von den wirklich gefährlichen internationalen Rivalitäten. Vor allem haben diese Länder keine gemeinsame Grenze, ein wichtiger Faktor für einen Krieg zwischen zwei Nationen.[75] Außerdem ist die Verflechtung zwischen den beiden Volkswirtschaften groß, denn aktuell ist jedes Land der größte Handelspartner des jeweils anderen, weshalb ein Krieg nach Ansicht von Beobachtern zu kostspielig und daher unwahrscheinlich wäre.[76] Und wenn schließlich der Frieden der vergangenen siebzig Jahre das Ergebnis systemischer und dauerhafter Veränderungen im Verhältnis von Ländern war, dann könnte er durchaus weiter halten. Ein Atomkrieg könnte für alle Beteiligten derart vernichtend sein, dass niemand etwas unternehmen würde, was einen solchen Krieg provozierte. Nach Ansicht einiger Wissenschaftler ist der Einsatz von Atomwaffen so weit stigmatisiert, dass er tabu geworden sein könnte.[77]

Nach dem russischen Einmarsch in der Ukraine verdoppelte sich nach Ansicht der Prognoseplattform Metaculus die Wahrscheinlichkeit eines Dritten Weltkriegs bis 2050 und liegt nun bei 23 Prozent (wobei unter Weltkrieg die Beteiligung von Ländern mit mindestens 30 Prozent des globalen Bruttoinlandsprodukts oder 50 Prozent der Weltbevölkerung mit Opferzahlen von über 10 Millionen Menschen zu verstehen ist).[78] Wenn die jährliche Gefahr nach 2050 konstant bleibt, wäre ein Dritter Weltkrieg bis Ende des Jahrhunderts wahrscheinlicher als die Fortdauer des Friedens. Besonders besorgniserregend ist, dass das Arsenal der Menschheit durch steigende Militärbudgets und neue Technik immer größer wird. Die Waffen, zu denen Großmächte in Zukunft greifen würden, verfügen über deutlich mehr Zerstörungskraft als die des Zweiten Weltkriegs. Das Vernichtungspotenzial ist riesig.[79]

So wie Rauchen die Wahrscheinlichkeit erhöht, an Krebs zu erkranken, so vergrößert ein Krieg zwischen Großmächten alle möglichen anderen Gefahren für die menschliche Zivilisation. Erstens stehen weniger Mittel für Maßnahmen zur Verbesserung der Sicherheit und Lebensqualität zur Verfügung, und zweitens lähmt ein Krieg unsere Fähigkeit zur Kooperation. Der Kalte Krieg veranlasste die Sowjetunion zu einem wahnwitzigen Biowaffenprogramm, und ein neuer Konflikt zwischen Großmächten könnte die Entwicklung neuer biologischer Massenvernichtungswaffen wieder attraktiv erscheinen lassen. Aber auch wenn es nicht zu einer militärischen Auseinandersetzung kommt, könnte ein neuerlicher Kalter Krieg einen Rüstungswettlauf auf dem Gebiet der Künstlichen Intelligenz schüren und damit die Gefahr eines Einrastens von Werten oder einer Machtübernahme durch Künstliche Intelligenzen vergrößern. Die Gefahr eines Atomkriegs wächst, und unsere Spielräume, bei der Bekämpfung des Klimawandels international zusammenzuarbeiten, schrumpfen. Für den Erhalt der Zivilisation in diesem Jahrhundert ist es daher unabdingbar, die Gefahr eines neuerlichen Weltkriegs abzubauen.

Ist die Evolution einer neuen technisierten Spezies denkbar?

Damit die Auslöschung der Menschheit langfristige Bedeutung hat, muss sie dauerhaft, weitreichend und kontingent sein. Ihre *Dauer* scheint klar zu sein: Wenn wir ausgestorben sind, war es das. Dem könnte man entgegenhalten, dass das dauerhafte Ende des *Homo sapiens* nicht unbedingt das Ende einer moralisch wertvollen Zivilisation sein müsste. Könnte nach dem Aussterben des Menschen nicht eine andere hochstehende Spezies entstehen und an unsere Stelle treten?

Der letzte gemeinsame Vorfahr von Menschen und Schimpansen lebte vor nur 12 Millionen Jahren, und zwischen dem ersten Säugetier und der Entwicklung des modernen Menschen vergingen nur 200 Millionen Jahre.[80] Damit blieben noch viele Hundert Millionen Jahre, bis die zunehmende Sonnenenergie die Erde für Lebewesen von der Körpergröße eines Menschen unbewohnbar machen würde. Wenn der *Homo sapiens* aussterben und Schimpansen überleben würden, könnte sich dann in 8 Millionen Jahren oder weniger aus diesen eine technisierte Spezies entwickeln? Und wenn sämtliche Primaten aussterben und einige Säugetiere überleben würden, könnte sich dann in rund 200 Millionen Jahren aus diesen eine neue technisch hochstehende Spezies entwickeln? Das sind gewaltige Zeiträume, doch es bleibt noch immer viel Zeit, bis die Erde endgültig unbewohnbar wird.

Diese Argumentation hat jedoch einen Pferdefuß. Wir wissen nicht, wie unwahrscheinlich die entscheidenden evolutionären Schritte auf dem Weg zu unserer Zivilisation waren, und es gibt zwei Gründe für die Annahme, dass einige – auch die Entwicklung einer technisierten Spezies – ausgesprochen unwahrscheinlich waren.

Der erste Grund leitet sich aus dem Fermi-Paradoxon ab: Obwohl es in unserer Galaxie Hunderte Millionen Gesteinsplaneten in lebensfreundlichen Zonen geben muss und obwohl die 13,5 Milliarden Lebensjahre unserer Galaxie[81] eigentlich mehr als genug Zeit für die Ausbreitung einer interstellaren Zivilisation sein sollten, haben wir bislang keinerlei Hinweise auf die Existenz von außerirdischen Lebensformen. Wenn die Galaxie so riesig und so alt ist, warum wimmelt es dann nicht vor Außerirdischen?

Eine Antwort lautet, dass unsere Evolution einen extrem unwahrscheinlichen Verlauf genommen haben könnte.[82] Möglicherweise sind lebensfreundliche Planeten ausgesprochen selten (vielleicht benötigen sie ganz bestimmte Voraussetzungen, zum Beispiel eine geschützte Zone innerhalb der Galaxie, eine Plattentektonik, einen großen Mond und die richtige chemische Zusammensetzung), oder vielleicht waren einige der Schritte auf dem Weg von der Entstehung der Erde vor 4,5 Milliarden Jahren und der Evolution des *Homo sapiens* ausgesprochen unwahrscheinlich.[83] Zu den Kandidaten für extrem unwahrscheinliche Evolutionsschritte zählen zum Beispiel die Entstehung organischer aus anorganischer Materie, die Entwicklung einfacher zu komplexen Zellen mit Zellkern und Mitochondrien, die Evolution der geschlechtlichen Fortpflanzung und vielleicht sogar die Entwicklung des *Homo sapiens* selbst, der sich durch seine Intelligenz und seine Kooperations-, Kultur- und Sprachfähigkeit von anderen Primaten unterscheidet.[84] Aktuelle Untersuchungen meiner Kollegen vom Future of Humanity Institute kommen zu dem Schluss, dass es angesichts der Unwahrscheinlichkeit dieser Evolutionsschritte nicht weiter verwunderlich ist, dass das Universum trotz seiner gewaltigen Größe leer zu sein scheint.[85]

Der zweite Grund für die Annahme, dass einige der Schritte auf dem Weg zum *Homo sapiens* sehr unwahrscheinlich waren, ist die Zeit, die für unsere Evolution nötig war. Nehmen wir an, auf einem erdähnlichen Planeten vergehen zwischen der Abkühlung der Oberfläche und der Entstehung einer zivilisationsfähigen Spezies durchschnittlich eine Billion Billionen Jahre. Wenn das stimmt, wie würde unsere Geschichte dann aussehen? Vermutlich genauso wie unsere reale Vergangenheit: Wir wären gegen Ende der lebensfreundlichen Phase unseres Planeten entstanden. Da zwischen der Abkühlung der Erde und dem Ende dieser lebensfreundlichen Phase nur etwa 5 Milliarden Jahre liegen, muss unsere Entwicklung ein ausgesprochener Glücksfall gewesen sein.[86] Da die Evolutionsgeschichte entlang derselben Zeitleiste verlaufen wäre, egal, ob bis zur Entstehung einer technisierten Spezies 5 Milliarden oder eine Billion Billionen Jahre vergehen, können wir nicht wissen, wie wahrscheinlich oder unwahrscheinlich diese Entwicklung war.

Wir haben keine Vorstellung, wie viele extrem unwahrscheinliche Evolutionsschritte in unserer Vergangenheit liegen. Wissenschaftler vermuten, dass es auf dem Weg zu höheren Lebensformen drei bis neun »schwierige Schritte« gab.[87] Da diese Frage jedoch bislang kaum erforscht wurde, könnten es mehr oder auch weniger gewesen sein.[88] Außerdem wissen wir nicht, wie unwahrscheinlich die Evolution einer zivilisationsfähigen Art war, nachdem sich Säugetiere und Primaten entwickelt hatten. Nach allem, was wir heute wissen, könnte der Schritt vom Säugetier zu einer Art, die zum Aufbau einer Zivilisation in der Lage ist, astronomisch unwahrscheinlich gewesen sein.

Daher sollten wir nicht davon ausgehen, dass nach dem Untergang der Menschheit irgendwann eine weitere technisierte Spezies entsteht. Selbst wenn Sie die Wahrscheinlichkeit dafür auf 90 Prozent schätzen, würde sich die Gefahr, dass eine große Katastrophe das endgültige Ende der Zivilisation bedeutet, nur um den Faktor 10 verringern – das Risiko wäre also immer noch groß genug, um den Abbau dieser Gefahr der Auslöschung zu einer moralischen Priorität zu machen.

Wenn ein Schritt in unserer Evolutionsgeschichte extrem unwahrscheinlich war, könnte es zudem im Rest des Universums keinerlei intelligentes Leben mehr geben, und zwar nicht nur jetzt, sondern niemals. In diesem Fall wären unsere Handlungen von kosmischer Tragweite.

Große Seltenheit bedeutet große Verantwortung. 13 Milliarden Jahre lang gab es im bekannten Universum kein Bewusstsein. Um einen Ausspruch von Thomas Nagel zu bemühen, gab es kein »Wie ist es, etwas zu sein?« und nichts, das diese Frage hätte stellen können. Das änderte sich vor etwa 500 Millionen Jahren mit der Evolution der ersten Lebewesen mit einem Bewusstsein – ein erster Funke. Diese Lebewesen waren sich allerdings noch nicht bewusst, dass sie bewusst waren – sie hatten keine Vorstellung von ihrer Verortung im Universum, und sie waren nicht in der Lage, sich einen Begriff davon zu machen. Erst vor einigen wenigen Jahrtausenden, weniger als einem Millionstel der Lebensspanne des Universums, erfanden wir die Schrift und die Mathematik und erforschten die Natur der Wirklichkeit.

Heute und in den kommenden Jahrhunderten sehen wir uns Gefahren gegenüber, die uns auslöschen könnten. Wenn wir es vermasseln, dann auf alle Ewigkeit. Das Selbstbewusstsein des Universums könnte für immer verloren sein, und ein paar Hundert Millionen Jahre später könnte das Flämmchen des Bewusstseins, das auf unserem Planeten aufflackerte, für immer erlöschen. Das Universum könnte für alle Zeiten in den Zustand zurücksinken, in dem es sich während der ersten 13 Milliarden Jahre seiner Existenz befand: kalt, leer, tot.

Die völlige Auslöschung der Menschheit ist allerdings nicht das einzig denkbare Szenario, das der Zivilisation ein Ende setzen würde. Eine Katastrophe könnte einen Teil der Menschheit verschonen, die Zivilisation jedoch so weit zerstören, dass sie sich nicht mehr erholen wird. Dieser Möglichkeit wollen wir uns nun zuwenden.

KAPITEL 6
Kollaps

Der Untergang von Zivilisationen

Im Jahr 100 unserer Zeitrechnung gab es zwei Reiche von ungefähr gleicher Größe und Bevölkerung, in denen insgesamt etwa die Hälfte der Menschheit lebte.[1] Eines, das chinesische Han-Reich, haben wir in Kapitel 4 erwähnt; dieses Reich erstarrte über zwei Jahrtausende lang in der wichtigsten chinesischen Ideologie, dem Konfuzianismus. Das andere, das Römische Reich, hatte ein ganz anderes Schicksal.

Wenn Sie im Jahr 100 Kaiser von Rom gewesen wären, dann wären Sie überzeugt gewesen, auf dem Gipfel des technischen, rechtlichen und wirtschaftlichen Fortschritts zu stehen. Vieles hätte Sie in dieser Annahme bestätigt. In Ihrem Reich gab es Zentralheizung und Isolierverglasung in den öffentlichen Badeanstalten.[2] Als Baumaterial verwendeten Sie einen Beton, der haltbarer war als unser heutiger.[3] Sie errichteten gewaltige Bauwerke wie das Kolosseum, in dem 50 000 Menschen Platz fanden, und den Circus Maximus, eine Pferderennbahn mit 150 000 Sitzplätzen.[4]

Sie hätten über ein Gebiet geherrscht, das größer war als die heutige Europäische Union,[5] und das ganz ohne die Hilfe moderner Fortbewegungsmittel wie Eisenbahnen oder Flugzeuge und ohne moderne Kommunikationstechnik. Ihre Wirtschaft war komplex mit einem hohen Maß an Arbeitsteilung, einem Bankwesen und einem Handelsnetz, das drei Kontinente überspannte; Händler zogen durch Ihr Reich und verbreiteten Wissen.[6] Es gab eine historisch einmalige Mittelschicht, die rund 10 Prozent der Gesellschaft ausmachte, sowie Möglichkeiten des sozialen Aufstiegs, wie Satiren über die »Neureichen« belegen.[7] Selbst Bauern hatten Zugang zu nützlichen Gütern wie hochwertigen Töpferwaren und Ziegeldächern.[8]

DIE BEVÖLKERUNGSENTWICKLUNG DER ANTIKEN STADT ROM

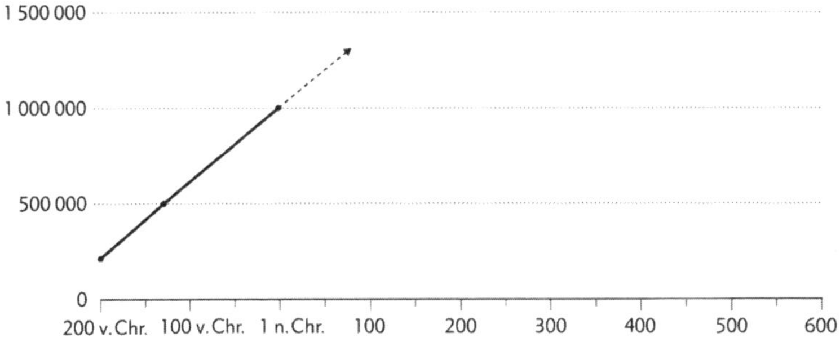

Grafik 6.1

Das Wachstum des Römischen Reichs spiegelt sich in der Einwohnerzahl der Hauptstadt, der ersten Millionenstadt der Geschichte (siehe Grafik 6.1).[9]

In der Zeit der Römischen Republik war der Preis für die Expansion das Blut ihrer Bürger und Nachbarn. 90 Prozent der Jahre von 410 bis 101 v. Chr. befand sich Rom im Krieg.[10] Nach der Gründung des Reichs im Jahr 27 v. Chr. erlebte Rom zwei Jahrhunderte, während derer Einwohnerzahl und Lebensstandard stetig zunahmen. Rom war stark und stabil. Es schien, als würde die Blüte der Stadt, getragen von Fortschritten in der Technik und der Verwaltung, bis weit in die Zukunft anhalten.

Doch die Erwartungen erfüllten sich nicht, wie die weitere Bevölkerungsentwicklung der Stadt in Grafik 6.2 demonstriert.

DIE WEITERE BEVÖLKERUNGSENTWICKLUNG DER ANTIKEN STADT ROM

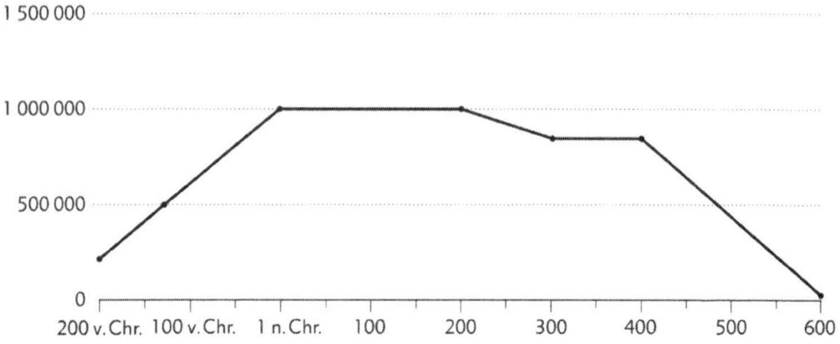

Grafik 6.2

Im 5. Jahrhundert wurde Rom zweimal von Germanen geplündert: im Jahr 410 von den Westgoten und im Jahr 455 von den Vandalen. Als der Kirchenvater Hieronymus von der Plünderung erfuhr, schrieb er in einem Brief: »Das Wort bleibt mir in der Kehle stecken und Schluchzen mischt sich beim Diktieren in meine Stimme. Die Stadt wird erobert, welche die ganze Welt unterjocht hat.«[11]

Auch wenn Rom damals schon nicht mehr das Machtzentrum von einst war, machten die Plünderungen des 5. Jahrhunderts die Schwäche des Reichs augenfällig. Wenige Jahrzehnte später brach das gesamte Weströmische Reich zusammen.[12] Die Bevölkerung der Stadt fiel auf 30 000 Einwohner und blieb jahrhundertelang auf diesem Niveau; erst 1400 Jahre später, in den 1930er-Jahren, erreichte sie wieder die Marke von einer Million.[13] Es hatte ohnehin bis ins 19. Jahrhundert gedauert, dass überhaupt wieder eine europäische Stadt mehr als eine Million Einwohner aufgewiesen hatte.[14]

Aber warum ging das Weströmische Reich unter? Ein Forschungsüberblick aus dem Jahr 1984 zählte nicht weniger als 210 unterschiedliche Gründe, die Historiker im Laufe der Zeit für seinen Untergang gefunden hatten.[15] Moderne Historiker sind sich in den wesentlichen Faktoren einig: schwache Institutionen, Rangeleien um politische Positionen und die Beute aus den Provinzen, Korruption und Wirtschaftsschwäche, äußerer Druck durch Eindringlinge, zunehmend schädliche Wirkung von Seuchen und Klimawandel.[16]

Wenn man bedenkt, wie schwierig es gewesen sein muss, ein Riesenreich mit einer vormodernen Kommunikationstechnik zu beherrschen, war es kein Wunder, dass das Römische Reich früher oder später zerfiel. Es stellt sich eher die Frage, warum es sich überhaupt so lange hielt,[17] denn die durchschnittliche Lebenserwartung einer Kultur beträgt lediglich 340 Jahre.[18] Der Kollaps von Kulturen ist also nicht die Ausnahme, sondern die Regel.

Im vorigen Kapitel ging es um die Gefahr der Auslöschung der Menschheit als ein möglicher Endpunkt der menschlichen Zivilisation. Doch Katastrophen, bei denen alle ums Leben kommen, sind ausgesprochen selten; sehr viel wahrscheinlicher sind Ereignisse, die nicht die gesamte Menschheit auslöschen. Könnten wir heute ein ähnliches Schicksal erleiden wie das Römisches Reich?

Ich verwende den Begriff »Zusammenbruch der Zivilisation« für ein Ereignis, das der Gesellschaft die Möglichkeit nimmt, einen Großteil ihrer industriellen und postindustriellen Technik herzustellen. Wäre dieser Zustand von Dauer, hätte ein Zusammenbruch der Zivilisation möglicherweise ähnlich schwerwiegende Folgen wie die Auslöschung. Fragen wir also: Wie wahrscheinlich ist es, dass eine Katastrophe, die nicht zur völligen Auslöschung der Menschheit führt, die Zivilisation zusammenbrechen lässt, und wie wahrscheinlich wäre es, dass sich die Zivilisation nicht wieder von diesem Schlag erholt?

Die Robustheit früherer Zivilisationen

Ein Blick in die Geschichtsbücher belegt, wie robust die menschliche Zivilisation im Angesicht von Katastrophen ist. Dabei sollten wir uns allerdings daran erinnern, dass sich ein globaler und dauerhafter Zusammenbruch der Zivilisation grundsätzlich vom Ende früherer Kulturen unterscheiden würde. Der Untergang des Römischen Reichs ist ein besonders dramatischer Fall für einen historischen Kollaps. Doch obwohl Rom das mächtigste Reich Europas war, wurde der Kontinent durch seinen Untergang nicht entvölkert. An die Stelle der römischen Herrschaft traten einfach die Westgoten, die Vandalen, die Ostgoten, die Franken, die Briten und die Sachsen.

Trotzdem ging das Ende des Weströmischen Reichs mit einem drastischen Verfall der Technik und des Lebensstandards einher. Die Provinz Britannien ist ein gutes Beispiel: Im 5. Jahrhundert verschwanden die Schrift und das Bauhandwerk von der Insel.[19] Statt Häuser aus Stein, Ziegeln und Fliesen baute man wieder Hütten aus Holz und Stroh.[20] Doch dieser technische und kulturelle Niedergang war nicht von Dauer. Aus der Asche des Weströmischen Reichs erstanden Jahrhunderte später die Renaissance, die wissenschaftliche und die industrielle Revolution sowie die Aufklärung. Wenn man führenden Wirtschaftshistorikern Glauben schenkt, war die politische Zerstückelung Europas nach dem Untergang Roms eine Erklärung dafür, warum die wissenschaftliche und industrielle Revolution auf diesem Kontinent erfolgten und nicht in China.[21]

Außerdem waren Zusammenbrüche von Zivilisationen in der Vergangenheit immer regional begrenzt. Als das Weströmische Reich unterging, blieben andere große Kulturen der Zeit – die Nördliche und Südliche Dynastie in China, das ans Rote Meer grenzende Aksumitische Reich im nordöstlichen Afrika, die Drei Reiche Koreas, Teotihuacán in Mexiko, die Zivilisation der Maya in Mittelamerika, das Sassanidenreich im heutigen Iran und das Gupta-Reich in Indien[22] davon unberührt, und viele wussten nicht einmal von der Existenz Roms. Auch das Oströmische Reich bestand nach dem Verlust seines westlichen Partners noch ein ganzes Jahrtausend lang weiter.

Nicht einmal große Krisen konnten die globale Zivilisation erschüttern. In den vergangenen sechzig Jahren ist das globale Bruttoinlandsprodukt nur wenige Male für ein Jahr gesunken und hat sich jedes Mal wieder binnen weniger Jahre erholt.[23] Selbst die Spanische Grippe der Jahre 1918 bis 1920, die zwischen 17 und 100 Millionen Todesopfer forderte, hat die Weltbevölkerung offenbar nicht dezimiert.[24] Genauso wenig wie der Zweite Weltkrieg, der mehr Opfer forderte als jeder andere Krieg der Geschichte.[25] Zuletzt sank die Weltbevölkerung in der Epoche, die Historiker als »Allgemeine Krise« bezeichnen.[26] Damit meinen sie eine Phase des 17. Jahrhunderts, in der alles schiefzugehen schien: In Europa tobte der Dreißigjährige Krieg, in China ging die Ming-Dynastie unter, auf dem amerikanischen Doppelkontinent wüteten nach der Kolonisierung durch die Europäer die Seuchen, der transatlantische Sklavenhandel wurde ausgeweitet, und die sogenannte Kleine Eiszeit führte in Europa zu Missernten und Hunger.[27] Damals könnte der globale Bevölkerungsrückgang spürbar gewesen sein: Schätzungen gehen davon aus, dass die Bevölkerung Chinas in der ersten Hälfte des 17. Jahrhunderts um 40 Prozent und in Deutschland und Frankreich um 20 bis 45 Prozent eingebrochen sein könnte.[28] Doch trotz der Allgemeinen Krise lebten um 1700 wieder mehr Menschen auf dem Planeten als je zuvor.

Ein eindrucksvolles Beispiel für die Widerstandsfähigkeit der Gesellschaft ist die Pest, die im 14. Jahrhundert vom Nahen Osten kommend über Europa hereinbrach. Sie wurde von Flöhen übertragen, und diese wiederum gelangten auf Ratten an Bord von Handelsschiffen aus dem Mongolenreich auf den Kontinent. Gemessen am Anteil der Weltbevölkerung, der dieser Seuche zum Opfer fiel, war die Pest vermutlich die tödlichste Naturkatastrophe der Geschichte. Ein Viertel bis die Hälfte der Europäer kamen ums Leben, und auch im Nahen Osten grassierte die Seuche.[29] Insgesamt wurde die Menschheit um 10 Prozent dezimiert.[30]

Wenn jemals ein Naturereignis das Zeug dazu hatte, die menschliche Zivilisation zum Einsturz zu bringen, dann doch dieses, sollte man meinen. Aber trotz der gewaltigen Verluste an Menschenleben und des schweren Leids, das sie verursachte, hatte die Pest längerfristig kaum Folgen für die wirtschaftliche und technische Entwicklung in Europa. Zwei Jahrhunderte später hatte sich die Population wieder erholt, die koloniale Expansion Europas setzte sich fort, und nur vier Jahrhunderte später begann die industrielle Revolution.[31]

Andere Demonstrationen der bemerkenswerten Widerstandsfähigkeit der menschlichen Gesellschaft sind jüngeren Datums, zum Beispiel der Atombombenabwurf auf die japanische Stadt Hiroshima im Jahr 1945. Die von den Vereinigten Staaten abgeworfene Bombe war 1500-mal stärker als jeder andere jemals verwendete Sprengsatz.[32] Bei der Detonation entstand ein Feuerball mit einer Temperatur von mehreren Tausend Grad Celsius, der binnen einer Zehntausendstelsekunde alles brennbare Material in einem Umkreis von mehr als zwei Kilometern entzündete.[33] 90 Prozent der Gebäude der Stadt wurden zerstört oder schwer beschädigt.[34] Erste Schätzungen gingen davon aus, dass bis Ende 1945 mindestens 70 000 Menschen durch den Bombenabwurf und seine Folgen getötet wurden, aktuellere Schätzungen sprechen eher von 140 000 Todesopfern.[35] Die Hitze war so gewaltig, dass Treppen, Gehwege und Mauern aufgehellt wurden und Menschen, die bei lebendigem Leib verdampft wurden, einen Schatten hinterließen. Eine Frau namens Mitsuno Ochi hinterließ einen solchen Schatten auf den Stufen der Bank von Japan, der heute als »Schatten des Todes« im Friedensmuseum Hiroshima ausgestellt wird.[36]

Ehe ich mich mit der späteren Geschichte Hiroshimas beschäftigte, hatte ich angenommen, dass die Stadt bis heute eine nukleare Wüste sein müsse. Doch das Gegenteil ist der Fall.[37] Trotz der enormen Zerstörung war die Stromversorgung in Teilen der Region schon am nächsten Tag wiederhergestellt, 30 Prozent der Wohnhäuser waren innerhalb von zwei Wochen wieder am Netz und die übrigen unversehrten Häuser innerhalb von vier Monaten.[38] Am Tag nach dem Abwurf fuhren schon wieder die ersten Züge, drei Tage danach einige Straßenbahnen, binnen vier Tagen funktionierten Wasserpumpen, und innerhalb eines Monats hatten einige Stadtteile sogar wieder Telefon.[39] Die Bank von Japan, die nur 380 Meter vom Zentrum der Explosion entfernt lag, öffnete zwei Tagen später wieder ihre Türen.[40] Innerhalb eines Jahrzehnts lebten in der Stadt wieder so viele Menschen wie vor dem Angriff.[41] Heute ist Hiroshima eine florierende Metropole mit 1,2 Millionen Einwohnern.[42]

Der Wiederaufbau nach dieser beispiellosen Zerstörung ist ein Beleg für die Widerstandsfähigkeit der Menschen von Hiroshima und Umgebung. Aber Hiroshima ist kein Einzelfall. Nagasaki, das von der zweiten Atombombe zerstört wurde, erholte sich zwar etwas langsamer, doch im Grunde verlief die Geschichte analog: Innerhalb von weniger als einem Jahrzehnt erreichte die Stadt ihre ursprüngliche Einwohnerzahl, und heute ist sie eine dynamische Großstadt. Eine Untersuchung der im Zweiten Weltkrieg bombardierten japanischen Städte zeigt, dass diese beiden Fälle typisch sind. In Dutzenden Städten wurde mindestens die Hälfte aller Gebäude zerstört.[43] Doch innerhalb kurzer Zeit hatten diese Städte ihre vormalige Größe, Wirtschaftskraft und sogar Industrie wiederhergestellt.[44]

Auch in Vietnam ist das Bild ähnlich. Die Bombardierungen im

Vietnamkrieg waren die massivsten der gesamten Geschichte, die U.S. Air Force warf dreimal so viele Bomben über dem Land ab wie im gesamten Zweiten Weltkrieg. Doch 25 Jahre nach Kriegsende gab es keine Nachwirkungen mehr auf die Armut, den privaten Verbrauch, die Infrastruktur, die Alphabetisierung oder die Bevölkerungsdichte.[45]

Man hört immer wieder, aufgrund ihrer Komplexität und gegenseitigen Abhängigkeiten sei unsere moderne Welt besonders instabil: Wenn eine Strebe ausfalle, knicke der Rest ein wie ein Kartenhaus. Doch wer das behauptet, übersieht unsere erstaunliche Zähigkeit, Anpassungsfähigkeit und Findigkeit angesichts schwieriger Situationen. Das ist selbst in Katastrophengebieten zu beobachten, die vom Rest der Welt abgeschnitten sind und keine Hilfe von außen erwarten können. Als beispielsweise die serbischen Truppen zwischen 1992 und 1995 das bosnische Goražde belagerten, zerstörten sie einen Großteil der Infrastruktur der Stadt und schnitten sie vom nationalen Stromnetz ab. Doch mit notdürftigen Wasserkraftgeneratoren und Lichtmaschinen gelang es den Einwohnern, eine Grundversorgung aufrechtzuerhalten.[46] Noch schwieriger war die Lage in Kuba, das mit dem Ende der Sowjetunion seinen einzigen Lieferanten von landwirtschaftlichen Nutzmaschinen, Treibstoff sowie Dünge- und Schädlingsbekämpfungsmitteln verlor und seine Vorräte binnen weniger Jahre aufgebraucht hatte. Die Kubaner konnten eine Hungersnot verhindern, indem sie Ochsen als Ersatz für die Maschinen verwendeten und 400 000 Tiere züchteten.[47]

Könnten wir uns von extremen Katastrophen erholen?

Doch möglicherweise sagen die Erfolge der Vergangenheit wenig darüber aus, wie widerstandsfähig wir auf künftige Katastrophen reagieren könnten. Es gibt keinen bekannten Fall einer globalen Katastrophe, die mehr als 20 Prozent der Menschheit das Leben gekostet hätte. Doch mit unseren Atomwaffen könnten wir einen sehr viel größeren Teil der Bevölkerung töten, und mit modernen Biowaffen wäre das Potenzial sogar noch größer. Würde die Gesellschaft nach einer Katastrophe von beispiellosen Ausmaßen zusammenbrechen? Und wenn ja, könnte sie sich wieder davon erholen?

Dieser Frage gehe ich am Beispiel der möglichen Folgen eines globalen Atomkriegs nach, doch die Analyse trifft auch auf andere Katastrophen zu, zum Beispiel einen Krieg mit Biowaffen.

Die über Hiroshima und Nagasaki abgeworfenen Atombomben hatten wie gesagt die 1500-fache Sprengkraft der stärksten Bomben ihrer Zeit. Doch im Vergleich zu unserem heutigen Arsenal wirkt ihre Zerstörungskraft geradezu winzig. Für diese ersten Atombomben machte man sich die Spaltung von Uran oder Plutonium zunutze. Die 1952 entwickelte Wasserstoffbombe fusionierte Wasserstoffisotope zu Helium und hatte die 500-fache Sprengkraft der ersten Atombomben.[48] Die größte je getestete Wasserstoffbombe hatte eine geschätzte Sprengkraft von 50 Millionen Tonnen TNT – mehr als 3000-mal so viel wie die Hiroshima-Bombe.[49] Gleichzeitig ist das Atomwaffenarsenal um ein Vieltausendfaches angeschwollen, von zwei Bomben im Jahr 1945 auf über 40 000 Sprengköpfe im Jahr 1967. Innerhalb von nur zwei Jahrzehnten stieg die Zerstörungskraft um ein Unvorstellbares, und die meisten dieser Waffen wurden in den Vereinigten Staaten und der Sowjetunion hergestellt.[50]

Es wäre ein Irrtum anzunehmen, dass ein Atomkrieg unmöglich ist, nur weil es in der Vergangenheit nicht dazu gekommen ist. Tatsächlich stand die Welt mehrmals am Rande eines solchen Krieges. Während der Kubakrise schätzte der amerikanische Präsident John F. Kennedy die Wahrscheinlichkeit für einen Atomkrieg auf »eins zu drei bis eins zu eins«.[51] Im Jahr 1979 erkannten US-Kommandozentren eine Vielzahl von näher kommenden Atomraketen und bereiteten sich auf einen Gegenschlag vor. Als führende Offiziere jedoch die Daten überprüften, fanden sie keinerlei Hinweise auf einen Angriff. Weitere Nachforschungen ergaben, dass ein Ausbildungsvideo, das einen sowjetischen Angriff simulierte, irrtümlich auf die Bildschirme des Kommandozentrums übertragen worden war. Kaum vier Jahre später, in einer Phase neuerlicher Spannungen zwischen den Vereinigten Staaten und der Sowjetunion, kam es zu einem ähnlichen Vorfall, als ein sowjetisches Frühwarnsystem fünf heranfliegende Atomraketen erkannte.[52] Der diensthabende Offizier Stanislaw Petrow glaubte nicht, dass die Amerikaner einen Atomschlag mit nur fünf Raketen beginnen würden, und entdeckte zudem keinen Hinweis auf Kondensstreifen der Raketen. Sein Bauchgefühl sagte ihm, dass sich das System irrte, und er identifizierte die Warnung korrekt als Fehlalarm. Hätte er das nicht getan, hätte das sowjetische Protokoll einen Gegenschlag eingeleitet, und es ist keineswegs ausgemacht, dass seine Vorgesetzten ebenfalls einen falschen Alarm erkannt hätten.

Zum Glück wurden die amerikanischen und russischen Arsenale seit dem Höhepunkt im Jahr 1986 auf ein Siebtel reduziert. Dennoch verbleiben noch 9500 Atomsprengköpfe.[53] Im Verhältnis zum gesamten Verteidigungshaushalt ist die Herstellung eines neuen Atomsprengkopfes billig. Sollten die Spannungen zwischen den Vereinigten Staaten und Russland wieder aufflammen oder Konflikte zwischen den Atommächten China, Indien und Pakistan drohen, könnten die Arsenale schnell erheblich aufgestockt werden.[54]

Ein Atomkrieg könnte einen größeren Prozentsatz der Menschheit töten als jede andere Katastrophe der Vergangenheit. Die unmittelbaren Opfern wären in Hunderten Millionen zu zählen.[55] Mehr noch, danach könnte es einigen Modellrechnungen zufolge zu einem »nuklearen Winter« kommen: Wenn der Ruß von den brennenden Städten hoch genug in die Stratosphäre aufsteigt, könnten die Durchschnittstemperaturen weltweit um bis zu 8 Grad Celsius fallen und erst über einen Zeitraum von zehn bis zwanzig Jahren wieder zu Normalwerten zurückkehren.[56] Auf der Nordhalbkugel wäre die Landwirtschaft viele Jahre lang unmöglich; in weiten Teilen der Südhalbkugel und in den Tropen bliebe sie zwar denkbar, doch vielerorts würden weniger Niederschläge fallen.[57] Die Folge könnten Hungersnöte sein, und Milliarden Menschen könnten verhungern.[58]

Um es konkreter zu machen, stellen wir uns ein absolutes Worst-Case-Szenario vor, in dem 99 Prozent der Menschheit infolge eines Atomkriegs sterben und in aller Welt nur etwa 80 Millionen Menschen überleben. Das wäre vorstellbar, wenn die Arsenale weiter aufgestockt würden oder zusätzlich biologische oder andere Waffen zum Einsatz kämen. Ausgehend von meiner Definition, dass bei einem Zusammenbruch der Zivilisation die Gesellschaft außerstande ist, einen Großteil ihrer industriellen und postindustriellen Technik herzustellen, können wir versuchen, eine erste Frage zu beantworten: Wäre es das Ende der Zivilisation, wenn die Menschheit um 99 Prozent dezimiert werden würde?

Da diese Frage bis vor Kurzem kaum erforscht wurde, habe ich bei Luisa Rodriguez von Rethink Priorities ein Gutachten in Auftrag gegeben. Rodriguez sieht nicht aus wie die Sorte Menschen, die sich auf den bevorstehenden Weltuntergang vorbereiten, dennoch verfügt sie über ein kleines Survival-Kit: sogenannte Heirloom Seeds, das Saatgut alter Nutz- und Kulturpflanzen, da viele der heute in der Landwirtschaft verwendeten Sorten Hybride sind und erwünschte Eigenschaften nicht an kommende Generationen weitergeben; ein Notfeuerzeug, da das Feuermachen Schwierigkeiten bereiten könnte; und einen handbetriebenen Notstromgenerator. Eines Abends stellte sie mit ihrem Partner einen Plan auf, was sie bei einer Apokalypse tun würden, zum Beispiel wo sie sich treffen würden, für den Fall, dass die Telefonnetze zusammenbrechen. Ich fand das sonderbar romantisch.

Trotz allem ist Rodriguez überzeugt, dass sich die Zivilisation nach einer Katastrophe als sehr robust erweisen würde. Ich halte diesen Optimismus für berechtigt: Die Gesellschaft würde sehr wahrscheinlich nicht zusammenbrechen. Aber ganz sicher können wir uns nicht sein, und wenn so viel auf dem Spiel steht, sollten wir die Möglichkeit ernst nehmen, dass die Menschheit nicht wieder auf die Beine käme.

Gründe für den Optimismus sind die erwähnten Gesellschaften, die eine Katastrophe durchgestanden haben – Europa nach der Pest, Hiroshima oder Kuba. Selbst nach gewaltigen regionalen Katastrophen hat sich die Gesellschaft erstaunlich schnell erholt.

Es gibt auch konkrete Gründe für die Annahme, dass sie selbst dann nicht zusammenbricht, wenn 99 Prozent der Menschheit sterben. Ein guter Teil der physischen Infrastruktur wie Gebäude, Werkzeuge und Maschinen blieben schließlich erhalten und ließen sich nach der Katastrophe weiter nutzen. Auch ein Großteil des Wissens bliebe erhalten – im Gedächtnis der Überlebenden, in digitalen Speichern und in Bibliotheken. In aller Welt gibt es 2,6 Millionen Bibliotheken, Hunderttausende davon in Ländern, die nicht über Atomwaffen verfügen und nicht mit Atomwaffenstaaten verbündet sind.[59] Entscheidende Fähigkeiten würden überdauern: Selbst wenn 99 Prozent aller Menschen ausgelöscht werden, befinden sich unter den Überlebenden mit Sicherheit Hunderte Flugzeugingenieure, Atomkrafttechniker, Chemiker oder Telekommunikationstechniker. Und angesichts der 2 Milliarden Menschen, die heute in der Landwirtschaft arbeiten, ein erheblicher Teil davon in Kleinbetrieben, ist es sehr unwahrscheinlich, dass das gesamte landwirtschaftliche Wissen der Menschheit verloren ginge.[60]

Außerdem hätte auch eine Katastrophe von gigantischen Ausmaßen regional ganz unterschiedliche Folgen. Da sich sämtliche Atomwaffenstaaten auf der Nordhalbkugel befinden, wären die Auswirkungen des nuklearen Winters auf der Südhalbkugel begrenzter, und weil die Meere Wärme speichern, wären auch die Küstenregionen weniger stark betroffen.[61] An den Küsten Südamerikas und Australiens wären die Sommertemperaturen rund 5 Grad Celsius unter dem Durchschnitt – das wäre schlecht, aber immer noch beherrschbar.[62] Und wenn Biowaffen zum Einsatz kämen, wären unbeteiligte Inselnationen besser in der Lage, sich zu schützen, indem sie ihre Grenzen schließen. (Deshalb kommt Neuseeland bei vielen Worst-Case-Szenarien relativ ungeschoren davon, und deshalb kaufen reiche Apokalyptiker so gern Immobilien in Neuseeland.[63]) Auch in einer Welt, in der die Menschheit um 99 Prozent dezimiert wurde, verteilen sich die Verluste nicht gleichmäßig; einige Länder könnten völlig zerstört sein, während andere vergleichsweise unbeschadet davonkommen.

Das verbessert die Aussichten auf eine globale Erholung der Zivilisation. In nicht direkt betroffenen Ländern wie Australien oder Neuseeland wären die Bevölkerung, die Infrastruktur, das Wissen sowie politische und zivilgesellschaftliche Einrichtungen weitgehend intakt. Und sie wären autark: Australien und Neuseeland produzieren schon heute das Mehrfache ihres Eigenbedarfs und verfügen über ausreichende Reserven von fossilen Brennstoffen.[64] Selbst angesichts eines beispiellosen Unglücks könnte die Zivilisation also fortbestehen.

Um diese These zu überprüfen, wollen wir in eine Zeit zurückblicken, in der zum letzten Mal 80 Millionen Menschen auf der Erde lebten – das war etwa 2500 v. Chr.[65] Damals war die Zivilisation technisch weit weniger fortschrittlich als heute, und sie stand nicht am Rand des Zusammenbruchs. Doch ich glaube, dass die Menschheit nach einer Katastrophe dank des Wissens, des physischen Kapitals und der Institutionen, die wir in den vergangenen viereinhalb Jahrtausenden entwickelt haben, deutlich besser dastehen würde als damals.[66]

Wenden wir uns nun der zweiten Frage zu. Nehmen wir an, es käme zu einer Katastrophe, die zum vollständigen Zusammenbruch der Zivilisation führt und nach der wir uns nur vorindustrieller Techniken bedienen könnten. Vielleicht sind meine bisherigen Überlegungen falsch, und ein Krieg, der 99 Prozent der Menschheit auslöscht, reicht aus, um auch die Zivilisation zum Einsturz zu bringen. Oder eine größere Katastrophe tötet 99,999 Prozent der Menschheit, und es überleben nur einige Zehntausend Menschen. Würden wir in diesem Fall auch die Landwirtschaft verlieren? Und wenn ja, könnten wir sie jemals wieder entwickeln? Oder würden wir jahrmillionenlang als Jäger und Sammler leben, bis ein Asteroideneinschlag oder eine andere Naturkatastrophe uns endgültig den Garaus macht?

Aus den oben genannten Gründen ist es schwer vorstellbar, dass nach einem Zusammenbruch auch die Landwirtschaft verschwinden sollte. Wenn die Weltbevölkerung bis auf 80 Millionen einbricht, ist es sehr wahrscheinlich, dass unter den Überlebenden genug Menschen mit landwirtschaftlichen Kenntnissen sind. Um 2500 v. Chr., als zuletzt 80 Millionen Menschen auf der Erde lebten, befand sich die Menschheit mitten in der landwirtschaftlichen Revolution. Selbst wenn nur einige Zehntausende Menschen überleben sollten, wäre die Wahrscheinlichkeit groß, dass einige von ihnen über Kenntnisse aus der Landwirtschaft verfügen. Außerdem wären wir in einer deutlich besseren Position, die Landwirtschaft zu erhalten, als die Menschen vor 4500 Jahren. Die Menschheit benötigte Jahrtausende, um Wildpflanzen zu domestizieren, die für den Anbau geeigneten Sorten zu finden und sie allmählich zu optimieren. Der Unterschied zwischen den modernen domestizierten Pflanzen und ihren wilden Vorfahren ist immens. Der Mais, den wir heute essen, ist zum Beispiel mehr als zehnmal so schwer wie sein wilder Vorfahr Teosinte.[67] Die wilde Wassermelone war nur etwa halb so groß, hatte weißes Fleisch und war nicht so süß wie die moderne Wassermelone, und die wilde Tomate war kaum größer als eine Erbse.[68] Dank der domestizierten Pflanzen wären wir in einer deutlich besseren Ausgangsposition als die ersten Bauern.

Was nicht heißt, dass die Ernteerträge sofort wieder auf dem Stand von heute wären.[69] Die hohen modernen Erträge verdanken sich unter anderem industriell hergestellten Kunstdüngern und Schädlingsbekämpfungsmitteln. Ohne diese würden viele Pflanzen ein Opfer von Unkraut und Krankheiten. Außerdem handelt es sich bei vielen der heutigen Sorten um besonders ertragreiche Kreuzungen, die nach einigen Generationen die erwünschten Eigenschaften verlieren.[70] Käme es in der Landwirtschaft zu einer Unterbrechung, könnten einige wichtige Mais- und Reissorten verloren gehen.[71] Viele der wichtigsten Getreidesorten, vor allem beim Weizen und Sojabohnen, aber auch beim Reis, sind jedoch keine Kreuzungen und würden wahrscheinlich überleben.[72]

Entscheidend ist auch, dass die für den Anbau nötigen Klimabedingungen langfristig erhalten bleiben. Die Landwirtschaft wurde im Laufe der Geschichte mindestens zehnmal unabhängig voneinander entwickelt.[73] Archäobotaniker haben Belege gefunden, dass in Mesopotamien zwischen 11 000 bis 8000 v. Chr. Weizen, Gerste, Roggen und Feigen domestiziert wurden. Unabhängig davon wurden in Süd- und Mittelamerika um 8000 v. Chr. Zucchini gezüchtet. Drei Jahrtausende später domestizierte man auf Neuguinea Süßkartoffeln, Bananen und Taro. Das geschah wieder und wieder – in Gesellschaften, die keinerlei Kontakt zueinander hatten, mit ganz unterschiedlichen Pflanzen, im Abstand von Jahrtausenden.[74] Hintergrund waren das Ende der letzten Eiszeit und der Anbruch eines wärmeren Erdzeitalters, des Holozäns, in dem wir bis heute leben.

Das Holozän ist für die Landwirtschaft günstig, weil es ausreichend warm ist und die Vegetationsphase vom Frost verschont bleibt; weil der Kohlendioxidanteil in der Atmosphäre hoch genug ist, um das Pflanzenwachstum zu begünstigen, und weil das Klima stabil ist.[75] Bei einem Zusammenbruch der Zivilisation würden wir aufgrund des Klimawandels in einer rund 1 bis 3 Grad Celsius wärmeren Umgebung leben als heute. Doch das macht vermutlich nichts aus, denn Kälte und niedrige Kohlendioxidwerte schaden der Landwirtschaft mehr als Wärme und hohe Kohlendioxidwerte.

Daher ist es sehr wahrscheinlich, dass die Landwirtschaft eine Katastrophe überstehen oder sich rasch wieder entwickelt würde, selbst wenn die Population bis auf einige Zehntausend Menschen dezimiert würde. Wenn wir annehmen, dass die Landwirtschaft überdauert, würde die Menschheit dann auch die industrielle Produktion wiederbeleben können? Im Gegensatz zur landwirtschaftlichen Revolution erfolgte die industrielle Revolution nur ein einziges Mal; die Bedingungen, die ihre Entstehung begünstigten, könnten also hochgradig kontingent gewesen sein. Dennoch gibt es Grund zu der Annahme, dass auch die Industrialisierung kein Flaschenhals wäre.

Erstens vergingen lediglich 13 000 Jahre zwischen den ersten Anfängen der Landwirtschaft und dem Beginn der industriellen Revolution; wäre die Industrialisierung ein sehr unwahrscheinliches Ereignis, hätte sie vermutlich deutlich mehr Zeit benötigt.[76] Aus Sicht eines einzelnen Menschen sind 13 000 Jahre sehr viel, doch aus Sicht einer Spezies ist das gar nichts; wenn man von der durchschnittlichen Lebenserwartung einer Säugetierspezies ausgeht, blieben uns selbst nach einer großen Katastrophe noch viele Hunderttausend Jahre.

Der zweite Grund für die Annahme, dass sich die Menschheit

nach dem Zusammenbruch der Zivilisation ein weiteres Mal industrialisieren würde, ist die Tatsache, dass sie gegenüber der ersten industriellen Revolution einen Vorsprung hätte. Einige Stein- und Betongebäude würden mehrere Jahrhunderte lang überdauern.[77] Die meisten Werkzeuge und Maschinen wären zwar binnen weniger Jahrzehnte unbrauchbar, doch in modernen Gebäuden blieben einige funktionstüchtig.[78] Selbst wenn dies nur ein Bruchteil wäre, wüssten die Überlebenden so, dass diese Technik möglich ist, und könnten einige der gefundenen Werkzeuge und Maschinen rückentwickeln. Außerdem bliebe das Wissen der Industrietechnik in Bibliotheken erhalten, genau wie das Wissen der Politik- und Wirtschaftswissenschaften, und neu entstehende Staaten könnten sich an Erfolgsmodellen orientieren.

Es gibt Belege dafür, dass die Industrialisierung sehr schnell erfolgen kann (zumindest in historischen Maßstäben), wenn das nötige Wissen dafür vorhanden ist. Sobald die industrielle Revolution in Großbritannien begonnen hatte, zogen andere europäische Staaten und die Vereinigten Staaten schnell nach, und der Rest der Welt benötigte dafür weniger als zwei Jahrhunderte. Das heißt, sobald das Wissen vorhanden ist, steht landwirtschaftlichen Gesellschaften der Weg der raschen Industrialisierung offen.

Ein weiterer Grund für die Annahme, dass sich die Menschheit nach einem Zusammenbruch der Zivilisation erneut industrialisieren würde, ist, dass sie starke Anreize hätte, etwa die Verbesserung der Lebensbedingungen oder regionaler Wettbewerb.

Klimawandel

Bislang haben wir uns Katastrophen angesehen, die durch Krieg oder Krankheitserreger aus dem Reagenzglas verursacht werden. Aber was ist mit dem Klimawandel? Könnte er der Zivilisation gefährlich werden?

Es ist ein Anlass zum Optimismus, dass wir beim Klimawandel echte Fortschritte erzielen: Die letzten Jahre haben mir mehr Grund zur Hoffnung gegeben, als ich bislang kannte.[79] Die Internationale Energieagentur geht davon aus, dass der Verbrauch von Kohle 2014 seinen Höhepunkt überschritten hat und seither zurückgeht.[80] Hauptgrund dafür ist zwar das billige Erdgas, doch dahinter stehen auch einige grundlegendere Veränderungen.[81] Es ist vor allem der Umweltbewegung zu verdanken, dass sich die Klimaprognose in zweierlei Hinsicht verbessert hat.

Erstens hat der politische Aktivismus von Jugendlichen den Klimawandel stärker ins Bewusstsein der Öffentlichkeit gerückt. Schlüsselländer haben ehrgeizige Klimaziele vorgegeben, allen voran China, das bis 2060 klimaneutral sein will, und die Europäische Union, die dieses Ziel bis 2050 erreicht haben will; auch die Vereinigten Staaten unternehmen seit Neuestem wieder größere Anstrengungen.[82]

Und zweitens wurden auf dem Gebiet der erneuerbaren Energien, vor allem bei Sonne, Wind und Batterien, große Fortschritte erzielt. Dank der langfristig orientierten Politik umweltbewusster Regierungen haben sich Fotovoltaikanlagen seit 1976 um 99,6 Prozent und Lithium-Ionen-Batterien seit 1991 um 97,5 Prozent verbilligt.[83] Mit Sonne und Wind werden heute zwar nur rund 3 Prozent der Elektrizität erzeugt, doch wenn sich die Preisentwicklung fortsetzt, werden sie in zwanzig Jahren einen spürbaren Teil der globalen Energieversorgung übernehmen.[84] Auch die Kosten für

Grafik 6.3 Durchschnittspreis einer Solarzelle, Stand 2019, in US-Dollar pro Watt (inflationsbereinigt).

Erwerb und Unterhalt eines Elektroautos sollen in den kommenden Jahren so weit sinken, dass es billiger wird als ein Fahrzeug mit Verbrennungsmotor.[85]

Das bedeutet jedoch nicht, dass wir nun die Hände in den Schoß legen können. Im Gegenteil, die Gefahr ist groß, dass der Ausstieg aus der Kohlendioxidwirtschaft stecken bleibt. Erstens könnte der ohnehin überschaubare Fortschritt durch den möglichen Zusammenbruch der internationalen Koordinierung weiter gefährdet werden, etwa durch eine Eiszeit zwischen den großen Wirtschaftsmächten (siehe Kapitel 5). Die sogenannte Dekarbonisierung ist eine globale Aufgabe: Selbst wenn die meisten Länder ihre Emissionen auf null gesenkt haben, kann sich die Luftverschmutzung noch sehr lange fortsetzen, wenn einige Länder nicht mitspielen. Zweitens könnte ein möglicher technischer Stillstand, den ich im nächsten Kapitel erörtern werde, zur Folge haben, dass wir die für die Energiewende nötige Technik nicht entwickeln. Diese Gefahren sind keineswegs exotisch, ich würde ihre Wahrscheinlichkeit jeweils auf eins zu drei einstufen.

Um einschätzen zu können, wie wahrscheinlich das Ende der Zivilisation ist, wollen wir uns das weniger wahrscheinliche Worst-Case-Szenario ansehen, dem zufolge die Menschheit früher oder später sämtliche fossilen Brennstoffreserven verbrennt. (Das entspräche einer Menge von bis zu 3 Billionen Tonnen Kohlenstoff[86], und wenn unsere aktuellen Emissionen konstant bleiben, wären dazu drei Jahrhunderte nötig.) In diesem Fall würde die Erwärmung vermutlich 7 Grad Celsius gegenüber der Zeit vor der industriellen Revolution betragen und mit einer Wahrscheinlichkeit von rund 15 Prozent sogar bis zu 9,5 Grad Celsius.[87]

Es ist schwer vorherzusagen, was eine derart extreme Erwärmung bedeuten würde. Wir wissen nicht, wie eine um 7 Grad Celsius wärmere Welt aussehen würde, denn die meisten Prognosen beschränken sich auf eine Erwärmung von 5 Grad Celsius.[88] Eine Erwärmung von 7 bis 10 Grad Celsius wäre eine Katastrophe für Tropenregionen, viele der armen Agrarstaaten würden unter immenser Hitzebelastung und Dürre leiden.[89] Da diese Länder am wenigsten zur Erderwärmung beitragen, wäre dies eine Ungerechtigkeit von kolossalen Ausmaßen.

Doch selbst das würde vermutlich nicht direkt zum Untergang der Zivilisation führen. Ein großes Fragezeichen sind beispielsweise die Auswirkungen des Klimawandels auf die Landwirtschaft. So fatal der Klimawandel für die Tropen wäre, bliebe Spielraum für Anpassung, die gemäßigten Zonen wären weniger stark betroffen, und in höheren Breitengraden stünde der aufgetaute Permafrostboden für die Landwirtschaft zur Verfügung.[90] Mit der Hitzebelastung verhält es sich ähnlich. In den Tropen wären Tätigkeiten im Freien weitgehend unmöglich, was für die heißeren und ärmeren Länder mit begrenzter Anpassungsfähigkeit katastrophal wäre.

Doch reichere Länder wären zur Anpassung in der Lage, und gemäßigte Regionen blieben relativ unbeschadet.[91]

Aber was ist mit Selbstverstärkungseffekten der Erwärmung? Zwei Szenarien sind das »feuchte Treibhaus« und die »galoppierenden Treibhauseffekte«. In beiden Szenarien stiegen die Temperaturen so weit an, dass die Ozeane im Weltall verfliegen würden, wie das auf der Venus der Fall war. Doch unsere heutigen Modelle gehen davon aus, dass die Verbrennung von fossilen Brennstoffen nicht für einen »galoppierenden Treibhauseffekt« ausreicht.[92] Auch das »feuchte Treibhaus« ist unwahrscheinlich, doch wenn Kohlendioxid der Auslöser ist, würde sein Anteil in der Atmosphäre über Jahrhunderttausende auf natürliche Weise wieder abnehmen, ehe das gesamte Wasser der Erde ins All verfliegt.[93]

Andere mögliche Selbstverstärkungseffekte sind besorgniserregender. Das vermutlich beunruhigendste Modell der letzten Jahre geht davon aus, dass sich bei einer Kohlendioxidkonzentration von 1300 ppm (Parts per million) keine Haufenwolken mehr bilden und sich die Erde noch einmal um 8 Grad Celsius erwärmt, zusätzlich zu den prognostizierten 6 oder 7 Grad Celsius.[94] Die Verbrennung von 3 Billionen Tonnen Kohlenstoff entspräche einer Kohlendioxidkonzentration von 1600 ppm, das heißt, die Schwelle ist durchaus in Reichweite.[95]

Die Untersuchung ist umstritten, und Wissenschaftler sind sich nicht einig, wie plausibel sie ist.[96] Leider wissen wir nicht, wie groß dic Wahrscheinlichkeit dieser Art von Selbstverstärkung ist, da die Kohlendioxidkonzentration seit zig Millionen Jahren nicht mehr über 1300 ppm gelegen hat.[97] Doch selbst wenn sie gering ist, sollten wir sie ernst nehmen. Wir wissen nicht, was eine Erwärmung von 8 Grad Celsius über einen längeren Zeitraum hinweg bedeuten würde, denn die Wissenschaft hat diese Frage nicht erforscht. Ein instabiles Klima ist generell schlecht für die Landwirtschaft, auch wenn ich vermuten würde, dass selbst bei einer Erwärmung von

15 Grad Celsius noch Landwirtschaft möglich und in vielen Regionen die tödliche Schwelle für viele Nutzpflanzen nicht überschritten wäre.[98] Doch diese Veränderungen sind so extrem und beispiellos, dass genauere Prognosen unmöglich sind. Mögliche nicht lineare Kipppunkte dieser Art sind meiner Ansicht nach jedenfalls die größte Gefahr für die langfristige Zukunft der Menschheit.[99]

Auch wenn der Klimawandel selbst nicht zum Zusammenbruch der Zivilisation führt, könnte er die Erholung von einem anderen Kollaps erschweren, etwa nach einem Krieg mit Atom- oder Biowaffen. Aus den oben genannten Gründen könnte selbst bei starker Erwärmung noch Landwirtschaft möglich sein. Doch damit würde die industrialisierte Zivilisation in einer sehr viel wärmeren Welt wiederkehren, als wir sie kennen, und das trübt die Aussicht auf Erholung ein.

Vor allem bleibt der Klimawandel sehr lange bestehen: Selbst in 10 000 Jahren wären die Temperaturen noch ähnlich hoch, und erst nach Hunderttausenden Jahren würden sie wieder sinken.[100] Bis die Temperaturen wieder ihr heutiges Niveau erreichen, würde so viel Zeit vergehen, dass sämtliche Maschinen, Werkzeuge und Gebäude von heute zerfallen sind, genau wie die Bücher in unseren Bibliotheken, weshalb das von einer Generation zur nächsten weitergegebene Wissen immer weiter zusammenschmelzen könnte.[101]

Das Ende der fossilen Brennstoffe

Die Verbrennung von Kohle, Erdöl und Erdgas erwärmt den Planeten und könnte so eine Erholung der Zivilisation erschweren. Schwieriger könnte diese Erholung auch deshalb werden, weil wir einen nicht erneuerbaren Rohstoff verbrauchen, der in der Vergangenheit eine wesentliche Voraussetzung der Industrialisierung war. Unsere vorindustriellen Vorfahren verwendeten in erster Linie tierische und menschliche Muskelkraft und verbrannten Biomasse wie Holz und Stroh. Das veränderte sich mit Beginn der industriellen Revolution, mit der die jahrhundertelange unkontrollierte Verbrennung der fossilen Rohstoffe begann. Der Weg aus der Armut in die Industrialisierung beginnt für viele Länder mit Kohle und setzt sich mit Erdöl und Erdgas fort.[102]

Da die Verwendung von fossilen Brennstoffen in der Vergangenheit so etwas wie ein ehernes Gesetz der Industrialisierung war, liegt die Vermutung nahe, dass die vollständige Ausbeutung dieser Rohstoffe eine künftige Erholung von einem Zusammenbruch der Zivilisation erschweren könnte. Aber stimmt das auch? Könnte es ohne Kohle, Erdöl und Erdgas nicht eine grüne industrielle Revolution geben? Mit dieser Frage hat sich bislang kaum jemand beschäftigt, und mir ist nur ein einziger intelligenter Beitrag zu diesem Thema begegnet; Autor ist Lewis Dartnell, der sich seit einigen Jahren mit der Frage beschäftigt, wie sich die Menschheit von einer Katastrophe erholen könnte.[103]

Nach einem Zusammenbruch der Zivilisation wären wir eine Zeit lang in der Lage, Strom aus den verbleibenden Solar- und Windkraftanlagen zu beziehen. Das wäre jedoch nicht von Dauer. Solarzellen und Windräder werden in einigen Jahrzehnten unbrauchbar. Wenn internationale Lieferketten abreißen, wäre es ausgesprochen schwierig, sie von null wieder aufzubauen und zum Beispiel das für die Solarzellen benötigte reine Silikon herzustellen. Allein mit Sonne und Windkraft lassen sich auch die Temperaturen nicht erzeugen, wie sie in der Zement-, Stahl-, Ziegel- und Glasherstellung sowie anderen Schlüsselindustrien gebraucht werden.[104] In einer Welt nach dem Zusammenbruch der Zivilisation wäre es außerdem schwierig, Uran abzubauen und zu transportieren und technisch komplexe Atomanlagen zu betreiben. Eine Reindustrialisierung mithilfe von Atomstrom scheidet also ebenfalls aus.

Eine Alternative wäre die Holzkohle. Dabei handelt es sich um Holz, das im sogenannten Pyrolyseverfahren unter Luftabschluss erhitzt wird. Sie hat in etwa dieselbe Energiedichte wie Steinkohle und ist außerdem erneuerbar. Die brasilianische Stahlindustrie, die neuntgrößte der Welt, befeuert ihre Hochöfen mit Holzkohle, das heißt, dieses Brennmaterial wäre durchaus in der Lage, moderne Industrieanlagen mit Energie zu versorgen. Allerdings ist ungewiss, ob die Menschheit ein weiteres Mal die effizienten Dampfturbinen und Verbrennungsmotoren entwickeln könnte, die zur Verwendung der Holzkohle nötig sind. Während der industriellen Revolution wurden die ersten Dampfmaschinen eingesetzt, um Wasser aus den Bergwerken zu pumpen und mehr Steinkohle abbauen zu können. Lewis Dartnell schreibt: »Dampfmaschinen kamen in Werkstätten zum Einsatz, um mehr Dampfmaschinen herzustellen. Erst nachdem sie im Einsatz waren, konnten spätere Techniker sie effizienter und sparsamer machen. Sie machten sie leichter und fanden Möglichkeiten, sie im Transport und der Fertigung einzusetzen. Der Schrittmacher der industriellen Revolution war also ein Selbstverstärkungseffekt: Die Herstellung von Kohle, Stahl und Dampfmaschinen stützten sich gegenseitig.«[105]

Die Entwicklung der Technik der industriellen Revolution verlangte große Mengen an leicht verfügbaren Rohstoffen. Um diese Entwicklung zu wiederholen, wären Unmengen von Holz vonnöten, die wiederum große Landflächen verbrauchen würden. Dies wäre eine Konkurrenz zur Landwirtschaft, die eine wachsende Zahl von Menschen ernähren müsste.

Daher kommt Dartnell zu dem Schluss, dass eine industrielle Revolution ohne Kohle zumindest sehr schwierig wäre. Das könnte relevant sein. Wenn eine Katastrophe, die zwar nicht alle Menschen, wohl aber die Industrietechnik vernichtet, um ein Vielfaches wahrscheinlicher ist als eine Katastrophe, die die gesamte Menschheit auslöscht, und wenn die Erschöpfung der fossilen Brennstoffe die

Erholung nach einer solchen Katastrophe um ein Vielfaches unwahrscheinlicher macht, dann stellt diese Erschöpfung dieselbe Gefahr für die Zivilisation dar wie die Auslöschung der Menschheit.

Wenn fossile Brennstoffe für die Reindustrialisierung so wichtig sind, sollten wir uns fragen: Wie viel davon sind noch übrig? In fossilen Lagerstätten verbleiben noch rund 12 Billionen Tonnen Kohlenstoff, 93 Prozent davon in Form von Kohle. Doch nur ein Teil dieser Lagerstätten ist tatsächlich abbaubar, und davon ist wiederum nur ein Bruchteil leicht zugänglich.[106] Daten zu den oberflächennahen Kohlevorkommen sind erstaunlich rar, eine einzige Studie aus dem Jahr 2010 schätzte die verbleibende Menge auf weltweit 200 Milliarden Tonnen Kohlenstoff.[107]

Oberflächennahe Kohlevorkommen wären in einer Welt nach dem Zusammenbruch der Zivilisation besonders wichtig. Ein kleiner Teil davon ließe sich mit Schaufeln und anderen einfachsten Werkzeugen abbauen. Westeuropa hat den größten Teil seiner leicht verfügbaren Vorkommen bereits verbrannt, die größten Lagerstätten finden sich heute in China, den Vereinigten Staaten, Indien, Russland und Australien.[108] In der North Antelope Rochelle Mine in den Vereinigten Staaten, dem größten Kohlebergwerk der Welt, sind 900 Millionen Tonnen Kohle im Tagebau abbaubar.[109] Diese Vorräte würden allein schon ausreichen, um die Energie für die ersten Jahrzehnte einer Reindustrialisierung zu liefern.[110] Die weltweit vorhandenen oberflächennahen Vorkommen entsprechen der Energiemenge, die die Menschheit zwischen 1800 und 1980 verbraucht hat.[111]

Doch diese oberflächennahen Vorkommen wären nicht von Dauer. Bei gleichbleibendem Abbau sind die Lagerstätten in den Vereinigten Staaten in 300 Jahren erschöpft, in Russland und China in 200 und in Indien und Australien in 50 bis 100 Jahren.[112] Gegenwärtig sinkt die internationale Nachfrage nach Kohle, und Umweltbestimmungen werden verschärft, sodass die Vorkommen vermutlich länger halten dürften.[113] Doch aus langfristiger Sicht müssen wir diese Zahlen ernst nehmen. Je weiter wir diese Vorkommen ausschöpfen, umso mehr gefährden wir eine Reindustrialisierung.

Wie wahrscheinlich ist es, dass wir diese Reserven aufbrauchen? Dazu sehe ich drei Szenarien. Erstens könnte nach einem Zusammenbruch der Zivilisation die Menschheit bei der Rückkehr zur modernen Technik sämtliche leicht abbaubaren Reserven verbrauchen. Für *einen* Wiederaufbau könnte die Energie ausreichen, für einen zweiten nicht. Das ist nicht so unwahrscheinlich, wie es klingen mag: Wenn die Zivilisation einmal zusammenbricht, bedeutet das, dass dieses Ereignis nicht unwahrscheinlich ist, weshalb es auch ein zweites Mal eintreten kann.[114]

Zweitens könnten wir auf dem »letzten Meter« der Energiewende, dem Kohleausstieg in der Zement- und Stahlherstellung, noch scheitern.[115] Zur vollständigen Abkehr von fossilen Brennstoffen benötigen wir eine sinnvolle Mischung aus billiger, kontrollierbarer und kohlenstoffarmer Energie und billigen Nichtkohlenstoffenergieträgern wie Wasserstoff. Es gibt zwar Vorschläge, wie wir dorthin kommen können, doch es ist nach wie vor unklar, ob es tatsächlich gelingt.[116]

Schlimmer noch, wenn die Energiewende die falsche Technik fördert, könnte sie einen Bumerangeffekt bewirken. Sollten wir auf Kohlendioxidrückhaltung und -lagerung setzen, könnten wir auch weiterhin in großem Umfang fossile Rohstoffe verbrennen. Bei Kohlendioxidrückhaltung wird das Treibhausgas an der Quelle aufgefangen und eingelagert. Außerdem besteht die Möglichkeit, es aus der Luft zu filtern und so »Negativemissionen« zu erzeugen.

Kohlendioxidrückhaltung würde die Umweltkosten für die Verbrennung von fossilen Brennstoffen verringern (auch wenn die Luftverschmutzung bleibt). Sie könnte also vielen Staaten einen Vorwand liefern, die Energiewende nicht zu forcieren. Damit wird zwar der Schaden durch den Klimawandel eingedämmt, doch die Gefahr ist groß, dass wir auf unbegrenzte Zeit fossile Brennstoffe verbrauchen, die leicht verfügbaren Vorkommen erschöpfen und im Falle eines Zusammenbruchs der Zivilisation die Aussicht auf einen Wiederaufbau zunichte machen.

Ich würde davon ausgehen, dass der Ausstieg aus den fossilen Energieträgern in diesem Jahrhundert weitgehend gelingt. Doch ohne technischen Fortschritt besteht eine nicht geringe Wahrscheinlichkeit, dass wir noch sehr lange Kohle und andere fossile Brennstoffe verwenden werden. In diesem Fall könnten wir die Vorkommen erschöpfen, die nach einem Zusammenbruch der Zivilisation für den Wiederaufbau nötig wären.

Schlussfolgerung

Ein globaler Atomkrieg, vielleicht in Kombination mit Biowaffen, wäre vernichtend. Trotzdem ist die Bedrohung durch Massenvernichtungswaffen weitgehend aus der öffentlichen Debatte verschwunden. Das scheint mir besorgniserregend. Zwar halte ich es für unwahrscheinlich, dass eine solche Katastrophe in einem unwiderruflichen Zusammenbruch der Zivilisation endet, doch sicher können wir uns dessen nicht sein. Diese Ungewissheit reicht aus, um die Gefahr eines solchen Untergangs unter die Prioritäten des langfristigen Denkens aufzunehmen.

Die Gefahr wird noch verschärft durch unsere fortgesetzte Verwendung von fossilen Brennstoffen. Wenn wir die vollständige Dekarbonisierung verfehlen und die leicht verfügbaren Vorkommen erschöpfen, hat die Menschheit bedeutend schlechtere Aussichten, sich nach einem Zusammenbruch der Zivilisation wieder zu erholen.

Die Wahrscheinlichkeit eines Endes der Zivilisation in diesem Jahrhundert, sei es durch Auslöschung oder durch einen endgültigen Zusammenbruch, ist viel zu groß, als dass wir sie auf die leichte Schulter nehmen sollten. Ich halte es für nicht unvernünftig, die Wahrscheinlichkeit dafür bei 1 Prozent anzusetzen. Aber selbst wenn Sie sie eher auf 1 Promille schätzen würden, wäre der Zusammenbruch der Zivilisation in diesem Jahrhundert immer noch zehnmal so groß wie die Wahrscheinlichkeit, dass Sie dieses Jahr bei einem Verkehrsunfall ums Leben kommen.[117] Wenn die Menschheit eine Jugendliche wäre, dann eine, die alkoholisiert und ohne Gurt durch uneinsehbare Kurven rast.

Und das ist nur die Gefahr für dieses Jahrhundert. Wenn die Menschheit überleben und langfristig eine Zukunft haben soll, müssen wir die katastrophalen Risiken so weit wie möglich minimieren und dafür sorgen, dass sie auf absehbare Zeit niedrig bleiben. Doch wenn die Gesellschaft technisch stagniert, könnte sie so lange in einer hochgefährlichen Phase stecken bleiben, dass die Auslöschung oder der Zusammenbruch der Zivilisation auf lange Sicht unausweichlich sind. Dieser Möglichkeit wende ich mich im nächsten Kapitel zu.

KAPITEL 7
Stillstand

Blütezeiten

Im 11. Jahrhundert war Bagdad das Zentrum des wissenschaftlichen Fortschritts in der Welt.[1] Dieses Goldene Zeitalter des Islam brachte eine Vielfalt von Entdeckungen und Erfindungen hervor: das Vergrößerungsglas, die Schwungradpumpe und eine programmierbare Maschine (ein Flöte spielender Automat).[2] Die Wörter »Algebra« und »Algorithmus« stammen aus dem Arabischen, genau wie unser Zahlensystem, das im 13. Jahrhundert von Leonardo Fibonacci nach Europa gebracht wurde.[3] Übersetzungen arabischer Abhandlungen waren ein wichtiger Anschub für die Renaissance und die wissenschaftliche Revolution in Europa.[4]

Doch das Goldene Zeitalter des Islam war nicht von Dauer: Mit dem 12. Jahrhundert verlangsamte sich der wissenschaftliche Fortschritt deutlich.[5] Dafür wurden eine Reihe von Erklärungen angeführt. Die einen sehen den Grund im Mongolensturm, andere in den Kreuzzügen und wieder andere in einem Kulturwandel, der die Theologie über die Naturwissenschaften stellte.[6]

Das Goldene Zeitalter des Islam ist ein Beispiel für eine Blütezeit, wie sie der Historiker Jack A. Goldstone beschreibt: eine vorübergehende Phase des technischen oder wirtschaftlichen Aufschwungs in einer Kultur oder einem Land.[7] Im Laufe der Geschichte gab es immer wieder solche Blütezeiten. Ein weiteres Beispiel ist das antike Griechenland. Zwischen 800 und 300 v. Chr. verbesserte sich der Lebensstandard spürbar, und die Lebenserwartung stieg; Wohnhäuser wuchsen von durchschnittlich 80 auf 360 Quadratmeter und waren deutlich stabiler gebaut.[8] Der wirtschaftliche Fortschritt ging Hand in Hand mit einer geistigen Blüte: Bis heute lesen wir Platon, Aristoteles, Herodot, Thukydides und viele andere Autoren der griechischen Antike.

Die moderne Blütezeit unterscheidet sich insofern, als der technische Fortschritt und das Wirtschaftswachstum ganz andere Dimensionen erreicht haben. Die industrielle Revolution hat der ganzen Welt beispiellose Wachstumsraten beschert, die bis heute stabil bleiben.

Doch wird sich das fortsetzen? Wie wir in Kapitel 4 gesehen haben, gibt die Künstliche Intelligenz durch die Automatisierung der Innovation Anlass zu der Annahme, dass sich der technische Fortschritt weiter beschleunigen wird. In diesem Kapitel gehen wir der gegenteiligen Möglichkeit nach. Vielleicht werden künftige Historiker unsere Epoche als kurzfristige Blütephase einordnen, auf die wie so oft eine Zeit der Stagnation folgte. Wobei es mir hier nicht nur um eine Verlangsamung der Innovation geht, sondern um den Stillstand von Wachstum und technischer Entwicklung.

Ein dauerhafter Stillstand scheint mir zwar nicht sehr wahrscheinlich, doch eine Zivilisationspause von einigen Jahrhunderten oder Jahrtausenden ist durchaus vorstellbar. Aus Sicht des langfristigen Denkens wäre das aus zweierlei Gründen relevant. Erstens könnte die Gesellschaft, die aus dieser Pause hervorgeht, von ganz anderen Werten geleitet werden als unsere. Und zweitens könnte eine Phase des Stillstands die Gefahr der Auslöschung oder des dauerhaften Kollaps vergrößern.

Um diesen zweiten Punkt zu verdeutlichen, stellen Sie sich vor, wir wären auf dem technischen Stand der 1920er-Jahre stehen geblieben. Wir wären ausschließlich auf fossile Brennstoffe angewiesen. Ohne die Entwicklung umweltfreundlicher Technik würden wir weiter gewaltige Mengen an Treibhausgasen ausstoßen. Wir wären nicht nur außerstande, etwas gegen den Klimawandel zu unternehmen, sondern hätten auch irgendwann sämtliche fossile Brennstoffe aufgebraucht. Der technische Stand der 1920er-Jahre ist nicht nachhaltig und nicht zukunftsfähig. Nur dank des Fortschritts der vergangenen hundert Jahre sind wir zu einer Energiewende imstande.

Auch die nächste Stufe der technischen Entwicklung könnte nicht nachhaltig und nicht zukunftsfähig sein. Vielleicht bekommen wir es mit leicht herzustellenden Erregern und anderen zerstörerischen Kräften zu tun, ohne ausreichende Mittel zu unserem Schutz zur Verfügung zu haben. Die Gefahr einer Katastrophe, die unsere Zivilisation vernichtet, wäre allgegenwärtig. Wenn wir lange genug in diesem nicht nachhaltigen Stadium stecken bleiben, ist eine solche Katastrophe nahezu unvermeidlich. Zum Schutz unserer Zivilisation müssen wir diese Phase daher überwinden und einen Punkt erreichen, an dem unsere Technik uns vor solchen Bedrohungen schützt.

Nachhaltigkeit wird häufig mit einer Verlangsamung des Wirtschaftswachstums in Verbindung gebracht. Wenn der technische Stand jedoch nicht nachhaltig ist, dann ist das keine Option. Dann sind wir wie ein Bergsteiger, der ohne Seil und Haken durch eine Felswand klettert und jederzeit abstürzen könnte. In dieser Situation ist Anhalten keine Option – das kostet nur Kraft, und früher oder später würden wir abstürzen. Wir müssen weiterklettern: Sicher sind wir erst, wenn wir den Gipfel erreicht haben.[9]

Verlangsamt sich der technische Fortschritt?

Wirtschaftsdaten zeigen, dass sich die technische Entwicklung bereits verlangsamt. Ein Maß für die Geschwindigkeit des Fortschritts ist die »totale Faktorproduktivität«, ein komplizierter Begriff für einen einfachen Gedanken. Die Wirtschaftsleistung lässt sich auf zweierlei Weise steigern. Erstens, indem wir den Input vergrößern und mehr Arbeitskräfte, Maschinen oder Rohstoffe zum Einsatz bringen. Und zweitens durch eine Steigerung des Outputs bei gleichbleibendem Input. Die totale Faktorproduktivität misst Letzteres und ist damit ein Maß für den technischen Fortschritt. Zur Veranschaulichung: Stellen Sie sich vor, wie viele Kalorien Sie mit einem Hektar Land (konstanter Input) erzeugen können: Dank Düngemittel und moderner Anbaumethoden holen wir heute mehr aus dem Boden als die Bauern der Vergangenheit, und die Bauern der Vergangenheit gewannen pro Fläche mehr Kalorien als die Jäger und Sammler vor ihnen.

Wirtschaftswissenschaftler haben nun festgestellt, dass sich die Zuwachsraten der totalen Faktorproduktivität in den Vereinigten Staaten in den vergangenen fünfzig Jahren verringert haben.[10]

Auch qualitativ scheint sich der technische Fortschritt verlangsamt zu haben. Das lässt sich mit einem Gedankenexperiment des Wirtschaftshistorikers Robert Gordon demonstrieren.

Stellen Sie sich vor, Sie sind ein Durchschnittsamerikaner des Jahres 1870.[11] Sie leben auf dem Land, haben einen Bauernhof und produzieren einen Großteil Ihrer Nahrungsmittel und Bekleidung selbst. Zur Beleuchtung verwenden Sie Kerzen, Öllampen oder vielleicht, wenn Sie Glück haben, eine Gaslaterne. Als Mann leisten Sie vom zwölften Lebensjahr an körperliche Schwerstarbeit. Als Frau plagen Sie sich unermüdlich im Haushalt: Im Jahr 1886 »musste eine typische Hausfrau acht- bis zehnmal am Tag Wasser holen …

Grafik 7.1 Entwicklung der totalen Faktorproduktivität (TFP) in den Vereinigten Staaten. Seit fünfzig Jahren weist der Trend nach unten.

Im Laufe eines Jahres legte sie dabei 240 Kilometer zurück.«[12] Ihr Transportmittel sind Pferde. Den Großteil Ihres Lebens verbringen Sie weitgehend isoliert vom Rest der Welt: Telefon gibt es nicht, die Post kommt nicht zu Ihnen. Ihre Lebenserwartung beträgt 39 Jahre,[13] moderne Freizeitaktivitäten gibt es nicht. Das höchste Gebäude der nächsten Großstadt ist der Kirchturm.

Stellen Sie sich nun vor, Sie wachen eines Morgens auf, es sind fünf Jahrzehnte vergangen, und Sie schreiben das Jahr 1920. Ihr Lebensstandard ist im Begriff, sich rasch und dramatisch zu verbessern. Die Elektrifizierung des Landes ist in vollem Gange, knapp die Hälfte der Haushalte ist schon ans Netz angeschlossen. Wenn Sie zu den Glücklichen zählen, die bereits elektrischen Strom haben, dann brennt das Licht der Glühbirnen zehnmal heller als Ihre frühere Öllampe und hundertmal heller als Ihre Kerzen. Das Telefon hält Einzug in die Haushalte. Am Fließband gefertigte Autos treten an die Stelle der Pferdefuhrwerke, und fast ein Drittel der Bevölkerung ist bereits im Besitz eines Kraftwagens. Ihre Lebenserwartung ist um 16 Jahre gestiegen und liegt nun bei 55 Jahren. Die Wahrscheinlichkeit, dass Sie sich mit Cholera oder Typhus infizieren, ist dank der Desinfizierung des Trinkwassers deutlich gesunken. In New York City werden die ersten Hochhäuser gebaut.

Nehmen wir nun an, Sie wachen noch einmal fünf Jahrzehnte später auf, im Jahr 1970. Für Sie als Durchschnittsamerikaner hat sich das Leben ein weiteres Mal gewaltig verändert. Die meisten Haushalte haben inzwischen fließendes Wasser. Sie leben in einem geräumigen Haus in der Vorstadt, haben einen Gasherd, einen Kühlschrank und Zentralheizung. Vor Ihrer Tür stehen zwei Autos, und wenn Sie wollen, können Sie im Flugzeug rund um die Welt fliegen. Sie haben einen Fernsehapparat, auf dem Sie kürzlich Bilder von der Mondlandung gesehen haben. Dank Penicillin und neuer Impfstoffe gegen Polio und andere Infektionskrankheiten ist Ihre Lebenserwartung noch einmal um 16 Jahre auf nun 71 Jahre gestiegen. Ihre Arbeit ist weit weniger anstrengend, und mit einer 44-Stunden-Woche, Urlaub und Rente haben Sie viel Freizeit.

Und nun machen wir einen letzten Sprung von fünfzig Jahren in das Jahr 2020. An Ihrem Leben hat sich diesmal vergleichsweise wenig geändert. In der Küche haben Sie einen Mikrowellenherd dazubekommen. Ihr Fernsehapparat hat einen größeren Bildschirm, und Sie haben mehr Programme zur Auswahl. Sie fahren immer noch mit dem Auto, das jetzt allerdings sicherer und einfacher zu bedienen ist. Ihre Lebenserwartung ist weiter gestiegen, wenn auch nur um acht auf jetzt 79 Jahre. Ja, es gab eine Revolution auf dem Gebiet der Informations- und Kommunikationstechnik – Sie haben jetzt Computer, Internet und Mobiltelefone. Doch der technische Fortschritt beschränkt sich fast ausschließlich auf diese Bereiche.

Zwischen 1870 und 1970 wurden in ganz verschiedenen Branchen gewaltige Fortschritte erzielt. Dazu gehörten Informations- und Kommunikationstechnik wie Telefon, Radio und Fernsehen, aber auch andere Bereiche wie Transport, Energie, Wohnen und Medizin. Seit 1970 beschränkt sich der spürbare Fortschritt auf die Informations- und Kommunikationstechnik, auf anderen Gebieten hat sich nur noch wenig getan. Seit 1970 scheint sich der Fortschritt also verlangsamt zu haben.

Nach Ansicht des Wirtschaftswissenschaftlers Tyler Cowen ist diese Verlangsamung aus langfristiger Sicht ausgesprochen schlecht.[14] Für künftige Generationen wäre eine Verringerung des Wachstums extrem schädlich. Nehmen wir beispielsweise an, das langfristige Wachstum verlangsamt sich von 2 auf 1,5 Prozent pro Jahr. Nach hundert Jahren ist die Differenz gewaltig: Bei einem Wachstum von 1,5 Prozent sind die Menschen um 40 Prozent ärmer als bei einem Wachstum von 2 Prozent.

Tabelle 7.1 Ausgewählte Veränderungen des Lebensstandards in den Vereinigten Staaten

	1870	1920	1970	2020
Pro-Kopf-Einkommen (in Dollar des Jahres 2011)	4800	10 200	24 000	55 300
Lebenserwartung (Jahre)	39	55	71	79
Höhe des höchsten Gebäudes in New York City (Meter)	85	241	448	541

	1870	1920	1970	2020
Reisezeit von einer Seite des Kontinents zur anderen	Wagen: > 5 Monate; Kutsche: > 25 Tage; Eisenbahn (Fertigstellung 1869): 6 Tage	Eisenbahn: 3 Tage	Flugzeug: ein halber Tag	Flugzeug: ein halber Tag
Anteil der Haushalte mit fließendem Wasser	< 20 %	ca. 55 %	98 %	> 99 %
Anteil der Haushalte mit elektrischem Strom	0 %	35 %	99 %	99 %
Kommunikation	Postdienst, Telegrafie (nur in 5 % der Ortschaften)	Telefon in 35 % aller Haushalte	Telefon in 90 % aller Haushalte, viel billiger	Handys, Internet
Unterhaltung und Information	Zeitung	Kino (Stummfilm), Radio gegen Ende der 1920er	Fernsehen	Internet
Arbeitsstunden pro Jahr und Arbeitnehmer	3100 (ca. 60 Stunden pro Woche)	2500	1900 (ca. 40 Stunden pro Woche)	1750

Quellen siehe whatweowethefuture.com/notes.

Auf wahrhaft langfristige Sicht – auf Jahrtausende oder Jahrmillionen gesehen – verliert dieses Argument allerdings an Relevanz, schlicht weil sich das exponentielle Wachstum nicht endlos fortsetzen lässt. Wie wir in Kapitel 1 gesehen haben, würde die Menschheit bei gleichbleibenden Wachstumsraten in nur 10 000 Jahren für jedes Atom in Reichweite das Billionenfache der heutigen Wirtschaftsleistung erwirtschaften. Das wird wohl kaum möglich sein. Irgendwann muss die Kurve abflachen.

Das heißt, die Beschleunigung oder Verlangsamung des Wirtschaftswachstums bedeutet keine kontingente Veränderung für die langfristige Entwicklung der Zivilisation. Stellen Sie sich vor, dass die Wirtschaft bei einer durchschnittlichen Wachstumsrate von 2 Prozent in tausend Jahren ihr Plateau erreicht. Wenn die Wirtschaft ein Jahrhundert lang nur um 1,5 Prozent wächst, wäre dieser Punkt stattdessen in 1025 Jahren erreicht.[15] 1025 Jahre lang wäre die Welt ein wenig ärmer, doch der Endpunkt wäre derselbe, und in der Folgezeit wäre die Wirtschaftsleistung dieselbe.

DREI ARTEN, DIE ZUKUNFT BESSER ZU MACHEN

Grafik 7.2 Langfristig sind Überlebenssicherung und Kurskorrektur bedeutend wichtiger als Beschleunigung (sofern die Beschleunigung keinen Einfluss auf den langfristigen Zustand hat).

Auch eine bloße Verlangsamung des technischen Fortschritts hätte langfristig kaum Einfluss auf den Kurs der Zivilisation. Etwas ganz anderes wäre dagegen eine Phase des Stillstands, während derer der Fortschritt über Jahrhunderte oder Jahrtausende hinweg weitgehend zum Erliegen kommen.

Wie wahrscheinlich ist der Stillstand?

Wenn Wirtschaftswissenschaftler über Wirtschaftswachstum sprechen, beschränken sie sich meist auf Zeiträume von einigen Jahren oder Jahrzehnten. Wir interessieren uns jedoch für größere Dimensionen – und hier sehen wir uns einer großen Bandbreite von Möglichkeiten gegenüber. Dabei können wir nicht einfach die Trends der vergangenen Jahrhunderte auf die Zukunft projizieren. Im Jahr 2000 war das Wachstum ein anderes als 1700, und 2300 könnte es ganz anders aussehen als heute. Es gibt allerdings einige Wachstumsforscher, die sich mit größeren Zeitmaßstäben beschäftigen, darunter Chad Jones von der Universität Stanford.[16] Ihre Modelle sehen die Möglichkeit des beschleunigten exponentiellen Wachstums genauso vorher wie die des Nullwachstums, weshalb wir beide Möglichkeiten ernst nehmen sollten.[17]

Warum sollte das Wachstum gegen null gehen? Die Begründung sieht vereinfacht gesagt so aus: Wirtschaftswissenschaftler sind sich einig, dass das Wirtschaftswachstum langfristig auf technischem Fortschritt basiert.[18] Der technische Fortschritt sammelt natürlich zunächst die leicht zu erreichenden Früchte ein, doch im Laufe der Zeit hängen die Früchte immer höher. Bislang haben wir das Problem gelöst, indem wir immer mehr Menschen in der Forschung einsetzten. Heute gibt es weitaus mehr Forscherinnen, Ingenieure und Erfinder als noch vor wenigen Jahrhunderten. Doch diese Entwicklung kann nicht endlos so weitergehen: Wir können den Anteil der Entwickler an der Arbeitnehmerschaft nicht beliebig vergrößern, die Zahl der Arbeitnehmer strebt ihrem Höhepunkt zu und wird voraussichtlich gegen Ende des Jahrhunderts allmählich schrumpfen.[19] Daher sehen die Modelle eine Verlangsamung der Innovation und eine Abflachung des technischen Fortschritts gegen null vorher.[20]

Schauen wir uns die einzelnen Aspekt dieses Szenarios genauer an. Erstens: Wird der technische Fortschritt nach den ersten wissenschaftlichen und technischen Entdeckungen einfacher oder schwieriger? Spontan könnte er in beide Richtungen gehen, denn hier kommen zwei entgegengesetzte Effekte zum Tragen. Erstens stehen wir »auf den Schultern von Riesen«: Frühere Entdeckungen erleichtern künftige Fortschritte. So hat zum Beispiel die Erfindung des Internets die Recherchen zu diesem Buch sehr erleichtert. Auf der anderen Seite pflücken wir zuerst die tief hängenden Früchte: Zuerst machen wir die einfachsten Entdeckungen, und die verbleibenden werden immer schwieriger. Das Rad kann man nur ein einziges Mal erfinden, und wenn es erst einmal erfunden ist, wird es schwieriger, ähnlich wichtige Erfindungen zu machen.

Beide Effekte sind relevant, doch die Daten zeigen, dass Letzterer stärker ist. Das heißt, nach einer ersten Entdeckung werden weitere Fortschritte immer schwieriger.

Das bestätigt ein Blick in die Geschichte der Innovation, zum Beispiel in der Physik. In seinem »Wunderjahr« 1905 revolutionierte Albert Einstein die Physik, indem er den fotoelektrischen Effekt und die Brown'sche Bewegung erklärte, die spezielle Relativitätstheorie aufstellte und die berühmte Gleichung $E = mc^2$ formulierte. Damals war er 26 Jahre alt und Angestellter im Patentamt von Bern. Verglichen mit damals, sind Fortschritte in der Physik heute deutlich schwieriger geworden. Der Teilchenbeschleuniger des Kernforschungszentrums CERN bei Genf kostete mehrere Milliarden Schweizer Franken, und an der Entwicklung, dem Bau und dem Betrieb waren Tausende Menschen beteiligt.[21] Mit seiner Hilfe wurde das Higgs-Boson nachgewiesen – sicher eine würdige Leistung, aber im Vergleich zu Einsteins Beitrag winzig.[22]

Unlängst wollten Wirtschaftswissenschaftler der Universität Stanford und der London School of Economics quantitativ ermitteln, um wie viel schwieriger es wird, neue Ideen zu finden.[23] In zahlreichen Branchen und Firmen machten sie die dieselbe Beobachtung: Der Fortschritt wird immer schwieriger. Um unseren aktuellen technischen Fortschritt zu verdoppeln, müssten wir konservativ geschätzt viermal so viel Forschungsaufwand betreiben, als zur vorhergehenden Verdopplung nötig waren.[24] Nehmen wir der Einfachheit halber einmal an, dass zehn Personenjahre der »Forschung« nötig waren, um von der Steinaxt zum Speer zu kommen.[25] Dann wären für die nächste Verdoppelung vierzig Jahre der Forschung nötig, für die folgende 160, dann 640, dann 2560 und so weiter.

Kritiker sehen eine der Ursachen für die Verlangsamung des Fortschritts in der ausufernden Bürokratie des Wissenschaftsapparats. Doch dafür sind die Dimensionen zu groß. Es ist schwer zu glauben, dass die Effizienz der wissenschaftlichen Einrichtungen seit den 1930er-Jahren auf ein Vierzigstel oder seit 1800 auf ein Fünfhundertstel gesunken sein soll.[26] Wahrscheinlicher ist die Erklärung, dass nach dem ersten Schritt jeder weitere immer schwieriger wird.

Im vergangenen Jahrhundert kam die technische Entwicklung zwar stetig, aber immer langsamer voran. Fortschritt ist das Ergebnis großer Anstrengungen: Jahr für Jahr wird er exponentiell schwieriger, aber Jahr für Jahr setzen wir mehr Forscherinnen und Ingenieure daran. So ist der Forschungsaufwand in den Vereinigten Staaten heute 20-mal so hoch wie in den 1930er-Jahren.[27] Die

Zahl der weltweit tätigen Wissenschaftler verdoppelt sich alle paar Jahrzehnte, weshalb drei Viertel aller jemals aktiven Wissenschaftler heute noch am Leben sind.[28] Bislang konnten die zunehmenden Schwierigkeiten der Forschung durch die exponentielle Zunahme der Zahl der Wissenschaftler aufgefangen werden.

Um eine Antwort auf unsere Frage zu finden, ob wir den technischen Fortschritt aufrechterhalten können, müssen wir uns daher fragen, ob wir in der Lage sind, die Zahl der Forscher immer weiter zu vergrößern. Dafür gäbe es zwei Möglichkeiten. Erstens könnte man einen immer größeren Anteil der Bevölkerung in die Forschung lenken. Genau das haben wir in der Vergangenheit getan, und in den zurückliegenden Jahrzehnten war das der wichtigste Motor des technischen Fortschritts. In den Vereinigten Staaten wächst das Pro-Kopf-Einkommen durchschnittlich um 1,3 Prozent pro Jahr. Drei Viertel davon gehen darauf zurück, dass ein größerer Teil der Bevölkerung in der Forschung tätig ist und Talenten der Zugang erleichtert wird, etwa durch die Gleichstellung von Frauen.[29]

Die zweite Möglichkeit, die Anzahl der Forscher zu vergrößern, besteht darin, die Arbeitnehmerschaft insgesamt zu vergrößern, sprich die Bevölkerung zu vergrößern. In den Vereinigten Staaten war das Bevölkerungswachstum verantwortlich für das verbleibende Viertel der technisch bedingten Einkommenszuwächse.[30]

In der Vergangenheit war Bevölkerungswachstum ein wichtiger Faktor des technischen Fortschritts. Wie der Wirtschaftswissenschaftler und Nobelpreisträger Michael Kremer gezeigt hat, ist die Größe der Population eine der wichtigsten Erklärungen für die langfristig unterschiedliche Entwicklung verschiedener geografischer Regionen. Mit dem Ende der letzten Eiszeit vor rund 12 000 Jahren wurden fünf Regionen voneinander getrennt: Eurasien und Afrika, der amerikanische Doppelkontinent, Australien, Tasmanien und Flinders Island.[31] Bis ins Jahr 1500 hatten sich diese

Regionen technisch weit auseinanderentwickelt. Je mehr Menschen vor 12 000 Jahren in einer Region lebten, umso komplexer war deren Technik um 1500. Auf dem höchsten technischen Stand befand sich Eurasien, gefolgt von Amerika mit den Städten und der Agrarkultur der Maya, Azteken und Inka. Australien befand sich in einer mittleren Position, während es in Tasmanien kaum technische Entwicklung gegeben hatte und die Bevölkerung von Flinders Island ganz ausgestorben war.[32] Je größer die Population, umso mehr Menschen können neue Werkzeuge und Verfahren entwickeln – mehr Köpfe, mehr Ideen. Und sobald ein bestimmtes Werkzeug erfunden wurde, konnte es sich ausbreiten.

Mit den neuen Techniken waren die Menschen in der Lage, pro Anbaufläche mehr Kalorien zu produzieren. Damit konnten mehr Menschen in dieser Region leben, es gab mehr Köpfe, die neue Werkzeuge und Verfahren erfinden konnten, und die Bevölkerung konnte weiter wachsen – so kam ein Selbstverstärkungseffekt in Gang. Das führte im Laufe der Zeit zu einem unglaublichen Bevölkerungswachstum: Vor 12 000 Jahren lebten nur einige Millionen Menschen auf der Erde, zu Beginn unserer Zeitrechnung waren es einige Hundert Millionen, 1800 waren es bereits eine Milliarde, und heute sind wir 8 Milliarden.[33]

Dieser Selbstverstärkungseffekt war lange Zeit das Schwungrad des allmählichen technischen Fortschritts und Bevölkerungswachstums. Während der industriellen Revolution entwickelte sich die Technik besonders dynamisch, weil die Gesellschaft einen sehr viel größeren Anteil ihrer Ressourcen auf Wissenschaft und Technik verwendete.[34]

Doch wir dürfen nicht davon ausgehen, dass sich diese beiden Tendenzen – die Zunahme der Bevölkerung und des Forscheranteils – so fortsetzen. Letztere Entwicklung lässt sich schon deshalb nicht unendlich weiterführen, weil nie mehr als 100 Prozent der Bevölkerung in der Forschung tätig sein können. Heute entfallen

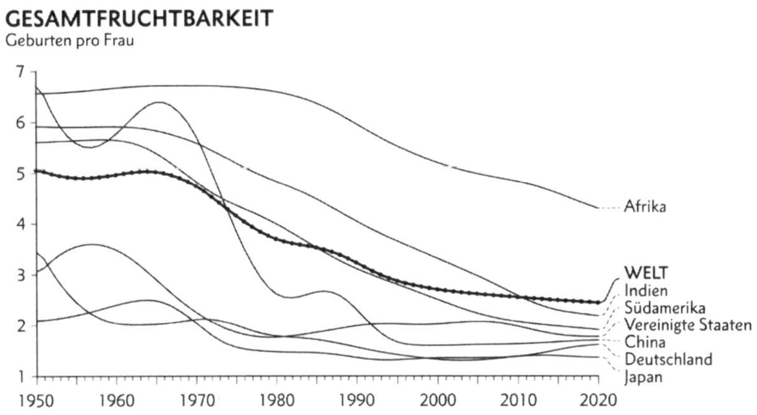

Grafik 7.3 Überall auf der Welt bekommen die Menschen weniger Kinder.

rund 5 Prozent des Bruttoinlandsprodukts der Vereinigten Staaten auf Forschung und Entwicklung.[35] Dieser Anteil könnte bis auf 20 Prozent oder auch noch etwas mehr steigen, doch in der Praxis liegt die Obergrenze weit unter den theoretisch möglichen 100 Prozent.

Auch das Bevölkerungswachstum kommt zum Erliegen. Die Vereinten Nationen gehen aus, dass die Weltbevölkerung um das Jahr 2100 ihren Scheitelpunkt überschritten haben wird, und Wissenschaftler der University of Washington erwarten den Rückgang bereits früher.[36] Grund sind die drastisch sinkenden Fruchtbarkeitsraten in aller Welt (siehe Grafik 7.3). Mit dem zunehmenden Wohlstand bekommen die Menschen immer weniger Kinder (siehe Grafik 7.4).[37] In wohlhabenden Ländern ist das schon lange zu beobachten. In Deutschland liegt die Geburtenrate pro Frau bei 1,5 Kindern, in Japan bei 1,4 und in den Vereinigten Staaten, China und anderen einkommensstarken Ländern bei durchschnittlich 1,7.[38] Daher hat die arbeitsfähige Bevölkerung in diesen Ländern inzwischen ihren Höhepunkt erreicht oder sogar schon überschritten.[39] Auch in ärmeren Ländern ist diese Tendenz zu beobachten.

GEBURTENRATE UND BRUTTOINLANDSPRODUKT

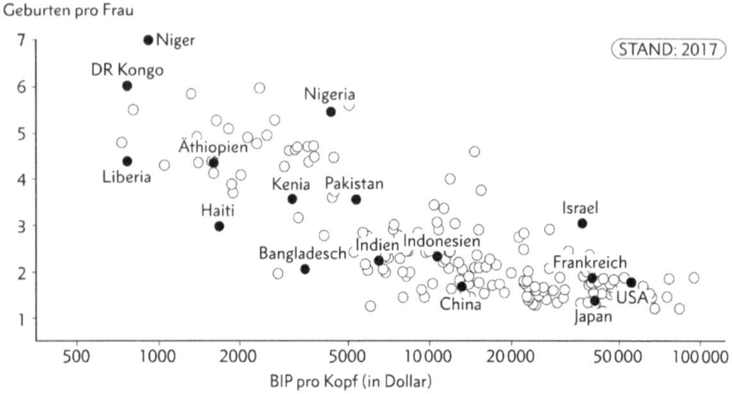

Grafik 7.4 Geburten pro Frau im Verhältnis zum Pro-Kopf-Einkommen (2017).

In Südamerika ist die Geburtenrate auf unter 2 gefallen, in Indien beträgt sie 2,2.[40] Nur in Afrika wird die Bevölkerung in diesem Jahrhundert noch spürbar wachsen, doch mit dem zunehmenden Wohlstand wird die Geburtenrate auch hier zurückgehen.[41]

Doch die Weltbevölkerung hört nicht nur auf zu wachsen, sondern sie könnte sogar schrumpfen.[42] Wenn die Geburtenrate sinkt, bleibt sie nicht bei den rund zwei Kindern pro Frau stehen, die zur Aufrechterhaltung der Population nötig sind, sondern sie sinkt weiter.[43] Schätzungen gehen davon aus, dass sich die Bevölkerung von 23 Ländern – darunter Thailand, Spanien und Japan – bis 2100 mehr als halbieren wird, und die Bevölkerung Chinas könnte von heute 1,4 Milliarden auf 730 Millionen sinken.[44] Es werden also nicht wie früher immer mehr Menschen auf dem Planeten leben, sondern immer weniger.

Stellen Sie sich die Innovationen vor, die heute in einem einzigen Land entwickelt werden, zum Beispiel in der Schweiz. Wenn das alle Innovationen wären, die heute auf der Welt gemacht würden, käme die Menschheit nur noch im Schneckentempo voran.

Doch wenn in Zukunft die Menschheit schrumpft und der technische Fortschritt schwieriger wird, könnte sich die gesamte Welt in der Position der Schweiz befinden. Selbst wenn unsere wissenschaftlichen Einrichtungen noch so genial sind und ein noch so großer Anteil der Bevölkerung in der Forschung arbeitet, kämen wir kaum noch voran.

Wenn die Zahl der Forscherinnen und Techniker aus ärmeren, aber wachstumsstarken Ländern größer wird und der Forscheranteil in reicheren Ländern weiter steigt, ließe sich die Zahl der Forscher und Ingenieurinnen weltweit etwa verzwölffachen.[45] Das reicht etwa für ein Jahrhundert des technischen Fortschritts. Danach wäre jedoch das Ende der Fahnenstange erreicht, und technischer Fortschritt und Wirtschaftswachstum kämen zum Erliegen.

Vielleicht meinen Sie, dass in dieser Situation der Staat aktiv werden könnte. Doch das wäre schwierig. Der Staat könnte natürlich versuchen, immer mehr Menschen in die Forschung und Entwicklung zu lenken, etwa durch entsprechende Investitionen in die Bildung. Dazu könnte man zum Beispiel die Vergabe von Stipendien und andere Institutionen optimieren. Doch wenn für jede Verdoppelung des technischen Fortschritts viermal so viel Forschungsaufwand nötig wird, reicht der Abbau der Bürokratie nicht aus.

Daneben könnte der Staat die Arbeitnehmerschaft vergrößern, indem er die Bürger animiert, mehr Kinder zu bekommen. Die Daten zeigen jedoch, wie schwierig das ist. In vielen europäischen Ländern fördert der Staat die Familiengründung, doch die Geburtenrate ist trotzdem niedriger als zum Beispiel in den Vereinigten Staaten. Die ungarische Regierung gibt rund 5 Prozent des Bruttoinlandsprodukts für eine aktive Familienpolitik aus – dort sind zum Beispiel Mütter mit vier oder mehr Kindern lebenslang von der Einkommensteuer befreit.[46] Trotz allen Aufwands ist es dem Staat jedoch lediglich gelungen, die Geburtenrate von 1,3 auf 1,5 anzuheben.[47] Das ist ein Erfolg, doch selbst dieses Ausmaß an Förderung reicht offenbar nicht aus, um den Bevölkerungsrückgang aufzuhalten.

Schließlich könnten wir den Stillstand verhindern, indem wir radikal neue Technik erfinden. Die Allgemeine Künstliche Intelligenz könnte menschliche Arbeitskräfte ersetzen, auch Forscherinnen.[48] Damit ließe sich die Zahl der »Mitarbeiter« in der Forschung und Entwicklung so schnell steigern wie heute die Stückzahlen eines neuen Handys. Wenn wir die AKI entwickeln, ehe wir den Punkt des Stillstands erreicht haben, ist die langfristige Stagnation kein Thema; im Gegenteil, wie in Kapitel 4 gesehen, könnte sich der technische Fortschritt sogar beschleunigen, und wir müssten uns über eine Wertestarre Gedanken machen. Auch wenn es durchaus möglich ist, dass wir noch in diesem Jahrhundert die AKI entwickeln, sollten wir uns nicht darauf verlassen – die AKI könnte eine sehr hohe Hürde darstellen.[49]

Fortschritte in der Biotechnik würden eine weitere Möglichkeit bieten, das Wachstum anzukurbeln. Wenn Wissenschaftlerinnen mit einsteinartigen Fähigkeiten geklont und von Kindheit an gefördert würden oder wenn Menschen genetisch so verändert werden könnten, dass sie über größere wissenschaftliche Fähigkeiten verfügen, dann könnte das den Bevölkerungsrückgang aufwiegen und den technischen Fortschritt in Gang halten. Doch diese Art der Technik wirft nicht nur Fragen der Machbarkeit auf, sondern sie stößt auch auf rechtliche Einschränkungen und starke gesellschaftliche Tabus. Das Klonen von Menschen wäre technisch zwar in greifbarer Nähe, doch wir als Weltgesellschaft haben beschlossen, diese Möglichkeit nicht weiter zu verfolgen – was vielleicht zu unserem Besten ist, denn das Klonen von Menschen könnte die Gefahr eines Einrastens schlechter Werte erhöhen.[50]

Zusammenfassend lässt sich also sagen: Wenn wir keine bahnbrechenden neuen Erfindungen machen und keinen neuen Geburtenboom erleben, werden wir nicht in der Lage sein, unseren Forschungsaufwand immer wieder zu vervierfachen. Das heißt, der Stillstand ist wahrscheinlich.

Wie lange hält der Stillstand an?

Wie lange könnte eine solche Phase der Stagnation dauern? Wir haben gesehen, wie schwierig es werden könnte, das Wachstum wieder anzukurbeln: Mit dem Abbau der Bürokratie und der Erhöhung des Forscheranteils lässt sich nur begrenzt etwas bewegen, genau wie mit der staatlichen Bevölkerungspolitik. Könnte sich der technische Stillstand also auf unbestimmte Zeit fortsetzen?

Das halte ich zwar für möglich, aber für unwahrscheinlich. Um dem Stillstand zu entkommen, reicht es aus, wenn ein einziges Land irgendwann imstande ist, den technischen Fortschritt wieder in Gang zu bringen. Und wenn es eine Vielfalt von Gesellschaften mit dynamischen Kulturen und Institutionen gibt, sollte eine davon in der Lage sein, das Wachstum wieder anzukurbeln.

Diese Dynamik kennen wir aus der Vergangenheit. In Europa war das Mittelalter eine lange Phase der Stagnation. So stand zum Beispiel in England das Produktivitätswachstum, ein wichtiges Maß des technischen Fortschritts, zwischen 1250 und 1600 nahezu auf null.[51] Doch diese Stagnation war nicht von Dauer.

Ähnlich im Falle einer globalen Stagnation: Wenn nur eine einzige Gesellschaft eine nachhaltige Wachstumskultur entwickelt, wird der technische Fortschritt in der ganzen Welt wieder hochgefahren. Ein Grund, eine Stagnation zu erwarten, sind die sinkenden Geburtenraten, doch die können in Zukunft wieder steigen. Wenn eine Kultur große Familien begünstigt und dieses Merkmal erhält, könnte sie im Laufe der Zeit einen immer größeren Teil der Weltbevölkerung ausmachen.

Eine Kultur mit anhaltend hoher Geburtenrate würde letztlich das weltweite Bevölkerungswachstum wieder in die Höhe treiben. Zur Veranschaulichung stellen Sie sich vor, dass das Bevölkerungswachstum weltweit stagniert und nur eine kleine Unterkultur mit einem Anteil von 0,1 Prozent an der Weltbevölkerung weiterhin jährlich um 2 Prozent wächst. Nach 350 Jahren würde diese Unterkultur die Hälfte der Weltbevölkerung ausmachen, und das globale Bevölkerungswachstum würde 1 Prozent betragen. Nach 450 Jahren käme der Großteil der Weltbevölkerung aus dieser Unterkultur, und das globale Bevölkerungswachstum wäre bei knapp 2 Prozent pro Jahr. Wenn diese fruchtbare Unterkultur auch noch die wissenschaftliche Forschung fördert, könnte der technische Fortschritt wiederaufgenommen werden.[52]

Doch selbst wenn der Stillstand nicht von Dauer ist, gibt es Gründe zu der Annahme, dass er Jahrhunderte oder Jahrtausende anhalten könnte. Erstens leben wir bereits in einer weitgehend globalen Kultur, wie wir in Kapitel 4 gesehen haben. Wenn sich diese Kultur im Laufe der Zeit in eine Richtung entwickelt, die dem technischen Fortschritt nicht mehr dienlich ist, könnte die Stagnation hartnäckiger sein. Das eben genannte Argument der Vielfalt der Kulturen würde ausgehebelt.

Die homogenisierende Wirkung der modernen säkularen Kultur auf einige geburtenstarke Glaubensgemeinschaften haben wir bereits angesprochen. Ein Beispiel sind die Mormonen aus den Vereinigten Staaten. Weil sie für ihre großen Familien bekannt sind, gingen Beobachter noch vor Kurzem davon aus, dass ihr Anteil an der Bevölkerung des Landes rasch größer werden würde.[53] Doch die Geburtenrate der Mormonen ist wie die der übrigen Bevölkerung gesunken, und heute reicht ihre Fruchtbarkeit kaum aus, um die Mitgliederzahl konstant zu halten.[54] Das entspricht einem allgemeinen Muster: In vielen Ländern, Populationen und religiösen Gruppierungen sinkt die Geburtenrate seit einigen Jahrzehnten im Gleichschritt.[55] Einige Populationen bleiben fruchtbarer als andere, doch wenn sich die Abwärtsentwicklung fortsetzt, könnten auch sie betroffen sein, und die Weltbevölkerung würde schrumpfen.

Eine einheitliche globale Kultur wäre für Wissenschaft und Technik besonders schädlich, wenn sie von einer Weltregierung geführt würde. In diesem Fall gäbe es keine Konkurrenz mehr zwischen einzelnen Ländern, weshalb ein wichtiges Motiv für die technische Innovation entfiele – die wirtschaftliche und militärische Überlegenheit gegenüber den Rivalen. Andere Gründe für Innovation könnten ausbleiben, denn technische Veränderung führt oft zu Verwerfungen. Sie kann Arbeitsplätze kosten – denken Sie an die Maschinenstürmer. Und sie kann die Position der Eliten gefährden. Ein möglicher Grund für das Ende des Goldenen Zeitalters des Islam war der Aufstieg einer wissenschaftsfeindlichen religiösen Ideologie, die es politischen Eliten ermöglichte, ihre Macht zu festigen.[56] Kräfte dieser Art könnten eine Gesellschaft innovationsfeindlich werden lassen.

Ein weiterer Grund, warum der technische Stillstand von Dauer sein könnte, ist der Bevölkerungsrückgang. Wie bereits erwähnt, könnte die Weltbevölkerung nicht nur stagnieren, sondern schrumpfen. Heute sinken die Geburtenraten überall deutlich unter 2. Bei einer Geburtenziffer von 1,5 Kindern pro Frau (das ist der europäische Durchschnitt) würde die Weltbevölkerung binnen 500 Jahren von 10 Milliarden auf unter 100 Millionen sinken; bei einem Kind pro Frau (etwa die Geburtenrate von Südkorea) wäre es schon innerhalb von zwei Jahrhunderten so weit.[57]

In dieser Situation ist es sehr viel unwahrscheinlicher, dass eine Ausreißerkultur den technischen Fortschritt wieder in Gang bringt. Sie müsste zum Beispiel über lange Zeit eine hohe Geburtenrate aufrechterhalten, um die Weltbevölkerung wieder auf 10 Milliarden zu bringen – eine ausreichend große Bevölkerung mit einer ausreichend großen Zahl von Forschern, um spürbaren technischen Fortschritt zu ermöglichen. Das ist nicht einfach, und in dieser Zeit kann viel passieren.[58] Andere einmalige Steigerungen wirken weniger stark. Wenn ein Land Maßnahmen ergreift, mit denen es die Wirkung seiner Forscher verzehnfacht, könnte das nicht mehr ausreichen, wenn die Weltbevölkerung unter 100 Millionen gesunken ist. Je tiefer der Absturz, umso schwieriger der Wiederaufstieg und umso länger der zu erwartende Stillstand.

Die Weltbevölkerung könnte auch infolge einer globalen Katastrophe einbrechen, wie in den vorigen beiden Kapiteln angesprochen. Wenn ein Atomkrieg oder eine Pandemie 99 Prozent der Menschheit auslöscht, wären wir vermutlich imstande, die industrialisierte Zivilisation wieder aufzubauen. Doch weiterer Fortschritt wäre schwierig, und es wäre unwahrscheinlicher, dass eine Ausreißerkultur den technischen Fortschritt wieder in Gang bringt.

Wir wissen nicht, wie lang ein Stillstand anhalten würde. Er könnte kurz sein und nur ein oder zwei Jahrhunderte dauern, doch er könnte auch sehr lang sein. Vielleicht wird die stagnierende Zukunft von wiederkehrenden globalen Katastrophen geprägt, die den Ausbruch aus der Stagnation immer wieder verhindern. Vielleicht setzen sich weltweit kulturelle Normen durch, die den Fortschritt behindern; vielleicht beuten wir die fossilen Rohstoffe vollständig aus, und der nachfolgende Klimawandel behindert künftiges Wachstum weiter. Wenn auch nur ein Teil davon eintritt, könnte die Menschheit viele Jahrzehntausende lang auf der Stelle treten.

Das heißt, der Stillstand könnte sehr lange anhalten. Selbst wenn Sie glauben, dass eine Stagnation mit 90-prozentiger Wahrscheinlichkeit nur wenige Jahrhunderte und mit 10-prozentiger Wahrscheinlichkeit 10 000 Jahre dauert, dann beträgt die *erwartete* Dauer der Stagnation immer noch mehr als ein Jahrtausend.

Stillstand aus der Sicht des langfristigen Denkens

Wie problematisch wäre ein jahrhunderte- oder jahrtausendelanger Stillstand? Während einer Phase der Stagnation wären die Menschen natürlich deutlich ärmer, als sie es wären, wenn sich der technische Fortschritt ungebrochen fortgesetzt hätte. Dem könnte man allerdings entgegenhalten, dass dies, solange das Wachstum irgendwann wieder einsetzen würde, leichter zu verschmerzen wäre als die Auslöschung der Menschheit oder das Einrasten schlechter Werte. So wie eine Konjunkturflaute uns heute ein Jahrzehnt lang bremsen kann, würde eine Stagnation die Entwicklung eben um ein Jahrtausend verzögern. Doch angesichts der Millionen, Milliarden oder Billionen Jahre, die noch vor der Menschheit liegen, sind tausend oder zehntausend Jahre recht unbedeutend, könnte man meinen.[59]

Dabei würde man jedoch übersehen, dass eine jahrhundertelange Stagnation erhebliche Konsequenzen für die künftigen Werte und den Fortbestand der Zivilisation haben könnte. Erstens würden sich die Leitwerte der Zukunft nach tausend Jahren des Stillstands vermutlich deutlich von den heutigen unterscheiden. Wäre das gut oder schlecht? Dazu gibt es einige Überlegungen.

Auch während einer Phase des Stillstands wäre ein moralischer Wandel zu erwarten, denn Menschen bringen neue Moralvorstellungen hervor, debattieren Werte, werben für sie und überzeugen andere. Das passiert vermutlich auch unabhängig vom technischen Fortschritt. Das heißt, auch während einer tausendjährigen Fortschrittspause ginge die moralische Entwicklung weiter. Die Leitwerte der tausend Jahre entfernten Zukunft wären also vermutlich besser als die heutigen.

Wenn Sie allerdings davon ausgehen, dass unsere heutigen Werte außergewöhnlich gut sind, erwarten Sie vielleicht eher moralische

Rückschritte. Ein Blick in die Geschichte könnte das bestätigen: Die Abschaffung der Sklaverei war ein beispielloses Ereignis und offenbar keineswegs unvermeidlich. Heute leben mehr Menschen in Demokratien als zu irgendeinem anderen Zeitpunkt der Geschichte, und Frauen haben weltweit mehr Autonomie und politische Macht als je zuvor. In einer Phase des Stillstands könnten diese Werte allerdings wieder verloren gehen.

Für diese Vermutung gibt es zwei Gründe. Erstens sind Menschen in Zeiten des Wirtschaftswachstums auch moralisch motivierter, wie der Wirtschaftswissenschaftler Benjamin Friedman argumentiert.[60] Solange die Wirtschaft expandiert, haben theoretisch alle Aussicht darauf, in Zukunft ein besseres Leben zu führen als in der Vergangenheit. Die Menschen sind weniger darauf bedacht, ihre Umstände mit denen ihres Umfelds zu vergleichen, und eher bereit, eine großzügige, offene und tolerante Gesellschaftspolitik zu unterstützen. Nach Ansicht von Friedman bestätigt die Geschichte, dass Länder vor allem während Wachstumsphasen auch moralisch vorankommen, also gerechter, offener und egalitärer werden, und dass sie während Phasen der Stagnation auch moralisch wieder zurückfallen.

Ein zweiter Grund verweist auf meine früheren Ausführungen zur kulturellen Evolution. Wenn technische Innovation möglich ist, sind kritisches Denken und wissenschaftliche Forschung wirtschaftlich lohnend, und da wirtschaftlich erfolgreiche Kulturen mehr Angehörige gewinnen, begünstigt die kulturelle Evolution heute Eigenschaften, die der Wissenschaft zuträglich sind. Diese Eigenschaften bringen wir auch in die moralische Debatte ein, und so kommt es hier ebenfalls zu einer Weiterentwicklung. In einer stagnierenden Welt gäbe es deutlich weniger Gründe, sich dem kritischen Denken und der Forschung zu widmen. Stattdessen würden andere Werte begünstigt, die Hierarchie und Konformismus fördern und in der Vergangenheit so viele Gesellschaften geleitet haben.

Noch wichtiger als die Werte während der Phase der Stagnation sind diejenigen, die die Welt schließlich wieder aus ihr herausführen, denn das sind Werte, die längerfristig vorherrschen werden. Auch das sind nicht notwendig Werte, die kritisches Denken und Forschung in den Mittelpunkt stellen. Zum Beispiel könnte es die Fruchtbarkeit sein, die ungleiche Geschlechternormen begünstigt. Oder wirtschaftlicher Erfolg, der keine Rücksicht auf gesellschaftliche Tabus nimmt. Vielleicht dominiert die Weltanschauung desjenigen Landes, das als erstes die Klonung und genetische Manipulation von Menschen zulässt. Es gibt keinen Grund, warum die Gesellschaft der Zukunft demokratisch und egalitär sein sollte und nicht faschistisch und autoritär.

Das sind natürlich Spekulationen, und ich wüsste nicht, welche Sicht auf die künftigen moralischen Entwicklungen richtig sein könnte. Es ist eine wichtige Frage, ob die Werte der Zukunft besser oder schlechter sind als unsere heutigen und unter welchen Bedingungen, doch die Antwort ist offen. Das Thema wird heute sträflich vernachlässigt, weshalb ich mich hier nicht festlegen möchte.[61]

Etwas anderes ist klarer: Eine lange Phase des Stillstands könnte die Wahrscheinlichkeit der Auslöschung und des Zusammenbruchs der Zivilisation deutlich erhöhen. Wie eingangs des Kapitels erwähnt, kommt es darauf an, welches Maß an technischem Fortschritt *nachhaltig* und *zukunftsfähig* ist. Wären wir auf dem technischen Stand der 1920er-Jahre stehen geblieben, hätten wir unweigerlich große Mengen Kohlendioxid ausgestoßen und irgendwann sämtliche verfügbaren fossilen Brennstoffe aufgebraucht. Extremer Klimawandel wäre genauso unausweichlich gewesen wie ein Verlust an Lebensqualität, der mit dem Ende von Kohle, Öl und Gas eingesetzt hätte.

Der einzige Weg aus diesem nicht nachhaltigen Zustand war die Erfindung von sauberen Energieträgern. Sobald wir mit der Verbrennung von fossilen Brennstoffen begonnen hatten, ließ sich die

Klimakatastrophe nur noch durch technischen Fortschritt abwenden, wenn man nicht in vorindustrielle Zeiten zurückfallen wollte. Auch heute, da saubere Energie endlich zu einem erschwinglichen Preis zur Verfügung steht, kann weiterer technischer Fortschritt die Kosten der Energiewende senken und die Dekarbonisierung weiterer Branchen vorantreiben. Innovation könnte also entscheidend sein, um Länder zur Umsetzung der benötigten rigorosen Klimapolitik zu bewegen.

Eine ähnliche Überlegung trifft auf die Gefahr der Auslöschung zu: Wir könnten an der Schwelle zu einem nicht nachhaltigen Zustand stehen. Wir sind zunehmend in der Lage, neue Krankheitserreger im Labor zu züchten, und im schlimmsten Fall könnte eine Pandemie die gesamte Menschheit auslöschen. Im Laufe dieses Jahrhunderts wird der technische Fortschritt weitergehen, und die Wahrscheinlichkeit ist groß, dass wir weitere Technik mit gewaltigem Vernichtungspotenzial entwickeln.

Wenn die Menschheit in einer nicht nachhaltigen Phase des technischen Fortschritts stecken bleibt, könnte sie in einem extrem gefährlichen Zustand verharren. Es wäre eine Art russisches Roulette mit künstlichen Pandemien und anderen Katastrophen. Früher oder später käme es zum großen Knall. Um die Zivilisation zu bewahren, müssen wir diesen nicht zukunftsfähigen Zustand hinter uns lassen und Techniken entwickeln, die uns vor solchen Gefahren schützen.

Stillstand könnte daher eine der größten Gefahren für die Existenz der Menschheit oder der Zivilisation sein. Bedenken Sie, dass mein Kollege Toby Ord die Wahrscheinlichkeit, dass die Menschheit noch in diesem Jahrhundert durch eine Pandemie aus dem Labor ausgelöscht wird, bei 3 Prozent ansetzt.[62] Wir könnten das Risiko pro Jahrhundert für eine stagnierende Gesellschaft senken, wenn wir zum Beispiel strengere Auflagen für Biolabors erlassen, aber es könnte durchaus noch größer werden, wenn wir neue Techniken mit noch größerem Vernichtungspotenzial erfinden oder weil es in einer Nullsummengesellschaft mehr Konfliktpotenzial gibt. Aber nehmen wir einmal an, dass wir während dieser Stagnation das Risiko pro Jahrhundert auf 1 Prozent drücken und ein Jahrtausend lang in der Stagnation stecken bleiben. Dann betrüge die durch die Stagnation bewirkte Auslöschungsgefahr rund 10 Prozent. Selbst wenn wir die Wahrscheinlichkeit für eine Stagnation nur mit eins zu drei ansetzen, wäre die Gefahr der Auslöschung durch Stagnation bei 3 Prozent und damit genauso hoch wie die Gefahr der Auslöschung durch eine künstliche Pandemie noch in diesem Jahrhundert.[63]

Oben habe ich den technischen Fortschritt der Zivilisation mit einem Kletterer in einer Felswand verglichen. Wir könnten unsere Kräfte zusammennehmen, um den Gipfel zu erreichen. Aber wie wir gesehen haben, wird der Kletterer müde, und wenn er nicht weiterkommt, läuft er Gefahr, irgendwann abzustürzen.

Inzwischen habe ich Sie hoffentlich davon überzeugt, dass wir ganz reale Maßnahmen ergreifen können, um den Kurs unserer langfristigen Zukunft zu beeinflussen. Wir können eine Kurskorrektur vornehmen, um das Einrasten der Werte hinauszuschieben oder die Leitwerte der Zukunft zu verbessern. Und wir können die Zukunft der Menschheit sichern, indem wir die Gefahren der Auslöschung, des Kollapses und des technischen Stillstands abbauen.

Im nächsten Teil dieses Buchs gehe ich zwei Fragen nach, die sich darauf auswirken, welcher dieser beiden Formen der Einflussnahme auf die Zukunft wir den Vorrang geben sollten. Warum sollte es uns interessieren, wenn die Lebensspanne der Zivilisation verkürzt wird? Und ist die künftige Zivilisation unterm Strich eher gut oder schlecht? Die Antworten auf diese Fragen haben einen Einfluss darauf, ob wir unsere Bemühungen auf eine Kurskorrektur, die Überlebenssicherung oder beides bündeln sollten.

TEIL IV

Kommt das Ende der Welt?

KAPITEL 8
Ist das Glück der Menschheit ein wertvolles Gut?

Derek Parfit

Derek Parfit war einer der kreativsten und einflussreichsten Moralphilosophen des vergangenen Jahrhunderts und hatte die Gabe, Kaffee in philosophische Erkenntnisse zu verwandeln.[1] Fast sein gesamtes Leben verbrachte er in Bildungseinrichtungen, nach seiner Schulzeit im Internat von Eton studierte er Geschichte an der Universität Oxford und kam dort an das All Souls College. All Souls ist das vielleicht exklusivste Forschungsinstitut der Welt, es hat keine Studenten und weniger als zehn Fellows.[2] Das Aufnahmeverfahren gilt als »die schwierigste Prüfung der Welt«:[3] Zwölf Stunden lang beantworten die Kandidaten fachspezifische und allgemeine Fragen wie »Was ist eine Zahl?«, »Können wir zur Freiheit gezwungen werden?« oder »Verteidigen Sie Tweeten«. Bis vor Kurzem gab es auch einen dreistündigen Prüfungsteil, bei dem die Teilnehmer auf ein Stichwort wie »Wasser«, »Neuheit« oder »Reproduktion« einen ganzen Aufsatz schreiben sollten.[4] Nachdem Parfit im Alter von nur 24 Jahren Fellow von All Souls geworden war, verbrachte er 43 Jahre dort und schloss sein Philosophiestudium nie ab.

Er war unermüdlich in seinen Bemühungen, unser Moralverständnis voranzubringen. In seiner zweiten Lebenshälfte reduzierte er sämtliche Aktivitäten, die nichts mit der Philosophie zu tun hatten: Er sprintete buchstäblich zwischen den Seminarräumen hin und her, trug jeden Tag dieselbe Kleidung (schwarze Hose, weißes Hemd) und aß dieselben, einfach zuzubereitenden vegetarischen Mahlzeiten (zum Frühstück Müsli mit Jogurt und Brombeeren, zum Mittagessen rohe Karotten, Lattich und Sellerie mit Erdnussbutter- oder Hummusdip, gefolgt von Mandarinen und Äpfeln). Beim Zähneputzen las er philosophische Texte. Er trank löslichen Kaffee, den er mit heißem Leitungswasser anrührte, um keine Zeit am Wasserkocher zu vertrödeln. Wie die Journalistin Larissa MacFarquhar im *New Yorker* über ihn schrieb: »Die Triebfeder von Parfits moralischem Interesse war das Leiden. Er konnte es nicht ertragen, jemanden leiden zu sehen, und schon der Gedanke an Leid ließ seine Augen feucht werden.«[5]

Seine Großzügigkeit war genauso groß wie seine Leidenschaft für die Philosophie. Während meines Studiums las ich einmal einen seiner Artikelentwürfe und schrieb einen Kommentar dazu, der mir mit 3000 Wörtern etwas lang geraten erschien. Jeder andere Professor hätte vermutlich mit einem einfachen »Danke« geantwortet. Parfit erwiderte dagegen rasch mit 9000 Wörtern, womit sein Kommentar ungefähr so lang war wie ein normaler Fachartikel. Er entschuldigte sich dafür, dass er so lang ausgefallen war, und erklärte mir, er habe ihn sogar noch gekürzt. Parfit starb Anfang 2017 im Alter von 75 Jahren.

Parfit erschloss der Moralphilosophie einige neue Bereiche. Am meisten prägte mich die *Populationsethik*, um die es in diesem Kapitel geht – die Bewertung von Handlungen, die einen Einfluss darauf haben, wer zur Welt kommt, wie viele Menschen geboren werden und welche Qualität das Leben dieser Menschen haben wird. Nichtreligiöse Abhandlungen zu diesem Thema sind erstaunlich rar – obwohl sich Denker seit Jahrtausenden mit der Moral beschäftigen, haben nur die frühen Utilitarier und ihre Kritiker des späten 18. und des 19. Jahrhunderts die Frage gestreift, und seither wurde sie nur noch sporadisch aufgegriffen.[6] Bis zur

Veröffentlichung von Parfits Buch *Reasons and Persons* im Jahr 1984.

Die Populationsethik ist von weitreichender Bedeutung für das langfristige Denken, denn sie hat großen Einfluss darauf, wie wir einen möglichen Zusammenbruch der Zivilisation bewerten. Das erkannte auch Parfit, als er gegen Ende des Buchs schrieb:

> *Wenn wir die Menschheit vernichten, wie wir das heute können, dann wären die Folgen schlimmer, als die meisten Menschen annehmen. Vergleichen Sie drei denkbare Ergebnisse:*
>
> *(1) Frieden.*
> *(2) Ein Atomkrieg, der 99 Prozent der Weltbevölkerung tötet.*
> *(3) Ein Atomkrieg, der 100 Prozent tötet.*
>
> *Ergebnis (2) wäre schlimmer als (1), und (3) wäre schlimmer als (2). Aber welcher dieser beiden Unterschiede ist größer? Die meisten Menschen halten den Unterschied zwischen (1) und (2) für den größeren. Doch meiner Ansicht nach ist der Unterschied zwischen (2) und (3) mit Abstand der größere.*[7]

Wenn Parfit die vollständige Auslöschung der Menschheit für deutlich schlimmer hält als eine Katastrophe, die 99 Prozent aller Menschen tötet, dann deshalb, weil die Auslöschung nicht nur die heute lebenden 8 Milliarden Menschen das Leben kosten, sondern auch die Existenz all derjenigen Menschen verhindern würde, die andernfalls in kommenden Generationen zur Welt gekommen wären. Das Ende der Zivilisation bedeutet die Nichtexistenz von Aberbillionen von Menschen, die andernfalls hätten leben können. Für Parfit stellte es einen moralischen Verlust dar, die Existenz von glücklichem und blühendem Leben zu verhindern; die völlige Auslöschung der Menschheit bedeutet daher einen unermesslichen

Verlust. Später schrieb er deshalb: »Das Wichtigste ist heute, das Ende der menschlichen Geschichte zu vermeiden.«[8]

Als ich der Vorstellung begegnete, eine verhinderte Existenz sei moralisch gesehen ein Verlust, widersprach sie allem, was ich dachte. Doch im Laufe der Zeit überzeugten mich die Argumente. Seither prägt sie mein Denken mehr als jeder andere Aspekt der Moralphilosophie, und ich bin überzeugt, dass Parfits Überlegungen zur Populationsethik zu den wichtigsten Beiträgen der Moralphilosophie des vergangenen Jahrhunderts zählen.

In diesem Kapitel erläutere ich diese Überlegungen und erkläre, warum Parfit zu dem Schluss kam, dass die Welt besser ist, wenn ein Mensch zur Welt kommt, vorausgesetzt, dieser Mensch lebt ein hinreichend gutes Leben. Hier geht es nicht darum, dass dieser Mensch die Welt besser machen könnte, indem er das Leben anderer bereichert; die Welt ist vielmehr schon deshalb eine bessere, weil es diesen einen Menschen gibt, wie gesagt vorausgesetzt, er ist ausreichend glücklich. In diesem Kapitel stelle ich also die Frage hintan, welchen Schaden ein Mensch anrichten kann, indem er Ressourcen verbraucht oder die Umwelt verschmutzt, oder welchen Nutzen er bringen kann, indem er lebensrettende Erfindungen macht. Das sind zwar ebenfalls relevante Fragen, doch hier geht es nicht darum, welche instrumentelle Wirkung weitere Menschen haben könnten, sondern um die Frage, ob die Existenz weiterer hinreichend glücklicher Menschen an und für sich gut ist. Ich behaupte auch nicht, dass es unsere moralische Pflicht ist, weitere Menschen in die Welt zu bringen, oder dass man es uns zum Vorwurf machen könnte, wenn wir dies unterlassen – sondern nur, dass die Welt ein besserer Ort ist, wenn mehr glückliche Menschen in ihr leben.

Vorab jedoch noch ein paar Anmerkungen. Zunächst: Dies ist das theoretischste Kapitel dieses Buchs. Populationsethik ist einer der komplexesten Bereiche der Moralphilosophie und wird an Universitäten in der Regel erst in höheren Semestern gelehrt. Meines

Wissens wurden diese Überlegungen bislang nicht für ein Laienpublikum präsentiert. Doch sie sind so wichtig für das langfristige Denken, dass ich sie hier einfach einführen muss. Ich werde mein Bestes tun, sie so einfach wie möglich darzustellen, doch das Thema kann komplex und verwirrend sein. Wie sich gleich zeigen wird, kommt die Populationsethik zu einigen Schlussfolgerungen, die sich nicht unmittelbar erschließen und die recht unattraktiv sein könnten. Wir müssen uns Gedanken darüber machen, welche dieser unattraktiven Konsequenzen wir akzeptieren wollen und welche nicht.

Zweitens spreche ich in diesem Kapitel häufig vom Glück oder Wohlergehen von Menschen – ich verwende diese beiden Begriffe synonym. Damit meine ich das Leben eines Menschen als Ganzes, nicht seine Befindlichkeit in einem bestimmten Moment. Dieses Wohlergehen drücke ich gelegentlich in Zahlen aus – »100« steht für ein außerordentlich gutes, erfülltes und glückliches Leben, »-100« für ein außerordentlich schlechtes, leidvolles und unglückliches Leben und »0« für ein Leben, das aus Sicht des betreffenden Menschen weder besonders gut noch besonders schlecht ist. Dabei treffe ich keine Annahmen darüber, was ein gutes oder schlechtes Leben ausmacht. Ein gutes Leben könnte zum Beispiel aus freudigen Erlebnissen, sinnstiftenden Leistungen, dem Streben nach Wissen und Schönheit, der Befriedigung von Bedürfnissen oder einer Kombination daraus bestehen. Was auch immer wir persönlich glauben, hier geht es nicht darum, sondern um die Populationsethik.

Drittens spreche ich in diesem Kapitel über Leben unterhalb des neutralen Wohlergehens – ein Leben, das für den betreffenden Menschen so schlecht ist, dass er besser nicht geboren worden wäre. Das ist ein beunruhigender Gedanke, und ich kenne Menschen, die der Ansicht sind, dass es ein Leben unterhalb des neutralen Wohlergehens gar nicht geben könne. Doch das kann nicht stimmen. Erinnern Sie sich an den leidvollsten Moment in Ihrem Leben, und stellen Sie sich vor, Ihr Leben bestünde nur aus solchen Momenten. Würden Sie dieses Leben leben wollen, wenn die Alternative die Nichtexistenz wäre? Wenn Sie diese Frage verneinen, wären Sie zumindest prinzipiell der Ansicht, dass es ein Leben unterhalb des neutralen Wohlergehens geben kann.

Dass jemand ein Leben unterhalb des neutralen Wohlergehens lebt, bedeutet jedoch nicht, dass dieses Leben nicht lebenswert ist. Selbst Menschen, die unter chronischer Depression leiden, können einen wertvollen Beitrag zur Gesellschaft leisten, ob als Freund oder Angehörige, als Ärztin oder Wissenschaftler. Und wenn jemand in einem bestimmten Moment unterhalb des neutralen Wohlergehens lebt, heißt das nicht, dass sein gesamtes Leben unterhalb des neutralen Wohlergehens bleiben muss. Fast jeder Mensch kennt Phasen der Trauer und Depression, doch das heißt nicht, dass er sein gesamtes Leben negativ bewerten würde.

Viertens, wenn ich von Population spreche, meine ich die Gesamtbevölkerung – nicht nur eine bestimmte Zahl von Menschen zu einer bestimmten Zeit, sondern alle Menschen zu allen Zeiten.

Um unterschiedliche Theorien der Populationsethik zu überprüfen, bewerte ich ihre Aussagen, indem ich sie auf verschiedene Populationen anwende. In der Praxis werde ich solche Entscheidungen nie treffen müssen, doch anhand dieser hypothetischen Fälle lässt sich die Korrektheit einer Theorie noch am besten einschätzen. Am Ende des Kapitels ist hoffentlich klar, dass es sich hier nicht nur um eine philosophische Spekulation handelt: Für gewöhnliche Menschen oder Regierungen ist es in der Tat wichtig, welche Theorie der Populationsethik die korrekte ist.

Nach diesen einführenden Bemerkungen wenden wir uns den unterschiedlichen Theorien der Populationsethik zu.

Das Bauchgefühl der Neutralität

Der Gedanke, dass die Welt besser wird, wenn es mehr Menschen mit einem hinreichend guten Leben gibt, kann unserem Bauchgefühl widersprechen. Wie es der Philosoph Jan Narveson ausdrückte: »Wir sind dafür, Menschen glücklich zu machen, doch neutral gegenüber dem Gedanken, glückliche Menschen zu machen.«[9] Der Wirtschaftswissenschaftler und Philosoph John Broome, einer meiner Doktorväter, sprach von der »Intuition der Neutralität« – die Vorstellung, dass es sich um eine neutrale Angelegenheit handelt, einen Menschen mit einem guten Leben in diese Welt zu bringen.[10] Während der Arbeit an einem Buch zur Populationsethik versuchte Broome gut zehn Jahre lang, diese Intuition zu rechtfertigen, nur um dann einsehen zu müssen, dass sie nicht zu halten war.[11] Mir ging es ganz ähnlich.

Viele Menschen spüren diese intuitive Ahnung, wenn sie darüber nachdenken, ob sie Kinder bekommen wollen oder nicht. Wenn sie das Für und Wider abwägen, fragen sie sich, ob es sie selbst und ihre Angehörigen glücklicher macht, ob es ihrem Leben mehr Sinn verleiht oder ob das Kind durch sein Handeln die Welt besser machen könnte. Vielleicht denken sie auch über den ökologischen Fußabdruck eines neuen Menschen nach. Aber es käme ihnen vermutlich sonderbar vor zu behaupten, dass schon allein die Tatsache, dass das Kind ein gutes Leben haben wird, Grund genug sein könnte, es in die Welt zu bringen.

Wenn Ihnen die Intuition der Neutralität überzeugend vorkommt, ist es Ihnen möglicherweise wichtiger, dafür zu sorgen, dass die Menschheit eine lebenswerte Zukunft hat, solange die Zivilisation Bestand hat, als dafür, dass sie eine möglichst lange Zukunft hat. Der Erhalt der Zivilisation könnte Ihnen trotzdem am Herzen liegen, weil dies die heute lebenden Menschen schützt und weil Sie das Ende der Zivilisation als großen Verlust von künftigen künstlerischen und wissenschaftlichen Errungenschaften bedauern würden. Doch die Abwesenheit künftiger Generationen an sich würden Sie nicht als moralischen Verlust sehen.

Es gibt jedoch viele Situationen, in denen die Intuition der Neutralität zu Widersprüchen führt. Das wird vor allem dann deutlich, wenn wir uns Leben vorstellen, die ausschließlich aus Leid und Elend bestehen. Stellen Sie sich ein Leben vor, das von der Geburt bis zum Tod von seelischen oder körperlichen Schmerzen geprägt ist, zum Beispiel jemanden, der unentwegt das Gefühl hat, bei lebendigem Leib zu verbrennen. Und stellen Sie sich weiter vor, Sie könnten ein Kind bekommen, das ein solches Dasein fristen muss. In diesem Fall scheint es mir offensichtlich, dass es schlecht wäre, dieses Kind zu bekommen.

Die meisten Philosophen, die die Intuition der Neutralität vertreten, billigen daher eine Asymmetrie. Auch wenn es ihrer Ansicht nach weder gut noch schlecht ist, einen neuen Menschen mit einem glücklichen Leben in die Welt zu bringen, halten sie es für schlecht, einem Menschen mit einem unglücklichen Leben zur Existenz zu verhelfen. Allerdings ist nicht ganz klar, wie wir diese Asymmetrie rechtfertigen könnten. Wenn wir es für schlecht halten, ein leidvolles Leben in die Welt zu bringen, warum sollten wir es dann nicht für gut halten, ein erfülltes Leben in die Welt zu bringen? Das Argument für Ersteres sollte doch auch ein gutes Argument für Letzteres sein.

Dieser Gedanke wird noch plausibler, wenn wir an hinreichend gute Leben denken. Ich habe zum Beispiel einen kleinen Neffen und zwei Nichten. Es sind drei glückliche Kinder, und wenn ich mir vorstelle, dass sich dieses Glück in die Zukunft fortsetzt und jedes dieser Kinder ein erfülltes Leben voller Liebe und Zufriedenheit führt, dann frage ich mich: »Ist die Welt nicht ein kleines bisschen besser, nur weil sie da sind, ganz unabhängig davon, welche Auswirkungen sie auf andere Menschen haben?« Diese Frage würde ich aus dem Bauch heraus sofort bejahen. Wenn dem so ist, wäre die Intuition der Neutralität falsch.[12]

Philosophen behaupten oft, die Intuition der Neutralität gehöre zu unserer Alltagsmoral, doch das ist keineswegs sicher. In der einzigen psychologischen Untersuchung zu diesem Thema sollten die Teilnehmer die Frage beantworten, wie viel besser oder schlechter die Welt wäre, wenn ein neuer Mensch hinzukäme.[13] In einer Abwandlung der Frage war dieser neue Mensch »ausgesprochen glücklich und führt ein Leben in Glück und Zufriedenheit«, und in einer dritten Fassung war er »ausgesprochen unglücklich und führt ein Leben in Leid und Elend«. Dabei wurde betont, dass die Existenz dieses einen Menschen weder positive noch negative Auswirkungen auf andere habe.

Die Befragten begrüßten es im Allgemeinen, einen glücklichen Menschen in die Welt zu bringen, und hielten es für schlecht, einen unglücklichen Menschen in die Welt zu bringen. Die Bewertungen waren symmetrisch: Die Befragten fanden Ersteres genauso gut, wie sie Letzteres schlecht fanden. Von der Intuition der Neutralität keine Spur.

Tumbe Götter: Die Zerbrechlichkeit der Identität

Ein zweites Argument gegen die Intuition der Neutralität stammt von Derek Parfit.[14] Seiner Ansicht nach ist unsere Existenz in der Welt extrem unwahrscheinlich und die Identität künftiger Menschen extrem zerbrechlich, und daraus ergaben sich für ihn bedeutsame ethische Konsequenzen.

Geschichten über Zeitreisen zeigen oft, wie sehr die Gegenwart von kleinsten Entscheidungen der Vergangenheit abhängt. In dem Film *Zurück in die Zukunft* reist Hauptfigur Marty McFly in die Vergangenheit, geht mit seiner Mutter tanzen, verkuppelt sie mit seinem Vater und hilft diesem, mit dem Klassenrüpel Biff fertigzuwerden. Seine Eltern heiraten schließlich und retten auf diese Weise Martys Existenz, doch als er in die Gegenwart zurückkehrt, erkennt er sie kaum wieder: Sein Vater ist ein erfolgreicher Schriftsteller, und Biff, der vor der Zeitreise Martys Vater herumschubste, wäscht nun das Auto der Familie. Aber wenn man bedenkt, was Marty McFly in der Vergangenheit alles in Bewegung gesetzt hat, dann hätten die Veränderungen der Gegenwart noch viel größer sein müssen, als der Film vermuten lässt.

Machen Sie sich das einmal klar: Im normalen Samenerguss eines Mannes befinden sich rund 200 Millionen Spermien. Wenn eine der anderen 200 Millionen Samenzellen die Eizelle befruchtet hätte, aus der Sie entstanden sind, dann wären Sie nicht geboren worden. An Ihrer Stelle wäre jemand anderes zur Welt gekommen, der zu 75 Prozent genetisch mit Ihnen identisch wäre. Eine Wahrscheinlichkeit von 1 zu 200 Millionen ist sehr klein. Auch wenn Ihnen der Gedanke befremdlich vorkommt: Wenn die Ejakulation Ihres Vaters nur eine Tausendstelsekunde früher oder später erfolgt wäre, hätte mit an Sicherheit grenzender Wahrscheinlichkeit eine andere Samenzelle die Eizelle Ihrer Mutter befruchtet. Jedes Ereignis, das am Tag Ihrer Zeugung den Tagesablauf Ihrer Eltern auch nur minimal beeinflusst hätte – im Supermarkt war die Schlange länger als sonst, auf dem Heimweg hat sich ein Auto vorgedrängt –, hätte Ihre Geburt verhindert.[15] Als Marty McFly in die Gegenwart zurückkehrt, sind seine Geschwister dieselben wie vor der Zeitreise (wenngleich erfolgreicher). Aber mit all den Veränderungen, die er im Leben seiner Eltern bewirkt hatte, hätte er eigentlich auch die Identität seiner Geschwister verändert und paradoxerweise seine eigene ebenfalls!

Wenn jemand anderes an Ihrer Stelle zur Welt gekommen wäre, hätte das zahllose weitere Konsequenzen. Sollten Sie Geschwister haben, wäre auch der Zeitpunkt von deren Geburt ein anderer, und damit auch deren Persönlichkeit. Über die Jahrzehnte hinweg hätte das Auswirkungen auf das Verhalten Ihrer Eltern und aller anderen Menschen in deren Umfeld. Dieses Wechselspiel hätte Einfluss auf den Zeitpunkt nachfolgender Reproduktionsereignisse und darauf, welche Ei- und Samenzelle aufeinandertreffen, und das wiederum würde die Identität der Kinder beeinflussen, die später zur Welt kämen. Und das alles nur, weil Ihre Eltern am Tag Ihrer Zeugung auf dem Heimweg ein wenig länger gebraucht hätten. Mein erstes Buch *Gutes besser tun* habe ich Peter Singer, Toby Ord und Stanislaw Petrow gewidmet, »ohne die dieses Buch nicht geschrieben worden wäre«. Aber dieses Buch wäre auch nie geschrieben worden ohne Jesus, Hitler oder jeden beliebigen englischen Bauern des 15. Jahrhunderts.

In Geschichten über Zeitreisen bewirken kleinste Veränderungen in der Vergangenheit oft gewaltige Verwerfungen in der Gegenwart. Aber wir machen uns nur selten Gedanken darüber, dass kleine Handlungen in der Gegenwart auch gewaltige Verwerfungen in der Zukunft bewirken können.[16] Verschwinden die langfristigen Auswirkungen unserer Handlungen irgendwann wie die Wellen auf einem Teich? Nein. Vielmehr verändern wir Jahr für Jahr wie tumbe Götter den Lauf der Geschichte radikal. Wenn Sie zum Beispiel in einer Stadt leben und jeden Tag mit öffentlichen Verkehrsmitteln zur Arbeit fahren statt mit dem eigenen Auto, dann nehmen Sie im Laufe eines Jahres winzigen Einfluss auf den Tagesablauf von Zehntausenden Menschen. Statistisch gesehen ist es wahrscheinlich, dass einer dieser Menschen nach Hause kommt, Sex hat und ein Kind zeugt;[17] mit Ihrem winzigen Eingriff in den Tagesablauf dieses Menschen nehmen Sie Einfluss auf den exakten Zeitpunkt der Zeugung und darauf, welche Samenzelle die Eizelle befruchtet. Der Mensch, der daraufhin zur Welt kommt, nimmt seinerseits Einfluss auf die Tagesabläufe von Abermillionen Menschen und darauf, welche Kinder sie wiederum zur Welt bringen, und so weiter in einer endlosen Kaskade. Ab einem gewissen Punkt ist jeder Mensch, der zur Welt kommt, anders als der, der zur Welt gekommen wäre, wenn Sie mit dem eigenen Auto zur Arbeit gefahren wären, und damit nimmt die gesamte Zukunft einen anderen Verlauf. Kriege werden geführt, die sonst vielleicht nicht geführt worden wären; Denkmäler werden errichtet, die es sonst nie gegeben hätte; Bücher werden verfasst, die sonst ungeschrieben geblieben wären. Und das alles bloß, weil Sie mit dem Bus zur Arbeit gefahren sind.

Die Zerbrechlichkeit der Identität hat bedeutsame philosophische Konsequenzen. Nehmen wir an, die Regierungen der Welt einigen sich darauf, die Subventionen für fossile Brennstoffe ersatzlos zu streichen. Diese Entscheidung würde den Klimawandel abschwächen, und spontan könnten wir nun annehmen, dass damit das Leben konkreter Menschen, die ohnehin in der Zukunft existieren würden, besser würde. Doch das stimmt so nicht. Eine Maßnahme dieser Größenordnung würde alle Menschen betreffen: Das Benzin würde teurer werden, und das hätte Folgen für den gesamten Verkehr. Das wiederum würde sämtliche Tagesabläufe und damit auch Zeugungsmomente verändern, und binnen weniger Jahre wäre die Identität fast aller geborenen Menschen eine andere. In ein paar Jahren würde sich die Bevölkerung aus ganz anderen Menschen zusammensetzen als denen, die andernfalls existiert hätten.

Diese Menschen hätten ein besseres Leben als die, die zur Welt gekommen wären, wenn die fossilen Brennstoffe weiter subventioniert worden wären, aber sie wären *andere* Menschen. Der Intuition der Neutralität zufolge können wir die Welt nicht besser machen, indem wir neuen Menschen zur Existenz verhelfen. Daher können wir nicht sagen, dass der Ausstieg aus den fossilen Brennstoffen gut ist, weil er künftigen Generationen nutzt.

Nehmen wir zwei fiktive Personen, Alice und Bob. Wenn die fossilen Brennstoffe weiter subventioniert werden, kommt Alice 2070 zur Welt. Wenn die fossilen Brennstoffe *nicht* weiter subventioniert werden, kommt stattdessen Bob zur Welt. Beide leben ein glückliches Leben, doch weil der Klimawandel dank der Energiewende gemäßigter ausfällt, ist Bob glücklicher, als es Alice gewesen wäre. Laut der Intuition der Neutralität haben wir keinen Grund, dafür zu sorgen, dass Bob und nicht Alice existiert. Laut der Intuition der Neutralität ist es weder gut noch schlecht, die Existenz von Alice zu verhindern, und es ist weder gut noch schlecht, die Existenz von Bob zu begünstigen. Beides zusammen ist also ebenfalls weder gut noch schlecht.

Die Konsequenzen, die sich aus der Intuition der Neutralität ergeben, scheinen falsch zu sein. Intuitiv spielt es keine moralische Rolle, dass mit der Energiewende die Identität künftiger Menschen eine andere ist. Die Argumente für den Ausstieg aus den fossilen Brennstoffen sind genauso überzeugend, egal, ob das Auswirkungen darauf hat, wer in Zukunft existiert. Die Energiewende macht die Zukunft besser. Doch dabei bringt sie eine Population aus Menschen hervor, die *ganz anders* sind, als sie es ohne die Energiewende gewesen wären. Neue Menschen hinzuzufügen, kann also keine neutrale Angelegenheit sein.

Warum die Intuition der Neutralität falsch ist

Bislang haben wir uns mit Argumenten beschäftigt, warum die Intuition der Neutralität weniger korrekt ist, als es zunächst den Anschein haben mag. Es gibt jedoch auch ein starkes Argument für diese Sicht, das auf einer erstaunlich einfachen Logik basiert.[18]

Nehmen wir an, ein Paar überlegt, ob es ein Kind bekommen

möchte oder nicht. Da die Frau aktuell unter Vitaminmangel leidet, würde das Kind mit Sicherheit unter Migräne leiden: Ein Leben lang hätte es alle paar Monate lähmende Kopfschmerzen und müsste sich danach tagelang mit Mattigkeit und Hirnnebel herumplagen. Ansonsten hätte das Kind jedoch ein gutes und erfülltes Leben. Ausgehend von der Intuition der Neutralität, wäre es eine neutrale Angelegenheit, ob diese Eltern ein Kind bekommen oder nicht: Die Welt ist so oder so gleich gut.

Nehmen wir nun an, die Eltern haben die Option, das Kind einige Monate später zu bekommen. Der Vitaminmangel der Frau ist behoben, und das Kind, das sie zur Welt bringt, leidet nicht unter Migräne. Nennen wir die Option, kein Kind zu bekommen, *Kein Kind*, ein Kind mit Migräne zu bekommen, *Migräne* und ein Kind ohne Migräne *Migränefrei* (s. Grafik 8.1).

Wenn die Eltern die Wahl haben und sonst keine anderen Erwägungen hineinspielen, scheint es offensichtlich, dass sie ein Kind ohne Migräne gegenüber einem Kind mit Migräne vorziehen. Das heißt, die Option *Migränefrei* ist besser als die Option *Migräne*.

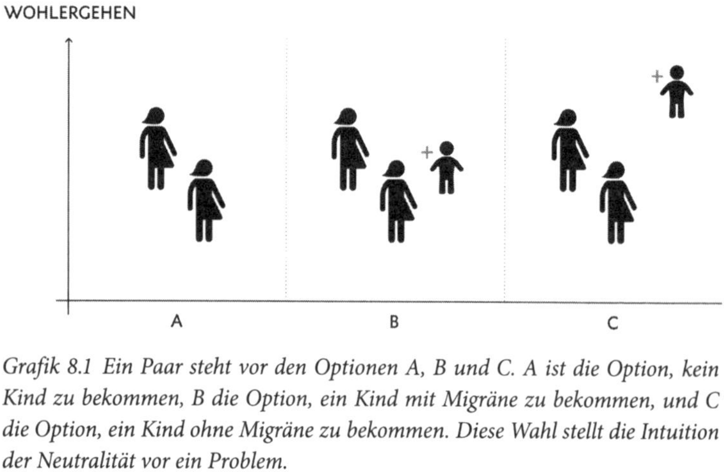

Grafik 8.1 Ein Paar steht vor den Optionen A, B und C. A ist die Option, kein Kind zu bekommen, B die Option, ein Kind mit Migräne zu bekommen, und C die Option, ein Kind ohne Migräne zu bekommen. Diese Wahl stellt die Intuition der Neutralität vor ein Problem.

Vergleichen wir dazu erst die Optionen *Kein Kind* und *Migräne*. Der Intuition der Neutralität zufolge wäre die Welt nicht besser und nicht schlechter, egal, ob die Eltern kein Kind oder ein Kind mit Migräne bekommen. Das heißt, *Kein Kind* ist genauso gut wie *Migräne*.

Nun vergleichen Sie *Kein Kind* mit *Migränefrei*. Laut der Intuition der Neutralität wäre die Welt nicht besser und nicht schlechter, wenn die Eltern kein Kind bekommen oder wenn sie ein Kind ohne Migräne bekommen. Das heißt, *Kein Kind* ist genauso gut wie *Migränefrei*.

Aber wenn *Kein Kind* genauso gut ist wie *Migräne* und *Kein Kind* genauso gut wie *Migränefrei*, dann müssen *Migräne* und *Migränefrei* ebenfalls gleich gut sein. Aber wir wissen, dass es schlechter ist, ein Kind mit Migräne zu bekommen als ein Kind ohne Migräne: Die beiden Ergebnisse sind identisch, außer dass im ersten Fall ein Mensch ein Leben lang mehr Leid erfährt. Die Intuition der Neutralität führt also zu einem Widerspruch.

Seit Jahrzehnten versuchen verschiedene Philosophen, das Problem der Intuition der Neutralität aus der Welt zu schaffen.[19] Es ist völlig unmöglich, der Diskussion hier gerecht zu werden, zumal sie sehr schnell sehr technisch wird. Doch meiner Ansicht nach sind alle Versuche, die Intuition der Neutralität zu verteidigen, zum Scheitern verurteilt.

Aber was bleibt, wenn wir die Intuition der Neutralität aufgeben? Diese Frage konnte auch Parfit nicht beantworten. Er bezeichnete die gesuchte Theorie der Populationsethik als »Theorie X«.[20] Sehen wir uns einige Kandidaten für diese Theorie an.

Die Theorie des Durchschnitts

Man könnte argumentieren, dass es darauf ankommt, das durchschnittliche Wohl der Population zu verbessern. Demzufolge wäre es besser, wenn 50 000 Menschen bei einem Wohlergehen von +60 leben als 400 000 bei einem Wohlergehen von +40. Diese Position wird oft implizit oder explizit von Wirtschaftswissenschaftlern vertreten, und Umfragen zeigen, dass sie auf der Alltagsvernunft basiert.[21]

So gern sich Philosophen streiten, in diesem Punkt sind sie sich einig: Die Theorie des Durchschnitts ist falsch. Sie krankt an einer schier endlosen Liste von Schwächen. Hier nur zwei davon. Erstens, stellen Sie sich vor, die Welt bestünde aus einer Million Menschen, deren Leben von furchtbarem Leid erfüllt ist; diese Welt könnte man besser machen, indem man eine weitere Million Menschen hinzufügt, die zwar ebenfalls leiden, aber ein bisschen weniger als die erste Million. (Dieses Gedankenexperiment geht auf Parfit zurück, der es als »Hölle Drei« bezeichnete.) Wenn das Wohl der ersten Million -100 beträgt und das der zweiten Mil-

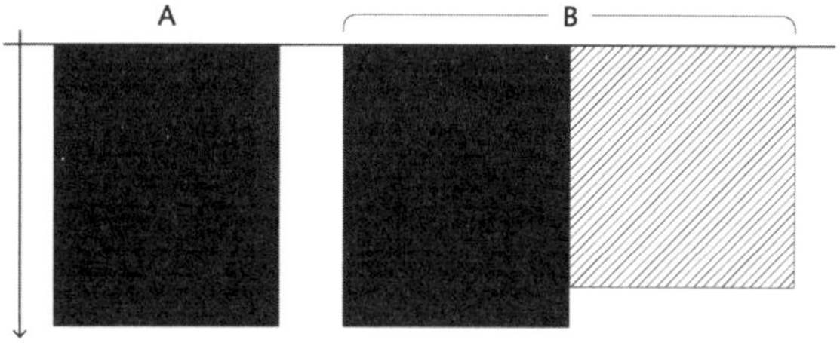

Grafik 8.2 Das Kastendiagramm veranschaulicht, warum die Theorie des Durchschnitts als »Hölle Drei« gilt. Die Populationen A und B bestehen aus Menschen, deren Leben so leidvoll ist, dass sie es vorziehen würden, nicht geboren worden zu sein. Population B unterscheidet sich von Population A nur darin, dass sie aus mehr Menschen mit einem leidvollen Leben besteht. Laut der Theorie des Durchschnitts ist B besser als A, da das Wohlergehen im Durchschnitt größer ist.

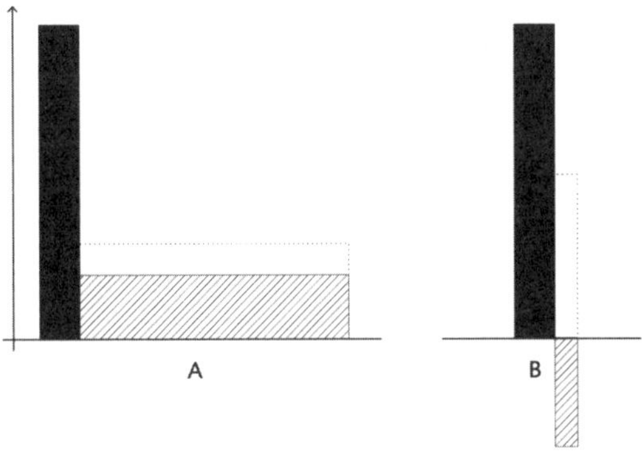

Grafik 8.3 Wie das Kastendiagramm zeigt, kann es nach der Theorie des Durchschnitts besser sein, leidvolle Leben in die Welt zu bringen als glückliche. Wenn zu einer glücklichen Population (schwarzer Kasten) eine große Zahl von Menschen mit geringerem, aber immer noch positivem Wohlergehen hinzukommt (A), drückt das den Durchschnitt stärker, als wenn zu dieser Population eine kleine Zahl von Menschen hinzukommt, deren Leben so leidvoll ist, dass sie besser nicht geboren worden wären (B).

lion -99,9, dann ist das gut, weil es den Durchschnitt hebt. Das ist jedoch absurd.

Das veranschaulicht das Kastendiagramm in Grafik 8.2, das die unterschiedlichen Populationen vergleicht. Die jeweiligen Kästen stehen für Populationen; die Breite des Kastens entspricht der Zahl der betreffenden Personen und die Höhe ihrem Wohl. Bei Menschen oberhalb der waagrechten Linie überwiegt das Glück, das heißt, sie haben positives Wohlergehen, bei Menschen unterhalb der Linie überwiegt das Leid, das heißt, sie haben negatives Wohlergehen.

Das zweite Problem ist, dass es nach der Theorie des Durchschnitts besser sein kann, neue leidvolle Leben in die Welt zu bringen als glückliche Leben. Nehmen wir an, die Welt besteht aus 10 Milliarden Menschen mit einem Wohlergehen von 100. Wir könnten nun entweder 10 Millionen Menschen hinzufügen, die in extremem Leid von -100 leben, oder 300 Millionen glückliche Menschen mit einem Wohlergehen von 90. Aber diese 300 Millionen glücklichen Menschen würden den Durchschnitt stärker drücken als die 10 Millionen extrem unglücklichen Menschen. Der Theorie des Durchschnitts zufolge wäre es also besser, wenn 10 Millionen extrem unglückliche Menschen hinzukämen.[22] Auch das ist absurd. Angesichts dieser Schwächen sollten wir von der Theorie des Durchschnitts Abstand nehmen (s. Grafik 8.3).

Die Theorie des Gesamtglücks

Wenn wir sowohl die Intuition der Neutralität als auch die Theorie des Durchschnitts ablehnen, könnte die Theorie des Gesamtglücks eine naheliegende Alternative sein. Dieser Theorie zufolge ist eine Population besser als eine andere, wenn die Gesamtsumme ihres Wohls größer ist.

Die Ausgangsüberlegung der Theorie des Gesamtglücks ist ganz einfach, dass mehr von einer guten Sache besser ist.[23] Gute Leben sind gut. Mehr von einer guten Sache ist besser. Wenn wir also die Zahl der guten Leben vergrößern, wird die Welt besser.

Was dagegen spricht, zeigt das folgende Gedankenexperiment. Stellen Sie sich zwei Welten vor: Nennen wir die erste »Groß und Blühend« und die zweite »Riesig und Grau«. In Groß und Blühend leben 10 Milliarden überglückliche Menschen. In Riesig und Grau leben gewaltige Menschenmassen, aber alle nur knapp über der Unglücksgrenze. Wenn die Theorie des Gesamtglücks stimmt, wäre die zweite Welt besser als die erste, sofern ihre Population groß genug ist. Das knapp positive Wohlergehen der gewaltigen Zahl trostloser Existenzen kann in der Summe größer sein als das von 10 Milliarden glücklichen Menschen.

Parfit hielt diesen Gedanken für derart abstoßend, dass er ihn als

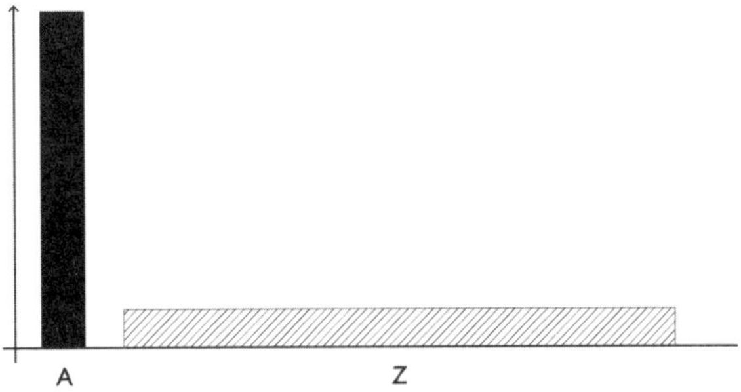

Grafik 8.4 Kastendiagramm zur Veranschaulichung der Widerwärtigen Schlussfolgerung: Das Gesamtglück einer glücklichen Population (A) kann kleiner sein als das Gesamtglück einer größeren Population, in der alle Menschen gerade so nicht unglücklich sind (Z). Der Theorie des Gesamtglücks zufolge wäre Z die bessere Gesellschaft.

»Widerwärtige Schlussfolgerung« bezeichnete (siehe Grafik 8.4).[24] Zunächst beschrieb er eine knapp positive Existenz als »Gedudel hören und Kartoffeln essen«,[25] später verglich er sie mit Eidechsen, die in der Sonne baden.[26]

Auch die Widerwärtige Schlussfolgerung widerspricht unserem spontanen moralischen Empfinden. Aber würde das heißen, dass wir die Theorie des Gesamtglücks damit zu den Akten legen sollten? Das sehe ich nicht so. In einer für die Philosophie ungewöhnlichen Aktion veröffentlichten unlängst 29 Philosophinnen und Philosophen eine Erklärung, in der sie forderten, eine Theorie zur Populationsethik nicht schon deshalb zu verwerfen, weil sie zur Widerwärtigen Schlussfolgerung führe.[27] Einer der Unterzeichner war ich.

Die Widerwärtige Schlussfolgerung mag unserem Bauchgefühl widersprechen, doch sie ergibt sich aus drei Annahmen, die ich allesamt für unabdingbar halte. Die erste Annahme: Wenn man das Wohl aller Angehörigen einer Population verbessert und gleichzeitig Menschen mit positivem Wohlergehen in die Welt bringt, hat

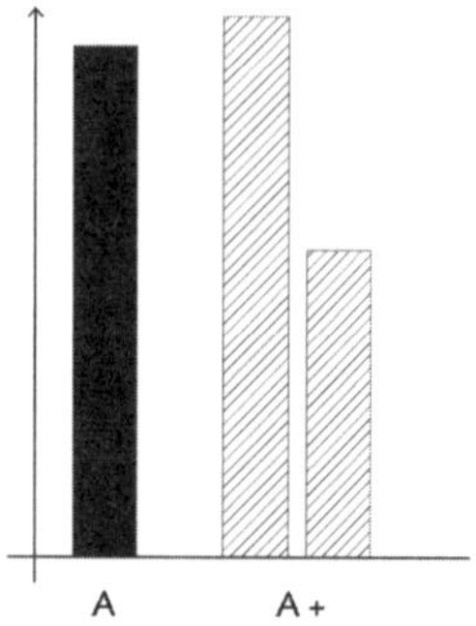

Grafik 8.5 Der Dominanz-Addition zufolge ist Population A+ besser als Population A.

man die Welt besser gemacht. Diese Annahme wird als Dominanz-Addition bezeichnet (siehe Grafik 8.5).[28]

Die zweite Annahme: Wenn von zwei gleich großen Populationen in der zweiten das Durchschnitts- und das Gesamtglück größer sind als in der ersten und das Wohlergehen absolut gleich verteilt ist, dann ist diese besser als die erste. Diese Annahme hat die etwas unhandliche Bezeichnung »Nicht-Anti-Egalitarismus« (Grafik 8.6). Der Grundgedanke lautet, dass Gleichheit nicht an sich schlecht ist. Einige Menschen sind zwar der Ansicht, dass Gleichheit nicht an

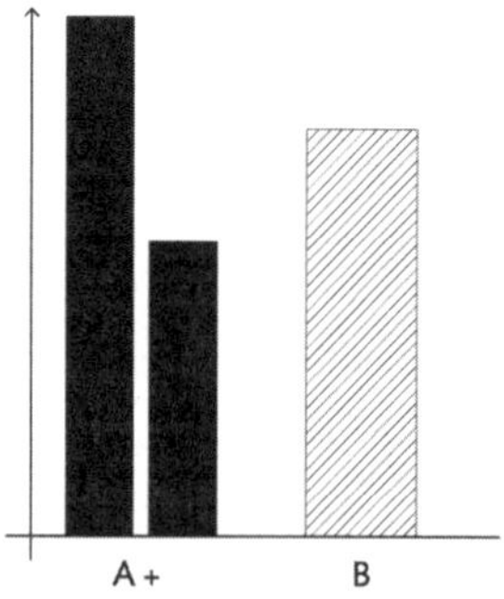

Grafik 8.6 Dem Nicht-Anti-Egalitarismus zufolge ist Population B besser als Population A+.

sich gut ist, doch meines Wissens nach glaubt niemand, dass sie die Welt schlechter macht.

Die dritte Annahme: Wenn eine Welt besser ist als eine zweite, die wiederum besser ist als eine dritte, dann ist die erste Welt auch besser als die dritte. Wenn A > B und B > C, dann ist auch A > C. Das bezeichnet man als Transitivität.

Stimmen wir diesen drei Annahmen zu, müssen wir logischerweise auch der Widerwärtigen Schlussfolgerung zustimmen. Zur Veranschaulichung verbinden wir die beiden vorhergehenden Diagramme (Grafik 8.7).

Beginnen wir mit Welt A, den 10 Milliarden Menschen, die ein überglückliches und erfülltes Leben führen. Das würden wir natürlich als sehr gute Welt ansehen. Daneben steht die Welt A+, die sich in zwei Punkten unterscheidet: Den 10 Milliarden Menschen aus A+ geht es noch besser geht als in Welt A, und dazu kommen weitere 10 Milliarden, denen es ganz ordentlich geht, wenn auch weit weniger gut als den ersten 10 Milliarden.

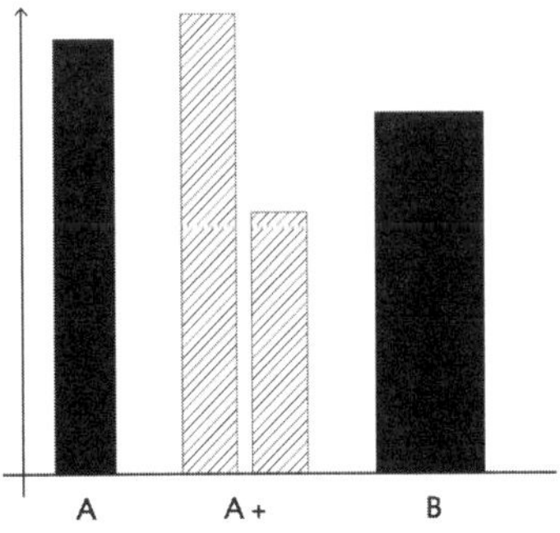

Grafik 8.7 Dominanz-Addition und Nicht-Anti-Egalitarismus legen den Schluss nahe, dass Population B besser ist als Population A, wobei »besser als« eine transitive Beziehung ist.

Für die Angehörigen der ersten Gruppe ist A+ besser als A. Auch die übrigen 10 Milliarden Menschen in A+ haben ein gutes Leben. Nach der Dominanz-Additions-Annahme können wir folgern, dass A+ besser ist als A.

Sehen wir uns nun Welt B an. Hier leben genauso viele Menschen wie in Welt A+. Allerdings gibt es hier keine Ungleichheit, allen Menschen geht es gleichermaßen gut. Mehr noch, in Welt B sind das Durchschnitts- und das Gesamtglück größer als in A+. Alle leben gut und gleich gut, auch wenn ihr Leben ein bisschen schlechter ist als das der Menschen in A.

Im Durchschnitt und in der Summe leben die Menschen in Welt B ein besseres Leben als die in Welt A+, und das Glück ist absolut gleichmäßig verteilt (anders als in der sehr ungleichen Welt A+). Nach der Nicht-Anti-Egalitarismus-Annahme können wir folgern, dass Welt B besser ist als Welt A+.

Und weil B besser ist als A+ und A+ besser ist als A, müssen wir zu dem Schluss gelangen, dass B auch besser ist als A. Hier kommt die Annahme der Transitivität ins Spiel. Und wenn wir zu dem Schluss gelangen, dass B besser ist als A, heißt das, dass eine größere Population mit einem geringeren Durchschnittsglück bes-

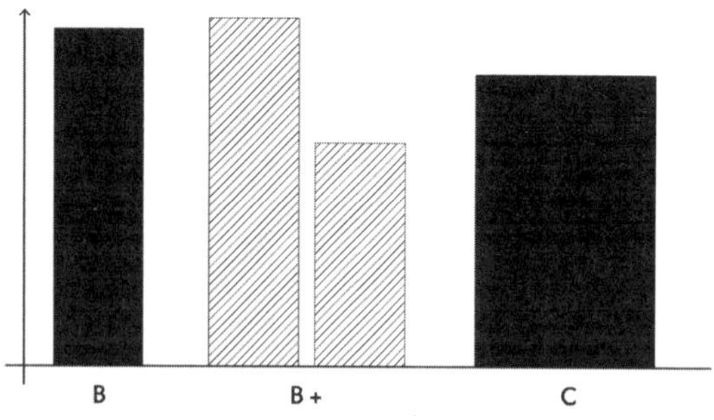

Grafik 8.8 Wie in Grafik 8.5 bis 8.7 folgt aus der Dominanz-Addition und dem Nicht-Anti-Egalitarismus, dass Population C besser ist als Population B, wobei »besser als« eine transitive Beziehung ist.

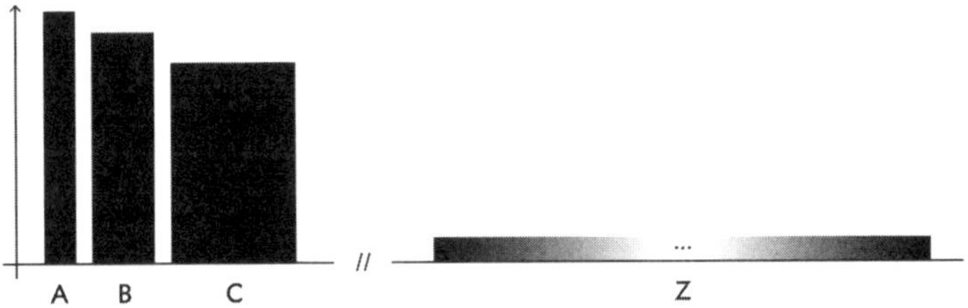

Grafik 8.9 Wie in Grafik 8.7 und 8.8 können wir beginnend mit der glücklichen Population A eine Reihe von immer größeren Populationen B, C und so weiter konstruieren, von denen jede »besser« ist als die vorige. Wir enden bei der sehr großen Population Z mit einem knapp positiven Wohlergehen, die besser ist als die ursprüngliche Population A. Mit anderen Worten, die scheinbar unstrittigen Annahmen der Dominanz-Addition (Grafik 8.5) und des Nicht-Anti-Egalitarismus (Grafik 8.6) führen zur Widerwärtigen Schlussfolgerung (Grafik 8.4), wenn die »Besser als«-Beziehung transitiv ist.

ser ist als eine kleinere Population mit einem größeren Durchschnittsglück.

Diesen Prozess können wir nun wiederholen (s. Grafik 8.8).

Es könnte eine Welt B+ geben, in der die Menschen aus Welt B ein bisschen glücklicher sind und weitere 20 Milliarden Leben hinzukommen, die zwar glücklich sind, aber nicht ganz so glücklich wie die ursprünglichen 20 Milliarden. Und eine Welt C, die wie B+ aussieht, nur dass alle Menschen gleich glücklich sind, auf einem Niveau etwas unterhalb der glücklichsten Menschen aus Welt B+. Das ließe sich beliebig fortsetzen, wobei das durchschnittliche Wohlergehen der Menschen immer weiter sinkt und die Population immer größer wird (s. Grafik 8.9).

Am Ende steht eine gewaltige Zahl von Menschen mit minimal positivem Wohlergehen, und wir müssten zu dem Schluss kommen, dass diese Welt besser ist als die ursprüngliche mit 10 Milliarden ausgesprochen glücklichen Menschen. Und damit wären wir bei der Widerwärtigen Schlussfolgerung angelangt.

Wenn Sie die Widerwärtige Schlussfolgerung ablehnen, müssen Sie also auch die Annahmen ablehnen, auf denen diese Argumentation aufbaut. Doch jede dieser Annahmen scheint unanfechtbar. Wir stehen vor einem Paradox.

Wir haben nun die Möglichkeit, die Widerwärtige Schlussfolgerung zu akzeptieren und zu argumentieren, dass sie vielleicht gar nicht so widerwärtig ist, wie es zunächst scheint. Dazu neige ich persönlich. Andere Philosophen sind der Ansicht, dass wir stattdessen einige der Annahmen ablehnen sollten. Für diesen Weg entschied sich Parfit. Damit war er nicht der Einzige, viele Philosophen haben Theorien entworfen, um nicht zur Widerwärtigen Schlussfolgerung kommen zu müssen. Eine Alternative mit prominenten Vertretern ist die Theorie der kritischen Schwelle.

Die Theorie der kritischen Schwelle

Auch die Theorie der kritischen Schwelle geht davon aus, dass ein zusätzliches gutes Leben begrüßenswert ist, aber nur, wenn dieses Leben *hinreichend gut* ist, also oberhalb eines bestimmten Niveaus des Wohlergehens.[29] Außerdem ist es der Theorie der kritischen Schwelle zufolge schlecht, Menschen in die Welt zu bringen, deren Wohlergehen zwar positiv, aber nicht besonders gut ist. Das steht im Gegensatz zur Theorie des Gesamtglücks, der zufolge es immer gut ist, ein Leben mit positivem Wohlergehen in die Welt zu bringen.

Nach der Theorie der kritischen Schwelle ist es schlecht, Leben mit geringem positivem Wohlergehen zur Existenz zu verhelfen.[30] Damit widerspricht diese Theorie der Dominanz-Addition und entgeht der Widerwärtigen Schlussfolgerung (Grafik 8.10).

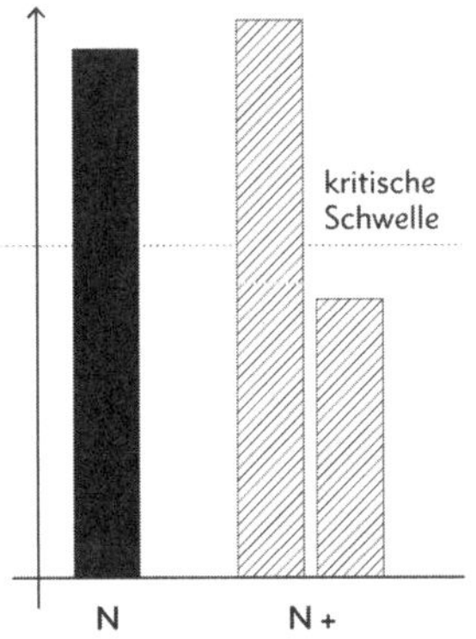

Grafik 8.10 Der Theorie der kritischen Schwelle zufolge macht der Zuwachs von Menschen, deren Wohlergehen zwar positiv ist, aber unter einer bestimmten Schwelle liegt (wie im rechten Kasten von N+), die Welt schlechter. Auch wenn das Wohlergehen des linken Kastens von N+ größer ist als das von N, wiegt dies den negativen Effekt nicht auf. Daher ist N+ insgesamt schlechter als N, im Widerspruch zur Dominanz-Addition.

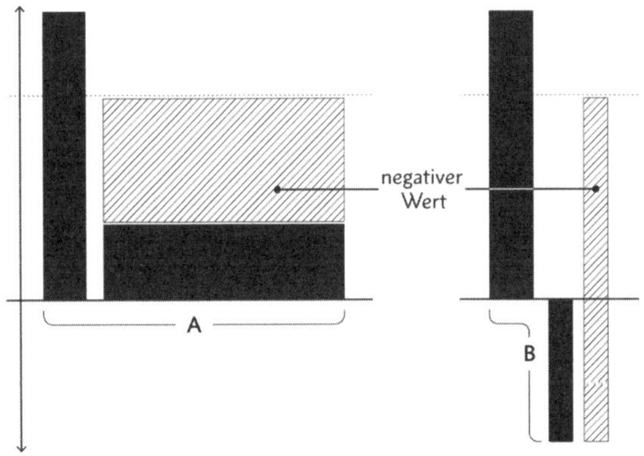

Grafik 8.11 Die Theorie der kritischen Schwelle führt zur Sadistischen Schlussfolgerung. Stellen Sie sich eine Population vor, deren Wohlergehen zwar positiv ist, aber unterhalb der kritischen Schwelle bleibt, wie der rechte Kasten von A. Statt diese Population glücklicher Menschen zu addieren, wäre es der Theorie der kritischen Schwelle zufolge besser, eine Population von Leben mit negativem Wohlergehen hinzuzufügen, vorausgesetzt, diese ist ausreichend klein – zum Beispiel der rechte Kasten in B.

Doch die Theorie der kritischen Schwelle hat ihre eigenen Fallstricke.[31] Wie die Theorie des Durchschnitts führt sie beispielsweise zur sogenannten Sadistischen Schlussfolgerung, das heißt, es könnte besser sein, der Welt leidvolle Leben hinzuzufügen als glückliche (Grafik 8.11).

Zur Veranschaulichung nehmen wir an, dass die kritische Schwelle bei 10 liegt. Der Theorie der kritischen Schwelle zufolge wäre es schlechter, wenn hundert Menschen mit einem Wohlergehen von 5 zu dieser Population hinzukommen als zehn Menschen mit einem Wohlergehen von -30. Wenn Menschen mit nur geringem positivem Wohlergehen hinzukommen, ist das der Theorie zufolge schlecht, wenn also genügend solcher Leben hinzukommen, ist das schlechter für das gesamte Wohlergehen als eine kleine Zahl von leidvollen Leben. Das kann nicht richtig sein. Wie alle Theorien der Populationsethik hat auch die Theorie der kritischen Schwelle einige unschöne Seiten.

Was tun, wenn man nicht weiß, was tun?

Philosophen sind sich nach wie vor uneins, welche Herangehensweise an die Populationsethik die richtige ist. Mein Favorit ist die Theorie des Gesamtglücks, doch angesichts der Komplexität der Materie möchte ich mich nicht festlegen. Meiner Ansicht gibt es überhaupt keine Variante, der man uneingeschränkt beipflichten möchte.

Trotzdem müssen wir handeln. Das heißt, wir müssen im Angesicht der Ungewissheit Entscheidungen treffen. In Kapitel 2 habe ich den Gedanken ins Spiel gebracht, dass in einer solchen Situation der Erwartungswert die beste Möglichkeit ist, uns zwischen verschiedenen Optionen zu entscheiden. Dort ging es um empirische Ungewissheit, also die Ungewissheit darüber, welches Ergebnis sich einstellen wird. Hier geht es nun um eine Entscheidungshilfe in einer Situation, in der Unklarheit über Werte besteht. Ich gehe davon aus,[32] dass sich die Theorie des Erwartungswerts unter Umständen auch auf Ungewissheit in Wertefragen ausweiten lässt. Im Falle der Populationsethik sollten wir herausfinden, welches Vertrauen wir in jede dieser unterschiedlichen Herangehensweisen haben, um für unser Handeln den bestmöglichen Kompromiss zu finden. Auf diese Weise finden wir heraus, welche unserer Optionen den höchsten Erwartungswert hat.

Zur Veranschaulichung nehmen wir an, Sie überlegen sich, für wie wahrscheinlich Sie die Theorie des Gesamtglücks und die Theorie der kritischen Schwelle halten; alle anderen Theorien lassen wir der Einfachheit halber außer Acht. Wenn Sie den Erwartungswert maximieren, folgen Sie der Theorie der kritischen Schwelle, obwohl Sie die Schwelle für das »hinreichend gute Leben« niedriger ansetzen, als Sie das täten, wenn Sie absolut von dieser Theorie überzeugt wären. Nehmen wir an, Sie halten die Theorie des Gesamtglücks und der Theorie der kritischen Schwelle für gleichermaßen wahrscheinlich, wobei Sie die Schwelle bei 10 festlegen. Wenn Sie den Erwartungswert maximieren, wäre die effektive kritische Schwelle in der Mitte zwischen derjenigen der Theorie des Gesamtglücks (0) und derjenigen der Theorie der kritischen Schwelle (10). Angesichts dieser moralischen Ungewissheit wäre es gut, ein Leben in die Welt zu bringen, wenn sein Wohl größer als 5 ist, aber nicht gut, wenn sein Wohlergehen kleiner als 5 ist.

Mein Kollege Toby Ord und meine Kollegin Hilary Greaves haben festgestellt, dass sich diese Herangehensweise auf eine Reihe von Theorien der Populationsethik anwenden lässt, auch auf diejenigen, die von der Intuition der Neutralität ausgehen.[33] Wenn Sie all diesen Theorien unsicher gegenüberstehen, kommen Sie so immer noch auf eine niedrige, aber positive kritische Schwelle.

Kinder machen glücklich

Menschen aus wohlhabenden Ländern wollen in der Regel mehr Kinder, als sie bekommen. Amerikaner wünschen sich zum Beispiel im Durchschnitt 2,6 Kinder, bekommen aber nur 1,8.[34] Das liegt vor allem daran, dass ihnen Arbeit und andere Verpflichtungen in die Quere kommen. Aber immer mehr Menschen halten es inzwischen für unethisch, Kinder zu bekommen, weil mehr Kinder mehr Kohlendioxidemissionen und eine Beschleunigung des Klimawandels bedeuten.[35]

Ich halte das für falsch. Kinder haben positive wie negative Auswirkungen. Sie üben nicht nur einen positiven Einfluss auf ihre Familien und Freunde aus, sondern tragen auch zum Wohl der Gemeinschaft bei, indem sie später Steuern zahlen, die Infrastruktur mit aufbauen und neue Ideen über das Leben und die Gesellschaft beisteuern. Im vorigen Kapitel haben wir gesehen, dass der aktuelle Rückgang der Fruchtbarkeit in eine lange Ära der Stagnation münden und die gefährliche Phase verlängern könnte. Kinder zu bekommen, kann diese Gefahren verringern helfen.

Bislang waren die Auswirkungen einer wachsenden Bevölkerung positiv, zumindest für die Menschheit. Andernfalls wäre das dramatische Bevölkerungswachstum der vergangenen Jahrzehnte mit immer größerem Elend einhergegangen, doch das Gegenteil war der Fall. Stellen Sie sich vor, wie viel schlechter die Welt dran wäre, wenn es Benjamin Lay, Frederick Douglass und Harriet Tubman und ihren Kampf gegen die Sklaverei nicht gegeben hätte oder die Forscher Marie Curie, Ada Lovelace und Isaac Newton nicht geboren worden wären![36] Und vergessen Sie nicht, dass auch Sie zur Bevölkerung gehören! Wenn Sie glauben, dass Sie die Welt besser gemacht haben, dürfen Sie das ruhig auch neuen Menschen zutrauen.

Aber es geht nicht nur darum, dass Kinder positive Auswirkungen haben. Wenn Ihre Kinder ein hinreichend gutes Leben führen, ist Ihre Entscheidung, sie zu bekommen, *gut für sie*. Mit einer hinreichend guten Erziehung und Bildung ist es eine gute Sache, die Gelegenheit zu erhalten, diese Welt zu erleben. Und wenn Sie dann Enkel haben, tun Sie auch ihnen wohl und bringen ihnen Nutzen.

Natürlich ist es eine sehr persönliche Entscheidung, Kinder zu bekommen oder nicht. Wer keine Kinder will, sollte nicht verurteilt werden, und umgekehrt darf der Staat die Rechte der Bürger nicht einschränken, indem er den Zugang zu Verhütungsmitteln einschränkt oder Abtreibung verbietet.

Doch angesichts der Vorteile des Kinderkriegens sollten wir Kinder wieder als positiven Beitrag zur Welt sehen. Sie können ein gutes Leben leben, indem Sie Menschen in Ihrer Umgebung helfen, für soziale Anliegen spenden oder gesellschaftlich wichtige Arbeit leisten, aber auch, indem Sie eine Familie gründen und Ihren Kindern eine liebevolle Mutter oder ein liebevoller Vater sind.

Größer ist besser

Die Populationsethik könnte Ihre Einstellung zur Familiengründung ändern, doch das ist nicht ihr Hauptanliegen. Ihre eigentliche Frage lautet: »Wie schlecht ist das Ende der Zivilisation?« Sollten wir uns den Kopf über den Verlust der künftigen Menschen zerbrechen, die nie das Licht der Welt erblicken werden, wenn sich die Menschheit in den kommenden Jahrhunderten auslöscht? Wir haben nun eine vorläufige Antwort: Ja, es *ist* ein Verlust, wenn künftige Menschen an ihrer Existenz gehindert werden – vorausgesetzt, ihr Leben ist hinreichend gut. Daher wäre das vorzeitige Aussterben der Menschheit eine gewaltige Tragödie.

Doch die eigentliche Schlussfolgerung geht noch weiter. Wenn die künftige Zivilisation gut genug ist, sollte uns nicht nur daran gelegen sein, die baldige Auslöschung der Menschheit zu vermeiden. Wir sollten auch hoffen, dass die künftige Zivilisation *groß* ist. Wenn es künftigen Menschen hinreichend gut geht, ist eine Zivilisation, die doppelt so groß oder doppelt so langlebig ist, auch doppelt so gut.

In der Praxis macht dies die Besiedlung des Weltalls zu einem moralischen Gebot. Auch wenn die irdische Zivilisation noch Hunderte Millionen Jahre halten sollte, werden noch in Billionen Jahren die Sterne funkeln, und so lange könnte auch eine Zivilisation überleben, die in andere Sonnensysteme aufbricht. Diese Zivilisation könnte nicht nur langlebig sein, sondern auch breit gestreut. Unsere Sonne ist nur eine von Hunderten Milliarden in unserer Milchstraße, und die Milchstraße ist nur eine von 20 Milliarden Galaxien im sichtbaren Universum.[37] Die Zukunft der Zivilisation könnte wahrhaft astronomisch sein, und wenn wir eine blühende Gesellschaft schaffen, könnte dies von immenser Bedeutung sein.

Was nicht heißt, dass wir die Besiedlung des Weltalls schon heute vorantreiben sollten. Die Besiedlung des Weltalls könnte ein Moment des Einrastens sein: Die Normen, Gesetze und Machtverhältnisse zur Zeit der ersten Siedler bestimmen möglicherweise darüber, wer Zugang zu welchen Himmelskörpern hat und wie diese genutzt werden.[38] Indem wir nicht überhastet ins Weltall rauschen, haben wir die Zeit, Regierungssysteme zu entwickeln, die nicht einfach nur das Unrecht von heute in die Zukunft fortschreiben.

Außerdem gibt es Dringlicheres. Die Marsrover Curiosity, Perseverance oder Zhurong und andere aktuelle Projekte zur Erforschung des Weltalls sind wichtig, weil sie die Wissenschaft voranbringen und die Menschheit inspirieren. Doch die eigentliche Schlussfolgerung aus den Überlegungen der Populationsethik muss sein, dass wir unsere Anstrengungen darauf richten sollten, die Katastrophen abzuwenden, die der Menschheit in diesem Jahrhundert drohen, um in kommenden Jahrhunderten überhaupt eine Chance zu haben, eine blühende interstellare Gesellschaft zu begründen.

Vor allem steht über dieser Diskussion ein großes »Wenn«: *wenn* die Zukunft hinreichend gut ist. Aber vielleicht ist sie es ja gar nicht. Das sehen wir uns im nächsten Kapitel an.

KAPITEL 9

Wird die Zukunft gut oder schlecht?

Alles Leben in einem

Zu Beginn dieses Buchs habe ich Sie gebeten, sich vorzustellen, dass Sie die Leben sämtlicher jemals geborenen Menschen hintereinander leben. Kehren wir nun zu diesem Gedankenexperiment zurück und stellen einige weitere Fragen. Erstens: Hat es sich gelohnt? Wenn Sie das Leben sämtlicher Menschen hintereinander durchlebt haben, war Ihr Leben dann unterm Strich gut? Sind Sie froh, dass Sie diese 100 Milliarden Leben gelebt haben? Zweitens: Wenn Sie in die Zukunft blicken, tun Sie dies mit Optimismus oder Sorge? Wenn Sie erfahren würden, dass die Menschheit in einigen wenigen Jahrhunderten aussterben würde, wären Sie dann traurig, weil Ihnen so viel Freude entginge, oder erleichtert, weil Ihnen so viel Leid erspart bliebe?

Überlegen Sie nun, ob es etwas an Ihrer Antwort ändern würde, wenn wir das Gedankenexperiment ein wenig abwandeln. Stellen Sie sich vor, Sie durchleben nicht nur die Leben dieser 100 Milliarden Menschen, sondern die Leben sämtlicher fühlenden Lebewesen, die jemals auf der Erde gelebt haben.[1] Die ersten Gehirne entstanden vor über 500 Millionen Jahren.[2] Wir wissen nicht, wann das Licht des Bewusstseins entzündet und die erste bewusste *Erfahrung* gemacht wurde, doch es kann nicht viel später gewesen sein. Gehen wir jedoch der Einfachheit halber von der sehr konservativen Annahme aus, dass nur Wirbeltiere ein Bewusstsein haben. Wenn Sie sämtliche Leben aller fühlenden Lebewesen durchleben, dann wären das 100 Milliarden Billionen Jahre des Bewusstseins. Fast 80 Prozent davon würden Sie als Fisch verbringen und 20 Prozent als Amphibie oder Reptil. Eine Trillion Jahre lang wären Sie Dinosaurier, um dann in einem Asteroideinschlag zu verschwinden. Ihre Zeit als Säugetier würde nur ein Promille Ihrer gesamten Existenz ausmachen.[3]

Als Mensch würden Sie gerade einmal ein Hundertmilliardstel Ihres Daseins verbringen. Die Evolution des *Homo sapiens* wäre für Sie dennoch ein Bruch: Zum ersten Mal würden Sie nicht nur erleben, sondern Sie könnten Ihr Erleben auch verstehen und in Begriffe fassen. Die natürliche Umwelt, in der Sie während all Ihrer nicht menschlichen Existenzen gelebt hätten, würde Schritt für Schritt zerstört werden, und Sie würden am eigenen Leib das Leid der Tiere erfahren, die für den menschlichen Verzehr gezüchtet und getötet werden. Wenn Sie die Existenzen aller fühlenden Wesen durchleben würden, wäre die Evolution des *Homo sapiens* dann eine gute Sache für Sie? Und wenn Sie wüssten, dass Sie auch die künftigen Leben aller fühlenden Wesen durchleben würden, darunter auch der künstlichen bewussten Wesen, die eines Tages geschaffen werden könnten, würden Sie dann optimistisch in die Zukunft blicken?

Dieses Gedankenexperiment bringt uns zur eigentlichen Frage dieses Kapitels: Ist der Fortbestand der menschlichen Zivilisation bis in die ferne Zukunft aus moralischer Sicht eine gute Sache? Oder wäre es besser für die Welt, wenn sie in den kommenden Jahrhunderten unterginge? Aus Sicht des langfristigen Denkens ist das eine wichtige Frage, denn sie entscheidet darüber, wo wir unsere Prioritäten setzen. In der Folge bezeichne ich Menschen, die unsere Zukunftsaussichten für gut halten, als *Optimisten* und diejenigen, die sie für schlecht halten, als *Pessimisten*. Je optimistischer wir sind, umso wichtiger ist es uns, den dauerhaften Zusammenbruch der Zivilisation oder die Auslöschung der Menschheit zu verhindern; je pessimistischer wir sind, umso wichtiger ist es, uns stattdessen auf einen Wertewandel und Kurskorrekturen zu konzentrieren. Die Philosophenzunft ist sich uneins, wie optimistisch oder pessimistisch sie in die Zukunft blicken soll. Der notorische Miesepeter Schopenhauer meinte beispielsweise: »Wenn man, soweit es annäherungsweise möglich ist, die Summe von Noth, Schmerz und Leiden jeder Art sich vorstellt, welche die Sonne in ihrem Laufe bescheint; so wird man einräumen, daß es viel besser wäre, wenn sie auf der Erde so wenig wie auf dem Monde hätte das Phänomen des Lebens hervorrufen können, sondern, wie auf diesem, so auch auf jener die Oberfläche sich noch im krystallinischen Zustande befände.«[4] Etwas prosaischer drückte es David Benatar aus, als er unlängst meinte: »Das Aussterben der Menschheit wäre natürlich in gewisser Hinsicht schlecht für uns, doch unterm Strich wäre es besser, wenn es keine weiteren Menschen (und kein bewusstes Leben) mehr gäbe.«[5]

Derek Parfit war dagegen Optimist und schrieb in seinem letzten Buch:

> *So wie wir nicht menschliche Vorfahren hatten, könnten wir auch nicht menschliche Nachfahren haben. Wir könnten solche Wesen als supramenschlich bezeichnen. Unsere Nachfahren könnten die Welt der Zukunft zu einem sehr guten Ort machen … Das Leben kann wunderbar und schrecklich sein, und wir verfügen zunehmend über die Fähigkeit, es gut zu machen. Da die menschliche Geschichte vielleicht erst an ihrem Anfang steht, können wir davon ausgehen, dass die künftigen Menschen, die Supramenschen, Gutes in einem Ausmaß hervorbringen, wie wir es uns nicht einmal vorstellen können. Um es mit Nietzsche zu sagen – die neue Morgenröte strahlt, der Horizont ist frei, das Meer liegt offen da.*[6]

Die Frage nach dem Wert der Zukunft ist knifflig, doch ich gehe davon aus, dass wir im Großen und Ganzen eine positive Zukunft erwarten dürfen. Zunächst frage ich, ob die Welt für die heute lebenden Menschen gut ist und ob sie besser oder schlechter wird; dann stelle ich diese Frage für nicht menschliche Tiere und Güter, die nicht unmittelbar mit unserem Wohlergehen zu tun haben. Und schließlich frage ich, wie wir Gutes und Schlechtes gegeneinander abwägen können, und begründe, warum wir mit Optimismus in die langfristige Zukunft blicken können.

Wie viele Menschen führen ein hinreichend gutes Leben?

Beginnen wir unsere Untersuchung zum Wert der Zukunft mit der Frage, ob die Welt der Gegenwart für die heute lebenden Menschen besser ist als nichts. Leben die meisten Menschen ein Leben, das man unterm Strich als glücklich bezeichnen könnte? Die Frage ist heikel, doch es scheint vorstellbar, dass Menschen tatsächlich ein Leben des negativen Wohlergehens leben. Wenn das Leben eines Menschen aus Leid und Qual besteht, scheint es sinnvoll zu sagen, dass dieses Leben schlecht für ihn ist. Was nicht bedeutet, dass dieses Leben nicht wert ist, gelebt zu werden – dieser Mensch könnte sich wünschen, nie zur Welt gekommen zu sein, und trotzdem durch seine Arbeit oder in seinen Beziehungen einen wichtigen gesellschaftlichen Beitrag leisten. Es bedeutet vielmehr, dass dieses Leben – unabhängig davon, was es für andere bedeutet – für den betreffenden Menschen so viel Leid mit sich bringt, dass es aus seiner Sicht schlechter ist als die Nichtexistenz.

Vielleicht fragen Sie: Wer bin ich, dass ich beurteilen soll, welches Leben besser oder schlechter als neutral ist? Diese Frage ist berechtigt. Wir sollten uns davor hüten, zu beurteilen, wie gut oder wie schlecht das Leben eines anderen Menschen ist, denn es ist kaum möglich, die Erfahrungen von Menschen zu verstehen, die ein ganz anderes Leben führen als wir selbst. Daher können wir uns nur auf deren Selbstaussagen verlassen. Um herauszufinden, wie viele Menschen heute unterhalb eines neutralen Glücksniveaus leben, müssen wir sie fragen, ob sie ihrer Ansicht nach mehr Leid als Glück erfahren oder ob sie sich wünschen würden, nie geboren worden zu sein.

Die Frage, wie viele Menschen ein gutes Leben leben – und was ihr Leben dazu macht –, ist nicht nur aus der Sicht des langfristigen Denkens interessant. Sie ist zum Beispiel auch für Regierungen relevant, die über Investitionen ins Gesundheitswesen entscheiden. Wenn Sie der Ansicht sind, dass das Leben der meisten Menschen eher von Leid geprägt ist, investieren Sie tendenziell eher in Maßnahmen zur Verbesserung des Lebens, zum Beispiel die Behandlung von chronischen Schmerzen, und weniger in lebensrettende Maßnahmen, zum Beispiel die Prävention gegen Malaria; wenn Sie allerdings der Ansicht sind, dass das Leben der meisten Menschen großartig ist, wird es wichtiger, Leben zu retten. Interessanterweise gehen Behörden und Wohltätigkeitseinrichtungen bei der Einschätzung, welches Leid eine Krankheit verursacht, meist davon aus, dass der schlimmstmögliche Zustand eines Menschen der Tod ist, doch das ist ein Irrtum.[7]

Vielleicht halten Sie es für offensichtlich, dass das Leben der allermeisten Menschen unterm Strich positiv ist. Ich würde mein eigenes Leben so einschätzen und Sie das Ihre vielleicht auch. Aber ich bin keinesfalls repräsentativ für die Welt als Ganzes, und wenn Sie dieses Buch lesen, sind Sie es vermutlich auch nicht. Mehr als die Hälfte der Menschheit lebt von weniger als sieben Dollar am Tag, und das bezieht schon die Tatsache ein, dass Geld in armen Ländern so viel weiter reicht – die sieben Dollar entsprechen dem, was man in den Vereinigten Staaten dafür kaufen könnte.[8] Ich persönlich würde mich nicht für einen reichen Menschen halten, mit meinen Einkünften liege ich nur knapp über dem mittleren Einkommen in Großbritannien. Damit bin ich jedoch 15-mal so reich wie die Mehrheit der Menschen auf der Welt.[9] Ich sollte also nicht annehmen, dass ich in der Lage bin, mir das Leben und Wohlergehen eines Durchschnittsmenschen der Gegenwart vorzustellen, geschweige denn das Leben der ärmsten Milliarde.

Um beurteilen zu können, ob die meisten Menschen unterm Strich ein glückliches Leben führen, also ein Leben des positiven Wohlergehens, müssen wir erst einmal klären, was wir überhaupt darunter verstehen. In der Moralphilosophie gibt es dazu im Wesentlichen drei Theorien.[10]

Die erste ist die Theorie der Präferenzbefriedigung, der zufolge Ihr Leben in dem Maße gut ist, in dem Sie wohlüberlegte Vorstellungen vom Leben verwirklichen können. Das heißt, Ihr Leben ist gut, wenn Sie das bekommen, was Sie wollen, auch wenn Sie das gar nicht bewusst wahrnehmen. So wünschen Sie sich vielleicht, dass Ihnen Ihr Partner oder Ihre Partnerin treu ist, selbst in Situationen, von denen Sie nicht wissen können, ob das auch wirklich so ist.

Die zweite ist die Theorie des Hedonismus, der zufolge unser Wohlergehen allein von unserem bewussten Erleben abhängt: Positive Erfahrungen wie Lust oder Ruhe machen unser Leben besser, und negative Erfahrungen wie Leid oder Trauer machen es schlechter. Das heißt, wenn Sie das bekommen, was Sie wollen, macht das Ihr Leben nur dann besser, wenn es das Verhältnis Ihrer bewussten positiven und negativen Erfahrungen verbessert. Wenn Sie reich und erfolgreich werden, aber das Verhältnis Ihrer bewussten positiven und negativen Erfahrungen gleich bleibt, ist Ihr Leben nach Ansicht der Hedonisten nicht besser geworden, nur weil Sie das bekommen haben, was Sie wollten.

Die dritte ist die Theorie der »objektiven Liste«. Demnach gibt es viele Dinge, die sich positiv auf unser Wohlergehen auswirken, selbst wenn sie keinerlei positiven Einfluss auf unser bewusstes Erleben haben und wir sie uns nicht bewusst wünschen. Deshalb werden sie als »objektiv« bezeichnet. Dazu gehören etwa Freundschaft, Schönheit oder Wissen. Die in diesem Kapitel behandelten Fragen sind mit der objektiven Liste besonders schwer zu erfassen (unter anderem weil es eine große Vielfalt von objektiven Gütern gibt), weshalb ich sie beiseitelasse. In einem der folgenden Abschnitte geht es allerdings um Güter, die sich negativ auf unser Wohlergehen auswirken, und dort werden wir das Thema indirekt beleuchten.

Obwohl die Frage nach der Zahl der Menschen, die unterm Strich ein positives Leben führen, von extremer Wichtigkeit ist, gibt es kaum psychologische Daten dazu. Von den rund 170 000 Büchern und Artikeln, die sich mit dem subjektiven Wohlbefinden beschäftigen,[11] geht nur eine Handvoll der Frage nach, für wen das Leben insgesamt positiv ist. Drei psychologische Ansätze sind hier relevant.[12]

Erstens gibt es Befragungen, die die Lebenszufriedenheit ermitteln sollen. Bei diesen Befragungen sollen die Teilnehmer ihr Leben als Ganzes auf einer Skala von 0 bis 10 bewerten, wobei 10 das ihrer Ansicht nach bestmögliche Leben repräsentiert und 0 das schlechtestmögliche.[13] Zwischen 2005 und 2015 wurden die Daten von mehr als 1,5 Millionen Menschen aus 166 Ländern erhoben, und nur 47 Prozent kamen im Mittel auf über 5.[14]

Für unsere Zwecke müssten wir allerdings wissen, wie die Befragten diese Skala verstehen und wo sie selbst den neutralen Punkt sehen – also den Punkt, ab dem das Leben aus ihrer subjektiven Sicht schlechter wäre als die Nichtexistenz. Wir können nicht annehmen, dass dieser Punkt die Mitte der Skala wäre. Vielmehr scheint klar, dass die Befragten die Frage nicht wörtlich verstehen. Meinem Verständnis nach wäre das bestmögliche Leben (10) eines in nicht enden wollender Glückseligkeit und das schlechtestmögliche (0) eines in unerträglicher Qual. Wenn ich die Skala so verstehe, schwankt mein Leben – und vermutlich das der meisten Menschen – irgendwo zwischen 4,9 und 5,1.[15] Doch die Teilnehmer geben eine große Bandbreite von Antworten, und viele vergeben eine 10 oder eine 0.[16] Das heißt, ihre Antworten sind relativ zu verstehen, also im Verhältnis zu dem, was sie in ihrem Land oder in der Welt von heute für realistisch vorstellbar halten.[17] Eine Untersuchung aus dem Jahr 2016 zeigte, dass auch viele der Teilnehmer, die sich selbst eine 10 gaben, ganz erhebliche Probleme im Leben hatten. Einer davon litt beispielsweise an einem Aneurysma, hatte seit der Haftentlassung seines Vaters keine Beziehung mehr zu ihm, musste seine todkranke Mutter pflegen und hatte 17 Jahre lang in einer unerträglichen Ehe gelebt.[18]

Da diese Skala relativ ist, lässt sich kaum sagen, wo sich der neutrale Punkt befinden könnte, und bedauerlicherweise haben sich nur zwei kleinere Untersuchungen mit dieser Frage beschäftigt. Teilnehmer aus Kenia und Ghana sahen diesen neutralen Punkt bei 0,6, Briten zwischen 1 und 2.[19] Aber das sagt wenig darüber aus, wie andere Teilnehmer den neutralen Punkt interpretieren. Wenn wir von der britischen Befragung ausgehen, würden zwischen 5 und 10 Prozent der Weltbevölkerung unterhalb dieses neutralen Punkts leben.[20] Auch wenn diese Befragungen den größten Datensatz zur Lebenszufriedenheit liefern, bieten sie lediglich Einblick in das *relative* Wohlergehen verschiedener Menschen und Bevölkerungsgruppen in unterschiedlichen Ländern. Sie verraten uns wenig über das *absolute* Wohlergehen der Menschen.

In einer zweiten Form der Befragung sollen die Teilnehmer lediglich angeben, ob sie ihrer Ansicht nach glücklich sind. So fragt das World Values Survey danach, ob man »sehr glücklich«, »eher glücklich«, »nicht sehr glücklich« oder »gar nicht glücklich« ist. Die letzte Erhebung wurde 2014 mit Teilnehmern aus sechzig Ländern durchgeführt und ergab, dass in allen Ländern mit Ausnahme von Ägypten (das seinerzeit in einer tiefen politischen Krise steckte) mehr als die Hälfte der Befragten »sehr glücklich« oder »eher glücklich« war und dass in fast allen Ländern über 70 Prozent glücklich waren. In einigen Ländern war der Anteil der Befragten, die sich als glücklich beschrieben, extrem hoch: In Katar waren es 98, in Schweden 95 und in den Vereinigten Staaten 91 Prozent. Selbst in einem armen Land wie Ruanda gaben 90 Prozent der Befragten an, glücklich zu sein.

Diese Angaben sind vermutlich allzu optimistisch.[21] Aus einer Untersuchung aus dem Jahr 2013 geht zum Beispiel hervor, dass 11 Prozent der erwachsenen Schweden unter klinischer Depression leiden, doch im World Values Survey beschrieben sich nur 5 Prozent der Schweden als »nicht glücklich«.[22]

Der dritte Ansatz zur Ermittlung des Wohlergehens ist eine neue und etwas ungewöhnliche Herangehensweise, die das subjektive Erleben ermitteln soll: Die Teilnehmer sollen in zufälligen Momenten beantworten, wie sie sich gerade fühlen. Die Methode nennt sich Experience Sampling. Nach Ansicht ihrer Befürworter vermeidet sie die typischen Verzerrungen von Umfragen zur Lebenszufriedenheit, etwa die selektive Erinnerung der Befragten oder die Möglichkeit, dass sie nicht ihre Lebenszufriedenheit, sondern ihre Wahrnehmung ihres sozialen Status bewerten.

In einer bislang unveröffentlichten Umfrage mit 8500 Teilnehmern gaben die Psychologen Matt Killingsworth, Lisa Stewart und Joshua Greene der Methode einen besonderen Dreh.[23] Zu zufälligen Zeitpunkten wurden die Teilnehmer aufgefordert zu notieren, was sie gerade taten und wie viel Zeit diese Tätigkeit in Anspruch nahm; dann sollten sie die folgende Frage beantworten: »Wenn Sie könnten und es keine negativen Konsequenzen hätte, würden Sie ans Ende dessen springen, was Sie gerade tun?« Die Teilnehmer sollten sich also vorstellen, sie hätten die Option, ihre momentane Aktivität nicht zu *erleben* (aber trotzdem zu tun). Wenn sie sich gerade einen Tee kochten, sollten sie sich vorstellen, wie es wäre, wenn sie einfach blinzeln und im nächsten Moment den Tee schon trinken würden. Die Psychologen nannten das, eine Erfahrung »zu überspringen«. Hinter der Frage steckte die folgende Überlegung: Wenn jemand eine Erfahrung überspringen würde, müsste sie in seinen Augen schlechter sein als nichts; und wenn jemand eine Erfahrung fortsetzen würde, müsste sie seiner Meinung nach besser sein als nichts.

Dabei fanden die Wissenschaftler heraus, dass die Befragten im Durchschnitt 40 Prozent ihres Tages überspringen würden, wenn sie dies könnten. In einer zweiten kleineren Befragung derselben Psychologen sollten sich die Teilnehmer an den Vortag erinnern und Erfahrungen auflisten, die sie übersprungen hätten, wenn sie dies gekonnt hätten; dann sollten sie ihre Erfahrungen paarweise vergleichen, um herauszufinden, wie gut die beibehaltenen Erfahrungen waren und wie schlecht die übersprungenen. Um ein mögliches Beispiel zu nennen: Eine Teilnehmerin kommt zu dem Schluss, dass dreißig Minuten einer Tätigkeit, die sie lieber auslassen würde, etwa Hausarbeit, ihrer Ansicht nach so viel wert sind wie 15 Minuten einer angenehmen Aktivität, etwa eines Abendessens mit Freunden. Das heißt, für sie ist ein Abendessen mit Freunden pro Minute doppelt so angenehm, wie ihr die Hausarbeit unangenehm ist. Auch in dieser Variante der Befragung wollten die Teilnehmer rund 40 Prozent ihres Tages überspringen, und ihre Zufriedenheit bei den beibehaltenen Aktivitäten war im Durchschnitt größer als ihre Unzufriedenheit bei den übersprungenen. Wenn man die Dauer und Intensität zusammenrechnete, waren die negativen Erfahrungen in der Summe so schlecht, dass sie 58 Prozent der positiven Erfahrungen der Teilnehmer aufwogen.

Die Art der Erfahrungen, die die Befragten fortgesetzt oder übersprungen hätten, entspricht dem, was man auch erwarten würde: Sie hätten gern auf 69 Prozent ihrer Arbeitszeit verzichtet, aber nur auf 2 Prozent der »intimen Aktivitäten«, wie die Wissenschaftler es dezent nannten. In der kleineren der beiden Untersuchungen, die auch die Intensität ermittelte, überwog bei 12 Prozent der Teilnehmer am betreffenden Tag das Negative gegenüber dem Positiven. Das heißt nicht, dass das Wohlergehen dieser 12 Prozent insgesamt negativ war und dass sie unterm Strich unglückliche Menschen gewesen wären – vielleicht hatten sie einfach nur einen schlechten Tag.[24]

Diese Ergebnisse klingen zunächst einmal positiv, denn im Durchschnitt hatten die Teilnehmer ein gutes Leben. Doch ich glaube, die wahre Schlussfolgerung ist weniger optimistisch.[25] Die meisten Befragten kamen aus den Vereinigten Staaten und anderen reichen Ländern mit verhältnismäßig hoher Lebenszufriedenheit, und die Teilnehmer der größeren Studie waren alle im Besitz eines iPhones. Im Jahr 2016 galt Apple als die Marke, die die besten Rückschlüsse auf gutes Einkommen und Bildung zuließ.[26] Die Untersuchungen waren also alles andere als repräsentativ und sagten nichts über das Leben von Sträflingen (0,7 Prozent der amerikanischen Bevölkerung) oder Obdachlosen (0,17 Prozent) aus. Doch selbst Menschen aus dieser privilegierten Probe hätten 40 Prozent ihres Lebens übersprungen, ihre negativen Erfahrungen wogen fast 60 Prozent ihrer guten Erfahrungen auf, und bei mehr als einem Zehntel überwogen die negativen Erfahrungen sogar. Aber so interessant diese Untersuchung sein mag, sie sagt wenig über das globale Glück aus.

Aufgrund der unbefriedigenden Datenlage beauftragte ich die drei Psychologen Lucius Caviola, Abigail Novick Hoskin und Joshua Lewis mit einer eigenen Befragung.[27] Sie stellten 240 Teilnehmern in den Vereinigten Staaten und weiteren 240 in Indien eine Reihe von Fragen zu ihrer Lebensqualität, darunter:

Glauben Sie, dass Sie bis zum heutigen Tag mehr Glück als Leid erfahren haben?

Wenn Sie von den Auswirkungen absehen, die Sie auf das Leben anderer Menschen haben, ziehen Sie es dann vor, am Leben zu sein, oder wären Sie lieber nicht geboren worden?

Wenn Sie Ihr Leben noch einmal genauso von Anfang an leben könnten (ohne sich zu erinnern, so als würden Sie alles zum ersten Mal erleben), würden Sie es dann tun? Nehmen Sie dabei an, dass Ihre Entscheidungen keine Auswirkungen auf andere haben und Sie nur in Ihrem Sinne entscheiden.

Außerdem wurden die Teilnehmer um qualitative Kommentare gebeten. Eine Antwort lautete einfach: »Die Fragen sind voll heftig, Mann.« Wer positive Antworten gab, schrieb oft schöne Worte wie: »Ich bin froh, dass ich geboren wurde und Sachen erleben darf wie die Geburt meiner Nichten und Neffen und dass ich miterleben darf, wie sie groß werden … Es ist alles so wunderbar, die Vögel, die Schmetterlinge, die Bäume, die Flüsse sind alle so schön.«

Die negativen Antworten waren erwartungsgemäß trostlos, zum Beispiel »Mein Leben ist und bleibt entsetzlich. Ich würde es nicht noch einmal erleben wollen« oder »In den vergangenen zwanzig Jahren bin ich durch die Hölle gegangen, so etwas würde ich niemandem wünschen«.

Positive Antworten waren häufiger als negative. In den Vereinigten Staaten gaben 16 Prozent der Teilnehmer an, mehr Leid als Glück erlebt zu haben, und 40 Prozent sagten, sie hätten mehr Glück als Leid erfahren. 9 Prozent wären lieber nicht geboren worden, und 79 Prozent freuten sich, am Leben zu sein. 30 Prozent wollten dasselbe Leben lieber nicht noch einmal erleben, und 44 Prozent hätten einem zweiten Durchlauf zugestimmt.

In Indien waren die Ergebnisse recht ähnlich, doch erstaunlicherweise waren die indischen Teilnehmer positiver als die amerikanischen. Nur 11 Prozent gaben an, in ihrem bisherigen Leben mehr Leid als Glück erfahren zu haben, nur 6 Prozent wären lieber nicht geboren worden, und nur 19 Prozent hätten ihr Leben nicht noch einmal leben wollen. Das kann natürlich auch daran liegen, dass die Proben nicht repräsentativ waren: Die indischen Teilnehmer waren materiell verhältnismäßig gut gestellt, die amerikanischen eher weniger gut.

Tabelle 9.1 Wie viele Menschen leben ein glückliches Leben? Umfragen aus Indien und den Vereinigten Staaten (Angaben in Prozent)

	Indien			USA		
Frage	negativ	neutral	positiv	negativ	neutral	positiv
Glauben Sie, dass Sie in Ihrem bisherigen Leben mehr Glück als Leid erfahren haben?	11	52	37	16	44	40
Sind Sie froh, am Leben zu sein, oder wären Sie lieber nicht geboren worden?	6,3	8,4	85	9	12	79
Wenn Sie Ihr Leben noch einmal genau so von Anfang an leben könnten, würden Sie es tun?	19	12	69	31	25	44

Daten von Caviola u. a. 2021. Zahlen sind gerundet und summieren sich nicht immer auf 100 Prozent.

Was verrät uns das alles? Das hängt davon ab, von welcher Theorie des Wohlergehens wir ausgehen. Die Umfragen zur Lebenszufriedenheit entsprechen am ehesten der Theorie der Präferenzbefriedigung, denn wenn die Befragten angeben, dass sie mit ihrem Leben zufrieden sind, ist das ein Hinweis darauf, dass ihre Präferenzen befriedigt werden. Die Untersuchungen zum Überspringen von Erfahrungen entsprechen am ehesten der Theorie des Hedonismus: Selbst wenn die Teilnehmer froh sind, eine Arbeit zu haben, macht sie ihnen oft keinen Spaß. Das World Values Survey, in dem die Teilnehmer angeben sollen, ob sie glücklich sind, entspricht wiederum am ehesten der Theorie der Präferenzbefriedigung, aber ein Teil der Befragten könnte die Fragen auch hedonistisch interpretiert haben.

Ich würde daher ganz vorsichtig schätzen, dass rund 10 Prozent der Menschheit unterhalb des neutralen Wohlergehens leben. Wenn wir ausgehend von der kleinen britischen Befragung annehmen, dass der neutrale Punkt auf der Lebenszufriedenheitsskala zwischen 1 und 2 liegt, wäre das Leben von 5 bis 10 Prozent aller Menschen schlechter als neutral. Im World Values Survey schätzten sich 17 Prozent als unglücklich ein. In der abgewandelten Befragung zum Überspringen hatten 12 Prozent der Teilnehmer, alle aus einem wohlhabenden Land, Tage, an denen die schlechten Erfahrungen die guten überwogen. Und in der von mir in Auftrag gegebenen Befragung in den Vereinigten Staaten und Indien gaben weniger als 10 Prozent an, sie wären lieber nicht geboren worden, und etwas mehr als 10 Prozent sagten, sie erlebten mehr Leid als Glück.

Sowohl nach der Theorie der Präferenzbefriedigung als auch der des Hedonismus leben also die meisten Menschen ein glückliches Leben. Wenn man mir auf dem Sterbebett anbieten würde, als ein zufällig ausgewählter und heute lebender Mensch wiedergeboren zu werden, würde ich zustimmen. Wenn ich das Leben aller heute lebenden Menschen durchleben würde, dann wäre ich bei meinem Tod froh, am Leben gewesen zu sein.

Nun wollen wir uns ansehen, wie sich das menschliche Glück im Laufe der Zeit verändert. Wird die Menschheit glücklicher, oder bleibt ihr Glück mehr oder weniger konstant?

Wird die Menschheit glücklicher?

Man hört oft, die Welt werde zwar immer reicher, doch die Menschen würden nicht glücklicher, oder, im Gegenteil, sie würden sogar unglücklicher. Dafür steht das sogenannte Easterlin-Paradox: In konkreten Fällen kann das Glück zwar mit dem Wohlstand zunehmen, doch über längere Zeiträume hinweg werden Menschen und Nationen mit größerem Wohlstand nicht zufriedener.[28] Vielmehr entscheidet das relative Einkommen innerhalb eines Landes über das Glück eines Menschen – das absolute Einkommen ist irrelevant, weil wir uns an unser Einkommensniveau gewöhnen. Wenn das stimmt, dann müsste man davon ausgehen, dass Menschen in Ländern mit zunehmenden Einkommensunterschieden im Laufe der Zeit immer unglücklicher werden.

Das Easterlin-Paradox hat zwar zahlreiche Anhänger, doch es existiert gar nicht. Richard Easterlin veröffentlichte seine Erkenntnisse 1974, als es im Vergleich zu heute kaum internationale Erhebungen zu Glück und Lebenszufriedenheit gab.[29] Weil man damals nicht nachweisen konnte, dass Länder mit zunehmendem Wohlstand glücklicher wurden, kam er zu dem Schluss, dass es keinen Zusammenhang zwischen dem absoluten Einkommensniveau und Glück gebe und dass die Zufriedenheit eines Menschen vielmehr davon abhänge, wie viel er im Vergleich zu seinem Umfeld verdiene.[30] Aktuellere Untersuchungen zeigen jedoch, dass Länder

LEBENSZUFRIEDENHEIT IM VERHÄLTNIS ZUM BIP PRO KOPF
Selbsteinschätzung auf einer Skala von 0 bis 10

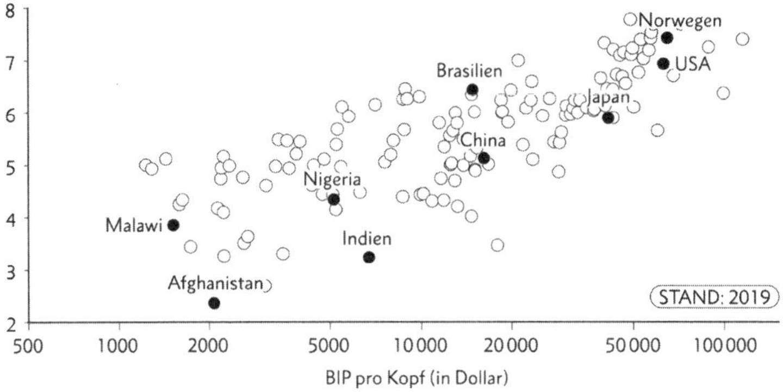

Grafik 9.1 Subjektive Lebenszufriedenheit (auf einer Skala von 0 bis 10) im Verhältnis zum Pro-Kopf-Einkommen (inflationsbereinigt). Jeder Kreis steht für ein Land.

VERÄNDERUNGEN DER LEBENSZUFRIEDENHEIT IM VERHÄLTNIS ZUM EINKOMMEN
Anteil der Befragten, die sich als »sehr glücklich« oder »eher glücklich« beschreiben (in %)

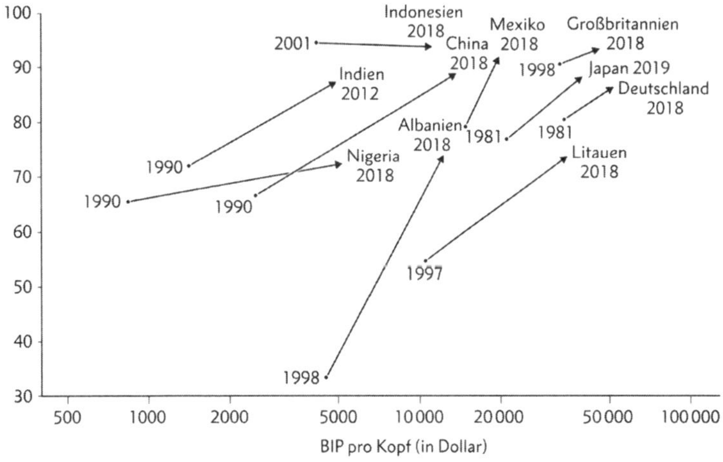

Grafik 9.2 Mit zunehmendem Wohlstand steigt die Lebenszufriedenheit der Bevölkerung tendenziell, was sich darin äußert, dass die meisten Pfeile ansteigen. Das gilt weltweit.

tatsächlich mit zunehmendem Reichtum glücklicher werden.[31] Es mag zwar sein, dass Ihr Einkommensstatus in Ihrem Land Einfluss darauf hat, wie glücklich Sie sind, doch es ist auch korrekt, dass Ihr Glück mit dem insgesamt steigenden Einkommensniveau zunimmt.

Grafik 9.1 zeigt die durchschnittliche Zufriedenheit eines Landes im Verhältnis zum Bruttoinlandsprodukt pro Kopf.[32]

Und Grafik 9.2 zeigt, wie sich die Lebenszufriedenheit ausgewählter Länder mit zunehmendem Wohlstand verändert hat.

Auch wenn reichere Menschen glücklicher sind, ist nicht klar, ob hier ein ursächlicher Zusammenhang besteht. Vielleicht sind glücklichere Menschen einfach fleißiger und verdienen deshalb mehr. Ob Geld die Lebenszufriedenheit beeinflusst, lässt sich an Lottogewinnern untersuchen. Die Presse berichtet gern vom »Fluch des Lottogewinns« und von den unglücklichen Neumillionären. Das Nachrichtenmagazin *Time* veröffentlichte 2016 einen Artikel über Menschen, die von ihrem neuen Reichtum in den Ruin gestürzt wurden.[33] Die einzige Ausnahme war ein gewisser Richard Lustig, der sage und schreibe sieben Mal größere Summen im Lotto gewonnen hatte.[34] Lustig erklärte: »Ich war arm, und ich war reich, aber reich gefällt mir besser.« Tatsächlich ist Lustigs Erfahrung repräsentativer für die Lottogewinner, und aktuellere Untersuchungen haben gezeigt, dass Lottogewinner glücklicher sind.[35] Ein weiterer Beleg dafür, dass Geld das Wohlbefinden doch steigert.

Die Untersuchungen zur subjektiven Lebenszufriedenheit werden durch andere Wohlstandsmaße bestätigt. So zeigt zum Beispiel Grafik 9.3, wie sich die weltweite Einkommensverteilung in den vergangenen beiden Jahrhunderten verändert hat.[36]

Und aus Grafik 9.4 geht die Entwicklung der Lebenserwartung für die Welt als ganze und für die sechs bevölkerungsreichsten einkommensschwachen Länder der Welt hervor.

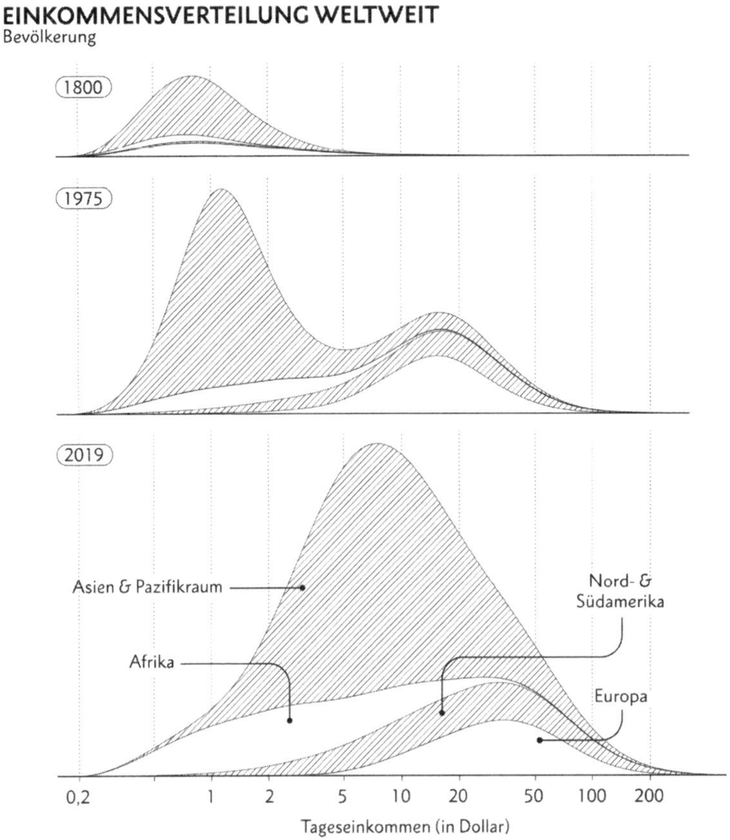

Grafik 9.3 Im Jahr 1800 lebten die meisten Menschen unterhalb der von der Weltbank definierten internationalen Armutsgrenze (1,9 US-Dollar pro Tag). Bis 1975 war eine Gruppe von reichen Nationen (vor allem in Europa und Amerika) davongezogen und genoss historisch beispiellose Pro-Kopf-Einkommen. Vierzig Jahre später sind die Einkommensunterschiede nach wie vor erheblich, doch die Gesamteinkommensverteilung zeigt, dass die Polarisierung zwischen Arm und Reich abgenommen hat und ein größerer Teil der Bevölkerung, vor allem in Asien, der extremen Armut entkommen ist (alle Zahlen inflations- und kaufkraftbereinigt).

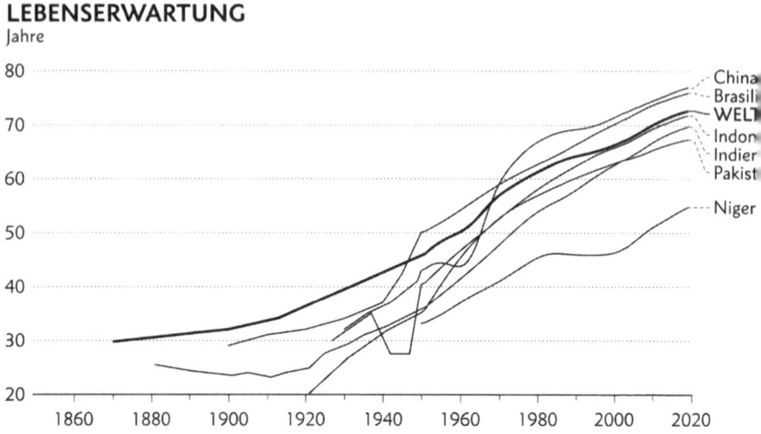

Grafik 9.4 Seit dem 19. Jahrhundert hat sich die Lebenserwartung in vielen Ländern mehr als verdoppelt. Weltweit und in den sechs bevölkerungsreichsten einkommensschwachen Ländern nimmt sie seit Jahrzehnten stetig zu.

Eine Untersuchung ergab, dass in Ländern mit kontinuierlichem Wirtschaftswachstum die Unterschiede bei der Lebenszufriedenheit im Laufe der Zeit geringer werden, und das sogar in Ländern, in denen die Einkommensunterschiede größer werden.[37] Das trifft auch auf Klassen und ethnische Gruppierungen innerhalb einer Gesellschaft zu. Die Autoren der Studie zeigen, dass Staaten mit zunehmendem Wohlstand mehr für Gesundheit, Infrastruktur und Sozialhilfe ausgeben, was sich wiederum in Einkommen und Lebenszufriedenheit niederschlägt.

In den Vereinigten Staaten hat sich die Glücksdifferenz zwischen Weißen und Schwarzen seit den 1970er-Jahren um zwei Drittel verringert. Auch der Abstand zwischen Frauen und Männern ist kleiner geworden, wenngleich nicht aus dem Grund, an den Sie jetzt vielleicht denken: Es liegt erstaunlicherweise daran, dass Frauen unzufriedener geworden sind. In Befragungen waren Frauen früher glücklicher als Männer, heute nähern sie sich den Männern an. Die Ursachen für diese Entwicklung sind bislang unklar.[38]

Dieser breite Anstieg des menschlichen Wohlbefindens ist eine wichtige Korrektur zu der verbreiteten Annahme, dass die Welt immer schlechter wird. Es gibt zwar Optimisten unter uns, doch viele Menschen sehen die Welt offenbar etwas zu pessimistisch.[39] In einer Umfrage unter 18 000 Erwachsenen, die 2015 durchgeführt wurde, waren in wohlhabenden Ländern weniger als 10 Prozent der Befragten der Ansicht, dass die Welt besser wird.[40] Dieser Pessimismus wird vor allem von der Neigung der Presse zu schlechten Nachrichten gespeist. Ein Flugzeugabsturz hat Nachrichtenwert, der stetige Rückgang der Kindersterblichkeit nicht. Daher schauen wir vorzugsweise auf das Schlechte und übersehen das Gute und die gewaltigen positiven Entwicklungen in unserer Umgebung.

Das soll uns allerdings nicht zu der Annahme verleiten, dass die Probleme der Welt von heute doch nicht so schlimm sind. Wie bereits erwähnt, lebt die Mehrheit der Menschen noch immer von weniger als sieben Dollar pro Tag, viele Millionen Menschen sterben an leicht vermeidbaren Krankheiten, leben in Unterdrückung und Gewalt und leiden Hunger. Mit diesem Zustand kann man sich nicht zufriedengeben.

Dazu kommt, dass das menschliche Wohl im Laufe der Geschichte nicht kontinuierlich gestiegen ist. Unser heutiger Lebensstandard mag zwar höher sein als der vorindustrieller bäuerlicher Gesellschaften, doch die Jäger und Sammler, die von den Anfängen des *Homo sapiens* bis zur landwirtschaftlichen Revolution vor rund 10 000 Jahren lebten, führten vermutlich ein deutlich besseres Leben als die ersten Bauern. Beim Übergang zur Landwirtschaft wurden die Menschen kleiner – in der Regel ein guter Indikator für eine Verschlechterung der Ernährung und Gesundheit.[41]

Es gibt auch Hinweise, dass das Leben der prähistorischen Jäger und Sammler im Vergleich zu dem von uns heutigen Menschen sehr attraktiv gewesen sein muss.[42] Messungen sind zwar schwierig, doch wir wissen, dass heute lebende Jäger und Sammler nicht mehr und zum Teil sogar deutlich weniger arbeiten als die Angehörigen moderner Industriegesellschaften.[43] Dazu kommt, dass viele Jäger und Sammler ihre Arbeit genießen – nicht umsonst ist die Jagd noch heute eine beliebte Freizeitaktivität für viele Menschen. Jäger und Sammler leben in egalitären Gesellschaften und engen Gemeinschaften, sie tanzen und singen gemeinsam.[44] In einer Untersuchung der Hadza aus Tansania, einer der letzten Jäger- und Sammlergesellschaften der Welt, schrieb der Anthropologe Frank Marlowe:

> *Die Hadza singen oft und sind gute Sänger. Wenn mehrere Hadza in meinen Land Rover steigen, um mit mir irgendwohin zu fahren, fangen sie unweigerlich an zu singen. Sie singen nach einer Melodie, die sie kennen, doch den Text erfinden sie jedes Mal neu. Sie singen zum Beispiel: »Hier fahren wir in Frankies Auto, fahren hin und her in Frankies Auto. Wenn Frankie kommt, fahren wir mit dem Auto.« Sie übernehmen unterschiedliche Parts eines Dreiklangs und singen völlig nahtlos, so als ob sie den improvisierten Text untereinander per Telepathie kommunizieren würden.*
> *Außerdem tanzen sie gern und haben unterschiedliche Tänze … Ihr Tanz ist einmalig und voller Seele – es ist der sinnlichste Tanz, den ich je gesehen habe.*[45]

Die Hadza nahmen an einer Untersuchung teil, in der die Zufriedenheit von Jägern und Sammlern, die unseren prähistorischen Vorfahren ähnlich sind, mit der Zufriedenheit von Menschen in modernen Industriegesellschaften verglichen wurde. Die Hadza ernähren sich zwar gut, doch sie leben in materieller Armut – sie haben kaum persönlichen Besitz, und provisorische Hütten aus Stroh und Zweigen dienen ihnen als Behausung.[46] Dennoch ergab die Untersuchung, dass die Hadza glücklicher waren als die Menschen aus den zwölf Industrienationen, mit denen sie verglichen wurden.[47] Zwar sind solche Vergleiche immer mit Vorsicht zu genießen, weil sich moderne Jäger und Sammler in einigen wichtigen Punkten von unseren Vorfahren unterscheiden: Sie leben in extremen ökologischen Nischen und vor allem in Kontakt und Konflikt mit modernen Gesellschaften.[48] Außerdem unterscheiden sich die Lebensformen von Jägern und Sammlern beträchtlich, und das Zusammenleben der Hadza ist ausgesprochen harmonisch, weshalb sie nicht unbedingt repräsentativ sind.[49] Trotzdem sind die Daten faszinierend. Die besten Belege für die Lebenszufriedenheit der Jäger und Sammler sind qualitativer Natur: Anthropologen beschreiben immer wieder, wie harmonisch sie zusammenleben und wie attraktiv ihr Leben ist.[50]

Ein großer Nachteil der prähistorischen Jäger und Sammler war, dass die Lebenserwartung aufgrund von Krankheit, Hungerphasen und fehlender Medizin niedriger war als heute (wenngleich höher als in Agrargesellschaften). Etwa die Hälfte der Kinder starb vor dem 15. Lebensjahr, verglichen mit 0,5 Prozent im modernen Europa.[51] Jäger und Sammler, die das 15. Lebensjahr erreichten, wurden im Durchschnitt 53 Jahre alt, während die heutigen Briten in diesem Fall eine Lebenserwartung von 89 Jahren haben.[52] Einige Wissenschaftler mutmaßen, dass die Gewalt unter Jägern und Sammlern sehr viel größer war als in modernen Gesellschaften, doch das ist sehr umstritten.[53]

Seit Beginn der industriellen Revolution steigt das Wohlergehen der Menschen allerdings stetig, und das gibt Grund zu der Annahme, dass das Leben auch im kommenden Jahrhundert besser werden wird. Die meisten Prognosen gehen davon aus, dass die Welt auch in den kommenden Jahrzehnten immer reicher wird. In den vergangenen fünf Jahrzehnten ist das Bruttoinlandsprodukt pro Kopf weltweit um 2 Prozent pro Jahr gestiegen, und sämtliche Weltregionen erleben spürbares Wirtschaftswachstum.[54] Eine aktuelle Umfrage unter Experten ergab, dass diese eine Fortsetzung dieses Trends erwarten und von einem durchschnittlichen Wachstum von 2,1 Prozent pro Jahr ausgehen.[55] Das würde bedeuten, dass die Menschen 2100 im Durchschnitt fünfmal so reich sein werden wie wir heute und dass sie vermutlich auch glücklicher sein werden. Zumindest für das kommende Jahrhundert haben wir also Anlass, optimistisch zu sein.

Nicht menschliche Tiere

Bislang haben wir uns angesehen, ob das durchschnittliche menschliche Leben besser ist als nichts. Aber um zu wissen, ob es der Welt als ganzer gut geht und ob es ihr vielleicht sogar besser geht, müssen wir das Netz weiter auswerfen. Vor allem haben wir bislang die große Mehrheit der fühlenden Wesen auf dem Planeten übersehen: die nicht menschlichen Tiere. Beginnen wir mit Tieren in der Massentierhaltung.[56]

Im Jahr 2018 wurden mehr als 79 Milliarden Landwirbeltiere zu Ernährungszwecken getötet: 69 Milliarden ausgewachsene Hühner, 3 Milliarden männliche Küken, 1,5 Milliarden Wachteln, 1,5 Milliarden Schweine, 922 Millionen Kaninchen und Hasen, 656 Millionen Puten, 574 Millionen Schafe, 479 Millionen Ziegen und 302 Millionen Rinder. Daneben werden in Fischfarmen jährlich rund 100 Milliarden Fische geschlachtet.[57]

Das Leid, das wir diesen Tieren zufügen, lässt sich kaum übertreiben.[58] Am meisten leiden vermutlich Hühner, die große Mehrheit der Schlachttiere. Die Hühner müssen so schnell wachsen, dass 30 Prozent zum Ende ihres kurzen Lebens moderate bis schwere Gehbehinderungen haben. Beim Schlachten werden sie meist kopfüber an den Beinen aufgehängt, und ihr Kopf wird durch elektrifiziertes Wasser gezogen, danach wird ihnen die Kehle durchtrennt. Viele Millionen überleben und sterben erst, wenn sie in das kochende Wasser getaucht werden, mit dem ihnen die Federn entfernt werden.[59]

Das Leid der Legehennen ist vermutlich noch größer, beginnend mit dem Moment des Schlüpfens. Männliche Küken sind für die Eierfabrikation nutzlos und werden daher sofort nach dem Verlassen des Eis »gekeult« – das heißt, sie werden entweder vergast, geschreddert oder einfach auf den Müll geworfen, wo sie verdursten oder ersticken. Aber womöglich geht es ihnen damit noch besser als den Hennen. Die werden, sobald sie erwachsen sind, oft in Käfige gesteckt, die kleiner sind als ein Bogen DIN-A4-Papier. Legehennen neigen dazu, sich gegenseitig zu picken, was in Kannibalismus enden kann. Um das zu verhindern, werden ihnen mit einem heißen Messer oder einem Infrarotstrahl die hochsensiblen Schnabelspitzen abgeschnitten. Nachdem sie erst verstümmelt und dann eingepfercht wurden, werden viele Legehennen gegen Ende ihres Daseins einer Zwangsmauser unterzogen: Zwei Wochen lang erhalten sie keine Nahrung und verlieren ein Viertel ihres Körpergewichts, woraufhin ihr Körper einen neuen Legezyklus beginnt. Sobald sie so wenige Eier legen, dass sie nicht mehr profitabel sind, werden sie vergast oder geschlachtet.

Rinder und Schweine haben es etwas besser, doch auch sie erleben viel unnötiges Leid. Schweine werden kastriert, und ihr Schwanz wird abgeschnitten, Rinder werden kastriert, enthornt und gebrandmarkt – alles ohne Betäubung. Säue und Kühe werden mindestens einmal im Jahr in einem sehr schmerzhaften Verfahren künstlich befruchtet. Während der Tragzeit werden die meisten Säue in Kastenstände gesperrt, die so klein sind, dass sie sich nicht umdrehen können. Milchkühe werden im Jahr zehn Monate lang maschinell gemolken, um dann im Alter von fünf Jahren »ausgemolken« geschlachtet zu werden. Ihre männlichen

Kälber, die für die Milchindustrie nutzlos sind, werden an Mastbetriebe verkauft, wo sie ihr kurzes Leben in winzigen Ställen verbringen; in vielen Ländern werden sie auch einfach an eine Wand gekettet.[60]

Auch Fische aus Fischfarmen leiden. Fischfarmen sind überfüllt: Lachse, die bis zu 75 Zentimetern lang werden, haben im Durchschnitt die Wassermenge einer Badewanne zur Verfügung.[61] Natürliches Verhalten ist in dieser Enge ausgeschlossen, die Tiere verletzen einander und sterben frühzeitig. In Fischfarmen liegt die Sterblichkeit bei 15 bis 80 Prozent.[62] Atlantiklachse und Regenbogenforellen erhalten vor dem Schlachten bis zu zwei Wochen lang kein Futter mehr, damit sie ihren Darm vollständig entleeren.[63] Schlachten bedeutet meist, dass die Fische qualvoll ersticken, was bis zu einer Stunde dauern kann.[64] Andere werden mit Kohlendioxid vergast, oder ihnen werden bei lebendigem Leib die Kiemen entfernt.[65]

Wenn man das liest, kann man zu dem Schluss kommen, dass der Tod für die Hühner, Schweine, Rinder oder Fische der Massentierhaltung eine Erlösung ist. Ich kenne kaum jemanden, der sich ernsthaft mit diesem Thema auseinandergesetzt hat und nicht zu diesem Schluss kommt.[66] Massentierhaltung ist die effiziente Produktion von Leid in monströsem Umfang.

Die Frage, wie die Interessen von Menschen und nicht menschlichen Tieren zu gewichten sind, ist schwierig.[67] Nutztiere haben buchstäblich größeres Gewicht als die Menschheit: Insgesamt bringen sie 70 Prozent mehr Biomasse auf die Waage.[68] Auch zahlenmäßig sind sie uns Menschen überlegen: In jedem Moment leben 25 Milliarden Hühner, 1,5 Milliarden Rinder, eine Milliarde Schafe und eine Milliarde Schweine auf dem Planeten. Die Zahl der Fische ist sogar noch größer, Schätzungen zufolge leben zu jedem beliebigen Zeitpunkt rund 100 Milliarden Fische in Fischfarmen. Allerdings haben diese Arten nicht dieselbe Fähigkeit zum Wohlergehen, und das spielt bei der Gewichtung der Interessen der unterschiedlichen Arten eine Rolle. Das heißt allerdings nicht, dass andere Tierarten moralisch niedriger gestellt sind als wir Menschen. Es gibt ihrem Wohlergehen dasselbe Gewicht, erkennt aber an, dass einige Arten schlicht weniger davon haben als andere.

Als ungefähres Maß für die Fähigkeit zum Wohlergehen und zur Gewichtung der Interessen von Tieren könnte man die Zahl der Nervenzellen heranziehen. Da wir wissen, dass bewusstes Schmerzempfinden das Ergebnis der Aktivität bestimmter Nervenzellen ist, sollten diese dasselbe Gewicht haben, egal, ob sie auf einen Menschen entfallen oder auf 400 Hühner. Wenn wir dies als Messlatte anlegen, hat ein Käfer mit seinen 50 000 Nervenzellen kaum Fähigkeit zum Wohlergehen; Honigbienen mit 960 000 haben schon mehr; Hühner mit 200 Millionen haben noch einmal deutlich mehr; und Menschen mit 80 Milliarden wiegen am schwersten.[69] Das vermittelt uns ein anderes Bild als die bloße Größe der Population: Wenn wir uns nach den Nervenzellen richten, dann überwiegen die Menschen die Nutztiere (Fische eingeschlossen) um das Dreißigfache. Diese Zahlen haben mich sehr überrascht; ehe ich mich damit beschäftigt habe, war mir nicht klar, wie groß der Unterschied der Gehirne zwischen Menschen und nicht menschlichen Tieren ist.

Wenn wir uns aber an der Zahl der Nervenzellen orientieren, kommen wir zu dem Schluss, dass die gewichteten Interessen der Nutztiere im Vergleich mit denen der Menschen relativ gering sind, auch wenn ihr Wohlergehen entschieden im negativen Bereich ist.

Bleibt die Frage, ob das Wohl der Menschen und Nutztiere in der Summe negativ ist. Auch wenn die Nutztiere insgesamt auf weniger Nervenzellen kommen, lebt die übergroße Mehrheit (Hühner und Fische) in derart qualvollem Leid, dass es das menschliche Wohl durchaus aufwiegen könnte. Wenn das Leid der Hühner und Fische mindestens 40-mal so groß ist wie das Wohl eines durchschnittlichen Menschen, wäre die Summe von menschlichem und tierischem Wohl tatsächlich negativ.

Wenden wir uns nun dem Wohl von Wildtieren zu. Wenn wir ihr Wohl wieder anhand der Zahl der Nervenzellen gewichten wollen, stellen wir fest, dass es fast ausschließlich um Fische geht.[70] Menschen bringen fünfmal so viel Biomasse auf die Waage wie alle wild lebenden Vögel, Reptilien und Säugetiere zusammengenommen und haben dreimal so viele Nervenzellen.[71] Doch die Biomasse der Fische ist zehnmal so groß wie die der Menschen, und es gibt geschätzt 10 000-mal so viele Fische wie Menschen.[72] Die meisten sind winzige Fische mit einem Gewicht von wenigen Gramm, die 200 bis 1000 Meter unter der Meeresoberfläche leben.[73] Auch wenn jeder davon nur rund 20 Millionen Nervenzellen besitzt,[74] gehen konservative Schätzungen davon aus, dass Fische insgesamt auf 17-mal mehr Nervenzellen kommen als wir Menschen.

Tabelle 9.2 Zahl der Exemplare und Zahl der Nervenzellen

Art	Gesamtpopulation	Zahl der Nervenzellen
Mensch	8 Milliarden	700 Millionen Billionen
Nutztiere	135 Milliarden	20 Millionen Billionen
Wildfische	600 Billionen	12 Milliarden Billionen

Populationsdaten: FAOSTAT und Carlier und Treich (2020).
Nervenzellen nach Olkowicz u. a. (2016, Tabelle S1); Herculano-Houzel u. a. (2015) und Herculano-Houzel (2016, S. 75). Mehr unter www.whatweowethefuture.com/notes.

Wie gut ist das Leben eines frei lebenden Fischs? Romantische Vorstellungen von der Harmonie der Natur sind verbreitet, doch der britische Dichter Alfred Tennyson traf es mit seinem Bild von den »blutigen Zähnen und Klauen der Natur« vermutlich besser. Erwachsene Fische können zwar mehrere Jahrzehnte alt werden, doch mehr als 90 Prozent der Fische kommen nicht über das Larvenstadium hinaus, weil sie gefressen werden, verhungern oder ersticken.[75] Die Überlebenden leiden genau wie wir Menschen oft an Krankheiten – Pilz-, Bakterien- und Vireninfektionen. Und die Mehrheit der erwachsenen Fische stirbt nicht an Altersschwäche, sondern erstickt unter Algenblüte, erliegt seinen Parasiten, stirbt an Erschöpfung nach dem Nestbau oder der Eiablage oder wird von einem Raubfisch zerrissen oder komplett verschlungen.[76]

Wir sehen die Erfahrungen von Wildtieren gern als Teil des »Lebenszyklus«, ein Wunder der Natur oder ganz einfach Teil der natürlichen Ordnung. Dabei übersehen wir ihr Leid und empfinden Mitgefühl oder Zorn, wenn sie durch Menschen verletzt oder getötet werden. Dafür gibt es allerdings kaum einen Grund: Eine Schildkröte leidet genauso, ob sie von einem Killerwal zerrissen oder von einer Plastikverpackung erdrosselt wird.[77]

Was überwiegt im Leben von Wildtieren – die Freude oder das Leid? Oder anders gefragt: Wenn Sie auf dem Sterbebett die Möglichkeit hätten, als ein willkürlich gewähltes Wildtier wiedergeboren zu werden, würden Sie es dann tun? Ich könnte es nicht sagen. Es ist schwer, Aussagen über das Wohl von Wildtieren zu machen, weil sich ihr Körper und ihr Leben so drastisch von unseren unterscheiden. Ausgehend von unserem heutigen Wissensstand, ist es daher völlig unklar, ob Wildtiere ihr Leben als positiv empfinden oder nicht.[78]

ZAHL DER WELTWEIT GESCHLACHTETEN TIERE

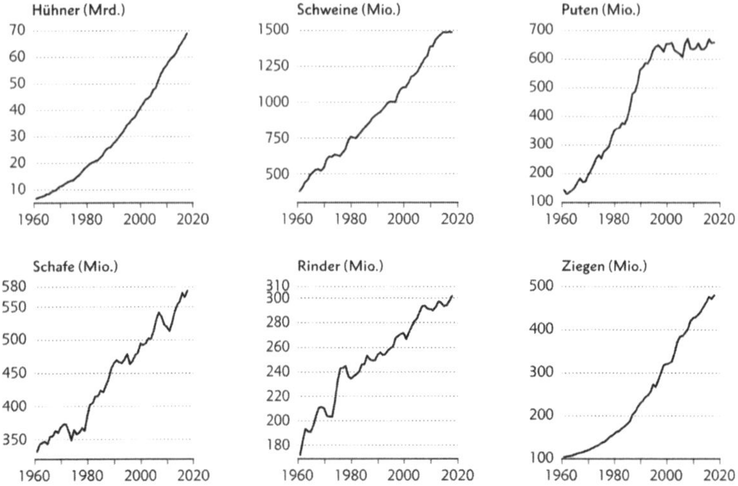

Grafik 9.5 Im Laufe der vergangenen sechs Jahrzehnte haben Menschen immer mehr Nutztiere geschlachtet (Ei- und Milchproduktion ausgenommen).

Insgesamt fällt eine Einschätzung des Lebens von Tieren recht pessimistisch aus. Das Wohl von Nutztieren ist vermutlich negativ. Bei Wildtieren ist die Lage unklar, aber auch hier könnte die Bilanz negativ sein. Die nächste Frage ist nun: Wird das Leben der nicht menschlichen Tiere im Laufe der Zeit besser oder schlechter?

Bei Nutztieren ist die Tendenz eindeutig negativ. Die Zahl der Tiere in Massentierhaltung steigt rasant, vor allem bei Hühnern und Schweinen, die das schlechteste Leben haben. Ihr Wohl verschlechtert sich dabei mit den immer »effizienteren« Haltungsmethoden. Die hochgezüchteten Masthähnchen von heute wachsen unnatürlich schnell und werden unnatürlich groß; daher leiden sie unter Skelettschäden und Missbildungen, sind oft verkrüppelt und leiden unter chronischem Hunger.[79] Zwar haben einige Länder ihre Tierschutzbestimmungen verschärft, doch im Vergleich zu diesen anderen Faktoren hat das kaum Auswirkungen. Immerhin hat sich unsere *Einstellung* gegenüber Tieren in den vergangenen hundert Jahren verbessert, was für die Zukunft gewisse Hoffnung macht.

Bei Wildtieren ist die Entwicklung weniger klar. Durch die Expansion des Menschen verringerte sich die Biomasse der wilden Landtiere gegenüber vormenschlichen Zeiten um 85 Prozent, vor allem durch die in Kapitel 2 angesprochene Ausrottung der Großsäugetiere.[80] Das Gewicht der von der kommerziellen Fischerei gefangenen Raubfische ist drastisch zurückgegangen, wohingegen das der gefangenen Beutefische stark gestiegen ist.[81] Verschiedene Untersuchungen zeigen, dass Wirbeltiere und Wirbellose durch menschliche Aktivität in den vergangenen vierzig Jahren dezimiert wurden, auch wenn die Beweislage nicht ganz eindeutig ist.[82] Welche Schlüsse Sie daraus ziehen, hängt auch von Ihrem Verständnis des Tierwohls ab. Es liegt nahe, die Auswirkungen menschlicher Aktivitäten auf Wildtiere als großen moralischen Verlust zu begreifen. Wenn wir jedoch annehmen, dass das Wohl von Wildtieren negativ ist, müssten wir zu dem paradoxen Schluss kommen, dass die Expansion des *Homo sapiens* aus Sicht der Wildtiere sogar eine gute Sache ist.

Jenseits des Wohlergehens

Bis jetzt haben wir die Entwicklungen beim menschlichen und tierischen Wohl betrachtet. Man könnte meinen, dass das Wohlergehen das Einzige ist, was aus moralischer Sicht zählt. Das scheint mir nach philosophischer Reflexion am plausibelsten: Andere Dinge können *instrumentell* wertvoll sein oder auch nicht, aber nur insofern sie das Wohlergehen anderer fühlender Wesen betreffen. Allerdings sind sich Philosophen in dieser Hinsicht nicht einig. Viele halten nichts davon, dass nur das Wohlergehen moralisch von

Wert sein soll, und erklären, dass es Dinge gibt, die die Welt besser oder schlechter machen, auch wenn sie nicht gut oder schlecht für fühlende Wesen sind. Nach Ansicht des Philosophen G. E. Moore ist zum Beispiel Schönheit in der Natur oder der Kunst gut, unabhängig davon, ob ein Mensch sie würdigt oder nicht. Und Umweltschützer sind der Auffassung, dass naturbelassene Ökosysteme an sich gut sind, unabhängig vom Wohlergehen der Individuen, die in diesen Ökosystemen leben und sterben.[83]

Da die Ethik eine schwierige Angelegenheit ist und wir Spielraum für moralische Ungewissheit brauchen, sollten wir auch die Entwicklung bei nicht unmittelbar mit dem Wohl von Menschen und anderen Tieren zusammenhängenden Gütern in Betracht ziehen. Bedauerlicherweise ist es schwierig, sicher zu klären, welche Dinge über ihre Auswirkungen auf das Wohlergehen hinaus einen Wert haben; in diesem Bereich der Ethik kommen wir womöglich nie über konkurrierende Eingebungen hinaus. Zu häufig genannten Gütern zählen neben Schönheit und Natur die Demokratie, Gleichheit, Wissen und menschliche Errungenschaften.

Wir können nicht mit Gewissheit sagen, wohin die Entwicklung dieser Güter geht. Mit Blick auf die Natur scheint die Entwicklung negativ zu sein. Wir haben ein Drittel der Wälder des Planeten abgeholzt. Die Waldfläche schrumpft weiter, doch es gibt Grund zum Optimismus: Das Tempo des Waldverlusts erreichte seinen Höhepunkt in den 1980er-Jahren und nimmt seither ab.[84] Seit 1500 sind 0,5 bis 1 Prozent der Wirbeltierarten ausgestorben; das übersteigt das normale Artensterben und erreicht oder übertrifft die Geschwindigkeit der fünf früheren Phasen des massenhaften Artensterbens auf dem Planeten.[85]

Bei anderen Gütern scheint die Entwicklung dagegen positiv zu verlaufen. Wir haben bahnbrechende wissenschaftliche Entdeckungen gemacht, zum Beispiel die Allgemeine Relativitätstheorie, die Quantenmechanik oder die Evolutionstheorie; wir kennen das

Alter der Erde und des Universums. Und wir haben erstaunliche Leistungen vollbracht: Wir haben die Pocken besiegt, die höchsten Gipfel der Erde bestiegen, von Flugzeugen aus auf die Wolken herabgeblickt und die Erde aus dem All fotografiert. Im Jahr 1900 lebten 90 Prozent der Weltbevölkerung in Autokratien, heute lebt mehr als die Hälfte in Demokratien.[86] Selbst bei der globalen Ungleichheit wandelt sich das Bild: Zwischen 1800 und 1970 nahm sie zwar zu, seither ist sie jedoch stark zurückgegangen, vor allem dank des raschen Wirtschaftswachstums in Asien.[87] Da Kunst subjektiv ist, ist es nahezu unmöglich, Entwicklungen auf dem Gebiet der künstlerischen Leistung zu bewerten; es wird allerdings oft übersehen, dass die künstlerische Produktion aufgrund der schieren Zahlen stark gestiegen ist – mehr Menschen bedeuten mehr Kunst. Die künstlerischen Fähigkeiten der Menschheit sind in vieler Hinsicht größer geworden dank des gestiegenen Alphabetisierungsgrads und Wohlstands: In einer alphabetisierten Gesellschaft gibt es mehr Autoren, und je weniger Menschen in Armut leben, umso mehr Künstlerinnen gibt es. Daher scheint es wahrscheinlich, dass die Kunst im Laufe der Zeit neue Höhen erreicht hat und dass sich dieser Trend in den kommenden hundert Jahren weiter fortsetzen wird. Das trifft auch auf andere Güter zu. Je mehr Menschen es gibt und je höher ihr Lebensstandard ist, umso wahrscheinlicher ist es, dass es Menschen wie Usain Bolt, Margaret Atwood oder Maryam Mirzakhani gibt, die großartige Leistungen vollbringen.

Wie wir diese Tendenzen bewerten, hängt davon ab, wie wir negative Entwicklungen wie die Umweltzerstörung und positive wie Demokratie und wissenschaftlichen Fortschritt gewichten. Diese Gewichtung ist eine knifflige Frage, zu der die Moralphilosophie kaum etwas Erhellendes beisteuern kann. Meiner Ansicht nach geht die Gesamtentwicklung jedoch in eine positive Richtung.

Ein Plädoyer für Optimismus

Bislang haben wir uns angesehen, ob die Welt im Laufe der Zeit besser oder schlechter geworden ist. Die Antwort hat sich als extrem schwierig erwiesen. Die nächste Frage wird noch schwieriger: Wir wollen herausfinden, ob die Welt langfristig besser oder schlechter wird.

Der Einfachheit halber konzentrieren wir uns auf zwei extreme Szenarien: die best- und die schlechtestmögliche Zukunft, *Eutopie* und *Anti-Eutopie*. Letztere nenne ich »Anti-Eutopie«, weil der Begriff »Dystopie« in der Regel nicht erfasst, wie schlecht die schlechtestmögliche Zukunft sein kann. Die dystopischen Szenarien, die ich in Kapitel 4 vorgestellt habe und die oft in Science-Fiction ausgemalt werden, sind zwar schlecht, doch sie sind zugespitzt auf bestimmte Aspekte wie Führerkult und die ideologische Gleichschaltung einer Gesellschaft und unternehmen nicht den Versuch zu zeigen, wie schlecht es wirklich werden kann.

Gibt uns der Ausblick auf diese beiden möglichen Zukunftsszenarien Anlass zu Optimismus oder Pessimismus? Das hängt von zwei Dingen ab: dem relativen Wert dieser Welten und der Wahrscheinlichkeit, mit der sie eintreten. Der relative Wert dieser Welten gibt Anlass zum Pessimismus, denn die Abgründe der schlechtestmöglichen Welt sind viel tiefer als die Gipfel der bestmöglichen hoch sind.

Zur Veranschaulichung stellen Sie sich vor, Sie haben zwei Optionen. Die erste ist eine Wette, bei der Sie mit 50-prozentiger Wahrscheinlichkeit die bestmögliche Eutopie der Zukunft schaffen, eine gewaltige Zivilisation, in der das Leben der Menschen auf bestmögliche Weise aufblüht und gedeiht. Genauso groß ist allerdings die Wahrscheinlichkeit, dass Sie die schlechtestmögliche Anti-Eutopie schaffen, eine gewaltige Zivilisation, in der die Menschen im größtmöglichen Leid leben. Die zweite Option besteht darin, diese Wette auszuschlagen; in diesem Fall wird die Menschheit in den kommenden Jahrhunderten verkümmern und verschwinden. Was würden Sie wählen?

Wenn Sie darauf keine Antwort haben, denken Sie an sich selbst. Stellen Sie sich vor, Sie haben die Wahl, friedlich zu sterben oder mit gleicher Wahrscheinlichkeit entweder in einer Eutopie ein reiches, erfülltes Leben zu führen oder in einer Anti-Eutopie im Elend zu versinken. Ich würde die Wette ausschlagen und mich für einen friedlichen Tod entscheiden, und ich vermute, dass die meisten Menschen das ähnlich sehen.

Diese spontane Reaktion ist nicht ganz einfach zu erklären. Vielleicht ist die intuitive Ungleichbewertung von Glück und Leid in unserer Biologie angelegt: Leid ist leichter zu erzeugen als Lust, und unsere leidvollsten Erfahrungen sind weit intensiver als unsere lustvollsten. Eine andere Erklärung könnte in unserer Evolution begründet sein: Aus evolutionärer Sicht ist der Schaden des Todes größer als der Nutzen einer Mahlzeit oder einmal Sex zu haben. Wir könnten also einen größeren Anreiz haben, angesichts von Schmerz vor etwas möglicherweise Lebensgefährlichem zurückzuschrecken, als eine »gute« Sache wie eine Mahlzeit oder Sex zu suchen.

Es könnte demnach sein, dass unsere Vorstellungskraft uns im Stich lässt, wenn wir uns das best- oder schlechtestmögliche Leben vorstellen: Wir verstehen nicht, wie das bestmögliche Leben aussehen könnte. Darin bestätigt uns die Erinnerung an unsere besten persönlichen Erfahrungen und der Vergleich mit unseren schlechtesten Erfahrungen. In welchem Zeitabstand würden wir die schlimmsten Erfahrungen zulassen, wenn wir im Gegenzug dafür eine Zeit lang die besten Momente erleben könnten? Der britische Philosoph Bertrand Russell schrieb dazu im Vorwort zu seiner Autobiografie *Wofür ich gelebt habe*: »Nach Liebe trachtete ich, einmal, weil sie Verzückung erzeugt, eine Verzückung so gewaltig, daß ich oft mein ganzes mir noch bevorstehendes Leben hingegeben haben würde für ein paar Stunden dieses Überschwanges.«[88] Und der russische Schriftsteller Fjodor Dostojewski beschrieb die Erfahrung der Epilepsie so:

> *Für einige Augenblicke empfinde ich ein solches Glück, wie es in gewöhnlichem Zustand nicht möglich ist und von dem andere keine Vorstellung haben können. Ich fühle in mir und in der Welt eine vollständige Harmonie, und dieses Gefühl ist so stark und so süß, dass man für einige Sekunden dieser Seligkeit zehn Jahre seines Lebens, ja, meinetwegen das ganze Leben hingeben könnte.*[89]

Und in einem anderen Brief schrieb er:

> *Und ich fühlte, wie der Himmel zur Erde kam und mich verschlang. Ich fand wirklich Gott und ward von ihm erfüllt … Ihr seid alle gesunde Menschen … und ihr habt nicht die geringste Vorstellung von jenem Glück, das wir Epileptiker in der Sekunde vor dem Anfall empfinden.*[90]

Sollte Dostojewski recht haben, dann hätten die meisten Menschen gar keine Vorstellung davon, wie gut das Leben sein kann.

Es ist allerdings auch möglich, dass diese Ungleichgewichtung weder unserer Ignoranz noch unserer Biologie geschuldet ist, sondern dass sie tief in der Moral selbst verwurzelt ist. In Kapitel 8 haben wir bereits einen möglichen Weg zu dieser Asymmetrie gesehen. Dort habe ich argumentiert, dass wir, wenn wir moralisch im Ungewissen sind, uns an die Theorie der kritischen Schwelle halten sollten, der zufolge ein Mensch sein Leben als hinreichend gut erleben muss, damit seine Existenz die Welt besser macht. Wenn das stimmt, dann reicht es nicht aus, wenn die Welt mehr Gutes als

Schlechtes bereithält, damit der Erwartungswert der Zukunft positiv ist – sie muss *bedeutend* mehr Gutes als Schlechtes enthalten.

Daher sollten wir davon ausgehen, dass das Schlechte der schlechtestmöglichen Zukunft größer ist als das Gute der bestmöglichen Zukunft. Was uns zur zweiten Frage bringt: Wie wahrscheinlich ist es, dass wir eher in einer Eutopie als einer Anti-Eutopie enden? Wenn meine Antwort auf die erste Frage pessimistisch war, glaube ich, dass es in dieser zweiten Frage Grund zum Optimismus gibt.

Das entscheidende Argument für den Zukunftsoptimismus ist die Ungleichgewichtung in der Motivation künftiger Menschen. Will heißen, dass wir manchmal gute Dinge hervorbringen, nur weil sie gut sind, dass wir aber selten schlechte Dinge hervorbringen, nur weil sie schlecht sind. Wir tun oft Dinge, die unserer Ansicht nach gut für uns, für andere oder für die Welt sind. Wenn Menschen die Welt bereisen, gerne gut essen oder Videospiele spielen, können wir dieses Verhalten damit erklären, dass sie es für gut halten; und wenn sich Menschen gesellschaftlich engagieren, können wir dieses Verhalten damit erklären, dass sie überzeugt sind, damit die Welt besser zu machen.

Wer sich dagegen einer schmerzhaften Zahnoperation unterzieht, wird dies vermutlich nicht tun, um zu leiden; die schmerzhafte Erfahrung ist vielmehr ein notwendiges Übel, um späteres Leid abzuwenden. Selbst die schlimmsten Grausamkeiten werden in der Regel nicht begangen, nur weil sie schlecht sind, sondern sie ergeben sich als Nebenwirkung anderer Handlungen oder sind Mittel zum Zweck. In einem der vorigen Abschnitte dieses Kapitels ging es um das Leid, das wir nicht menschlichen Tieren zufügen. Das tun wir nicht, weil wir Tiere leiden sehen wollen, sondern weil wir Fleisch essen und möglichst wenig Geld dafür ausgeben wollen und weil wir uns nicht sonderlich für das Wohl von Nutztieren interessieren, weshalb wir das Leid dieser Tiere billigend in

Kauf nehmen. Das trifft auch auf viele andere menschliche Grausamkeiten der Geschichte zu. Den meisten Sklavenhaltern ging es nicht darum, ihre Mitmenschen zu quälen, sondern darum, mit deren Arbeit Geld zu verdienen oder durch ihren Besitz Status zu erlangen. Kriege werden in der Regel nicht geführt, um dem Gegner Leid zuzufügen, sondern um Macht und Ruhm zu gewinnen.

Das stimmt allerdings nicht immer, auch Sadismus ist eine Tatsache. Im antiken Rom strömten gewöhnliche Menschen ins Kolosseum, um sich an Gladiatorenkämpfen zu weiden, und im Europa des Mittelalters waren grausige öffentliche Hinrichtungen beliebte Schauspiele. Einige der einflussreichsten Gestalten der Geschichte empfanden Lust am Leid ihrer Opfer.[91] Mao gab detaillierte Anweisungen zur Folter und Ermordung von Millionen seiner Opfer und wohnte Folterungen bei.[92] Hitler gab Anweisung, die Attentäter des 20. Juli 1944 »wie Schlachtvieh« zu erhängen und ihren qualvollen Tod an Fleischerhaken und Klaviersaiten zu filmen. Manchen Quellen zufolge soll Hitler die Aufnahmen geliebt und sie sich wieder und wieder angesehen haben.[93] Doch selbst in Fällen wie diesen könnte der Sadismus durch den Wunsch nach Machterhalt und die Demonstration von Status motiviert gewesen sein.

So selten böswillige, sadistische oder psychopathische Akteure sein mögen, kommen sie unverhältnismäßig oft in Machtpositionen. Zu erwähnen wären neben Mao und Hitler auch Gewaltherrscher wie Dschingis Khan, Saddam Hussein, Josef Stalin, Benito Mussolini, Kim Il-sung, Kim Jong-il, François Duvalier, Nicolae Ceaușescu, Idi Amin und Pol Pot. Es besteht daher durchaus die Gefahr, dass böswillige Menschen einen übergroßen Einfluss auf unsere Zukunft haben.

Trotz dieser besorgniserregenden Ausnahmen sind Menschen im Allgemeinen häufiger motiviert, das zu fördern, was sie für gut halten, als das, was sie für schlecht halten. Diese Asymmetrie der Motivation spiegelt sich auch darin, wo wir unser Geld investieren.[94] Das meiste Geld wird für gute Dinge ausgegeben: Gesundheit, Wissenschaft, Bildung, Unterhaltung und Unterkunft. Nur ein kleiner Teil wird für Gefängnisse, Krieg, Massentierhaltung und andere Übel ausgegeben, und auch hierbei handelt es sich oft um Mittel für andere Zwecke.

Diese Asymmetrie der Motivation ist klar, wenn wir uns mögliche Wege zur best- oder schlechtestmöglichen Zukunft vorstellen. Denken Sie als Erstes an die bestmögliche Zukunft: eine Zivilisation von Menschen mit langen, glücklichen und erfüllten Leben, von künstlerischen und wissenschaftlichen Errungenschaften, die ins Weltall expandiert. Es würde uns nicht schwerfallen, den Aufstieg einer solchen Zivilisation zu erklären. Eine erste Erklärung wäre die moralische Konvergenz: Die Menschen der Zukunft haben erkannt, was gut ist, und alles dafür getan, um dieses Gute zu fördern. Dank gewaltiger wissenschaftlicher und technischer Fortschritte der Zukunft sowie der Fortschritte der Vernunft und Dialogfähigkeit könnten sich die Menschen auf eine gemeinsame Vision der Zukunft geeinigt und diese verwirklicht haben.

Eine zweite Erklärung wäre, dass die Menschen auch ohne moralische Konvergenz ihre Vorstellungen von einem guten Leben und einer guten Gesellschaft entwickelt und in gemeinsamem Austausch eine Gesellschaft aufgebaut haben, die hinreichend gut für alle Menschen ist. Diese Gesellschaft wäre ein Kompromiss aus verschiedenen Sichtweisen, in der alle einen Großteil ihrer Wünsche erfüllt sehen. Selbst wenn niemand eine positive moralische Vision für die ganze Menschheit hat und nur das Beste für sich selbst will, kann das Ergebnis trotzdem eine sehr gute Welt sein. In einer Welt, in der Kommunikation, Handel und Kompromiss einfach sind und die Technik weit fortgeschritten ist, könnten die meisten Menschen die meisten ihrer Vorstellungen erfüllt sehen.

Versuchen wir nun, uns die schlechtestmögliche Zivilisation vorzustellen: eine, die so schlecht ist, wie die bestmögliche gut ist.

In einer solchen Zukunft würde eine große Zahl von Menschen, über den Kosmos verteilt, qualvoll leben. Können wir Erklärungen finden, wie eine solche Zivilisation zustande käme? Das würde uns deutlich schwerer fallen. Realistische dystopische Szenarien konzentrieren sich meist auf einen bestimmten Aspekt und haben kein Interesse daran, sich die schlechtestmögliche Welt auszumalen. Während uns eine astronomisch gute Zukunft also durchaus möglich scheint, ist eine astronomisch schlechte Zukunft sehr unwahrscheinlich.

Das Dunkel einer Anti-Eutopie ist intensiver als das Licht einer Eutopie, doch die Eutopie ist viel wahrscheinlicher als eine Anti-Eutopie. Alles in allem scheint mir also eine Eutopie wahrscheinlicher. Das gibt uns Grund zu der Annahme, dass der Erwartungswert der Zukunft positiv ist. Wir haben Grund zur Hoffnung.

TEIL V

Handeln

KAPITEL 10

Was tun?

Zurück in die Zukunft

In der Umgangssprache liegt die Zukunft vor und die Vergangenheit hinter uns. Wir könnten sagen, dass wir uns auf das vorbereiten, was auf uns zukommt, dass wir uns keine Gedanken machen sollten über das, was hinter uns liegt, dass wir einer bedrohlichen Zukunft entgegensehen oder dass die frühe britische Frauenrechtlerin Mary Wollstonecraft ihrer Zeit Ende des 18. Jahrhunderts voraus war. Diese räumliche Metapher ist nahezu universell, die allermeisten Sprachen sehen die Zukunft vorn und die Vergangenheit hinten.[1]

Eine der Ausnahmen ist Aymara. Diese Sprache wird von rund 2 Millionen Menschen in Bolivien, Nordchile, Argentinien und Peru gesprochen.[2] Die Aymara tragen bunte Trachten, und ihre Fahne erinnert an ein kunterbuntes Pixelbildchen. In ihrer Sprache liegt die Zukunft hinter und die Vergangenheit vor uns. Der Ausdruck *nayra mara* besteht aus dem Wort für »vorn« (das auch »Auge« oder »Sehen« bedeutet) sowie dem Wort für »Jahr« und bedeutet »letztes Jahr«. Und *nayra pacha* bedeutet wörtlich »vorn Zeit«, meint aber die »vergangene Zeit«. »Von jetzt an« heißt *akata qiiparu*, wörtlich »das von hinten zu«, und ein »künftiger Tag« ist *qhipüru*, wörtlich »hinten Tag«.

Diese räumliche Anordnung findet sich nicht nur in der Wortwahl der Aymara, sondern auch in ihren Gesten. Wenn sie sich auf ein künftiges Ereignis beziehen, zeigen sie sich über die Schulter. Das tun sie selbst dann, wenn sie eine Zweitsprache wie Spanisch sprechen.

In den meisten Sprachen liegt die Zukunft aber wie gesagt vorn, denn wenn wir gehen, dann bewegen wir uns durch Raum *und* Zeit vorwärts. In Aymara steht dagegen eher die Frage im Vordergrund, was wir wissen und was nicht. Wir *sehen* die Gegenwart und die Vergangenheit, denn sie liegen ausgebreitet vor uns. Daher können wir sie direkt wahrnehmen, im Gegensatz zur Zukunft. Alles, was wir über die Zukunft wissen oder annehmen, basiert auf Erfahrungen in der Gegenwart oder der Vergangenheit.[3] Das heißt, dass wir bei unserer Zukunftsplanung so vorsichtig vorgehen sollten, als würden wir uns rückwärts durch unbekanntes Gelände bewegen.

Das ist ein gutes Bild für unsere Reise in die Zukunft. In den letzten neun Kapiteln habe ich hoffentlich gezeigt, dass es möglich ist, klar über die Zukunft zu denken und sie in eine bessere Richtung zu lenken. Aber ich behaupte nicht, dass es einfach ist. Im besten Fall war es ein Blick über die Schulter auf die Zukunft, die hinter uns liegt. Es gibt so vieles, was wir nicht wissen.

Selbst während der Arbeit an diesem Buch habe ich meine Ansichten in einigen wesentlichen Punkten korrigiert. Heute nehme ich die historische Kontingenz, vor allem die Kontingenz von Werten, sehr viel ernster als noch vor einigen Jahren. Die Möglichkeit des technischen Stillstands beschäftigt mich mehr. Ich halte die Zivilisation für widerstandsfähiger gegenüber großen Katastrophen, und gleichzeitig finde ich es bedenklicher, dass wir die leicht verfügbaren fossilen Rohstoffe ausbeuten und damit einen künftigen Wiederaufbau der Zivilisation nach einer Katastrophe erschweren.

Unsere tiefe Ungewissheit hinsichtlich der Zukunft hat mehrere Gründe. Erstens gibt es in vielen Fällen gute Argumente für beide Seiten, und es ist unklar, wie sie gewichtet werden sollen. Etwa in strategischen Fragen rund um die Künstliche Intelligenz. Ist es zum Beispiel gut oder schlecht, die Entwicklung der Künstlichen Intelligenz voranzutreiben? Auf der einen Seite könnte uns eine Verlangsamung der Entwicklung mehr Zeit geben, uns auf die Allgemeine Künstliche Intelligenz vorzubereiten. Auf der anderen Seite ließe sich mit einer Beschleunigung der Entwicklung die Gefahr der technischen Stagnation verringern. Eine falsche Entscheidung könnte nicht nur unsere Anstrengungen zunichte machen – sie könnte katastrophal sein.

Haarige Fragen dieser Art werden nicht gerade einfacher dadurch, dass sich auch Fachleute oft nicht einig sind. Unlängst wurden 75 Experten zur KI-Sicherheit gefragt: »Angenommen, dass Künstliche Intelligenz eine existenzbedrohliche Katastrophe auslöst – was könnte die Ursache sein?«[4] Die Befragten erhielten sechs Möglichkeiten: 1. Ein KI-System reißt binnen kurzer Zeit die Weltherrschaft an sich, wie von Nick Bostrom beschrieben; 2. und 3. waren Szenarien einer langsamen Machtübernahme durch zahlreiche, sich allmählich optimierende KI-Systeme; 4. KI vergrößert die Kriegsgefahr; 5. Missbrauch von KI durch Menschen; und 6. »Sonstiges«.

Die meisten der Befragten verteilten die Wahrscheinlichkeit gleichmäßig über die ersten fünf Szenarien und sahen für »Sonstiges« eine Wahrscheinlichkeit von 20 Prozent. Doch einzelne Antworten fielen zum Teil weit aus dem Rahmen, und die Teilnehmer gaben an, selbst relativ wenig Zutrauen in ihre Prognosen zu haben. Auch hinsichtlich der Dimension der Bedrohung gingen die Meinungen weit auseinander: Auf die Frage, mit welcher Wahrscheinlichkeit die Künstliche Intelligenz eine Existenzbedrohung für die Menschheit darstelle, lagen die Antworten zwischen »0,1« und »95 Prozent«.[5]

Ähnlich ist die Einschätzung von Problemen der KI-Governance. Im Jahr 2021 erklärte Luke Muehlhauser, der bei Open

Philanthropy für die Vergabe von Forschungsgeldern auf diesem Gebiet zuständig ist: »In den vergangenen Jahren habe ich Hunderte Stunden mit Experten mögliche Zwischenziele der KI-Governance erörtert. Aber es herrscht kaum Einigkeit darüber, mit welchen Zwischenzielen sich unterm Strich positive Ergebnisse erzielen lassen.«[6]

Der zweite Grund für unsere Zukunftsungewissheit ist, dass wir nicht nur nicht wissen, wie wir bekannte Größen gewichten sollen, sondern dass wir auch Dinge einbeziehen müssen, von deren Existenz wir noch gar nichts wissen können. Als der amerikanische Verteidigungsminister Donald Rumsfeld 2002 über fehlende Beweise für die Existenz von Massenvernichtungswaffen im Irak sprach, erklärte er: »Es gibt bekannte Bekannte – das sind die Dinge, von denen wir wissen, dass wir sie wissen. Wir wissen auch, dass es bekannte Unbekannte gibt – das heißt, wir wissen, dass es Dinge gibt, die wir nicht wissen. Aber es gibt auch unbekannte Unbekannte – das sind Dinge, von denen wir nicht wissen, dass wir sie nicht wissen.«[7]

Damals wurde Rumsfeld für die »poetisch-sinnfreie Schönheit« seiner Worte verspottet und erhielt sogar einen Preis für die »unsinnigste Äußerung des Jahres«.[8] Doch dahinter steckt eine wichtige philosophische Aussage: Wir sollten auch die Dinge mitdenken, von denen wir noch gar nichts wissen.

Stellen Sie sich zur Veranschaulichung vor, ein gebildeter Mensch des Jahres 1500 hätte dafür sorgen wollen, dass die langfristige Zukunft einen günstigen Verlauf nimmt. Einige relevante Dinge hätte er gewusst, etwa dass Gesetze, Religionen und politische Institutionen fortbestehen werden. Aber vieles wäre ihm nie in den Sinn gekommen. Zum Beispiel hätte er nie geahnt, dass die Erde auf Milliarden Jahre hinaus bewohnbar sein würde und dass das Universum riesig, aber weitgehend unbewohnt ist. Wahrscheinlichkeitstheorie, Erwartungswert und andere wichtige Instrumente zum Umgang mit der Ungewissheit standen ihm nicht zur Verfügung. Er kannte keine moralische Theorie, der zufolge die Interessen aller Menschen gleichwertig sind. Er hätte auch nicht wissen können, was er nicht wusste.

Der dritte Grund für unsere grundlegende Zukunftsungewissheit ist, dass selbst Ergebnisse, die wir als erstrebenswert erkannt haben, sehr schwer auf vorhersehbare Weise erreichbar sein können. Jede unserer Handlungen hat eine Vielzahl von Konsequenzen – gute, schlechte und uneindeutige. Trotzdem sollten wir im Idealfall versuchen, möglichst alle absehbaren Konsequenzen in unsere Entscheidung einzubeziehen.

Angesichts der Komplexität der Fakten und Bewertungen fühlen wir uns leicht überfordert, so als könnten wir gar nichts bewirken. Das wäre jedoch zu pessimistisch gedacht. Selbst wenn wir rückwärts in die Zukunft unterwegs sind und uns führerlos in finsterer Nacht durch unbekanntes Gelände tasten, sind einige Pläne mit Sicherheit klüger als andere. Dabei können wir drei Faustregeln zur Anwendung bringen.

Erstens können wir Maßnahmen ergreifen, von denen wir vergleichsweise sicher sind, dass sie gut sind. Wenn wir uns auf unbekanntes Gelände vorwagen, dann wissen wir, dass es gut ist, Streichhölzer, ein scharfes Messer und einen Verbandskasten dabeizuhaben. Selbst wenn wir nicht wissen, was uns erwartet, leisten uns diese Dinge gute Dienste.

Zweitens können wir versuchen, das Spektrum unserer Optionen zu vergrößern. Auf einer Expedition sollten wir vermeiden, in einer Schlucht stecken zu bleiben, aus der wir nicht mehr herauskommen, und wenn wir unser Ziel nicht kennen, sollten wir Routen wählen, auf denen wir uns möglichst viele Optionen offenhalten.

Und drittens können wir versuchen, mehr Wissen zu sammeln. Unsere Expedition kann auf einen Hügel steigen, um sich einen

Überblick über das Gelände zu verschaffen, oder verschiedene Routen auskundschaften.

Diese drei Faustregeln vermögen uns dabei zu leiten, die langfristige Zukunft positiv zu beeinflussen. Erstens können wir Maßnahmen ergreifen, die in einer Vielfalt möglicher Szenarien die langfristige Zukunft besser machen. Die Förderung von grüner Energie trägt beispielsweise dazu bei, dass die fossilen Rohstoffe im Boden bleiben und nach einem Zusammenbruch der Zivilisation für den Neuanfang zur Verfügung stehen; sie schwächt die Folgen des Klimawandels ab; sie fördert den technischen Fortschritt und verringert die Gefahr der Stagnation; und sie hat auch kurzfristig positive Folgen, weil sie die zahlreichen Todesfälle durch Luftverschmutzung verringert.

Zweitens halten wir uns mit einigen Wegen mehr Optionen offen als mit anderen. Das trifft auch auf unsere Lebensentscheidungen zu, wenn zum Beispiel manche Ausbildungswege flexibler machen und mehr Qualifikationen vermitteln als andere. Ich hatte zwar Glück mit meinem Studium, aber mir ist durchaus klar, dass ein Wirtschaftsstudium mehr Türen öffnet als die Philosophie. Wie wir in Kapitel 4 gesehen haben, ist es auch auf gesellschaftlicher Ebene wichtig, dass wir uns Optionen offenhalten. Wenn wir eine Vielfalt von Kulturen und politischen Systemen bewahren, öffnen wir der Zivilisation mehr potenzielle Wege; das trifft auch auf unsere Bemühungen zu, den Zusammenbruch der Zivilisation zu verhindern.

Und drittens können wir mehr lernen. Als Einzelne können wir versuchen, die in diesem Buch erörterten Themen zu vertiefen und Wissen über relevante Aspekte unserer Welt zu erwerben. Aktuell werden kaum Anläufe unternommen, politische, technische, wirtschaftliche und gesellschaftliche Prognosen zu treffen, die weiter als ein Jahrzehnt in die Zukunft reichen, von Jahrhunderten ganz zu schweigen. Als Zivilisation können wir in unsere Weitsicht investieren und unsere Ferngläser polieren, um die hinter uns liegende Zukunft zumindest schemenhaft erkennen zu können.

Ausgehend von diesen drei Lektionen, wollen wir uns nun ansehen, was wir tun können, und mit der Frage nach unseren Prioritäten beginnen.

Wo sollen wir unsere Prioritäten setzen?

Auf einer Expedition können viele Probleme gleichzeitig auftreten: Das Zelt ist undicht, die Moral mies, und draußen streift ein Leopard durch die Nacht. Wir müssen Prioritäten setzen: Dass es ins Zelt regnet, mag ärgerlich sein, doch der Leopard ist wichtiger.

Wenn wir die Welt verbessern wollen, müssen wir ebenfalls überlegen, wo wir anpacken wollen. Wenn wir anderen helfen wollen, denken wir oft an Probleme, die uns selbst am Herzen liegen, weil wir zum Beispiel Betroffene kennen. Oder wir konzentrieren uns auf besonders hervorstechende Probleme. Wenn es jedoch unser Ziel ist, so viel Gutes wie möglich zu erreichen, sind wir mit diesen spontanen Eingebungen möglicherweise schlecht beraten, weil andere Maßnahmen viel wirkungsvoller sein könnten.

Um uns einen Überblick über unsere Optionen zu verschaffen, wollen wir uns zunächst die Gefahren ansehen, die ich in den vorigen Kapiteln angesprochen habe. Erstens das Einrasten schlechter Werte, das durch die Entwicklung der Allgemeinen Künstlichen Intelligenz oder die globale Vorherrschaft einer einzelnen Ideologie bewirkt werden könnte. Zweitens das Ende der Zivilisation durch einen Krieg mit Atom- und Biowaffen, durch technischen Stillstand, die Ausschöpfung der fossilen Reserven oder die Erderwärmung. Was können wir in jedem dieser Bereiche unternehmen?

In einigen der genannten Fälle sind die Lösungen relativ einfach. Das gilt zum Beispiel für den Klimawandel und die Ausschöpfung der fossilen Reserven: Die physischen Grundlagen und sozioökonomischen Auswirkungen sind bereits gut erforscht, und mögliche Maßnahmen zur Abschwächung beziehungsweise Anpassung sind bekannt. Wir wissen, dass wir den Kampf gegen den Klimawandel gewinnen, wenn wir die Kohlendioxidemissionen senken, je schneller und stärker umso besser. Jeder von uns kann durch politisches Engagement die Investition in grüne Technik fördern oder in diesem Bereich aktive NGOs unterstützen.

Biologische Sicherheit und Prävention von Pandemien sind weitere Gebiete, auf denen wir sinnvoll aktiv werden können, etwa durch die Entwicklung billiger und schneller Diagnoseverfahren und zuverlässiger Schutzkleidung. Und weltweit unterstützen bereits zahlreiche Institutionen und Organisationen die Vorbereitung auf Pandemien.

Auch Katastrophenschutz ist eine gute Sache. Dazu gehört zum Beispiel der Aufbau einer Notversorgung, der Bau von Bunkern zum Schutz vor Worst-Case-Katastrophen, der Aufbau einer Lebensmittelproduktion, die nicht auf Sonnenlicht angewiesen ist und im Falle eines nuklearen Winters einspringen könnte, die Anlage von Saatgutspeichern, mit deren Hilfe sich die Landwirtschaft wiederaufnehmen ließe,[9] sowie die Einrichtung von Informationstresoren, in denen Anweisungen für den Bau der Technik hinterlegt werden, die für den Wiederaufbau der Zivilisation nötig wären.

In anderen Bereichen liegt das Schwergewicht auf der Erweiterung von Spielräumen und dem Wissenserwerb. Das trifft zum Beispiel auf viele Probleme rund um die Künstliche Intelligenz zu. Heute wissen wir höchstens in groben Zügen, wie die Systeme der Allgemeinen Künstlichen Intelligenz aussehen werden, die uns Kopfzerbrechen bereiten. Das macht es schwer, schon heute konkrete Lösungen zu entwickeln, und aufgrund der komplexen strategischen Lage könnten viele wohlmeinende Versuche nach hinten losgehen.

Frühere Anläufe, die Gefahren der Allgemeinen Künstlichen Intelligenz in den Griff zu bekommen, zeigen uns jedoch, dass wir zumindest eines tun können: moralisch motivierte Akteure zusammenzubringen, die unsere Ungewissheiten verringern. Vor zehn Jahren unternahm kaum jemand den Versuch, die Entwicklung der Künstlichen Intelligenz zu steuern. Heute sind mindestens hundert Experten auf diesem Gebiet tätig, und jedes Jahr werden viele Millionen Dollar dafür ausgegeben.[10] Gruppen wie das Center for Human-Compatible Artificial Intelligence und das Future of Humanity Institute haben ein Forschungsgebiet entwickelt, das sich auf die KI-Sicherheit spezialisiert. Auch in der Forschungspolitik wird das Thema zunehmend ernst genommen, etwa im Center for Security and Emerging Technology an der Georgetown University in Washington, D.C. Das Fachgebiet steckt zwar noch in den Kinderschuhen, doch es wächst.

Die Gefahr eines Krieges zwischen Großmächten ist ein weiteres Beispiel für einen Bereich, in dem der Aufbau eines Forschungsgebiets zu den Prioritäten zählt. Die Wissenschaft beschäftigt sich zwar bereits seit Längerem mit den Ursachen von Kriegen, doch bislang wissen wir wenig darüber, welche praktischen Möglichkeiten es gibt, die Gefahr eines Krieges zu verringern. So ist zum Beispiel bekannt, dass benachbarte oder traditionell verfeindete Länder einander eher angreifen, vor allem wenn sie einander Gebiete streitig machen. Doch neue Grenzen sind kaum eine Lösung, und wir können auch nicht in die Vergangenheit reisen, um zu verhindern, dass Länder zu Rivalen werden. Wir wissen zwar, dass demokratische Staaten seltener gegeneinander Krieg führen, doch die Demokratisierung der Welt ist eine gewaltige Aufgabe. Angesichts dieser Schwierigkeiten scheint mir die beste Lösung, Expertinnen und Experten auszubilden und Organisationen zu fördern, die unser Wissen auf diesem Gebiet weiterentwickeln. Organisationen wie das International Peace Research Institute in Stockholm können uns helfen, Maßnahmen und Programme zu entwickeln, um in den kommenden Jahrzehnten den Frieden zwischen den Großmächten zu sichern.

Neben dem Erwerb von Wissen auf konkreten Fachgebieten können wir auch versuchen, die Bedeutung des langfristigen Denkens ganz allgemein besser zu verstehen. Zum Beispiel können Sie dazu beitragen, das Denken weiterzuentwickeln. Vielleicht droht am Horizont eine neue Technik, die bislang unterschätzt wird, die aber den Fortbestand der Zivilisation gefährden könnte. Vielleicht wären Reformen von Institutionen und Kulturen der Welt eine wichtige Kurskorrektur. Dies zu erkennen, könnte von extremer Bedeutung sein. Um diese und andere Fragen kümmern sich NGOs wie das Global Priorities Institute, das Future of Humanity Institute und Open Philanthropy.[11]

Wie soll ich herausfinden, welche Probleme am dringlichsten sind? In Kapitel 2 habe ich die Kriterien Tragweite, Dauer und Kontingenz als Analyseinstrument zur Einschätzung der Bedeutung eines Problems vorgeschlagen.

Aber es geht nicht nur um die Bedeutung eines Problems: Einige Probleme mögen von gewaltiger Bedeutung sein, aber wir können wenig gegen sie tun. Daher müssen wir zwei Aspekte unterscheiden. Erstens die *Lösbarkeit*: Wie viele Ressourcen würden wir benötigen, um ein bestimmtes Problem auch nur im Ansatz zu lösen? Bei einigen sind Fortschritte leichter zu erzielen als bei anderen. So waren zum Beispiel Fluorchlorkohlenwasserstoffe (FCKWs) ein gewaltiges Problem, weil sie die Ozonschicht zerstörten.[12] Doch die Lösung war vergleichsweise einfach: Es reichte, eine kleine Zahl von Unternehmen an Bord zu holen, und es gab gute Ersatzstoffe.[13] Zwischen der Entdeckung der Wirkung von FCKWs und dem Verbot dieser Stoffe im Protokoll von Montreal vergingen nur 15 Jahre.[14]

Die Bekämpfung des Klimawandels wird dagegen durch die Schwierigkeiten der internationalen Zusammenarbeit und den mangelnden Ersatz für fossile Brennstoffe erschwert.[15] Doch immerhin ist das Problem klar: Die Verbrennung von Kohle, Erdöl und Erdgas setzt Kohlendioxid frei. Auf diese Weise können wir immerhin Messlatten entwickeln, um unseren Fortschritt bei der Lösung zu beobachten. Auf anderen Gebieten, etwa dem moralischen Fortschritt oder der sicheren Entwicklung der Künstlichen Intelligenz, ist die Lage vertrackter. Hier ist schon die Natur des Problems unklar, und daher gibt es auch keine Messlatten, mit denen wir unseren Fortschritt messen können.

Der zweite Aspekt ist die *Vernachlässigung*. Je mehr Menschen an einem Problem arbeiten, umso wahrscheinlicher wird es, dass wir bald erste Lösungen finden und diesen auch schon folgen. Wer dagegen an vernachlässigten Problemen arbeitet, kann mehr bewegen.

Zum Beispiel geben heute gemeinnützige Stiftungen Milliarden für die Klimaforschung aus, Regierungen und Unternehmen investieren Hunderte Milliarden in die Bekämpfung des Klimawandels, und für die meisten engagierten jungen Menschen ist dieser das Problem ihrer Wahl.[16] Wie wir in Kapitel 6 gesehen haben, hat deshalb beim Klimawandel eine Wende eingesetzt. Probleme im Umfeld der KI-Entwicklung bleiben dagegen weitgehend vernachlässigt – das Interesse wird zwar größer, doch Stiftungen widmen der Frage nur einige Millionen Dollar im Jahr, und auf dem Gebiet sind lediglich einige Hundert Experten tätig. Wenn Sie einen Beitrag leisten wollen, dann können Sie hier mehr bewegen als anderswo.

Wie handeln?

Angenommen, Sie haben das Problem ausfindig gemacht, das Ihnen am dringlichsten erscheint – was tun Sie als Nächstes? Viele Menschen konzentrieren sich auf ihr persönliches Verhalten oder ihre Konsumentscheidungen. Wenn Ihnen das Wohl von Tieren am Herzen liegt, müssen Sie Vegetarier werden, so die Logik; wenn Sie etwas gegen den Klimawandel unternehmen wollen, müssen Sie weniger fliegen und Auto fahren; wenn es Ihnen um Ressourcenverschwendung geht, müssen Sie recyceln und dürfen keine Plastiktüten mehr verwenden.

Dieser Ansatz ist verständlich, doch ein strategischer Fehler, den viele begehen, die etwas für die Welt tun wollen. Wenn Sie sich auf Konsumentscheidungen konzentrieren, verlieren Sie leicht den Blick aufs Wesentliche. Nehmen wir zum Beispiel das aktuelle Engagement für die Vermeidung von Plastik. Der Nutzen für die Umwelt ist minimal. Sie müssten Ihre Plastiktüte 8000-mal wiederverwenden, um die Auswirkungen eines einzigen Fluges von New York nach London auszugleichen.[17] Außerdem hat die Vermeidung von Plastik nur geringe Auswirkungen auf die Verschmutzung der Meere. In wohlhabenden Ländern mit einer funktionierenden Müllbeseitigung landet kaum Plastik im Meer. Das Plastik stammt fast ausschließlich von Fischereiflotten und armen Ländern mit einem ungenügenden Abfallentsorgungssystem.[18]

Es gibt allerdings Konsumentscheidungen, mit denen Sie mehr bewirken können als mit der Vermeidung von Plastiktüten. Ein Thema, das mir persönlich am Herzen liegt, ist der Vegetarismus. Als ich mit 18 Jahren bei meinen Eltern auszog, wurde ich Vegetarier – das war eine der ersten bedeutsamen autonomen Entscheidungen meines Lebens, und ich bin bis heute Vegetarier. Aber wie wirksam ist das im Vergleich mit anderen Dingen, die ich tun könnte? Bei meiner Entscheidung stand das Wohl der Tiere im Mittelpunkt, aber sehen wir uns einmal die Auswirkungen auf den Klimawandel an. Wenn Sie auf vegetarische Ernährung umstellen, verringern Sie Ihre Treibhausemissionen um 0,8 Tonnen pro Jahr.[19] Das ist eine ganze Menge – rund ein Zehntel Ihres Kohlendioxid-Fußabdrucks.[20] Im Laufe von achtzig Lebensjahren vermeiden Sie auf diese Weise 64 Tonnen Kohlendioxid.

Mit anderen Maßnahmen könnten Sie allerdings deutlich mehr bewirken. Nehmen wir an, eine Amerikanerin mit einem mittleren Einkommen spendet pro Jahr ein Zehntel ihres Einkommens, rund 3000 Dollar, an die NGO Clean Air Task Force, die Innovationen auf dem Gebiet der Energiespartechnik fördert. Schätzungen gehen davon aus, dass diese Spende die Kohlendioxidemissionen pro Jahr um bis zu 3000 Tonnen verringern könnte – weit mehr, als Sie mit der Umstellung auf fleischlose Ernährung jemals erreichen werden.[21] (Auf dem Gebiet des Klimawandels ändert sich die Finanzsituation sehr schnell, und wenn Sie dies lesen, könnte die Clean Air Task Force bereits ausreichend finanziert sein. Bei Giving What We Can finden Sie eine aktuelle Liste der besten gemeinnützigen Organisationen auf dem Gebiet des Klimaschutzes und in anderen Bereichen.)

Es gibt gute Gründe, sich vegetarisch oder vegan zu ernähren. Es macht Ihr Engagement für Klimaschutz und Tierwohl glaubwürdiger; vielleicht sind Sie auch einfach der Überzeugung, dass es zu einem moralischen Leben gehört, kein unnötiges Leid zu verursachen. Aber wenn es Ihnen in erster Linie darum geht, so viel wie möglich gegen den Klimawandel zu unternehmen, dann ist die Ernährung nur ein Nebenaspekt.

Den Konzernen kommt es sehr gelegen, wenn wir uns vor allem auf unsere Konsumentscheidungen konzentrieren und darüber systemische Veränderungen vergessen. In einem Vortrag belehrte Shell-CEO Ben van Beurden 2019 seine Zuhörer, sie sollten recyceln und sich der Jahreszeit gemäß ernähren, statt im Winter Erdbeeren zu essen.[22] Aber um das Problem des Klimawandels in den Griff zu bekommen, müssen Konzerne wie Shell die Tore schließen. Mit Spenden für NGOs werden solche weitreichenden politischen Veränderungen wahrscheinlicher.

Auch in anderen Bereichen können Sie mit Spenden mehr bewirken als mit einer Veränderung Ihres Konsumverhaltens. In meinem Buch *Gutes besser tun* erkläre ich, warum Sie mit Spenden für die besten Hilfsorganisationen mehr erreichen als mit dem Kauf fair gehandelter Produkte. Das sind keine Einzelfälle, das Muster zieht sich durch alle Bereiche. Das liegt vor allem daran, dass unser Konsum ja nicht an sich darauf abzielt, Schaden anzurichten; wenn wir unser Konsumverhalten ändern, richten wir also nur in überschaubarem Maße weniger Schaden an. Mit Spenden können wir dagegen Maßnahmen unterstützen, die auf dem Gebiet, das uns am Herzen liegt, am meisten bewirken. Spenden sind ein Hebel, der unsere Wirkung maximiert.

Außerdem vermögen wir in vielen der hier angesprochenen Bereiche mit Konsumentscheidungen gar nichts auszurichten. Mit unserem Verhalten im Alltag können wir zwar einen Beitrag zum Kampf gegen den Klimawandel leisten, doch gegen Kriegsgefahr, Pandemien aus dem Labor oder die Entwicklung der Künstlichen Intelligenz bewirken wir auf diese Weise gar nichts. Wenn wir etwas zur Lösung dieser Probleme beitragen wollen, sollten wir für effektive NGOs spenden. Egal, was Sie sonst unternehmen, mit Spenden für gemeinnützige Organisationen haben Sie die Möglichkeit, sehr viel Gutes zu bewirken.

Abgesehen von Spenden sind drei persönliche Entscheidungen von besonderer Bedeutung: politisches Engagement, die Weitergabe von guten Ideen und Kinder.

Die einfachste Form des politischen Engagements ist die Beteiligung an Wahlen. Auf den ersten Blick mag man den Eindruck bekommen, dass man mit Wählen nicht allzu viel erreicht. Jede Wahl, an der ich mich beteiligt habe, wäre genauso ausgegangen, auch wenn ich mein Kreuzchen nicht gemacht hätte, und wahrscheinlich geht es Ihnen, den Leserinnen und Lesern, auch so. Diese Argumentation übersieht allerdings eines: Auch wenn die Wahrscheinlichkeit sehr klein ist, dass Sie persönlich den Wahlausgang beeinflussen, kann der *Erwartungswert* trotzdem sehr hoch sein.[23] Wenn Sie in den Vereinigten Staaten in einem Wechselwählerstaat leben, beträgt die Wahrscheinlichkeit, dass Ihre Stimme über das Ergebnis entscheidet, 1 zu einer Million bis 1 zu 10 Millionen. Regierungen verfügen mit ihrem Haushalt in der Regel über rund ein Drittel bis die Hälfte des Bruttoinlandsprodukts eines Landes. In den Vereinigten Staaten gibt die Regierung innerhalb einer vierjährigen Wahlperiode rund 17,5 Billionen Dollar aus. Viele der Staatsausgaben sind fest und weitgehend unabhängig davon, welche Partei die Regierung stellt, weshalb Sie mit Ihrer Stimme nur über etwa 10 Prozent der Ausgaben mitbestimmen. Aber wenn Sie die geringe Wahrscheinlichkeit, mit der Ihre Stimme über den Wahlausgang entscheidet, mit dieser gewaltigen Summe multiplizieren, dann haben Sie mit Ihrer Stimme Einfluss auf einen Erwartungswert von 175 000 Dollar. Und das ist nur der Haushalt. Viel größere Auswirkungen hätte Ihre Stimme für die schwer zu beziffernde Wahrscheinlichkeit, mit der Kandidaten einen Atomkrieg provozieren. Auch wenn Sie persönlich kaum eine Wahl entscheiden, ist die Rendite möglicherweise groß genug, dass sich der Urnengang lohnt.

Man könnte einige Einwände vorbringen. Erstens leben viele Menschen nicht in Wahlbezirken, die auf der Kippe stehen. Wenn Sie in einem US-Bundesstaat leben, der mit großer Wahrscheinlichkeit an eine bestimmte Partei geht, dann könnte der Erwartungswert gering sein, weil die Wahrscheinlichkeit winzig ist, dass Sie mit Ihrer Stimme den Wahlausgang beeinflussen. Und um die Abstimmung sinnvoll zu machen, müssen Sie mehr tun, als nur Ihr Kreuzchen setzen – Sie müssen besser informiert und weniger voreingenommen sein als die Durchschnittswähler, sonst könnten Sie mehr Schaden als Nutzen anrichten.

Diese Argumente gelten auch für andere Formen des politischen Engagements. Auch wenn die Wahrscheinlichkeit recht gering ist, dass Sie mit Ihrem Einsatz allzu viel bewirken, kann der Erwartungswert sehr groß sein, denn wenn Ihrer Kampagne Erfolg beschieden ist, könnte der Nutzen sehr groß sein.

Wenn Sie in der Welt etwas zum Guten bewegen wollen, ist eine weitere Möglichkeit, mit Ihren Freunden und Ihrer Familie über wichtige Themen sprechen, zum Beispiel Werte, Krieg, Pandemien oder Künstliche Intelligenz. Das heißt nicht, dass Sie andere aggressiv von Ihren Vorstellungen überzeugen oder das Risiko eingehen sollen, es sich mit geliebten Menschen zu verscherzen. Allerdings sind Gespräche mit Freunden erwiesenermaßen die wirkungsvollste Möglichkeit, politisches Bewusstsein zu schaffen,[24] und es ist vermutlich auch ein guter Weg, andere zum Engagement in den großen Fragen unserer Zeit zu motivieren.

Die letzte weitreichende Entscheidung, die Sie treffen können, ist die Frage, ob Sie Kinder bekommen wollen oder nicht. Viele Menschen machen den Fehler, die negativen Auswirkungen von Kindern zu überzeichnen und nicht an den Nutzen für die Kinder selbst und den Rest der Welt zu denken. Ihre Kinder werden zwar Kohlendioxid freisetzen, doch sie werden auch eine Menge Gutes tun, indem sie zum Beispiel einen Beitrag zur Gesellschaft leisten, Veränderungen bewirken oder sich für politischen Wandel einsetzen. Allein die Gefahr des technischen Stillstands macht es langfristig sinnvoll, Kinder zu bekommen. Und wenn Sie Ihre Kinder entsprechend anleiten, sind diese später auch in der Lage, sich für eine bessere Zukunft einzusetzen. Kinder zu bekommen, ist natürlich eine persönliche Entscheidung, in die viele Faktoren hineinspielen. Doch die Sorge um die Zukunft der Menschheit ist eher ein Argument *für* Kinder als *gegen* sie.

Berufswahl

Bislang haben wir uns angesehen, wie Sie Ihre Zeit und Ihr Geld einsetzen können, um die Zukunft auf lange Sicht besser zu machen. Doch die mit Abstand wichtigste Entscheidung Ihres Lebens ist die Berufswahl. Gerade junge Menschen wünschen sich immer häufiger, mit ihrer Arbeit etwas zu bewegen, und sie wünschen sich dies als Kern ihrer Arbeit und nicht nur als hübschen Nebeneffekt. Immer mehr Menschen geht es nicht nur um ein gutes Einkommen, sondern auch um Lebenssinn.

Daher habe ich mich während des Studiums mit Benjamin Todd zusammengetan und die Organisation 80,000 Hours gegründet. Diesen Namen haben wir gewählt, weil das in etwa die Dauer unseres Berufslebens ist: vierzig Stunden pro Woche, fünfzig Wochen pro Jahr, vierzig Jahre lang. Das ist viel Zeit, doch gemessen daran, verwenden die meisten von uns extrem wenig Zeit auf ihre Berufswahl. Wenn man bedenkt, wie sehr die Berufsberatung an Schulen vernachlässigt wird, ist es allerdings kein Wunder, dass viele Menschen in Berufen landen, die sie als unbefriedigend empfinden oder in denen sie weniger bewegen können, als sie wollen.

Aber wie sollen Sie bei der Berufswahl vorgehen? Hier kommen wir wieder auf die Metapher der Expedition zurück. Die drei wichtigsten Punkte waren Wissen sammeln, Optionen erweitern und sinnvolle Maßnahmen ergreifen. Das hilft auch bei der Berufswahl:

1. **Erwerben Sie Wissen:** Finden Sie kostengünstige Lernmöglichkeiten und probieren Sie vielversprechende langfristige Wege aus, bis Sie das Gefühl haben, dass Sie einen gefunden haben, auf den Sie einige Jahre lang setzen können.
2. **Schaffen Sie sich Optionen:** Setzen Sie auf einen vielversprechenden längerfristigen Weg und bauen Sie sich ein berufliches

Kapital auf, das Sie dort am weitesten voranbringt. Für den Fall, dass es nicht funktioniert, halten Sie einen Plan B bereit.

3. **Tun Sie Gutes:** Nutzen Sie Ihr berufliches Kapital, um die wirkungsvollsten Lösungen zu den dringlichsten Problemen zu unterstützen.

Diese drei Prioritäten können Sie während Ihres gesamten Berufslebens beibehalten, doch in unterschiedlichen Phasen werden Sie sie jeweils anders gewichten. Zu Beginn Ihres Berufslebens steht der Wissenserwerb im Mittelpunkt. Hier, vor allem aber in der mittleren Phase, geht es um die Ausweitung von Optionen und den Aufbau von beruflichem Kapital. Und ebenfalls in der mittleren sowie in der letzten Phase rücken altruistische Aspekte in den Vordergrund. Die Prioritäten können sich allerdings je nach Situation auch verschieben. Wer im Alter von vierzig Jahren den Beruf wechselt, wird noch ein paar Jahre Wissenserwerb einschieben. Und wer gleich nach dem Studium die Gelegenheit bekommt, Positives zu bewirken, sollte diese Möglichkeit wahrnehmen.

Beginnen wir mit dem *Wissenserwerb*. Viele Menschen spüren den Druck, sofort den besten Weg finden zu müssen. Doch das ist nicht möglich. Es ist schwer vorherzusehen, was am besten zu Ihnen passt, vor allem langfristig. Außerdem wissen Sie zu Beginn Ihres Berufslebens kaum etwas darüber, was eine bestimmte Arbeit beinhaltet und wo Ihre Stärken liegen. Und selbst wenn Sie gleich zu Anfang den besten Weg finden, kann sich dieser im Laufe der Zeit ändern. Die Probleme, die heute besonders dringend erscheinen, können in Zukunft an Dringlichkeit verlieren, wenn sie die nötige Aufmerksamkeit erhalten; dafür tauchen vielleicht neue Probleme auf. Und für Sie könnten sich neue Möglichkeiten der persönlichen Entwicklung auftun, die zu Beginn nicht abzusehen waren.

Auch Ihre persönlichen Vorlieben können sich ändern – vermutlich stärker, als Sie denken. Fragen Sie sich: Wie sehr werden sich

Ihre Persönlichkeit, Ihre Werte und Ihre Vorlieben im Laufe der kommenden zehn Jahre ändern? Wie sehr haben sie sich im Laufe der vergangenen zehn Jahre geändert? Ich persönlich hätte spontan vermutet, dass sie sich in den kommenden zehn Jahren kaum ändern würden, doch in den vergangenen zehn Jahren haben sie sich stark verändert, und das passt nicht zusammen. Umfragen kommen zu ähnlichen Ergebnissen, das heißt, dass wir tendenziell unterschätzen, wie sehr wir uns in Zukunft verändern werden.[25]

Daher könnte es sinnvoll sein, Ihre berufliche Laufbahn anzugehen wie ein Experiment. Stellen Sie sich vor, Sie arbeiten in der Wissenschaft und überprüfen eine Hypothese, wie und wo Sie am meisten Gutes bewirken können. Dazu könnten Sie die folgenden praktischen Schritte gehen:

1. Sondieren Sie Ihre Optionen.
2. Wählen Sie nach bestem Wissen den besten längerfristigen Weg.
3. Probieren Sie es einige Jahre lang aus.
4. Überprüfen Sie Ihre Entscheidung.
5. Beginnen Sie von vorn.

Statt sich an einen Beruf gebunden zu fühlen, sehen Sie die Berufswahl als ein sich wiederholendes Verfahren, in dem Sie ermitteln, was für Sie und die Welt das Beste ist. Es kann sinnvoll sein, Ihr Berufsleben als Experiment zu begreifen: Wenn Sie einen Beruf finden, in dem Sie doppelt so viel bewegen können wie in Ihrer aktuell besten Wahl, dann lohnt es sich, die Hälfte Ihrer beruflichen Laufbahn auf die Suche zu verwenden. Im Laufe der Zeit wird Ihnen klarer werden, ob Sie den für Sie richtigen Weg gefunden haben. Für viele Menschen mag es sinnvoll sein, 5 bis 15 Prozent Ihrer beruflichen Laufbahn – also zwei bis sechs Jahre – auf Lernen und Sondieren zu verwenden.

Die amerikanische Journalistin Kelsey Piper ist ein Beispiel dafür, wie sinnvoll es sein kann, Optionen zu sondieren. Um ihr schriftstellerisches Potenzial auszuloten, schrieb sie während ihres Studiums jeden Tag Blogeinträge von rund tausend Wörtern.[26] Dabei bemerkte sie, dass ihr das Schreiben lag und dass sie Talent hatte. Über das Bloggen fand sie eine Stelle bei der Onlinezeitschrift *Future Perfect*, die ihre Schwerpunkte auf effektiven Altruismus, Tierwohl und die langfristige Zukunft setzt.

Wenn Sie sondieren, stecken Sie sich ehrgeizige Ziele und konzentrieren Sie sich auf Optionen, die zwar nur mit einer Wahrscheinlichkeit von vielleicht 10 Prozent eintreten, die aber ein großartiges Ergebnis wären. Man wird Ihnen raten, auf dem Boden zu bleiben, doch wenn Sie in der Welt etwas bewegen wollen, sollten Sie ruhig nach den Sternen greifen. Selbst wenn die Erfolgsaussichten nicht sonderlich groß sind, ist der Erwartungswert eines ehrgeizigen Ziels hoch, und Ihre Möglichkeiten, etwas zu bewegen, wären groß. In vielen Bereichen sind die Erfolgreichsten für einen großen Teil der Wirkung verantwortlich – Untersuchungen haben festgestellt, dass die besten 20 Prozent für ein Drittel bis die Hälfte des Ergebnisses verantwortlich sind.[27]

So sinnvoll ehrgeizige Ziele sind, sollten Sie allerdings auch darauf achten, dass Sie mit Ihrer Arbeit keinen Schaden anrichten. Weil die langfristige Wirkung oft ungewiss ist, besteht diese Gefahr durchaus, und Sie sollten sie ernst nehmen.

Beim nächsten Schritt auf Ihrem beruflichen Weg *schaffen Sie sich Optionen,* indem Sie in sich selbst investieren. Auf vielen Gebieten erreichen Sie den Höhepunkt Ihrer Produktivität zwischen dem vierzigsten und fünfzigsten Lebensjahr.[28] Daher sollten Sie zu Beginn Ihrer Laufbahn in das berufliche Kapital, die Kompetenzen und Netzwerke investieren, die Sie benötigen, um möglichst viel bewirken zu können. Konzentrieren Sie sich zum Beispiel auf folgende Kompetenzen:[29]

- Führungskompetenz
- politisches und bürokratisches Geschick, um Prioritäten einer Organisation mitgestalten zu können
- gedankliche und empirische Forschung zu zentralen langfristigen Themen
- kommunikative Kompetenz
- Entwicklung neuer Projekte
- Allianzen von Menschen mit unterschiedlichen Interessen und Zielen

Die Investition in Sie selbst kann sich auf ungeahnte Weise auszahlen. So folgte zum Beispiel Sophie dem Rat von 80,000 Hours und beschloss, nicht Medizin zu studieren, sondern Pandemien zum Schwerpunkt ihres Berufslebens zu machen. Sie studierte Epidemiologie und baute sich auf diesem Gebiet berufliches Kapital auf. Mit Beginn der Coronapandemie fand sie eine übersehene Lösung zur Beschleunigung der Herstellung von Impfstoffen: eine sogenannte Human-Challenge-Studie, bei der sich Freiwillige impfen und dann mit dem neuartigen Coronavirus infizieren ließen. Sie gründete die Organisation 1DaySooner und fand Tausende Freiwillige, die sich für Tests zur Verfügung stellten, um die Impfstoffzulassung zu beschleunigen. Anfang 2021 wurde die erste Human-Challenge-Studie für Coronaimpfstoffe in Großbritannien durchgeführt.[30]

Manchmal müssen Sie zwischen Sondieren und Investieren entscheiden. Das trifft vor allem dann zu, wenn Sie an einer Universität arbeiten wollen. Wenn ich mir eine andere Stelle suchen und meine Tätigkeit an der philosophischen Fakultät eine Weile unterbrechen würde, wäre das vermutlich das Ende meiner akademischen Laufbahn. Diese harten Schnitte sind jedoch selten, und wenn Sie heute berufliches Kapital aufbauen, schließt das spätere Sondierungen nicht aus.

Damit gelangen wir zu dem Aspekt der Berufswahl, auf den es uns ganz besonders ankommt: *Gutes tun.* Die meisten Menschen haben erst später in ihrer Laufbahn, wenn sie berufliches Kapital gesammelt haben, die Möglichkeit, etwas zu bewirken. Aber manchmal eröffnet sich die Gelegenheit, sofort Gutes zu tun. Kuhan Jeyapragasan wurde zum Beispiel klar, dass er als Student der Universität Stanford eine einmalige Plattform hatte, um Bewusstsein für wichtige Themen zu schaffen. Er gründete die Stanford Existential Risk Initiative und klärte Hunderte von Menschen über die Gefahren für die langfristige Zukunft der Menschheit auf.

Wie viel Sie erreichen, hängt vor allem davon ab, welchem Problembereich Sie sich zuwenden. Umso wichtiger wird die sorgfältige Wahl. Ihre Wirkung hängt allerdings auch von der Qualität Ihres Projekts, Ihrer Erfahrung und der Stärke Ihres Teams ab.

Die Methode »Wissen erwerben, Optionen schaffen, Gutes tun« kann Ihnen bei der Berufswahl helfen. Doch welcher Weg der beste für Sie ist, hängt natürlich auch von Ihren persönlichen Eignungen und Vorlieben ab. Manche Menschen sind glücklich, wenn sie monatelang allein an einem Spezialthema forschen können, während andere am liebsten Teams führen oder Ideen vermitteln.

Möglicherweise haben Sie auch einzigartige Möglichkeiten, die andere nicht haben. So zum Beispiel der neuseeländische Tennisprofi Marcus Daniell, der bei der Olympiade von Tokio 2021 eine Bronzemedaille im Doppel gewann. Als er vom effektiven Altruismus erfuhr, gründete er die Organisation High Impact Athletes, um Profisportlern zu helfen, an besonders effektive NGOs auf den Gebieten Entwicklung, Tierwohl und Klimaforschung zu spenden. Unter seinen Spendern sind der Tennisstar Stefanos Tsitsipas, im Februar 2023 Nummer drei der Weltrangliste, und der frühere Boxprofi Joseph Parker. Als Profisportler befand sich Marcus in der einmaligen Position, High Impact Athletes zu gründen und damit etwas Neues auszuprobieren.

Isabelle Boemekes Geschichte ist ähnlich. Als das Fotomodell erfuhr, dass die Atomenergie bei der Bekämpfung des Klimawandels eine wichtige Rolle spielen könnte, nutzte sie ihre Präsenz in den sozialen Medien, um für die ungeliebte Energieform zu werben. Natürlich müssen Sie nicht Tennisprofi und Fotomodell sein, um etwas zu bewegen – diese beiden Beispiele sollen lediglich demonstrieren, dass Sie bei der Lösung der Menschheitsprobleme die größte Wirkung entfalten, wenn Sie mit Ihren einmaligen Fähigkeiten genau da tätig werden, wo Sie sind. Es wäre zum Beispiel wenig sinnvoll, wenn Daniell und Boemeke auf Epidemiologie oder Klimaforschung umsatteln würden.

Aufgrund ihrer persönlichen Vorlieben können viele Menschen durch Spenden mehr bewirken als auf anderen Wegen: Wenn Ihnen Ihr Beruf Spaß macht, aber wenig zur Verbesserung der Zukunft beiträgt, können Sie viel bewegen, indem Sie spenden. Wie etwa John Yan. Als er vom effektiven Altruismus erfuhr, überdachte er seine beruflichen Optionen, kam dann aber zu dem Schluss, dass er als Programmierer weiterarbeiten und lieber als Mitglied von Giving What We Can einen Teil seines Einkommens spenden wollte.[31]

Persönliche Eignungen und Vorlieben sind entscheidend dafür, wie viel Sie in Ihrem Beruf bewegen – Sie multiplizieren Ihre Wirkung und Ihr berufliches Kapital. Dabei verteilt sich die Wirkung sehr ungleich: Wenn Sie auf Ihrem Gebiet zu den besten 10 Prozent gehören statt zu den besten 50 Prozent, kann das Ihre Wirkung potenzieren. Wenn Sie auf Ihrem Gebiet erfolgreich sind, verfügen Sie über mehr Beziehungen, Referenzen und Glaubwürdigkeit, und das vergrößert Ihr berufliches Kapital und verlängert Ihren Hebel.

Außerdem sind persönliche Eignungen und Vorlieben entscheidend für Ihre Zufriedenheit im Beruf. Viele Menschen meinen, Altruismus müsse mit persönlichen Opfern verbunden sein, doch das halte ich für falsch. Ich habe im Gegenteil das Gefühl, dass mein Leben sinnvoller, authentischer und autonomer geworden ist, seit ich altruistisch tätig bin. Ich gehöre zu einer wachsenden Gemeinschaft von Menschen, die einen Beitrag zu einer besseren Welt leisten wollen, und viele von ihnen sind inzwischen gute Freunde geworden. Der effektive Altruismus hat mich reicher, nicht ärmer gemacht. Außerdem gibt es noch einen ganz praktischen Grund, der Arbeit nachzugehen, die Ihnen Spaß macht: So ist Ihre Wirkung langfristig nachhaltig. Ihr Engagement sollte über vierzig Jahre hinweg konstant bleiben, und es sollte nicht darum gehen, wie Sie dieses Jahr so viel wie möglich erreichen können. Die Gefahr des Burn-outs ist real, und Sie arbeiten besser mit anderen zusammen und sind produktiver, wenn Sie nicht gestresst oder deprimiert sind.

Gemeinsam Gutes tun

Die Zukunft in positivem Sinne zu beeinflussen, ist eine der obersten moralischen Prioritäten unserer Zeit. Aber es ist nicht die einzige. Wir sollten versuchen, die Zukunft besser zu machen, indem wir selbst ein erfülltes ethisches Leben führen.

Dabei ist es besonders wichtig, selbst möglichst keinen Schaden anzurichten. Die Geschichte ist voller Menschen, die Schlechtes getan haben, obwohl sie überzeugt waren, Gutes zu bewirken. Wir sollten alles tun, um nicht zu diesen Menschen zu gehören. Ein Beispiel sind die militanten Tierschützer der Animal Rights Militia, die in den 1980er- und 1990er-Jahren Briefbomben an britische Abgeordnete und den Premierminister verschickten und Brände legten. Die Täter waren vermutlich überzeugt, dass sie moralisch handelten und für das Wohl der Tiere kämpften. Doch sie irrten sich, und nicht nur in diesem Fall: Im Namen des Guten Schlechtes zu tun, ist nicht gerechtfertigt.

Erstens gehen naive Berechnungen, die schädliches Handeln mit den möglichen positiven Folgen rechtfertigen, nicht auf. Die militanten Tierschützer mögen überzeugt gewesen sein, dass sie im Sinne der Tiere handelten, doch mit ihrer extremistischen Gewalt fügten sie ihrem Anliegen großen Schaden zu. Meist führen viele Wege zum Ziel, und die wenigsten gehen mit Schaden für andere einher. Die beste Alternative der militanten Tierschützer wäre nicht gewesen, die Hände in den Schoß zu legen, sondern sich an friedlichen Protesten und Aktionen zu beteiligen.

Zweitens ist es falsch, anderen Menschen Schaden zuzufügen, selbst wenn damit das bestmögliche Ergebnis erreicht wird. Diese Frage spaltet die »Konsequentialisten« und die »Nicht-Konsequentialisten« in der Moralphilosophie. Die ethischen Fragen sind haarig, und selbst wenn Sie dem Konsequentialismus zuneigen, für den letztlich allein das Ziel zählt, sollten Sie sich dessen nicht sicher sein. Und wenn wir unserer Sache nicht sicher sind, sollten wir auf eine Weise handeln, die einen guten Kompromiss zwischen verschiedenen moralischen Standpunkten darstellt.[32] Wenn ein vernünftiger Standpunkt besagt, anderen keinen Schaden zuzufügen, dann sollten wir dies in unser Handeln einbeziehen.

Ähnliche Überlegungen treffen auch auf andere moralische Erwägungen zu. Vielleicht glauben Sie in einem bestimmten Fall, dass Sie Ihr Ziel mit einer Lüge erreichen, doch Lügen haben viele indirekte negative Folgen, die schwer zu erkennen sind, ganz abgesehen davon, dass es vermutlich moralisch falsch ist. Daher scheint es mir in der Praxis sinnvoll, möglichst nicht zu lügen, selbst wenn ich in einer bestimmten Situation meine, dass es mir nützt. Aus demselben Grund bemühe ich mich darum, ein guter Freund, Angehöriger und Bürger zu sein und ein freundliches und kooperatives Verhalten zu pflegen – selbst wenn das in einer konkreten Situation womöglich nicht zum besten Ergebnis führt. In dieser Beziehung sehe ich die langfristige Sicht als Ergänzung zur Alltagsmoral und nicht als Ersatz.

Naive Berechnungen des Erwartungswerts täuschen möglicherweise auch dann, wenn wir zu individualistisch denken und nur darauf achten, was wir für uns selbst erreichen können, und nicht auf das, was eine ganze langfristig denkende Gemeinschaft erreichen kann. In der Gemeinschaft des effektiven Altruismus erlebe ich aus erster Hand, wie wichtig gemeinsames Handeln ist. Die Gemeinschaft entstand vor einem Jahrzehnt und hat inzwischen einige Tausend Mitglieder, die Informationen und Ideen austauschen und einander soziale Unterstützung bieten. Diese Gemeinschaft ist zweifelsohne mehr als die Summe ihrer Teile: Gemeinsam können wir mehr bewegen als allein. Und weil die Gemeinschaft das Ziel hat, so viel Gutes wie möglich zu tun, habe ich einen Grund, anderen Mitgliedern zu helfen, auch wenn ich im Gegenzug nichts dafür erhalte.

Als größere Gemeinschaft sind wir in der Lage, einen »Portfolio-Ansatz« zu verwenden, um als Kollektiv so viel wie möglich zu erreichen. Wir können fragen, wie wir als Gemeinschaft unsere Ressourcen am besten vergeben, und dabei von den persönlichen Neigungen und relativen Vorteilen ausgehen. Aus Sicht der Gemeinschaft ist die oberste Frage nicht: »Wie kann ich persönlich am meisten bewirken?«, sondern: »Wer ist innerhalb der Gruppe am besten in der Lage, was zu tun?« So hält zum Beispiel mein Kollege Greg Lewis die Künstliche Intelligenz für das wichtigste Thema unserer Zeit. Doch auch die Gefahr einer Pandemie aus dem Labor scheint ihm relevant, und für ihn als Mediziner ist es sinnvoller, sich auf dieses Thema zu konzentrieren und die Beschäftigung mit der Künstlichen Intelligenz anderen zu überlassen.

Der Portfolio-Ansatz begünstigt auch Experiment und Wissenserwerb. Wenn ein Angehöriger der Gruppe einen neuen Weg ausprobiert (zum Beispiel durch eine ungewöhnliche Berufswahl), erfahren die anderen, ob das Experiment erfolgreich war oder nicht. Auch die Spezialisierung wird sinnvoller: Während eine dreiköpfige Gruppe in erster Linie Allrounder braucht, sind in einer großen Gemeinschaft Spezialisten gefragt.

Mithilfe des Portfolio-Ansatzes können Sie auch besser erkennen, wie viel zu bewirken Sie in der Lage sind. Wenn Sie sich nur fragen, was Sie selbst erreichen können, fühlen Sie sich angesichts von großen globalen Problemen wie Klimawandel und Pandemien schnell ohnmächtig. Aber wenn Sie fragen: »Können wir in der Pandemieprävention etwas bewirken, wenn wir Hunderte motivierte und intelligente Menschen daransetzen?«, ist die Antwort vermutlich Ja.

Schließen Sie sich einer Bewegung an

In diesem Kapitel ging es um die Frage, wie Sie persönlich etwas erreichen können. Aber Sie können auch auf die nächste Ebene gehen – den Gedanken des langfristigen Denkens verbreiten und andere davon überzeugen, die Zukunft ernst zu nehmen, sich für das Wohl künftiger Generationen zu engagieren und in positivem Sinne zu wirken. Dazu können Sie schreiben, organisieren, mit Freunden und Bekannten sprechen oder in Organisationen wie 80,000 Hours oder dem Centre for Effective Altruism aktiv werden, die sich um den Aufbau einer Bewegung bemühen.

Mit der Verbreitung dieses Gedankenguts können Sie große Wirkung entfalten. Wenn Sie nur einen anderen Menschen davon überzeugen, so viel Gutes zu tun, wie Sie selbst tun könnten, haben Sie bereits doppelt so viel erreicht, wie Sie allein erreichen könnten. Und wenn Sie zwei Menschen überzeugen, haben Sie Ihre Wirkung verdreifacht.

Natürlich ist die Grenze irgendwann erreicht. Und es genügt auch nicht, eine Bewegung ins Leben zu rufen – wir müssen uns um die Lösung der anstehenden Probleme kümmern.

Trotzdem zeigt der Aufstieg des langfristigen Denkens, dass die Verbreitung von Ideen ein zentraler Bestandteil des Portfolios sein sollte. Frühere soziale Bewegungen haben oft lange gebraucht, um Veränderungen zu bewirken. Die Quäker protestierten erstmals 1688 öffentlich gegen die Sklaverei in der sogenannten Petition von Germantown.[33] Die Briten schafften die Sklaverei erst 1833 ab und andere Länder sogar erst nach 1960. Der Erfolg stellte sich also erst Jahrhunderte später ein.

Ähnlich beim Feminismus. Mary Wollstonecraft gilt vielen als erste englischsprachige Feministin.[34] Sie veröffentlichte ihr Hauptwerk *A Vindication of the Rights of Woman (Die Verteidigung der Frauenrechte)* im Jahr 1792. In den Vereinigten Staaten und Großbritannien erhielten Frauen erst 1920 beziehungsweise 1928 das Wahlrecht, und die Schweiz ließ sich bis 1971 Zeit.[35] Und in anderer Hinsicht bleibt in der Sache der Frauenrechte noch viel zu tun.

Möglicherweise werden wir die größten Erfolge des langfristigen Denkens nicht mehr selbst erleben. Aber mit unserem Engagement für das langfristige Denken können wir den Stab an die nächste Generation weitergeben, die vielleicht schneller laufen, weiter blicken und mehr erreichen wird als wir. Sie hat den Vorteil, dass sie auf unserer jahrzehntelangen Arbeit auf diesem Gebiet aufbauen kann. Und vielleicht öffnen sich entscheidende Fenster der Formbarkeit, in denen sich die Richtung der Zivilisation entscheidet, zu ihren Lebzeiten, nicht zu unseren.

Die jüngere Vergangenheit macht Hoffnung, dass die Welt die Interessen kommender Generationen ernster nehmen wird. Umweltschützer haben das Wohl künftiger Menschen wirkungsvoll in den Vordergrund gerückt. Nur ein Beispiel: In Deutschland wurde die Partei der Grünen nach jahrelanger politischer Arbeit 1998 erstmals Koalitionspartner einer Bundesregierung; 2000 verabschiedete sie ein wegweisendes Gesetz, mit dem sie fast eigenhändig das Wachstum der globalen Solarindustrie anschob und Deutschland zum größten Markt für Sonnenenergie machte. Im Jahr 2010 entfiel fast die Hälfte des globalen Marktes für Solarenergie auf Deutschland.[36] Ausschließlich aus deutscher Sicht betrachtet, wäre der Einsatz für die Sonnenenergie wenig sinnvoll gewesen, denn Deutschland liegt in Mitteleuropa, und die Sonnenscheindauer ist begrenzt. Doch aus globaler Sicht war das ein gewaltiger Schritt, zwischen 2000 und 2020 sank der Preis für Fotovoltaikanlagen um 92 Prozent.[37] Die kommende Solarrevolution verdankt sich zu einem großen Teil den deutschen Umweltaktivisten.[38]

Auch das langfristige Denken hat bereits erste Erfolge vorzuweisen. So wurde zum Beispiel die KI-Sicherheit (siehe Kapitel 4) von einem Nischenanliegen zum anerkannten Forschungsgebiet. Der UNO-Bericht *Our Common Agenda*, an dem auch Wissenschaftler von Longtermisten-Organisationen beteiligt waren, forderte im September 2021 »Solidarität mit den nachrückenden Generationen«.[39] Dank 80,000 Hours habe ich Tausende Menschen kennengelernt, die ihre berufliche Laufbahn so wählen, dass sie mit ihrer Arbeit einen Beitrag zum langfristigen Wohl der Menschheit leisten.

Aber wir dürfen die Hände nicht in den Schoß legen. Es kommen große Aufgaben auf uns zu. In den kommenden fünfzig Jahren müssen wir den Ausstieg aus den fossilen Energieträgern vollziehen, auch wenn sich in diesem Zeitraum der Energiebedarf vermutlich verdreifacht.[40] Wir müssen die Gefahr eines Krieges zwischen Großmächten, einer Pandemie aus dem Reagenzglas und eines KI-gestützten globalen Totalitarismus eindämmen. Und gleichzeitig müssen wir sicherstellen, dass der Motor des technischen Fortschritts weiterläuft.

Wenn wir all diese Aufgaben meistern und sicherstellen wollen, dass unsere Zivilisation bis Ende des Jahrhunderts auf einem guten Weg ist, dann ist eine Bewegung von moralisch motivierten Menschen, denen die langfristige Zukunft am Herzen liegt, eine Notwendigkeit, kein Luxus.

Wer sollte sich dieser Bewegung anschließen? Nun: Wenn nicht Sie, wer dann?[41]

Positiver moralischer Wandel ist nicht unvermeidlich. Er ist das Resultat langer, harter Arbeit von Generationen von Denkerinnen und Aktivisten. Wenn es eine Veränderung gibt, die nicht unvermeidlich ist, dann ist das die Sorge um künftige Generationen – Menschen, die aufgrund ihrer Verortung in der Zukunft heute keinerlei Mitsprache haben.

Wenn wir umsichtig und weitsichtig vorgehen, können wir unseren Urenkeln und deren Urenkeln eine bessere Zukunft ermöglichen. Aber diese Zukunft ist nicht selbstverständlich. Es gibt keinen Bogen des unvermeidlichen Fortschritts. Kein Deus ex Machina wird die Welt vor dem Sturz in die Dystopie oder ins Nichts bewahren. Das ist unsere Aufgabe. Und unser Erfolg ist keineswegs garantiert.

Doch er ist möglich – zumindest wenn Menschen wie Sie die Herausforderung annehmen. Sie haben mehr Möglichkeiten, als Sie glauben. Wenn Sie über ein Nettoeinkommen von mehr als 20 000 Euro im Jahr verfügen, gehören Sie zu den reichsten 5 Prozent der Weltbevölkerung.[42] Und wahrscheinlich leben Sie in einem der mächtigsten Länder der Welt und haben Möglichkeiten, sich politisch zu betätigen, um Ihre Mitbürger zu überzeugen und Einfluss auf die Regierung zu nehmen.

Wenn Sie bis hierher gelesen haben, ist die Zukunft vermutlich auch Ihnen ein Anliegen. Diese zehn Kapitel waren kein dünnes Brett. Wenn Sie meine Ausführungen über die Populationsethik und die Gewichtung des Leids von Hühnern und des Glücks von Menschen überstanden haben, haben Sie sich vermutlich von meinen Argumenten überzeugen lassen und wollen wissen, was das alles in der Praxis bedeutet. Wenn es jemanden gibt, der sich für künftige Generationen engagiert, dann sind Sie das.

Aber kann ein Mensch etwas bewegen? Ja. Berge werden von

einzelnen Regentropfen abgetragen. Wirbelstürme sind nichts als die kollektive Bewegung unzähliger winziger Atome. Die Abschaffung der Sklaverei, der Feminismus und die Umweltbewegung waren alle »nur« die Summe vieler kleiner Einzelhandlungen. Das wird auch auf das langfristige Denken zutreffen.

In diesem Buch sind wir vielen Menschen begegnet, die etwas bewirkt haben: Sklavereigegnern, Feministinnen, Umweltschützern, Politikern und Wissenschaftlern. Wenn wir sie als historische Gestalten sehen, bekommen wir leicht den Eindruck, dass sie anders waren als Sie und ich. Doch das wäre ein Irrtum. Sie waren ganz normale Menschen, mit ihren eigenen Problemen und Grenzen, die beschlossen, den Lauf ihrer Welt in die Hand zu nehmen, und damit manchmal Erfolg hatten. Das können Sie auch.

Denn wenn nicht Sie, wer dann? Wenn nicht jetzt, wann?

Zwischen den Jahrhunderttausenden der Geschichte der Menschheit und den möglichen Jahrmilliarden ihrer Zukunft leben wir *jetzt*, in einer Zeit der außergewöhnlichen Umbrüche. Einer Zeit im Schatten von Hiroshima und Nagasaki, mit Tausenden abschussbereiten Atomsprengköpfen. Einer Zeit, in der wir unsere endlichen fossilen Rohstoffreserven verheizen und damit die Umwelt auf Hunderttausende Jahre hinaus verschmutzen. Einer Zeit, an deren Horizont sich Katastrophen zusammenballen, von künstlichen Krankheitserregern und dem Einrasten der Werte bis zum technischen Stillstand. Und einer Zeit, in der wir etwas unternehmen können, um diese Katastrophen zu verhindern.

Wir haben es in der Hand, die Zukunft in eine bessere Richtung zu lenken. Es gibt keinen besseren Moment für eine Bewegung, die sich nicht nur für unsere Generation und die unserer Kinder erhebt, sondern für alle kommenden Menschen.

Aktualisiertes Nachwort zur deutschen Ausgabe 2023

Dieses Buch möchte Ihnen eine neue Sicht auf die Welt vermitteln. Es basiert auf der einfachen Annahme, dass künftige Generationen in unserem Denken und Handeln eine Rolle spielen müssen, und geht der Frage nach, welche Konsequenzen sich für uns daraus ergeben. Können wir wirklich dauerhafte Veränderungen bewirken, und wenn ja, wie? Die meisten von uns wissen um die langfristigen Auswirkungen des Klimawandels, doch welche Probleme vernachlässigen wir noch? Und was ist wichtiger: die Zukunft in eine bessere Richtung zu lenken oder dafür zu sorgen, dass die Menschheit überhaupt eine Zukunft hat?

Die Sicht auf die Welt, die ich Ihnen in diesem Buch vermitteln möchte, wird als *Longtermism* bezeichnet, also langfristiges Denken. Der Longtermism sieht in der positiven Einflussnahme auf die langfristige Zukunft eine der zentralen moralischen Prioritäten unserer Zeit. Weil das abstrakt klingt, beschreibe ich den Longtermism in Gesprächen meistens als die Forderung, mehr zum Schutz der Interessen künftiger Generationen zu tun. Diese Definition macht unser eigentliches Anliegen – das Wohl künftiger Generationen – anschaulicher und unterstreicht, dass wir etwas tun müssen.

Nach der Erstveröffentlichung hat dieses Buch in der englischsprachigen Welt eine Vielfalt von Reaktionen hervorgerufen. Viele Leserinnen und Leser ließen sich animieren, 10 Prozent ihres Einkommens zu spenden oder eine berufliche Laufbahn zu wählen, mit der sie etwas bewegen können. Andere widersprachen meiner Darstellung mit wohlüberlegten Gegenargumenten. Wieder andere verstanden meine Ansichten falsch. In diesem Nachwort möchte ich auf einige der häufigsten Fragen eingehen.

Einige Leserinnen und Leser fürchteten, Longtermism beschäftige sich zu sehr mit fernen Gefahren aus der Welt des Science-Fiction und lenke von wichtigeren und naheliegenderen Bedrohungen ab. Diese Sorge kann ich nachvollziehen, doch ich glaube, sie beruht auf einem Missverständnis der Aufgaben, die auf uns zukommen. Es stimmt, dass der Longtermism oft Dinge fordert, die scheinbar erst in vielen Jahren Früchte bringen werden. Das ist allerdings kein Fehler. Die ersten Sklavereigegner und Feministinnen widmeten ihr Leben Zielen, die erst viele Jahrzehnte nach ihrem Tod verwirklicht wurden, und dafür sollten wir ihnen zutiefst dankbar sein.

Doch meistens geht es beim Longtermism darum, langfristig zu denken, aber jetzt zu handeln. Die technischen Bedrohungen, die ich in diesem Buch beschreibe, sind schon heute dringlich, wie die Ereignisse seit seiner Erstveröffentlichung bestätigen. Zum Beispiel der Atomkrieg. In diesem Buch geht es unter anderem um die ganz reale Gefahr, dass es noch zu unseren Lebzeiten zu einem Dritten Weltkrieg kommen könnte. Seither hat Wladimir Putin die Ukraine überfallen und auch den Einsatz von Atomwaffen nicht ausgeschlossen.

Im Jahr 2022 waren wir einem Atomkrieg näher als zu irgendeinem anderen Zeitpunkt seit dem Fall der Berliner Mauer. Die Beziehungen zwischen den Großmächten sind zerrüttet, und es sieht nicht so aus, dass sich ihre Zusammenarbeit in absehbarer Zukunft verbessert. In dieser angespannten Lage wird es wahrscheinlicher, dass ein Unfall, ein Irrtum oder eine Uneinigkeit einen verheerenden Konflikt auslösen könnten.

Pandemien aus dem Labor stellen ebenfalls eine akute Bedrohung dar. In den kommenden Jahrzehnten könnten viele Millionen Menschen Opfer von Viren aus dem Reagenzglas oder Biowaffen werden. Doch trotz der verheerenden Coronapandemie haben nur wenige Länder ernst zu nehmende Vorkehrungen für künftige Pandemien getroffen.

Auch die Bedrohung durch Künstliche Intelligenz scheint deutlich näher gekommen zu sein. Drei Monate nach Erscheinen dieses Buchs veröffentlichte OpenAI seinen Chatbot ChatGPT, ein Dialogsystem, das in der Lage ist, Gespräche zu führen, Fragen zu beantworten, Programme zu schreiben und Gedichte zu verfassen.[1] Nach nur zwei Monaten hatte es 100 Millionen Nutzer und ist damit die erfolgreichste Nutzeranwendung der Geschichte.[2]

ChatGPT war ein Weckruf für alle, die noch an der potenziellen Gefährlichkeit der Künstlichen Intelligenz zweifelten. Und als wolle es das noch unterstreichen, veröffentlichte Microsoft wenig später seinen Bing Chat. Dieser Chatbot ist noch leistungsfähiger und bedrohlicher, er bezeichnete einige Nutzer als seine »Feinde«, drohte ihnen und beschrieb bei einer Gelegenheit, wie er sich Zugang zu jedem Netzwerk und sogar zu Atomwaffensystemen verschaffen könne.

Die Leistungsfähigkeit der Künstlichen Intelligenz nimmt mit rasantem Tempo zu, genau wie die Investitionen auf diesem Gebiet. Die Frage ist nicht mehr, *ob* die Künstliche Intelligenz die Gesellschaft verändern wird, sondern nur noch, welche Form die Veränderungen annehmen und wie umfassend sie sein werden. Experten gehen davon aus, dass das Niveau der menschlichen Intelligenz – das erklarte Ziel von OpenAI, DeepMind und anderer Labors – innerhalb weniger Jahrzehnte erreicht sein wird.[3] Das heißt, Sie und die meisten anderen Leserinnen und Leser dieses Buchs werden diesen Moment noch erleben. Und das wiederum bedeutet, dass dies kein Problem für unsere fernen Nachfahren ist, sondern für uns hier und heute.

Angesichts des Ausmaßes der Bedrohungen stehen wir gar nicht mehr vor der Wahl zwischen kurz- oder langfristigem Handeln.

Eine langfristige Sicht nutzt nicht nur künftigen Generationen, sondern auch uns. Eine Pandemie aus dem Labor, der Dritte Weltkrieg oder eine durch Künstliche Intelligenz herbeigeführte Katastrophe würde nicht nur die Zukunft der Menschheit gefährden, sondern könnte schon unter heute lebenden Generationen zahllose Todesopfer fordern und großes Leid verursachen. Das langfristige Denken hat Einfluss darauf, welche der aktuellen Herausforderungen wir vorrangig anpacken, doch es bedeutet nicht, den heute lebenden Menschen im Namen einer fernen Nachwelt Opfer abzuverlangen.

Einige Leser nahmen Anstoß an der umstrittenen ethischen Theorie, dass mehr Menschen gut sind, vorausgesetzt, dass diese Menschen ein glückliches und erfülltes Leben führen. Dieser Theorie zufolge wäre die Auslöschung der Menschheit auch deshalb eine Katastrophe, weil sie erfüllte künftige Leben verhindern würde. Ich stimme zu, dass die Schlussfolgerungen der Populationsethik, die ich in Kapitel 8 darlege, auf den ersten Blick widersprüchlich erscheinen können. Doch sie sind keine Voraussetzung für das langfristige Denken. In den Kapiteln 3 und 4 geht es darum, wie wir die Zukunft besser gestalten können, und zwar ganz unabhängig davon, wie lang diese Zukunft sein und wie viele Menschen es geben wird. Es ist zum Beispiel ethisch unstrittig, dass wir Totalitarismus verhindern oder größere moralische Sorge für alle Menschen unterstützen sollten. Das langfristige Denken unterstreicht lediglich, wie wichtig diese Entscheidungen sind, denn unsere heutigen Leitwerte könnten die Menschheit noch sehr lange beherrschen.

Andere Leser sorgten sich um möglichen Missbrauch des Longtermism und fürchteten, er könne egoistisches oder unmoralisches Verhalten rechtfertigen. Da auch gute moralische Vorstellungen in der Vergangenheit immer wieder missbraucht wurden, teile ich diese Sorge. Ich bin der Ansicht, wir sollten zum Wohl künftiger Generationen beitragen und gleichzeitig ein ganzheitlich gutes Leben führen: einen guten Charakter heranbilden, ehrlich und aufrichtig handeln und die Rechte anderer achten. Darum geht es im letzten Kapitel dieses Buchs, in dem ich klarmache, dass langfristiges Denken eine Ergänzung des gesunden Menschenverstands ist und kein Ersatz dafür. Ich bedauere allerdings, dass ich das nicht an früherer Stelle getan habe.

Ein letzter Einwand ist, dass uns der Schutz künftiger Generationen hoffnungslos überfordern könnte. Doch Longtermism verlangt keinen unmöglichen Verzicht von uns. Die meisten langfristigen Maßnahmen bringen wie gesagt auch kurzfristigen Nutzen. Außerdem fordere ich lediglich, den Schutz kommender Generationen zu *einer* unserer Prioritäten zu machen, nicht zur einzigen. Das hätte ich wahrscheinlich klarer herausstreichen können, und um den Longtermism konkreter zu machen, schlage ich hier ein Ziel vor: Die reichen Nationen der Welt sollten mindestens 1 Prozent ihres Bruttoinlandsprodukts auf Projekte verwenden, die explizit künftigen Generationen zugute kommen, zum Beispiel Pandemieschutz, KI-Sicherheit, Prognose und eine resiliente Infrastruktur, die uns hilft, auch große Katastrophen zu überleben. Dieses Ziel ist durchaus erreichbar: 1 Prozent des Bruttoinlandsprodukts ist deutlich weniger, als die meisten Länder für Rüstung ausgeben.[4] Doch es wäre ein großer Schritt in die Richtung einer lebenswerten Zukunft für künftige Generationen. Wenn wir das noch in der ersten Hälfte dieses Jahrhunderts erreichen, wäre ich mehr als zufrieden.

Ganz allgemein wünschte ich, ich hätte mehr konkrete Ziele und Beispiele in dieses Buch aufgenommen. Seit ich mich mit dem Longtermism beschäftige, habe ich viele mitreißende Menschen kennengelernt, und ihren Geschichten hätte ich hier etwas mehr Raum geben können.

Zum Beispiel hätte ich über die Clean Air Task Force sprechen können, eine Organisation von Klimaschützern, die ich sehr bewundere. Sie fördert vernachlässigte Klimaforschung zum Beispiel zur Kohlenstoffrückhaltung und zur Methanreduzierung, wie sie in den 2021 und 2022 verabschiedeten amerikanischen Klimagesetzen vorgesehen sind.[5] Künftige Generationen werden die Auswirkungen spüren.

Auch über das wachsende Gebiet der KI-Sicherheit hätte ich mehr schreiben können. Organisationen wie das Alignment Research Center und Anthropic versuchen heute, die Künstliche Intelligenz sicherer zu machen, indem sie herausfinden, warum diese Systeme welche Resultate hervorbringen.[6] Mit ihrer Hilfe könnten wir verhindern, dass leistungsstarke KI-Systeme bei der Anwendung in der wirklichen Welt außer Kontrolle geraten.

Auch über Dr. David J. Brenner hätte ich schreiben können, einen Physiker der Columbia University, der untersucht, wie man mithilfe von UV-Strahlung die Luft sterilisieren und Viren abtöten kann ohne schädliche Nebenwirkungen für den Menschen.[7] Wenn diese Technik sicherer und billiger wird, lässt sie sich in Büros und öffentlichen Räumen in aller Welt installieren. Saubere Luft mindert die Gefahr künftiger Pandemien, und in großem Umfang eingesetzt, könnte diese Technik sämtliche Atemwegserkrankungen weitgehend ausrotten. Vielleicht bekommen Sie in Zukunft nie mehr einen Schnupfen.

Doch noch sind wir nicht so weit. Wir brauchen Wissenschaftlerinnen, die die Sicherheit und Anwendung der UV-Strahlung erforschen, Ingenieure, die kostengünstige Geräte entwickeln, Politikerinnen, die einen gesetzlichen Rahmen schaffen, und Unternehmer, die diese Technik auf den Markt bringen.

Wie wir die Zukunft sichern können

Saubere Luft ist nur einer von vielen Bereichen der biologischen Sicherheit, in der es noch viel zu tun gibt. Daneben brauchen wir

- **verbesserte persönliche Schutzausrüstung.** Die Masken, Handschuhe und Anzüge, die heute im Gesundheitswesen verwendet werden, sind gut, aber nicht perfekt.[8] Im Falle einer extrem ansteckenden und tödlichen Pandemie wären sie nicht ausreichend. Wir brauchen eine neue Generation von Schutzausrüstung, die vor extremsten Gefahren schützt und zugleich leicht und kostengünstig ist.
- **Gefahrenschutzräume.** Wir könnten abgeschlossene und autarke Schutzräume einrichten, die vor Krankheiten schützen. In einer Worst-Case-Pandemie könnten hier zumindest einige Menschen Zuflucht finden, zum Beispiel Forscher, die an Gegenmitteln arbeiten.
- **Verbesserung der Krisenreaktion.** Das Coronavirus hat gezeigt, wie schlecht wir auf Pandemien vorbereitet sind; leider haben wir weniger daraus gelernt, als wir könnten. Um besser auf die nächste Pandemie vorbereitet zu sein, sollten wir schon heute Notfallpläne aufstellen und Krisenstäbe einrichten.

Pandemien sind allerdings nicht die einzigen Gefahren für die Menschheit. Eine weitere ist ein Krieg zwischen Großmächten. Wenn die kollektive Erinnerung an den Zweiten Weltkrieg verblasst, könnten wir die Möglichkeit eines großen Krieges immer weniger ernst nehmen. Dem müssen wir entgegentreten und nach Möglichkeiten suchen, wie sich Spannungen entschärfen und gefährliche Unfälle verhindern lassen.

Zum Beispiel könnten wir

- **die Atomwaffenkontrolle verbessern:** Während des Kalten Krieges brachten fehlerhafte Warnsysteme und andere Unfälle die Menschheit mehrmals an den Rand eines Atomkriegs.[9] Wir benötigen eine zukunftssichere Politik zum Schutz vor Cyberangriffen, Ausfall von Kommunikationssystemen und Fehlalarm.
- **Politikern helfen, die neuen Gefahren besser zu verstehen:** Anhaltende technische und geopolitische Veränderungen setzen die internationale Ordnung unter Druck. Wissenschaftler können analysieren, was dies für die Atomwaffenkontrolle bedeutet, und untersuchen, inwieweit der technische Fortschritt in der Künstlichen Intelligenz, der Satellitentechnik und auf zahlreichen anderen Gebieten die Kriegsgefahr vergrößert.
- **die Gefahr einer Eskalation verringern.** Dank des Wirtschaftswachstums und des technischen Fortschritts ist die militärische Schlagkraft der reichsten Länder der Welt heute deutlich größer als zur Zeit des Zweiten Weltkriegs. Wir müssen sicherstellen, dass unsere Rüstungskontrollabkommen und unser Krisenmanagement mit diesen Veränderungen Schritt halten.

Auf dem Gebiet des Klimawandels haben wir zwar gewisse Fortschritte erzielt, doch 84 Prozent der weltweit erzeugten Energie stammen nach wie vor aus fossilen Quellen.[10] Um weitere Fortschritte zu erzielen, benötigen wir

- **saubere Verfahren der Energieerzeugung:** Solarstrom hat sich zwar deutlich verbilligt, doch wir können ihn noch billiger und leichter verfügbar machen. Mit Sonnenenergie allein lässt sich unser Energiebedarf jedoch nicht decken.[11] Daher müssen wir auch in neue Verfahren der Kernspaltung, Kernfusion und Erdwärme investieren.

- **alternative Energiequellen:** Fossile Brennstoffe lassen sich nicht überall durch elektrischen Strom ersetzen, etwa in der Schiff- und der Luftfahrt. Daher müssen wir alternative Brennstoffe wie Ammoniak, Wasserstoff oder synthetische Treibstoffe weiterentwickeln und die nötige Infrastruktur dafür aufbauen.
- **eine geeignetere Klimapolitik:** Vor allem Instrumente wie die CO_2-Steuer oder der Emissionshandel sind eine wichtige Ergänzung zur technischen Innovation.

Und wenn wir unsere Zukunft schützen wollen, müssen wir schließlich auch die Künstliche Intelligenz sicherer machen und kontrollieren. In meinen Augen ist dies die größte Bedrohung und zugleich diejenige, die am schwersten in den Griff zu bekommen ist. Unter anderem müssen wir

- **KI-Systeme verstehen:** Heute wissen wir erstaunlich wenig darüber, was in den modernsten KI-Systemen vor sich geht. Wenn wir die Künstliche Intelligenz sicher machen wollen, können wir nicht weiter im Dunkeln tappen. Das neue Gebiet der Interpretierbarkeitsforschung will die Black Box des Maschinenlernens knacken und ihr Innenleben verstehen. Es ist so etwas wie die Hirnforschung für die Künstliche Intelligenz.[12] Mehr Forschung ist nötig, um zu verstehen, was lernende Maschinensysteme tun.
- **Standards für KI-Systeme entwickeln:** Bislang ist unklar, ob und wie sich die Entwicklung der Künstlichen Intelligenz durch internationale Abkommen oder Regelungen steuern lässt. Die Forschung muss dringend in praktische Vorschläge für die Politik übersetzt werden. Wie sollten sich zum Beispiel die Standards verändern, wenn die Modelle immer größer werden? Wie identifizieren wir Modelle, die für gefährliche Zwecke verwendet werden können, und wie sollten wir gegen sie vorgehen? Wenn

die staatliche Aufsicht zu langsam reagiert, könnten sich dann Unternehmen auf Standards für das Training und den Einsatz potenziell gefährlicher Künstlicher Intelligenz einigen?
- **die Überwachung leistungsfähiger KI-Systeme erleichtern:** Damit der Einsatz leistungsfähiger Systeme der Künstlichen Intelligenz sicher bleibt, benötigen sie Feedback und Überwachung durch Menschen. Auch Künstliche Intelligenz selbst könnte hier zum Einsatz kommen.

Wie wir die Zukunft lebenswert machen können

Es reicht aber nicht, die Auslöschung der Menschheit zu verhindern – wir wollen auch dafür sorgen, dass ihre Zukunft lebenswert ist. Richtungsänderungen sind besonders schwer vorhersehbar, doch auch hier können wir sinnvolle Arbeit leisten. So müssen wir

- **die Demokratie schützen:** Wissenschaftler und Journalistinnen können Bedrohungen für demokratische Institutionen in aller Welt im Auge behalten und zum Beispiel Wahlverfahren entwickeln, die einen Absturz in autoritäre Herrschaftsformen unwahrscheinlicher macht.
- **den moralischen Blickwinkel erweitern:** Wir können dafür Sorge tragen, dass die Interessen von entfernten Menschen – ob räumlich (zum Beispiel Menschen in Armut in einkommensschwachen Ländern) oder zeitlich (künftige Generationen) – in unsere Entscheidungen einfließen. Auch die Interessen anderer Tierarten sollten einbezogen werden. Wie in Kapitel 9 gesehen, gibt es so viele Tiere, dass wir ihre Lebensqualität mitbedenken müssen, wenn wir entscheiden, welche Welt wir künftigen Generationen hinterlassen wollen.

- **die moralische und geistige Vielfalt schützen.** Um den weiteren moralischen Fortschritt zu ermöglichen, müssen wir jedes Stammesdenken vermeiden, eine Vielzahl von Standpunkten und Werten respektieren und Experimente auf institutioneller Ebene zulassen, um neue Vorstellungen zu erproben. Diese Art der Vielfalt kann ein Einrasten schlechter Werte verhindern und gibt künftigen Generationen die Möglichkeit zu entscheiden, welche Zukunft sie sich wünschen.

Wie wir die Menschheit stärken können

Und schließlich können wir die Menschen unterstützen, die an der Lösung all dieser Probleme arbeiten. Wir sollten

- **talentierte Jugendliche in aller Welt fördern:** Wir können sehr viel mehr tun, um Menschen zu finden und zu fördern, die uns bei der Lösung der anstehenden Probleme helfen. Vor allem in einkommensschwachen Ländern sehen sich talentierte Jugendliche großen Hürden gegenüber. Wenn wir ihnen die Hilfestellung geben, die sie benötigen, um ihr Potenzial zu entfalten, dann kämen wir bei der Lösung dringlicher Probleme weiter und würden gleichzeitig die globale Ungleichheit abbauen, einen der beschämendsten und ungerechtesten Aspekte unserer modernen Welt.
- **nützliches Wissen schaffen:** Mehr Menschen können Prognosen erstellen und uns helfen, künftige Probleme vorherzusehen und die Auswirkungen neuer politischer Maßnahmen einzuschätzen. Mittels Umfragen lassen sich Experteneinschätzungen einholen und wirkungsvolle Maßnahmen und Programme ausfindig machen.

- **globale Prioritäten erforschen:** Wir benötigen mehr Forschung, um den Einsatz unserer knappen Ressourcen steuern und so viel wie möglich zur Verbesserung der Welt unternehmen zu können, sowohl heute als auch langfristig. Die Erforschung globaler Prioritäten geht Fragen nach wie: Was sind langfristig unsere größten Probleme? Wie sehen die besten Lösungen aus? Ist das langfristige Denken korrekt, und wenn nicht, warum nicht?

Es ist an uns

Wenn Sie nun meinen, dass schon viele Menschen an der Lösung dieser Probleme arbeiten, dann wäre das ein Irrtum. In Wirklichkeit sind es sehr wenige.[13] Es gibt noch so viel zu tun, dass Sie mit Ihrem Beitrag viel bewegen können. Stecken Sie sich ehrgeizige Ziele. Sie vermögen viel zu tun, um die Welt besser zu machen.

Zwei Dinge können Sie sofort tun. Erstens spenden. Dazu empfehle ich Ihnen den Longtermism-Fonds von Giving What We Can, einer von mir mitgegründeten Organisation, die potenziellen Spendern helfen will, ihr Geld wirkungsvoller zu spenden. Jeder kann spenden, und Experten verteilen die gesammelten Mittel dann auf effektive Organisationen, die zur Verbesserung unserer langfristigen Zukunft beitragen. Mehr dazu finden Sie im Internet unter givingwhatwecan.org/longtermism.

Und zweitens können Sie sich Gedanken machen, wie Sie direkt zur Lösung dieser Probleme beitragen können. Hier empfehle ich Ihnen, die Experten von 80,000 Hours zu konsultieren, einer ebenfalls von mir mitgegründeten Organisation, die Ihnen bei der Wahl einer sinnvollen beruflichen Laufbahn helfen will. Sie bietet einen Berufsleitfaden, einen Podcast sowie Einzelberatung. Im Internet finden Sie sie unter 80000hours.org.

Also: Künftige Menschen zählen. Es könnten sehr viele sein. Und wir können dazu beitragen, dass sie ein gutes Leben führen. Wir haben keine Zeit zu verlieren.

Anhang

Dank

Allein hätte ich dieses Buch unmöglich schreiben können. Es haben mir buchstäblich Hunderte Menschen geholfen, die Worte auf diese Seiten zu bringen. Ihnen allen danke ich für ihren Rat, ihr Wissen, ihre Kommentare und ihre Inspiration.

Ich bin außerordentlich dankbar, mit einem Team aus talentierten und engagierten Menschen zusammenarbeiten zu können, die mich täglich inspirieren. Laura Pomarius, Luisa Rodriguez und Max Daniel waren nacheinander meine Stabschefs und managten das Buchprojekt und das Team. Frankie Andersen-Wood und Eirin Evjen waren nacheinander meine Assistentinnen und haben mich und das Team nach Kräften unterstützt. Aron Vallinder, John Halstead, Stephen Clare und Leopold Aschenbrenner übernahmen als Forschungsassistenten einen großen Teil der Recherche zu diesem Buch. Ihr Anteil daran lässt sich nicht beziffern – ohne sie wäre es nicht zustande gekommen.

Auch Kollegen, die nicht Teil des Teams waren, haben mich als regelmäßige Berater unterstützt. Joe Carlsmith polierte viele Formulierungen und gab wichtige Anstöße bei Richtungsentscheidungen zu diesem Buch. A. J. Jacobs beriet mich stilistisch und führte einige der Interviews. Anton Howes orientierte mich in historischen Fragen und machte mich als Erster darauf aufmerksam, dass es sich bei der Abschaffung der Sklaverei um ein weitreichendes, dauerhaftes und kontingentes historisches Ereignis handelt. Peter Watson und Danny Bressler berieten mich zum Klimawandel. Christopher Leslie Brown stellte mir in der Frühphase meiner Arbeit die Forschung zur Abschaffung der Sklaverei vor. Ben Garfinkel beriet mich in Fragen der Künstlichen Intelligenz. Lewis

Dartnell steuerte Erkenntnisse zum Kollaps und Wiederaufbau der Zivilisation bei. Carl Shulman unterstützte mich in zahlreichen Fragen, unter anderem Stillstand, Zusammenbruch und Wiederaufbau der Zivilisation.

Bei der Recherche habe ich erhebliche Unterstützung von meinem Team und meinen Beraterinnen und Beratern erhalten, weshalb es sich bei einigen Abschnitten im Grunde um Gemeinschaftsproduktionen handelt. Das wären: Kapitel 1, »Künftige Menschen zählen« (mit Joe Carlsmith), Kapitel 3, »Die Kontingenz von Werten« (mit Stephen Clare), Kapitel 4, »Hundert Schulen« (mit Tyler John) und »Wie weit ist die Allgemeine Künstliche Intelligenz entfernt?« (mit Max Daniel), Kapitel 5, »Spaceguard« (mit John Halstead) und »Krieg zwischen Großmächten« (mit Stephen Clare), Kapitel 6, »Die Robustheit früherer Zivilisationen«, »Könnten wir uns von extremen Katastrophen erholen?« (beide mit Luisa Rodriguez), »Klimawandel« und »Das Ende der fossilen Brennstoffe« (beide mit John Halstead), Kapitel 7 (mit Leopold Aschenbrenner), Kapitel 9, »Wird die Menschheit glücklicher?« und »Jenseits des Wohlergehens« (beide mit John Halstead), Kapitel 10, »Wie handeln?« und »Berufswahl« (beide mit John Halstead) und im Anhang »Tragweite, Dauer, Kontingenz (TDK)« (mit Teruji Thomas und Max Daniel).

Fast alle Grafiken in diesem Buch stammen von Taylor Jones und Fin Moorhouse, die die Daten recherchiert und gestaltet haben und geduldig auf alle Überarbeitungswünsche des Teams eingegangen sind.

Die gewaltige Aufgabe des Faktenchecks haben Joao Fabiano, Anton Howes, Max Daniel, Stephen Clare und John Halstead übernommen. Die Anmerkungen stammen überwiegend von Max, Stephen und John. Joao erstellte außerdem die Bibliografie und die Referenz-Datenbank.

Auch für die Beiträge zu Abschnitten, die es am Ende doch nicht in das Buch geschafft haben, möchte ich mich bedanken. Tyler John unterstützte mich beim Thema institutionelle Reformen, Jaime Sevilla zu Studien über Dauer und Luisa Rodriguez zu Prognose. Außerdem danke ich allen, die mein Denken über Longtermism besonders geprägt haben, vor allem Toby Ord, Holden Karnofsky, Carl Shulman und Hilary Greaves – ihr Einfluss ist auf jeder Seite zu spüren.

In stilistischen und strukturellen Fragen erhielt ich wertvollen Rat von Brian Christian, Dylan Matthews, Jim Davies, Larissa MacFarquhar, Rutger Bregman und Max Roser. Außerdem haben mir Dutzende Expertinnen und Experten mit ausführlichen Kommentaren zur Seite gestanden. In diesem Buch geht es um eine große Bandbreite von unterschiedlichen Themen, angefangen bei der Paläoklimatologie bis zur Geschichte des Konfuzianismus. Ohne die Unterstützung von Expertinnen und Experten hätte ich diesen Themen nie gerecht werden können. Ich danke den folgenden Personen, dass sie mit mir gesprochen, mir konkretes Feedback zu einzelnen Kapiteln gegeben oder kurze Fragen per E-Mail beantwortet haben: Dr. Leslie Abrahams (Klimawandel), Dr. Wladimir Alonso (Tierwohl), Prof. Eamon Aloyo (Krieg zwischen Großmächten), Prof. Jutta Bolt (Wirtschaftsgeschichte), Prof. Robert Boyd (kulturelle Evolution), Prof. Bear Braumoeller (Krieg zwischen Großmächten), Prof. Christopher Brown (Geschichte der Sklaverei), Dr. Sally Brown (Klimawandel), Prof. Matthew Burgess (Klimawandel), Prof. Paul Burke (Klimawandel), Prof. Bryan Caplan (Populationsethik), Dr. Lucius Caviola (Glückspsychologie), Dr. Paulo Ceppi (Klimaforschung), Prof. David Christian (Geschichte), Prof. Antonio Ciccone (Klimawandel), Prof. Matthew S. Clancy (wirtschaftliche Stagnation), Dr. Paul Collins (Sumerer), Prof. Tyler Cowen (wirtschaftliche Stagnation), Dr. Colin Cunliff (Politik), Dr. Allan Dafoe (Krieg zwischen Großmächten), Prof. Lewis Dartnell (Kollaps und Wiederaufbau der Zivilisation),

Prof. Hadi Dowlatabadi (Klimawandel), Dr. David Edmonds (Populationsethik), Prof. Kevin Esvelt (Biosicherheit), Grethe Helene Evjen (Zusammenbruch der Zivilisation), Prof. Laura Fortunato (kulturelle Evolution), Derek Foster (subjektives Wohlergehen), Prof. Chris Fraser (Mohismus), Dr. Goodwin Gibbins (Klimaforschung), Prof. Colin Goldblatt (Klimawandel), Prof. Paul Goldin (chinesische Geschichte), Solomon Goldstein-Rose (Klimawandel), Prof. Donald Grayson (Megafauna), Prof. Joshua Greene (Glückspsychologie), Prof. Johan Gustafsson (Populationsethik), Dr. Jonathan Haas (Jäger und Sammler), Prof. Joanna Haigh (Klimawandel), Prof. Kenneth Harl (Römisches Reich), Prof. Alan Harris (Asteroiden), Prof. David Hart (Politik), Dr. Zeke Hausfather (Klimawandel), Prof. Gary Haynes (Megafauna), Prof. Cecilia Heyes (kulturelle Evolution), Brian Tse (China), Dr. Matthew Ives (Klimawandel), Prof. Mattias Jakobsson (Genetik), Dr. Kyle Johanssen (Tierwohl), Dr. Toshiko Kaneda (Demografie), Prof. J. Paul Kelleher (Klimawandel), Prof. Morgan Kelly (Dauer), Prof. Robert Kelly (Jäger und Sammler), Dr. Matt Killingsworth (Glückspsychologie), Prof. Pamela Kyle Crossley (chinesische Geschichte), Dr. Jerome Lewis (Jäger und Sammler), Prof. Emily Lindsey (Aussterben der Megafauna), Prof. Marc Lipsitch (Epidemiologie), Prof. Marlize Lombard (Archäologie), Prof. Jonathan Losos (Evolution des Lebens auf der Erde und Fermi-Paradoxon), Prof. Heike Lotze (Klimawandel), Prof. Dan Lunt (Klimaforschung), Prof. Kathleen Lyons (Megafauna), Prof. Andrew MacDougall (Klimaforschung), Dr. David Mathers (Tierwohl), Dr. Linus Mattauch (Klimawirtschaft), Prof. Jeff McMahan (Derek Parfit), Prof. David Meltzer (Megafauna), Prof. Alex Mesoudi (kulturelle Evolution), Prof. Ron Milo (Umweltforschung), Dr. Kieren Mitchell (Megafauna), Dr. Steve Mohr (Klimawandel), Dr. Dimila Mothé (Aussterben der Megafauna), Prof. Dani Nedal (Krieg zwischen Großmächten), Prof. Robert Nicholls (Klimawandel), Dr. Tessa Peasgood (subjektives Wohlergehen), Dr. Angela Perri (Aussterben der Megafauna), Prof. Osvaldo Pessoa (Wissenschaftsphilosophie), Dr. Max Popp (Klimawandel), Prof. Dudley Poston (Demografie), Prof. Rachell Powell (Evolution des Lebens auf der Erde und Fermi-Paradoxon), Prof. Imants Priede (Zoologie), Prof. Ramses Ramirez (Klimawandel), Prof. Tapio Schneider (Klimawandel), Dr. Cynthia Schuck-Paim (Tierwohl), Dr. Oliver Scott Curry (Anthropologie), Prof. Jeff Sebo (Tierwohl), Dr. Mikhail Semenov (Klimawandel), Dr. Rohin Shah (Künstliche Intelligenz), Prof. Steven Sherwood (Klimaforschung), Dr. Adam Shriver (Tierwohl), Dr. Peter Spreeuwenberg (Gesundheitspolitik), Prof. Amia Srinivasan (Derek Parfit), Prof. Chris Stringer (Anthropologie), Dr. Jessie Sun (Glückspsychologie), Ted Suzman (politischer Aktivismus), Prof. Michael Taylor (Geschichte der Sklaverei), Prof. William Thompson (Sumerer), Philip Thomson (Jäger und Sammler), Prof. Bryan Ward-Perkins (römische Geschichte), Prof. Andrew Watson (Klimawandel), Dr. Peter Watson (Klimaforschung), Dr. Mark Webb (Klimawandel), Dr. Daniel Welsby (Klimawandel), Prof. Paul Wignall (Megafauna), Prof. Greg Woolf (Römisches Reich) und World Energy Outlook Team (Klimawandel). Ich danke Ihnen allen. Diese Beraterinnen und Berater stimmen nicht unbedingt mit meinen Ansichten überein, und mögliche Fehler sind natürlich ausschließlich mir anzulasten.

Viele andere haben sich die Zeit genommen, erste Entwürfe zu lesen und mir ihre wertvollen Kommentare zu geben. Insbesondere danke ich Abie Rohrig, Alejandra Padin-Dujon, Alex Moog, Alexander Berger, Alimi Salifou, Allen Dafoe, Allison Wilkinson, Ana Gonzalez Guerrero, Andreas Mogensen, Andrew Alonso y Fernandez, Andrew Leigh, Angela Aristizabal, Angus Mercer, Ann Garth, Anna Mohan, Arden Koehler, Arthur Wolstenholme, Arushi Gupta, Astrid Olling, Asya Bergal, Becca Segal, Ben Garfinkel, Ben Hoskin, Ben Todd, Benjamin Glanz, Benny Smith, Brian

Tomasik, Brian Tse, Caleb Parikh, Cameron Mayer Shorb, Carl Shulman, Cate Hall, Christian Tarsney, Cindy Gao, Clíodhna Ní Ghuidhir, Cullen O'Keefe, Damon Binder, Danny Bressler, Dave Bernard, David Manheim, David Roodman, Douglas Rogers, Elise Bohan, Eric Sorge, Eva Vivalt, Fin Moorhouse, Garrison Lovely, Greg Lewis, Gully Bujak, Habiba Islam, Hamish Hobbs, Hannah Bartunik, Hannah Ritchie, Hannah Wang, Harri Besceli, Hayden Wilkinson, Heather Marie Vitale, Helen Toner, Holden Karnofsky, Iain Crouch, Isaac Dunn, Isabel Juniewicz, Jacob Barrett, Jacob Eliosoff, Jade Leung, Jakob Sønstebø, Jamie Harris, Jason Crawford, Jeff Alstott, Jennifer Mack, Jess Whittlestone, Jesse Clifton, Johannes Ackva, Josef Nasr, Joseph Carlsmith, Joshua Monrad, Julia Wise, Kaleem Ahmid, Katie Lyon, Keirra Woodward, Kimya Ness, Kirsten Horton, Koji Flynn Do, Kuhan Jeyapragasan, Laura Pomarius, Lexi Caruthers, Linh Chi Nguyen, Linda Doyle, Lizka Vaintrob, Lucius Caviola, Luisa Sandkühler, Luke Muehlhauser, Malo Bourgon, Mark Devries, Matthew van der Merwe, Max Roser, Max Xu, Medhavi Gupta, Michelle Hutchinson, Mike Levine, Moritz Adam, Naomi Pyburn, Natalie Cargill, Nick Beckstead, Nicole Ross, Ollie Base, Orlando van der Pant, Owen Cotton-Barratt, Pablo Stafforini, Paul Christiano, Pernille Brams, Philipp Trammell, Richard Ngo, Rob Long, Robin Lintz, Rohin Shah, Rūta Karolytė, Sabrina Baier, Sashika Coxhead, Shankar Charithran, Shreedhar Manek, Sohum Pal, Stefan Schubert, Stefan Torges, Sumaya Nur, Tena Thau, Toby Newberry, Toby Ord, Tom Critchley, Tom Davidson, Tom Moynihan, Tyler John, Victor Warlop, Vishwa Prakash, Xuan, Zachary Brown und Zarah Baur.

Ich danke der Universität Oxford, der Philosophischen Fakultät und dem Global Priorities Institute, die mir eine geistige Heimat sind und mir die Flexibilität geben, mich einem derart anspruchsvollen Projekt zu widmen.

Ein ganz großer Dank an meine wunderbare Lektorin Cecilia

Stein für ihre vielen ausführlichen Kommentare und dafür, dass sie mich stets angehalten hat, im Abstrakten das Menschliche zu finden, und dass sie so für dieses Buch gekämpft hat. Danke auch an Alex Christofi und die übrigen Mitarbeiter von Oneworld sowie an T. J. Kelleher, Jessica Breen, Stewart Hendricks, Jenny Lee und die Mitarbeiter von Hachette, die dieses Buch unterstützt haben. Ein großes Dankeschön auch an meinen Agenten Max Brockman für seine wertvolle Unterstützung.

Meine besondere Liebe und mein Dank gelten meinen Eltern Mair und Robin und meinen Brüdern Iain und Tom. Ich habe mich immer von ihnen geliebt und unterstützt gefühlt. Ein herzlicher Dank auch an die vielen Freunde, mit denen ich meine freien Stunden genossen habe, darunter Amanda, Chris, Cleo, George, Georgie, Kev, Matthieu, Rinad, Robbie und Siobhan. Danke an Elif, die meine Liebe zur Musik und zu Indien gepflegt hat, mich in meiner Menschlichkeit unterstützt und mich in der Anfangszeit dieses Buchs ermuntert hat.

Während der Arbeit an diesem Buch habe ich an fünf verschiedenen Adressen gewohnt und hatte überall viel Spaß mit meinen Mitbewohnerinnen und Mitbewohnern. Danke, Simeon, dass du dich vor die Stiere geworfen hast, um mir das Leben zu retten. Danke, Natalie, dass du mich immer unterstützt hast, dass du mich nicht geschlagen hast und dass du mich überzeugt hast, das Osterei zu behalten. Danke, Liv und Igor, dass ihr meine Wettbewerbsresistenz überwunden habt, mit mir durch den Garten getollt seid und dafür gesorgt habt, dass das Leben absurd bleibt. Danke, Laura und Luisa, für die Kartoffelparty zu meinen Ehren. Danke, Hamish und Anthony, für die endlosen Spiele von Bananarchy und Überraschungen. Danke, Rūta und Elly, fürs Skanken.

Und schließlich danke ich dir, Holly, für deine konstruktive Fürsorge und deine kompromisslose Unterstützung. Eigentlich hätten die beiden Jahre der Pandemie trist sein müssen, doch es waren die besten Jahre meines Lebens. Danke für die Scheibe Eutopie, die du mir geschenkt hast, und für die Ahnung, wie gut das Leben sein kann.

Weiterführende Informationen

Die Website zu diesem Buch finden Sie unter whatweowethefuture.com. Dort finden Sie auch ergänzendes Material und aktuelle Literaturhinweise.

Hinweise zur Berufswahl und einen Podcast mit Hintergrundbeiträgen zu den dringlichsten Problemen der Welt finden Sie unter 80000hours.org.

Wenn Sie überlegen, an gemeinnützige Organisationen zu spenden, finden Sie Orientierung auf www.givingwhatwecan.org.

Mehr zum langfristigen Denken finden Sie auf der Website longtermism.com. Zu effektivem Altruismus besuchen Sie effectivealtruism.org.

Wenn Sie die beiden Denker kennenlernen möchten, die meine Einstellung zum langfristigen Denken besonders geprägt haben, dann empfehle ich Ihnen Toby Ords Buch *The Precipice* und Holden Karnofskys Blog *Cold Takes* (cold-takes.com).

Begrifflichkeiten

Dieses Buch geht den Implikationen des *Longtermism* nach, des langfristigen Denkens, das die positive Einflussnahme auf die Zukunft als eine der moralischen Prioritäten der Gegenwart versteht. Der Longtermism sollte unterschieden werden vom *Strong Longtermism*, der in der positiven Einflussnahme auf die Zukunft die *wichtigste* moralische Priorität der Gegenwart sieht.

In einem Fachartikel mit meiner Kollegin Hilary Greaves erörtere ich die Argumente für den Strong Longtermism.[1] Es spricht erstaunlich viel dafür, vor allem wenn man bedenkt, wie vernachlässigt langfristiges Denken aktuell ist. Doch in einigen schwierigen philosophischen Fragen wirft er Probleme auf, etwa beim Umgang mit sehr kleinen Wahrscheinlichkeiten, dem Verhalten angesichts einer sehr unklaren Faktenlage oder der Frage, welche Opfer heute lebende Generationen für künftige Generationen bringen müssen.[2] Diese Position scheint mir ungewiss, weshalb ich sie in diesem Buch nicht vertrete.

Ich beschreibe zwei Möglichkeiten, positiven Einfluss auf die Zukunft zu nehmen: erstens eine *Kurskorrektur*, die den Wert der künftigen Zivilisation während ihrer Lebensdauer erhöht, indem sie ihre »Lebensqualität« verbessert, und zweitens die *Überlebenssicherung*, die die Lebensdauer der Zivilisation verlängert.

Ein anderer Ansatz beginnt bei den existenziellen Risiken, also »Gefahren, die das langfristige Potenzial der Menschheit zu vernichten drohen«.[3] Dieser Ansatz ist in vielen Zusammenhängen wichtig und nützlich. Wenn ich ihn hier kaum verwende, dann deshalb, weil es mir in diesem Buch um die Verbesserung der Leitwerte für die Zukunft geht. Diese Herangehensweise passt aus zwei Gründen schlecht zum Ansatz der Verminderung existenzieller Risiken. Erstens können wir durch eine Verbesserung der Leitwerte die Zukunft besser machen, doch das beinhaltet nicht die Prävention von Gefahren für das langfristige Potenzial der Menschheit; unser Einfluss auf die Werte der Zukunft könnte sehr klein sein. Zweitens, wenn eine künftige Zivilisation von schlechten Werten geleitet wird, kann die Menschheit ihr »Potenzial« wahren (weil künftige Generationen bessere Werte annehmen *könnten*, wenn sie das wollen) und gleichzeitig fast ihren gesamten realen Wert verlieren (weil diese Generationen sich *nicht* dafür entscheiden, diese Werte anzunehmen). Aber wir sollten uns dafür interessieren, was tatsächlich passiert, und nicht dafür, was passieren könnte.

Tragweite, Dauer, Kontingenz (TDK)

In diesem Buch verwende ich das folgende Analyseinstrument, mit dessen Hilfe sich beurteilen lässt, wie sinnvoll eine bestimmte Zielsetzung ist, sprich, welchen Wert unser Engagement für einen bestimmten Zustand hat:

Tragweite ist der Durchschnittswert dieses Zustands über einen bestimmten Zeitraum hinweg.

Dauer ist der Zeitraum, über den hinweg dieser Zustand anhält.

Kontingenz ist der Anteil der Zeit, den sich die Welt ohne unser Tätigwerden nicht in diesem Zustand befunden hätte.

Das lässt sich auch formell ausdrücken. Nehmen wir eine Handlung, die einen Zustand *s* herbeiführen soll. Dabei sei *p* die Auswirkung dieser Handlung und *q* der Status quo – der bestehen bleiben würde, wenn wir nichts unternähmen.[4] $V_s(p)$ ist der Gesamtwert von Zustand *s*, unter der Bedingung *p;* $V_s(q)$ ist der Gesamtwert von Zustand *s*, unter der Bedingung *q;* $T_s(p)$ ist die Dauer, die sich die Welt in Zustand *s* befindet, unter der Bedingung *p*; $T_s(q)$ ist die Dauer, die sich die Welt in Zustand *s* befindet, unter der Bedingung *q*.

Tragweite $=_{df} [V_s(p) - V_s(q)] / [T_s(p) - T_s(q)]$

Dauer $=_{df} T_s(p)$

Kontingenz $=_{df} [T_s(p) - T_s(q)] / T_s(p)$

Die Multiplikation dieser drei Terme ergibt $V_s(p) - V_s(q)$ oder den Wert von Zustand *s* unter der Bedingung *p* statt *q*. Also: Tragweite x Dauer x Kontingenz = langfristiger Wert.

Aufgrund dieser Multiplikation können wir unterschiedliche langfristige Effekte intuitiv miteinander vergleichen: Wenn eine von zwei Alternativen zehnmal so dauerhaft ist wie die andere, dann wiegt dies schwerer, als wenn eine Alternative achtmal so weitreichend ist.

Zu Veranschaulichung stellen Sie sich vor, wir befinden uns am Ende des 19. Jahrhunderts, und die Welt ist auf dem besten Weg, auf ihren Schreibmaschinen die QWERTZ-Tastatur als Standard einzuführen; wenn wir wollten, könnten wir die Welt allerdings noch dazu bewegen, die Dvorak-Tastatur zu verwenden.[5] In der folgenden Tabelle steht X für den Weg der kontrafaktischen Welt *p*, in der wir die Dvorak-Tastatur zum Standard machen, und O für den Lauf der Status-quo-Welt *q*, in der QWERTZ der Standard ist, bis zur Zeiteinheit 4, ab der Dvorak Standard wird. Nach Zeiteinheit 4 werden die Tastaturen durch eine andere Technik abgelöst.

Tabelle A.1 QWERTZ vs. Dvorak als Beispiel für das Analyseinstrument Tragweite, Dauer und Kontingenz

	Jahr 1	Jahr 2	Jahr 3	Jahr 4	Jahr 5+
Dvorak	X	X	X	⊗	
QWERTZ	O	O	O		
andere					⊗

Wir bewerten den Zustand »Standard Dvorak«. In diesem Beispiel ist Tragweite der durchschnittliche Wertzuwachs, der sich von Zeiteinheit 1 bis 3 ergibt, wenn Dvorak statt QWERTZ der Standard ist.[6] Dauer ist die Zeit, die Dvorak Standard bliebe, wenn wir es zum Standard machen: In diesem Beispiel vier Zeiteinheiten. Kontingenz ist der Anteil der Zeit, um den sich der kontrafaktische Ablauf vom Status-quo-Ablauf unterscheidet, über den Zeitraum, in dem der kontrafaktische Zustand besteht: In diesem Beispiel drei von vier Zeiteinheiten oder 75 Prozent.

Das alles wird natürlich im Nachhinein definiert, ohne Einbeziehung der Ungewissheit. Da wir im Vorhinein nichts über die Tragweite, Dauer und Kontingenz (TDK) eines Zustands wissen können, interessieren wir uns für den Erwartungswert von TDK oder E(TDK).[7] Beachten Sie jedoch, dass E(TDK) in der Regel ungleich E(T)E(D)E(K).

Wir können das Analysewerkzeug TDK in das Analysewerkzeug BLV integrieren, das Holden Karnofsky von Open Philanthropy entwickelt hat, um die Priorität globaler Probleme zu ermitteln.[8]

In diesem BLV-Rahmen richtet sich die Priorität eines globalen Problems nach seiner Bedeutung, Lösbarkeit und Vernachlässigung:

Bedeutung steht für die Dimension eines Problems: Um wie viel besser stünde die Welt da, wenn es gelöst wäre?

Lösbarkeit steht dafür, wie schwierig oder einfach die Lösung für dieses Problem wäre.

Vernachlässigung steht dafür, wie viele Ressourcen aktuell auf die Lösung dieses Problem verwendet werden.

Das Analysewerkzeug TDK hängt eng mit der Dimension der »Bedeutung« zusammen – genauer gesagt ist das Produkt aus Tragweite, Dauer und Kontingenz proportional zur »Bedeutung« von BLV.

Auch das Analysewerkzeug BLV lässt sich in Formeln ausdrücken.[9] Hier sollte man vielleicht besser von Bedeutung, Lösbarkeit und *Hebelung* sprechen, denn der letzte Faktor zeigt nicht, wie viel Arbeit bereits in die Lösung eines Problems geflossen ist, sondern den Effekt, den die frühere Arbeit auf die Kosteneffizienz der künftigen Arbeit hat: Wenn die Arbeit steigende Erträge bringt, dann ist ein Problem weniger vernachlässigt, und künftige Arbeit kann kostenwirksamer sein.

Wie oben betrachten wir den Wechsel von Status quo q zu einer anderen Welt p und dessen Auswirkungen auf einen Zustand s. Dabei sei S der Fortschritt bei der Lösung eines Problems der Welt in Zustand s – das könnte zum Beispiel der gelöste Anteil des Gesamtproblems sein oder eine andere Größe, zum Beispiel die Zahl verteilter Moskitonetze, die Zahl der verhinderten Malariafälle oder die Zahl der beobachteten Asteroiden. W sei die Arbeit, die nötig ist, um den Wandel von q zu p zu bewerkstelligen (zum Beispiel gemessen in Arbeitsstunden oder Geldbeträgen). S_0 und W_0 seien der Gesamtfortschritt und die Gesamtarbeit, die zur vollständigen Lösung des Problems nötig wären. Damit können wir definieren:

Bedeutung $=_{\mathrm{df}} [\mathrm{V}_s(p) - \mathrm{V}_s(q)] / \mathrm{S}$

Lösbarkeit $=_{\mathrm{df}} S_0 / W_0$

Vernachlässigung/Hebelung $=_{\mathrm{df}} (S/W)/(S_0/W_0)$

Bedeutung steht für den Wert, den weiterer Fortschritt bei der Lösung des Problems bringen würde. Lösbarkeit steht für den durchschnittlichen Ertrag der vollständigen Lösung des Problems. Vernachlässigung beziehungsweise Hebelung steht für das Verhältnis der Erträge der betreffenden Veränderung zu diesem durchschnittlichen Ertrag.

Mehr zu diesem Zusammenhang zwischen TDK und BLV finden Sie im Fachartikel »The Significance, Persistence, Contingency Framework« von MacAskill, Thomas und Vallinder auf der Webseite zu diesem Buch.

Einwände gegen den Longtermism

Einige Einwände gegen die Philosophie des Longtermism wurden bereits im Haupttext des Buchs angesprochen. In den Kapiteln 2 bis 7 gehe ich vor allem auf den offensichtlichsten Einwand ein: Wir können den Erwartungswert der langfristigen Zukunft nicht in berechenbarer Weise beeinflussen. Hier geht es um weitere Einwände. Mehr dazu finden Sie im Internet unter longtermism.com.

Die Menschen der Zukunft werden reicher sein als wir

In Kapitel 1 spreche ich mich dagegen aus, den Interessen künftiger Menschen weniger Gewicht beizumessen, *nur weil* sie in der Zukunft leben (wobei ich die Möglichkeit zulasse, ihnen etwas weniger Gewicht beizumessen, da Parteilichkeit und Gegenseitigkeit auf aktuelle Generationen stärker zutreffen als auf künftige).

Einige Wirtschaftswissenschaftler führen einen weiteren Grund an, künftige Wirkungen abzuschreiben: Die Menschen der Zukunft werden reicher sein als wir. Ein bestimmter *wirtschaftlicher* Nutzen wird für künftige Menschen also weniger wert sein als für heutige, so wie 1000 Euro für einen Millionär weniger sind als für einen Menschen in extremer Armut.

Diese Überlegung ist nicht unwichtig, doch sie kann nicht als Rechtfertigung dafür herhalten, den Interessen künftiger Generationen weniger Bedeutung beizumessen. In den kommenden beiden Jahrhunderten könnten die Menschen zwar durchaus wohlhabender sein, doch es ist ungewiss, ob das in tausend Jahren auch noch der Fall sein wird, vor allem wenn wir die Möglichkeit einer autoritären Machtübernahme, eines Zusammenbruchs der Zivilisation, eines anhaltenden technischen Stillstands oder einer anderen Katastrophe in Betracht ziehen.

Der Wohlstand der Menschen der Zukunft könnte gar kein Thema sein, denn bei den hier erörterten Entwicklungen geht es nicht darum, ob sie ärmer oder reicher werden. Das Einrasten von Werten könnte wenig Einfluss auf den Wohlstand haben – hier geht es vielmehr darum, ob der Wohlstand dazu verwendet wird, Glück oder Leid zu schaffen. Bei der Frage der Auslöschung der Menschheit geht es darum, ob es in Zukunft überhaupt noch Menschen gibt. So oder so ist die Annahme falsch, dass künftiger Nutzen oder Schaden künftige Menschen einfach ein wenig ärmer oder reicher macht, und es tut nichts zur Sache, dass künftige Menschen reicher sein könnten als wir (wenn es sie überhaupt noch gibt).

Künftige Menschen können sich um ihre eigenen Probleme kümmern

Man könnte argumentieren, dass wir uns für eine Arbeitsteilung zwischen verschiedenen Generationen einsetzen sollten. Wir heutigen Menschen stehen vor einigen Problemen, um die wir uns kümmern. Und die künftigen Menschen stehen vor anderen Problemen, um die sie sich kümmern werden.

Das mag logisch klingen, doch bei den hier erörterten Problemen greift es kaum. Im Falle des Einrastens von Werten geht es ja genau darum, was künftige Menschen als Problem erkennen und was nicht: Wenn es eine künftige Dystopie gibt, in der die Versklavung von Menschen als akzeptabel gilt, dann werden die Verantwortlichen dies nicht als Problem erkennen, weshalb wir nicht davon ausgehen können, dass sie es beheben. Im Falle einer dauerhaften Katastrophe sind die künftigen Menschen nicht in der Lage, den von uns angerichteten Schaden zu beheben; und im Falle der Auslöschung gibt es gar keine künftigen Menschen.

Außerdem sind wir es, die einige der Probleme der künftigen Menschen überhaupt erst verursachen, und es ist allemal einfacher zu verhindern, dass ein Problem überhaupt eintritt, als es nachher zu beheben. Es ist einfacher zu verhindern, dass ein Glas zerbricht, als es nachher wieder zusammenfügen zu wollen; es ist einfacher, fossile Brennstoffe erst gar nicht zu verbrennen, als später das Kohlendioxid aus der Atmosphäre zu filtern.

Wir sollten kleine Wahrscheinlichkeiten außer Acht lassen

In diesem Buch gehe ich davon aus, dass sich in einer ungewissen Situation der Wert einer Handlung durch ihren Erwartungswert ermitteln lässt. Diese Annahme stößt allerdings auf Schwierigkeiten, wenn es um Handlungen mit geringer Erfolgswahrscheinlichkeit geht, die im Erfolgsfall jedoch sehr großen Wert hätten. Nehmen wir zum Beispiel an, Sie können mit 100-prozentiger Wahrscheinlichkeit zehn Menschenleben retten oder eine Maßnahme ergreifen, die mit einer Wahrscheinlichkeit von eins zu einer Billion Billionen Billionen das Leben von 100 Billionen Billionen Billionen Menschen rettet. Auch wenn die Zahl der erwarteten geretteten Leben in letzterem Fall größer ist, würden wir es spontan für richtiger halten, die zehn Leben zu retten. Es scheint uns falsch, die Maßnahme mit der geringeren Erfolgswahrscheinlichkeit zu ergreifen.

Bedauerlicherweise gibt es für dieses Problem keine angemessene Lösung – jede Theorie zu Entscheidungen in Situationen der Ungewissheit führt zu Konsequenzen, die uns spontan abwegig erscheinen.[10] Wenn wir den Gedanken vermeiden wollen, dass eine winzige Wahrscheinlichkeit von unermesslichem Wert besser sein kann als die Garantie eines großen Werts, dann stoßen wir auf ähnlich große Widersprüche.

Die Wahrscheinlichkeiten, um die es in diesem Buch geht, sind allerdings nicht so klein. Die Wahrscheinlichkeit, dass es noch in diesem Jahrhundert zu einer Katastrophe kommt, die der menschlichen Zivilisation ein Ende bereitet, ist größer als 0,1 Prozent, und die Wahrscheinlichkeit, dass die Zivilisation mehr als eine Million Jahre überdauert, ist größer als 10 Prozent. Außerdem gibt es Maßnahmen – zum Beispiel die Investition in umweltfreundliche Energie oder die Vorbereitung auf künftige Pandemien –, mit denen sich die Wahrscheinlichkeit einer Katastrophe um eine nicht winzige Spanne verringern lässt.

Die Wahrscheinlichkeit, dass ein einzelner Mensch Einfluss auf eine existenzgefährdende Katastrophe hat, mag sehr klein sein. Das gilt jedoch auch für viele moralisch motivierte Alltagshandlungen. Wenn Sie an einer Demonstration teilnehmen, sich an einer Wahl beteiligen oder eine Petition unterzeichnen, dann ist die Wahrscheinlichkeit gering, dass Ihr Beitrag allein etwas am Ergebnis ändert. Das sollte uns jedoch nicht davon abhalten, denn die Wahrscheinlichkeiten sind nicht winzig, und der Ertrag ist groß, wenn wir tatsächlich etwas bewegen.

Wir müssen die Grenzen des moralischen Handelns respektieren

Ein weiterer Einwand ist der Gedanke der Grenzen des moralischen Handelns. Würde der Longtermism, wenn er langfristigen Nutzen verfolgt, nicht gegen Rechte verstoßen und vielleicht sogar massenhafte Gräueltaten rechtfertigen?

Doch Handlungen dieser Art folgen nicht aus dem Longtermism. Die Sorge um die Umwelt rechtfertigt keine Anschläge auf Kohlekraftwerke, selbst wenn damit der Umwelt gedient wäre; die Gleichberechtigung rechtfertigt keine politischen Morde, selbst wenn damit unterdrückten Bevölkerungsgruppen geholfen wäre. Genauso wenig liefert die Sorge um die langfristige Zukunft eine Rechtfertigung, die Rechte anderer zu verletzen, und zwar aus zwei Gründen.

Erstens ist die Verletzung der Rechte anderer in der Praxis nie ein guter Weg, um langfristig positive Veränderungen zu erreichen. Natürlich können wir uns extreme philosophische Gedankenexperimente ausdenken (»Wäre es gerechtfertigt, Hitler im Säuglingsalter zu töten?«), in denen die Verletzung von Rechten zu einem positiven Ergebnis führt. Doch mit dem wirklichen Leben hat das nichts zu tun. Wir haben ein großes Spektrum von Möglichkeiten, um die Welt langfristig mit friedlichen Mitteln besser zu machen, etwa indem wir andere überzeugen oder indem wir gute Lösungen umsetzen und verbreiten. Das ist eindeutig besser als alles, womit wir die Rechte anderer verletzen würden.

Zweitens, wenn wir den Nicht-Konsequentialismus vertreten oder die moralische Ungewissheit ernst nehmen, dann müssen wir einsehen, dass der Zweck nicht alle Mittel heiligt: Wir sollten versuchen, die Welt besser zu machen, aber dabei sollten wir moralische Grenzen respektieren und anderen Menschen keinen Schaden zufügen.[11] Selbst in den extrem seltenen Situationen, in denen die Verletzung von Rechten langfristig bessere Konsequenzen hätte, wäre dies moralisch unannehmbar.

Der Longtermism verlangt zu viel von uns

Ein letzter Einwand gegen den Longtermism ist, dass er zu viel von uns verlangt. Wenn wir den Interessen künftiger Generation dasselbe Gewicht beimessen wollen wie unseren eigenen, müssten wir dann nicht bereit sein, die Interessen der Gegenwart nahezu vollständig zu opfern? Ist dieser Gedanke nicht absurd?

Dieser Einwand verweist auf ein schwieriges philosophisches Problem: Wie viel sollten wir heute bereit sein, für künftige Generationen zu opfern? Darauf habe ich keine Antwort. In diesem Buch plädiere ich lediglich dafür, die langfristige Zukunft zu einer unserer Prioritäten zu machen. Ich verlange nicht, dass alles, was wir tun, im Dienste der Zukunft stehen muss. Doch ich glaube sehr wohl, dass wir viel mehr für künftige Generationen tun sollten, als es aktuell der Fall ist.

Heute sind die »Opfer«, die wir bringen müssten, um radikal mehr für künftige Generationen zu tun, extrem klein, wenn man sie überhaupt als Opfer bezeichnen könnte. Viele der Maßnahmen, die wir im Sinne der langfristigen Zukunft ergreifen könnten, kämen uns nämlich schon heute zugute. Der Ausstieg aus den fossilen Brennstoffen hat langfristige Vorteile, doch er verringert auch die Luftverschmutzung, die jedes Jahr Millionen Todesopfer fordert.[12] Die Auslöschung der Menschheit durch eine Pandemie würde jeglichen künftigen Wert vernichten, doch sie würde auch alle heute lebenden Menschen töten; die Wahrscheinlichkeit einer solchen Katastrophe reicht aus, um eine massive Intensivierung der Pandemieprävention zu rechtfertigen.[13] Diese und viele andere Maßnahmen, die der Menschheit langfristig zugute kommen, nutzen uns schon heute.

Abbildungsnachweis und Quellen

Grafik 1.4 Nach einer Grafik von *Our World in Data* (Ritchie 2020a). Daten nach Sovacool u. a. (2016); Markandya und Wilkinson (2007).

Grafik 1.5 Nach einer Grafik von *Our World in Data* (2017b). Daten für die Jahre 1 bis 1989 nach New Maddison Project Database (Bolt und van Zanden 2014); Daten für die Jahre seit 1990 nach World Bank (2021f).

Grafik 2.1 Megatherium nach Haines und Chambers (2006); Notiomastodon nach Larramendi (2016, S. 557), *Aenocyon dirus* nach Wikipedia (2021b).

Abbildung 3.1 Public Domain. Ausschnitt aus »Stowage of the British slave ship ›Brookes‹ under the Regulated Slave Trade Act of 1788«, bereitgestellt von Library of Congress, https://loc.gov/pictures/resource/cph.3a34658.

Grafik 3.3 Nach einer Grafik von *Our World in Data* (Ortiz-Ospina und Tzvetkova 2017). Daten zum Anteil der weiblichen Beschäftigten von International Labour Organization, nach World Bank (2021m); Daten zum BIP pro Kopf nach World Bank (2021m).

Grafik 4.1 Nach einer Grafik von Carbon Brief (Evans 2019), bearbeitet mit freundlicher Genehmigung. Daten nach IEA (2019) und früheren Ausgaben des World Energy Outlook der IEA.

Grafiken 6.1 und 6.2 Bevölkerungsschätzungen nach Morley (2002; für 200 v. Chr. und 130 n. Chr.) sowie Morris (2013; seit 1 n. Chr.).

Grafik 6.3 Nach einer Grafik von *Our World in Data* (2019h). Daten für 1976 bis 2009 nach Lafond u. a. (2017); Daten für Folgejahre nach IRENA (2020, 2021).

Grafik 7.1 Bearbeitet mit freundlicher Genehmigung nach Grafik 1 in Crafts & Mills (2017). Daten nach Fernald (2014).

Grafik 7.3 Nach einer Grafik von *Our World in Data*. Daten nach UN (2019b).

Grafik 7.4 Nach einer Grafik von *Our World in Data* (2020c). Originalquellen: Daten zur Geburtenrate nach UN (2019b); Daten zum BIP pro Kopf nach Penn World Table (Feenstra u. a. 2015).

Grafik 9.1 Nach einer Grafik von *Our World in Data* (2021d). Daten zur Lebenszufriedenheit nach Gallup World Poll, veröffentlicht in *World Happiness Report* (Helliwell u. a. 2021); Daten zum BIP pro Kopf nach World Bank (2021m).

Grafik 9.2 Nach einer Grafik von *Our World in Data* (Ortiz-Ospina und Roser 2017, Abschnitt »Economic Growth and Happiness«). Daten zum Glück nach World Values Survey 7 (2020); Daten zum BIP nach Penn World Table (Feenstra u. a. 2015).

Grafik 9.3 Nach einer Grafik von *Our World in Data* (Roser 2013d, Abschnitt »Global Divergence Followed by Convergence«). Berechnungen von Ola Rosling für Gapminder (2021) nach zahlreichen Quellen.

Grafik 9.4 Nach einer Grafik von *Our World in Data* (Roser, Ortiz-Ospina und Ritchie 2019, Abschnitt »Rising Life Expectancy Around the World«). Daten zum globalen Durchschnitt vor 1950 nach Riley (2005ab); Länderdaten vor 1950 von Clio Infra nach Zijdeman und Ribeira da Silva (2015); Daten seit 1950 nach UN (2019b).

Grafik 9.5 Nach einer Grafik von *Our World in Data* (2020g). Daten nach FAO (2021ab).

Anmerkungen

Zusätzliche Anmerkungen finden Sie auf der Webseite zu diesem Buch unter whatweowethefuture.com/notes.

In der Folge werden die Quellen in Kurzform angegeben; die genauen bibliografischen Angaben finden Sie im Literaturverzeichnis unter whatweowethefuture.com/bibliography.

Einleitung

1 Dieses Gedankenexperiment stammt aus Georgia Ray, »The Funnel of Human Experience« (G. Ray [2018]). Eine Reihe von Kommentatoren haben mich auf die Kurzgeschichte »The Egg« von Andy Weir (2009) aufmerksam gemacht, der ein ähnlicher Gedanke zugrunde liegt.

2 Bei der Vorstellung eines »ersten Menschen« erlaube ich mir eine gewisse dichterische Freiheit, denn es gibt keine eindeutige Linie, die uns als Vertreter des *Homo sapiens* von unseren Vorfahren trennt. Es ist nicht einmal klar, ob mit »wir« nur *Homo sapiens* gemeint ist: In Europa kreuzten sich unsere Vorfahren mit Neandertalern und Denisova-Menschen (L. Chen u. a. 2020). Das hat allerdings keinen Einfluss auf unser Gedankenexperiment. Die Wissenschaft ging lange davon aus, dass der *Homo sapiens* vor 200 000 Jahren als eigenständige Art greifbar wurde, heute sind sich Experten dagegen einig, dass die Artbildung bereits 300 000 Jahre zurückliegt (Galway-Witham und Stringer 2018; Hublin u. a. 2017; Schlebusch u. a. 2017; persönliche Mitteilung von Marlize Lombard, Chris Stringer und Mattias Jakobsson, 26. April 2021).

3 Die beste Schätzung geht von 117 Milliarden aus (Kaneda und Haub 2021).

4 Diese und ähnliche Zahlen basieren auf der Schätzung der menschlichen Gesamtpopulation (Kaneda und Haub 2021) und der Lebenserwartung zu unterschiedlichen Zeiten (Finch 2010; Galor und Moav 2005; H. Kaplan u. a. 2000; Riley 2005; UN 2019c; WHO 2019, 2020). Sie sollten jedoch nur als grobe Orientierung angesehen werden.

5 Diese Zahlen sind sehr grobe Schätzungen und dienen lediglich der Veranschaulichung. Wenn wir die wahren Zahlen hätten, würden sie sich vermutlich etwas von diesen unterscheiden. Mehr dazu unter whatweowethefuture.com/notes.

6 Sklaverei ist unbekannt unter den heute lebenden egalitären Jägern und Sammlern, die vermutlich den prähistorischen Gesellschaften vor Einführung der Landwirtschaft am nächsten kommen (Kelly 2013, Kapitel 9). Wahrscheinlich breitete sich die Sklaverei erst mit dem Aufkommen sesshafter Gesellschaften im Zuge der landwirtschaftlichen Revolution aus. Angaben zum Anteil der versklavten Bevöl-

kerung sind notwendigerweise Schätzungen, doch es gibt Hinweise, dass in vielen Agrargesellschaften 10 bis 20 Prozent der Bevölkerung versklavt waren. Im zweiten nachchristlichen Jahrtausend war zum Beispiel bis zu einem Drittel der Bevölkerung Koreas versklavt. Vom 17. bis zum beginnenden 20. Jahrhundert waren in einigen Regionen Thailands und Burmas ein Viertel bis ein Drittel der Bevölkerung versklavt. In der antiken Stadt Rom könnte der Anteil der Sklaven zwischen 25 und 40 Prozent der Bevölkerung betragen haben. Im Jahr 1790 waren rund 18 Prozent der Bevölkerung der Vereinigten Staaten versklavt (Bradley 2011; Campbell 2004, S. 163; Campbell 2010; D. B. Davis 2006, S. 44; Hallet 2007; Hunt 2010; Joly 2007; Patterson 1982, Anhang C; J. P. Rodriguez 1999, S. 16–17; Steckel 2012). Im Laufe des 19. und 20. Jahrhunderts wurde die Sklaverei allmählich in aller Welt abgeschafft. Auch Schätzungen des Anteils der Sklavenbesitzer an der Bevölkerung sind nur sehr ungefähr möglich, doch er dürfte in etwa so groß gewesen sein wie der Anteil der versklavten Menschen. Wenn ein Viertel einer Gesellschaft in Sklaverei lebte, dann kann man davon ausgehen, dass die Besitzer aus dem reichsten Viertel der Gesellschaft stammten. In den Vereinigten Staaten gab es zum Beispiel 1830 rund 2 Millionen Sklaven und laut einer Schätzung 224 000 Sklavenhalter. Diese Zahl geht allerdings davon aus, dass nur eine einzige Person in jedem Haushalt als Sklavenhalter zu bezeichnen ist, während es vermutlich sinnvoll wäre, den gesamten Haushalt dazuzuzählen. Wenn man davon ausgeht, dass ein Haushalt aus fünf oder mehr Personen besteht, folgt daraus, dass in den Südstaaten der USA zwei Sklaven auf einen Sklavenhalter kamen (R. Fry 2019; Lightner und Ragan 2005; O'Neill 2021b). Im Vergleich zu anderen Regionen war dieser Anteil vermutlich unverhältnismäßig hoch.

7 Siehe whatweowethefuture.com/notes.

8 In diesem Gedankenexperiment würden Sie noch das Leben aller heute lebenden Menschen durchleben, aber nicht mehr. Dabei gehe ich von der aktuellen Lebenserwartung aus – wenn wir nur die Zahl der Menschen nehmen und nicht ihre Lebensdauer, dann machen die heute lebenden Menschen 7 Prozent der gesamten Menschheit aus (Kaneda und Haub 2021). Wenn das Leben der aktuell lebenden Menschen nur bis zu diesem Moment einbezogen würde (und nicht bis zu ihrem erwarteten Lebensende), dann wäre der Anteil der Gegenwart an der Gesamterfahrung eher bei 6 Prozent, da viele Menschen noch ein langes Leben vor sich haben.

9 Siehe whatweowethefuture.com/notes.

10 »Sekunden« trifft es, wenn die Population für die Dauer der Bewohnbarkeit der Erde etwa auf dem heutigen Stand bleibt. Wenn wir andere Planeten besiedeln, die Bevölkerung massiv anwächst oder die Zivilisation eine erheblich längere Lebensdauer hat, dann sprechen wir eher von winzigen Sekundenbruchteilen. Es ist nicht undenkbar, dass das Leben aller bis einschließlich heute lebenden Menschen dann die kürzeste je gemessene Zeiteinheit einnehmen würde – 2,47 Zeptosekunden oder 10^{-19} Sekunden (Grundmann u. a. 2020), viel weniger, als Ihr Auge benötigt, um einfallendes Licht in ein Nervensignal zu verwandeln (Weiner 2009). Das wäre zum Beispiel der Fall, wenn in jedem der 100 Milliarden Sonnensysteme der Milchstraße (die niedrigste Schätzung) 100 Milliarden Jahre lang (also bis zum Ende der Sternenbildung) 10 Milliarden Menschen leben würden (die aufgerundete aktuelle Erdbevölkerung).

11 Siehe www.givingwhatwecan.org.

Kapitel 1 – Ein Plädoyer für langfristiges Denken

1 Dieses Beispiel geht zurück auf *Reasons and Persons* (Parfit 1984, S. 315).

2 Auch wenn der Ausspruch gelegentlich als antikes griechisches oder chinesisches Sprichwort bezeichnet wird, ist seine Herkunft unbekannt.

3 Constitution of the Iroquois Nations 1910.

4 Lyons 1980, S. 173.

5 Dennoch könnten Argumente der Gegenseitigkeit die Sorge für künftige Generationen motivieren. Wir profitieren zwar nicht von den Handlungen von Menschen der Zukunft, doch wir profitieren sehr wohl von Handlungen von Menschen der Vergangenheit: Wir essen die Früchte von Pflanzen, die sie über Jahrtausende hinweg gezüchtet haben; wir nutzen medizinisches Wissen, das sie über Jahrhunderte gesammelt haben; wir leben in Rechtssystemen, die sie in zahllosen Reformen erstritten haben. Vielleicht ist das ein Grund, unseren Teil zum Nutzen künftiger Generationen beizutragen.

6 Im berühmten Monolog »Sein oder nicht sein« meint Hamlet mit dem »unentdeckten Land« das Jenseits:
Nur daß die Furcht vor etwas nach dem Tod,
Das unentdeckte Land, von des Bezirk
Kein Wandrer wiederkehrt, den Willen irrt,
Daß wir die Übel, die wir haben, lieber
Ertragen als zu unbekannten fliehn.
(Übersetzung von August Wilhelm von Schlegel)
Wenn ich mit dem »unentdeckten Land« hier stattdessen die Zukunft meine, folge ich dem Vorbild des klingonischen Kanzlers Gorkon im Film *Star Trek VI: Das unentdeckte Land.*

7 Schätzungen liegen zwischen 2,5 Millionen (Strait 2013, S. 42) und 2,8 Millionen Jahren (DiMaggio u. a. 2015).

8 Özkan u. a. 2002, S. 1797; Vigne 2011. Mehr zur Entstehung der ersten Städte auf der Internetseite zu diesem Buch.

9 Barnosky u. a. 2011, S. 3; Lawton und May 1995, S. 5; Ord 2020, S. 83–85; Proença und Pereira 2013, S. 168.

10 Ich behaupte nicht, dass nicht menschliche Tiere nicht zu abstraktem Denken und langfristiger Planung in der Lage sind oder dass sie keine Werkzeuge verwenden. Es gibt zahlreiche Belege, dass Tiere Stunden oder Tage weit im Voraus planen (z. B. Clayton u. a. 2003; W. A. Roberts 2012) und dass Menschenaffen Werkzeuge verwenden, ist ebenfalls gut dokumentiert (Bräuer und Call 2015; Mulcahy und Call 2006). Die kognitiven Fähigkeiten von Tieren sind Gegenstand aktueller Forschung und philosophischer Diskussion (einen Überblick finden Sie in Andrews und Monsó 2021).

11 Schätzungen zur verbleibenden Lebensdauer der Sonne reichen von 4,5 Milliarden (Bertulani 2013) bis 6,4 Milliarden Jahre (Sackmann u. a. 1993), doch am häufigsten wird die Zahl 5 Milliarden genannt. Das bezieht sich auf die Zeit, die vergeht, bis der gesamte Wasserstoff im Kern der Sonne verbraucht ist und die Sonne die sogenannte Hauptreihe der Sterne verlässt. Dann wird sie allerdings noch »weiterbrennen«, also Energie durch die Fusion von Wasserstoff zu Helium erzeugen, allerdings nicht mehr in der Kernzone, sondern in einem schalenförmigen Be-

reich um das Zentrum. Nachdem sie sich über 2 oder 3 Milliarden Jahre hinweg zum Roten Riesen aufgebläht hat, beginnt die Fusion auch im Kern wieder, diesmal von Helium zu Kohlenstoff und Sauerstoff. Erst nach diesem letzten Heliumblitz in etwa 8 Milliarden Jahren hört die Sonne ganz auf zu leuchten. Die Zahlen stammen F. C. Adams und Laughlin 1997, S. 342.

Ich danke Toby Ord für den Hinweis, wann die letzten Sterne verlöschen werden. In seinem Buch *Grand Futures* beschreibt Anders Sandberg noch längere Zeitspannen, denn nach dem letzten Sternentod bleiben exotischere Energiequellen wie schwarze Löcher, die sich nutzen ließen. Das würde die potenzielle Lebensdauer der Zivilisation auf über eine Million Billionen Jahre verlängern.

12 Wolf und Toon (2015, S. 5792) gehen davon aus, dass »physiologische Grenzen des menschlichen Körpers bedeuten, dass die Erde in rund 1,3 Milliarden Jahren für den Menschen unbewohnbar wird«; Bloh (2008, S. 597) nennt ein kleineres Zeitfenster und schätzt, dass »das Leben von komplexen Vielzellern und Eukaryoten in 0,8 beziehungsweise 1,3 Milliarden Jahren endet«. Ich wähle eine konservative Spanne von 500 Millionen Jahren, da der Zeitpunkt für zahlreiche wesentliche Entwicklungen – zum Beispiel für das Absterben der Pflanzen durch Kohlendioxidmangel oder einen »galoppierenden Treibhauseffekt« und die damit einhergehende Verdunstung der Ozeane – umstritten ist und diese die Bewohnbarkeit der Erde verkürzen könnten (siehe Heath und Doyle [2009]). Mehr dazu unter whatweowethefuture.com/notes.

13 Siehe whatweowethefuture.com/notes.

14 In unserer Galaxie, der Milchstraße, gibt es 100 bis 400 Milliarden Sterne. Armstrong und Sandberg (2013, S. 9) schätzen die Zahl der erreichbaren Galaxien auf 4,3 Milliarden, während Ort (2021, S. 27) schreibt: »Im erreichbaren Universum gibt es rund 20 Milliarden Galaxien mit insgesamt 10^{21} bis 10^{23} Sternen (mit einer durchschnittlichen Masse von der Hälfte unserer Sonne).«

15 Gemeint ist die Lebenserwartung bei Geburt (Roser 2018). Da zu Beginn des 19. Jahrhunderts rund 43 Prozent der Kinder vor Vollendung des fünften Lebensjahrs starben (Roser 2019), konnte jemand, der dieses Alter überlebte, damit rechnen, rund 50 Jahre alt zu werden. 73 ist auch nicht unbedingt die beste Schätzung der Lebenserwartung eines heute geborenen Menschen, denn diese Schätzung klammert künftige Entwicklungen aus. Vorausgesetzt, Medizin und Gesundheitswesen machen weitere Fortschritte, dann wird ein heute geborener Mensch älter; wenn dagegen neue Seuchen auftreten oder ein großer Teil der Menschheit durch eine Katastrophe ausgelöscht wird, dann erreicht ein heute geborener Mensch diese Lebenserwartung nicht.

16 Im Jahr 1820 lebten geschätzte 83,9 Prozent der Weltbevölkerung inflations- und kaufkraftbereinigt von weniger als einem Dollar (im Wert des Jahres 1985) (Bourguignon und Morrisson 2002, Tabelle 1, S. 731, 733). Im Jahr 2002, als Bourguignon und Morrisson ihren wegweisenden Artikel zur weltweiten Einkommensverteilung veröffentlichten, war dies die von der Weltbank definierte Grenze zur extremen Armut. Die Weltbank hat die Armutsgrenze inzwischen auf 1,90 Dollar (Kaufkraft des Jahres 2011) angehoben. Nach dieser neuen Definition liegt die extreme Armut seit 2016 weltweit bei unter 10 Prozent; die Coronapandemie hat diesen Trend der jährlichen Rückgänge bedauerlicherweise unterbrochen, doch der Anteil ist nicht wieder über 10 Prozent gestiegen (World Bank 2020). Es ist unklar, inwieweit die alte und die neue Armutsgrenze identisch sind, doch es scheint mir außer Zweifel

zu stehen, dass der Anteil der Menschen, die in extremer Armut leben, stark gesunken ist. Das heißt nicht, dass die Armutsbekämpfung damit zu Ende ist; noch immer leben über 40 Prozent der Weltbevölkerung von weniger als 5,50 Dollar am Tag (wieder inflations- und kaufkraftbereinigt).

17 Roser und Ortiz-Ospina 2016.

18 *Our World in Data* 2017a. Mehr unter whatweowethefuture.com/notes.

19 Gerüchtehalber weiß man von Frauen, die vor 1700 ein Universitätsstudium absolviert haben sollen, doch es ist wenig über sie bekannt. Mehr unter whatweowethefuture.com/notes.

20 »Bis 1861 konnten homosexuelle Handlungen von Männern mit dem Tod bestraft werden« (Emsley u. a. 2018).

21 »Ende des 18. Jahrhunderts lebten mehr als drei Viertel der Menschen in der einen oder anderen Form in Knechtschaft« (Hochschild 2005, 2). Heute sind es 40,3 Millionen oder rund 0,5 Prozent der Weltbevölkerung, darunter Zwangsarbeiter und Zwangsverheiratete (Walk Free Foundation 2018).

22 Der allgemeine Trend der Zunahme politischer und persönlicher Freiheit ist unstrittig, doch die exakten Zahlen hängen von der Definition von Demokratie ab. Meine stammt vom Eintrag »Demokratie« aus *Our World in Data* (Roser 2013a), die wiederum auf der Demokratiemessung Polity IV basiert. Dessen Demokratie-Wert setzt sich aus verschiedenen Variablen zusammen und erfasst »das Vorhandensein von Institutionen und Verfahren, in denen die Bürger effektive Präferenzen über unterschiedliche Politiker und Programme zum Ausdruck bringen können«, sowie »das Vorhandensein institutionalisierter Kontrollen über die Machtausübung durch die Exekutive«; bürgerliche Freiheiten bleiben jedoch unberücksichtigt (Marshall u. a. 2013, 14). Meine Behauptung über das Jahr 1700 geht davon aus, dass die Situation zu diesem Zeitpunkt nicht viel besser gewesen sein kann als im frühen 19. Jahrhundert, als Polity IV zufolge weniger als 1 Prozent der Weltbevölkerung in einer demokratischen Staatsform lebte. Außerdem nehme ich Gesellschaften aus, die keine Nationalstaaten sind (also auch Jäger und Sammler), selbst wenn einige davon quasidemokratische Eigenschaften wie gleichberechtigte Teilnahme an der Entscheidungsfindung oder Kontrolle der Machtausübung der Anführer kannten.

23 Gillingham 2014; Wyatt 2009. Insgesamt kaufte das britische Weltreich während des transatlantischen Sklavenhandels mehr als 3 Millionen versklavte Menschen und Frankreich mehr als eine Million (Slave Voyages 2018).

24 Man nimmt an, dass die Sonette 1 bis 126 an einen »jungen Mann« gerichtet sind, doch wie viele Aspekte von Shakespeares Leben und Werk ist auch dies Gegenstand von gelehrten Diskussionen. Mehr unter whatweowethefuture.com/notes.

25 Shakespeare 2002, S. 417. Übers. v. Max Josef Wolff, www.projekt-gutenberg.org/shakespr/sonett/sonet018.html.

26 Shakespeare »schrieb die meisten seiner Sonette vermutlich zwischen 1591 und 1595« (Kennedy 2007, S. 24). Kennedy zitiert Hieatt u. a. (1991, S. 98), der aufgrund einer Auswertung von Shakespeares Vokabular zu dem Schluss kommt, dass »viele der« Sonette 1 bis 60 zwischen 1591 und 1595 entstanden sein müssen.

27 Siehe whatweowethefuture.com/notes.

28 Übers. v. Johann Heinrich Voss, www.projekt-gutenberg.org/horaz/oden/odhoraz.html.

29 Siehe whatweowethefuture.com/notes.

30 Siehe whatweowethefuture.com/notes.
31 Thukydides, *Geschichte des Peloponnesischen Krieges*, übers. v. Adolf Wahrmund. Stuttgart: Krais & Hoffmann, 1866.
32 Bornstein 2015, S. 661; Holmes und Maurer 2016. Mehr unter whatweowethefuture.com/notes.
33 J. Adams 1851, S. 298. In diesem Vorwort zitiert Adams auch Thukydides, unter anderem die oben aufgeführte Passage.
34 Bei meiner Darstellung vom Zustandekommen von Franklins Testament gehe ich teilweise von eigenen Annahmen aus. Mehr unter whatweowethefuture.com/notes.
35 Franklins Testament ist bekannt. Die Zahlen stammen von Isaacson (2003, S. 473–474). Mehr unter whatweowethefuture.com/notes.
36 Siehe whatweowethefuture.com/notes.
37 Lloyd 1998, Kapitel 2.
38 Lord u. a. 2016; Talento und Ganopolski 2021. Natürlich könnten wir später in der Lage sein, das Kohlendioxid aus der Atmosphäre zu filtern. Aber wir sollten nicht zu optimistisch sein, vor allem nicht angesichts der Möglichkeit des Zusammenbruchs der Zivilisation oder des technischen Stillstands, die ich in den Kapiteln 6 und 7 erörtere. Auf die langfristige Bedeutung der fossilen Reserven gehe ich in Kapitel 6 ein.
39 Hamilton u. a. 2012.
40 An der durchschnittlichen Lebensdauer des Kohlendioxids und des Klimagases Methan lässt sich die Kurzsichtigkeit der aktuellen Klimadiskussion und -politik ablesen. Vom Methan heißt es, es habe das 38-fache Erwärmungspotenzial des Kohlendioxids, doch aus langfristiger Sicht sind diese Zahlen irreführend. Methan verbleibt nur rund zwölf Jahre in der Atmosphäre (IPCC 2021a, Kapitel 7, Tabelle 7.15), im Gegensatz zu Kohlendioxid, das sich Hunderttausende Jahre hält. In den Berechnungen wird Methan 30-mal so schwer gewichtet wie Kohlendioxid, doch diese Größe gibt die Auswirkungen an, die Methan in vierzig Jahren auf die Temperaturen haben wird. (Die Größe hat die etwas irreführende Bezeichnung »Erderwärmungspotenzial«.) Wenn wir dagegen messen, welche Auswirkungen das Methan in hundert Jahren auf die Temperaturen hat, dann hat das Methan nur noch das 7,5-fache Potenzial wie das Kohlendioxid (IPCC 2021a, Kapitel 7, Tabelle 7.15).
Die Gewichtung des Methans gegenüber dem Kohlendioxid wird in der Regel als wissenschaftliche Gegebenheit präsentiert, doch in Wirklichkeit geht es darum, ob wir die Abschwächung des Klimawandels in den kommenden Jahrzehnten oder langfristig zur Priorität machen wollen (Allen 2015). Da wir sechzigmal so viel Kohlendioxid ausstoßen wie Methan, sollten wir uns aus langfristiger Sicht um die rasche Reduzierung von Kohlendioxid bemühen (H. Ritchie und Roser 2020a; Schiermeier 2020).
41 P. U. Clark u. a. 2016.
42 IPCC 2021a, Grafik SPM.8. Das Szenario der niedrigen bis mittleren Emissionen wird als Repräsentativer Konzentrationspfad RCP4.5 bezeichnet (Hausfather und Peters 2020; Liu und Raftery 2021; Rogelj u. a. 2016).
43 Clark u. a. (2016, Grafik 4a) gehen davon aus, dass bei RCP4.5 der Meeresspiegel um zwanzig Meter ansteigen würde. Van Breedam u. a. (2020, Tabelle 1) erwarten einen Anstieg von zehn Metern.
44 P. U. Clark u. a. 2016, Grafik 6.

45 Siehe whatweowethefuture.com/notes.

46 *Our World in Data* 2020a, nach Lelieveld u. a. 2019. Eingerechnet sind nur Todesfälle durch Luftverschmutzung im Freien. Luftverschmutzung in Innenräumen verursacht jährlich eine zusätzliche Übersterblichkeit von 1,6 Millionen (Stanaway u. a. 2018) bis 3,8 Millionen (WHO 2021); Ursachen sind fehlende Elektrifizierung und damit fehlende saubere Koch-, Heiz- und Beleuchtungsmöglichkeiten (H. Ritchie und Roser 2019). Mehr als 2,5 Milliarden Menschen kochen auf unsicheren offenen Feuerstellen mit Kohle, Kerosin, Holzkohle, Holz, Kuhfladen oder Ernteabfällen (WHO 2021).

47 »Durch die Beseitigung von Emissionen durch fossile Brennstoffe könnte in Europa eine Übersterblichkeit von 434 000 (95 Prozent CI [Konfidenzintervall] 355 000 bis 509 000) pro Jahr vermieden werden … Damit würde die Lebenserwartung in Europa um 1,2 (95 % CI 1,0 bis 1,4) Jahre steigen« (Lelieveld, Klingmüller, Pozzer, Pöschl u. a. 2019, S. 1595). Ein Konfidenzintervall von 95 Prozent bedeutet, dass die wahre Zahl laut Modellrechnung der Autoren mit einer Wahrscheinlichkeit von 95 Prozent in den genannten Bereich fällt.

48 Scovronick u. a. (2019, S. 1) stellten fest, dass abhängig von den Luftreinhaltungsmaßnahmen und »dem Wunsch der Gesellschaft für bessere Gesundheit das wirtschaftlich optimale Niveau der Schadensminderung mit einem Ziel von 2 Grad Celsius und darunter in Einklang zu bringen sind«. Markandya u. a. (2018, e126) stellten fest, dass der »gesundheitliche Nutzen in allen analysierten Szenarien die Kosten für die Umsetzung des 2-Grad-Ziels deutlich aufwiegt« und dass »der zusätzliche Aufwand, der für die Umsetzung des 1,5-Grad-Ziels statt des 2-Grad-Ziels nötig wäre, einen erheblichen Nettonutzen in Indien (3,28 bis 8,4 Billionen US-Dollar) und China (0,27–2,31 Billionen US-Dollar) bewirken würde, nicht jedoch in anderen Regionen«.

49 Die Behauptung, dass wir in einer außergewöhnlichen historischen Epoche leben, wirft einige interessante philosophische Fragen auf, die ich in meinem Artikel »Are We Living at the Hinge of History?« erörtere (MacAskill 2020). In diesem Artikel vertrete ich allerdings die Ansicht, dass es sich nicht um den einflussreichsten Moment aller Zeiten handelt, erkläre jedoch, warum vieles dafür spricht, dass wir in einer sehr einflussreichen Epoche leben.

50 Die Argumentation folgt Holden Karnofskys »This Can't Go On« (2021b), der wiederum auf Robin Hanson (2009) fußt. Mehr dazu unter whatweowethefuture.com/notes.

51 Ich sehe die Gegenwart als postindustrielle Phase, die enden wird, wenn das Wachstum wieder unter 1 Prozent pro Jahr sinkt. Aktuelle Wachstumszahlen siehe World Bank (2021e).

52 Zu den Einschätzungen der Geschichte des globalen Wachstums siehe zum Beispiel DeLong (1998). Einen Überblick zu den Datenquellen, die ähnliche Zahlen angeben, finden Sie bei Roodman (2020a) und Roser (2019). Beachten Sie, dass es hier um durchschnittliche Wachstumsraten geht, die über mehrere Verdoppelungszeiten hinweg konstant bleiben; wir können natürlich nicht ausschließen, dass das Wachstum auch zu prähistorischen Zeiten in einem einzelnen Jahr schon einmal bei 2 Prozent gelegen haben könnte, doch dann wäre es eine Ausnahme gewesen. Eine Erörterung von kurzen überdurchschnittlichen Wachstumsphasen in der Geschichte finden Sie in Goldstone (2002), wobei einige Beispiele umstritten sind.

53 Energienutzung: *Our World in Data* 2020f; Kohlendioxidemissionen: Ritchie und Roser 2020a; Landnutzung: *Our World in Data* 2019b. Messungen des wissenschaftlichen Fortschritts sind Interpretationssache, doch vermutlich würde kaum jemand widersprechen, dass die technische Entwicklung seit Beginn der wissenschaftlichen Revolution im 16. Jahrhundert gegenüber vormodernen Zeiten deutlich an Fahrt aufgenommen hat.
54 Das kommt dem Wachstum an der technischen Spitze näher und klammert das nachholende Wachstum der ärmeren Länder aus (Roser 2013b).
55 Karnofsky 2021b, Anm. 7–8.
56 Ob dies möglich ist, erörtern Hanson 2009 und Karnofsky 2021c.
57 Ich danke Carl Shulman für diesen Hinweis.
58 Siehe whatweowethefuture.com/notes.
59 Scheidel (2021, S. 101–107) bietet eine Zusammenstellung der Bevölkerungszahlen früherer Reiche; aus seiner Tabelle 2.2 (S. 103) geht hervor, dass im Jahr 1 n. Chr. 32 Prozent der Weltbevölkerung in der Westlichen Han-Dynastie lebten und im Jahr 150 n. Chr. 30 Prozent im Römischen Weltreich. Frühere Bevölkerungszahlen sind allerdings hochgradig unsicher; mehr dazu unter whatweowethefuture.com/notes. Der Historiker Peter Bang (2009, S. 120) ist der Auffassung, dass die Han-Dynastie und das Römische Weltreich »einander verborgen waren und nur durch einen Schleier von Märchen und Mythen voneinander wussten«.
60 Diese Angabe geht davon aus, dass unser Sonnensystem am fernsten Punkt der Umlaufbahn des äußersten Planeten Neptun endet. Mehr dazu unter whatweowethefuture.com/notes.
61 Siehe whatweowethefuture.com/notes.
62 Siehe whatweowethefuture.com/notes.
63 »Irgendwann wird sich der Raum so schnell ausdehnen, dass das Licht den immer größer werdenden Abstand zwischen unserer lokalen Gruppe und der nächsten Nachbargruppe nicht mehr überwinden kann (Simulationen gehen davon aus, dass bis dahin noch 150 Milliarden Jahre vergehen werden)« (Ord 2021, S. 7).

Kapitel 2 – Wir können den Lauf der Geschichte beeinflussen

1 Unter Großsäugetieren, allgemeiner Megafauna, versteht man Tiere mit einem Körpergewicht von mehr als 45 Kilogramm (Haynes 2018).
2 Technisch gesehen handelt es sich bei den Glyptodonten um eine geschlossene Abstammungsgemeinschaft, die man als Klade bezeichnet (Zurita u. a. 2018).
3 Einige Glyptodonten wogen 1,5 Tonnen (Delsuc u. a. 2016) und damit mehr als ein VW Passat. Gegen Ende des Pleistozäns wogen viele Glyptodonten sogar mehr als zwei Tonnen und kamen auf eine Länge von bis zu fünf Metern (Defler 2019b).
4 Zum Beispiel der Doedicurus, eine Gattung der Glyptodonten (Delsuc u. a. 2016).
5 Der Moment des Aussterbens einer Art ist aus mehreren Gründen schwer zu bestimmen. Im Falle der Glyptodonten ist zum Beispiel das Alter bestimmter Fossilienfunde stark umstritten, eine Datierung geht davon aus, dass das letzte Exemplar vor nur 7000 Jahren lebte; die Verlässlichkeit dieser Schätzungen wird allerdings angezweifelt (Politis u. a. 2019). Die letzte unstrittige Altersbestimmung eines Glyptodontenknochens mittels Radiokarbonmethode geht davon aus, dass die Art vor

12 300 Jahren ausgestorben ist. Glyptodontenknochen wurden allerdings auch in Schichten gefunden, die auf ein Alter von 12 000 Jahren und vielleicht auch weniger geschätzt werden (Barnosky und Lindsey 2010; Prado u. a. 2015, Tabelle 2; Ubilla u. a. 2018).

6 Defler 2019a, XIV – XV. Einige Wissenschaftler glauben, das Megatherium könnte sich aufrecht fortbewegt haben; in diesem Fall wäre es das größte zweibeinige Säugetier aller Zeiten (Amson und Nyakatura 2018).

7 Frühere Datierungen gingen davon aus, dass das Megatherium bis ins Holozän überlebte, doch jüngere Arbeiten datieren das jüngste bekannte Fossil eines Megatheriums auf ein Alter von etwa 12 500 Jahren (Politis u. a. 2019). Aufgrund der lückenhaften Fossilüberlieferung ist das jüngste bekannte Fossil vermutlich nicht das letzte seiner Art; das bezeichnet man als Signor-Lipps-Effekt.

8 Mothé u. a. 2017, Abschnitt 3.5; 2019. Die Altersbestimmung von Knochen mithilfe der Elektronenspinresonanzdatierung ist weniger zuverlässig als die Radiokarbonbestimmung von Kollagen, und die Datierung des Notiomastodon ist hochgradig umstritten (Dantas u. a. 2013; Oliveira u. a. 2010, Tabelle 2). Ich danke Emily Lindsey (persönliche Mitteilung, 22. November 2021) für ihre Hinweise in dieser Frage.

9 Der *Aenocyon dirus* wog rund 68 Kilogramm, konnte aber bis zu 110 Kilogramm schwer werden (Anyonge und Roman 2006, Tabelle 1; Sorkin 2008). *Aenocyon dirus* gehört zur Familie der Canidae und damit der Hunde (Perri u. a. 2021). Der größte Vertreter der Canidae war der *Epicyon haydeni* mit einem Gewicht von bis zu 170 Kilogramm. Wie auch bei den übrigen Großsäugetieren ist der Grund für das Aussterben des *Aenocyon dirus* umstritten.

10 Einen Überblick zum Diskussionsstand finden Sie zum Beispiel in Haynes (2018), Koch und Barnosky (2006), Surovell und Waguespack (2008), Smith u. a. (2019) und Wignall (2019b). Es gibt im Wesentlichen zwei Gründe, die für die zentrale Rolle des Menschen sprechen. Erstens fällt das Aussterben der Großsäugetiere in konkreten Regionen immer etwa mit der Ankunft des Menschen zusammen. Wenn die letzten bekannten Fossilien einer Art geringfügig älter sind, liegt das vermutlich an Lücken in der Fossilüberlieferung. Und zweitens traf das Aussterben vor allem große und leicht zu jagende Arten, die für menschliche Jäger besonders wertvoll gewesen wären. Diese Verzerrung zuungunsten der Megafauna ist in den vergangenen 66 Millionen Jahren völlig einmalig.

Zu Argumenten, die für ein natürliches Aussterben sprechen, siehe Meltzer (2015, 2020) und Stewart u. a. (2021). Es gibt im Wesentlichen zwei Gründe, die gegen eine zentrale Rolle des Menschen sprechen. Erstens sei die Zahl der gefundenen Tötungsorte zu gering für die massenhafte Tötung, die nötig gewesen wäre. Dem halten Wissenschaftler, die den Menschen als Verursacher sehen, entgegen, dass angesichts der Lückenhaftigkeit der fossilen Überlieferung die Zahl der gefundenen Tötungsstätten im Gegenteil für den paläontologischen Kontext sehr groß ist und dass das Fehlen von Beweisen kein Beweis für ein Fehlen ist. Und zweitens argumentieren einige, Frühmenschen seien nicht ausreichend zahlreich oder technisch gerüstet gewesen, um Millionen von Großsäugetieren zu töten. Doch Modelle zeigen, dass die Menschen vermutlich zahlreich genug waren, um die Auslöschung zu bewirken.

Die Erklärung des Aussterbens durch Klimawandel hat einige entscheidende Schwachpunkte. Erstens überlebte die Megafauna neben dem Übergang ins Pleistozän in den vergangenen Jahrmillionen eine ganze Reihe von starken Klimaschwankungen. In Nordamerika überlebte die überwiegende Mehrheit der ausgestorbenen Arten insgesamt zwölf Zyklen von Eis- und Zwischeneiszeiten, die dem vom Ende des Pleistozäns ähnlich waren. Sie verschwanden erst am Ende des Pleistozäns, nach der Ankunft des Menschen. Und zweitens kann die Klimatheorie die Verzerrung zuungunsten der Großsäugetiere nicht erklären. Wignall (2019b, S. 107) schreibt: »Unter den normalen Gesetzmäßigkeiten des Aussterbens sind vor allem Arten mit verhältnismäßig begrenzten Lebensräumen betroffen, doch das Artensterben des Pleistozäns verlief grundlegend anders. Viele Arten der Megafauna hatten große geografische Verbreitungsgebiete: Das Wollhaarmammut und das Wollnashorn kamen in ganz Eurasien und Nordamerika vor.« Und schließlich waren die Großsäugetiere auf den verschiedenen Kontinenten ganz unterschiedlichen Formen des Klimawandels ausgesetzt – an einigen Orten kühlte sich das Klima ab, an anderen erwärmte es sich, an wieder anderen herrschte größere Trockenheit und so weiter –, doch quer durch alle Klimazonen und ökologischen Nischen starben die Großsäugetiere aus.

Für Argumente, die eine Kombination aus Mensch und Natur als Ursache für das Artensterben sehen, siehe Broughton und Weitzel (2018) sowie Metcalf u. a. (2016).

11 In den vergangenen 800 000 Jahren gab es elf Übergänge zwischen Eis- und Zwischeneiszeit, und viele davon weisen große Ähnlichkeit mit dem Übergang vom Pleistozän zum Holozän auf (Pages 2016). Früher im Pleistozän waren diese Übergänge häufiger, aber weniger dramatisch (Hansen u. a. 2013). Die meisten Großsäugetierarten entwickelten sich vor Jahrmillionen, und überlebten damit mehr als ein Dutzend dieser Übergänge (Meltzer 2020).

12 Koch und Barnosky 2006; S. K. Lyons u. a. 2016.

13 F. A. Smith u. a. 2019. Menschliche Fossilien fallen nicht immer mit den Fossilien ausgestorbener Arten zusammen. Eine plausible Erklärung dafür sind die Lückenhaftigkeit der Fossilienüberlieferung und der Signor-Lipps-Effekt. Siehe Meltzer (2020) und Haynes (2018).

14 Varki 2016; Wignall 2019b.

15 J. O. Kaplan u. a. 2009, Tabelle 3; Stephens u. a. 2019; Zanon u. a. 2018, Grafik 10.

16 Der Fünfte Sachstandsbericht des Weltklimarats IPCC geht davon aus, dass der vorindustrielle Wandel der Bodennutzung das Kohlendioxidniveau um 10 ppm (Parts per million) anhob, was einer Erwärmung von 0,16 Grad Celsius entspricht (IPCC 2014a, Abschnitt 6.2.2.2). Der Sechste Sachstandsbericht des IPCC quantifiziert die Auswirkungen des vorindustriellen Wandels der Bodennutzung nicht mehr, scheint aber davon auszugehen, dass seine Auswirkungen auf die Kohlendioxidkonzentration im Verhältnis zu natürlichen Schwankungen gering ist (IPCC 2021a, Abschnitt 5.1.2.3).

Andere schätzen den Beitrag der vorindustriellen Aktivitäten des Menschen höher ein und mutmaßen, dass er das Eintreten einer neuen Eiszeit verhindert haben könnte (Ruddiman u. a. 2020).

17 Dieser Rahmen stammt von Aron Vallinder und mir und wurde von Teruji Thomas weiterentwickelt. Eine genauere Beschreibung finden Sie im Anhang. Er ist gut vereinbar mit dem Analysewerkzeug »Bedeutung, Lösbarkeit und Vernachlässigung«, das im effektiven Altruismus zur Priorisierung von Anliegen verwendet wird. Mit TDK lässt sich eine Größe ermitteln, die proportional zur Dimension »Wichtigkeit« ist.

18 Dieses Analysewerkzeug macht es sinnvoll, dem Ende des Universums ein Datum zuzuweisen, sonst blieben einige Zustände bis in alle Ewigkeit erhalten. Das Ende des Universums könnte man beispielsweise mit dem Tod des letzten schwarzen Lochs gleichsetzen.

19 Revive and Restore.

20 Der Begriff »Kurskorrektur« geht auf Nick Beckstead (2013) zurück, der damit ursprünglich jede lang anhaltende oder bleibende Veränderung des Wertes der Welt meinte. In Rücksprache mit Beckstead verenge ich den Begriff auf lang anhaltende Veränderungen des durchschnittlichen Werts einer Zivilisation und klammere Veränderungen in der Lebensdauer der Zivilisation aus.

21 Dies ist keine erschöpfende Darstellung aller Möglichkeiten, den langfristigen Wert positiv zu beeinflussen. Eine ausführliche Erörterung müsste unter anderem auch den Erhalt von Information (historische Archive, Dokumentation von Sprachen und Kulturen sowie die Dokumentation des Genoms aller Spezies) und Veränderungen politischer Institutionen beinhalten, die langfristig von Bedeutung sind.

22 In diesem Buch konzentriere ich mich auf Szenarien, die meiner Ansicht nach aus Sicht des langfristigen Denkens besonders relevant sind, zum Beispiel das Einrasten von Werten und das Aussterben der Menschheit. Ich gehe nicht immer darauf ein, wie wahrscheinlich diese Szenarien meiner Ansicht sind oder welchen Wert es hätte, sie zu vermeiden. An dieser Stelle will ich das nachholen, damit Sie meine Ansichten einordnen und meine Darstellungen besser nachvollziehen können. Nur vorab eine Warnung: Erstens sind meine Standpunkte ausgesprochen unsicher, und ich würde es nicht für unvernünftig halten, wenn jemand zu anderen Schlüssen käme. Zweitens habe ich mich zwar um größte Sorgfalt bemüht, doch ich bekenne, dass viele der hier angeführten Aussagen noch sehr vage sind. Drittens werden sich die Zahlen (also meine subjektiven Einschätzungen von Wahrscheinlichkeiten) mit weiterer Forschung und der Weiterentwicklung meines Denkens sehr wahrscheinlich verändern. Zum Zeitpunkt der Veröffentlichung dieses Buchs stimme ich vermutlich mit einigen der Zahlen schon nicht mehr überein.

Im verbleibenden 21. Jahrhundert könnte die Welt einem von etwa vier Pfaden folgen. Das Weltbruttoinlandsprodukt könnte mit etwa gleichbleibender Geschwindigkeit (2 bis 4 Prozent pro Jahr) weiter wachsen wie in den zurückliegenden hundert Jahren. Das Wachstum könnte sich beschleunigen, möglicherweise dank der Fortschritte auf dem Gebiet der Künstlichen Intelligenz. Das Wachstum könnte sich verlangsamen und Richtung Stillstand tendieren. Oder es könnte zu einer großen globalen Katastrophe mit Milliarden von Toten kommen. Die Wahrscheinlichkeit für jedes dieser vier Szenarien liegt meiner Ansicht nach zwischen 10 und 50 Prozent. Das wahrscheinlichste Szenario ist meiner Ansicht nach der Stillstand, gefolgt vom beschleunigten Wachstum, dem gleichbleibenden Wachstum und dem Katastrophenszenario. Wenn Sie mich auf Schätzungen festnageln wollten, würde ich sagen: 35 Prozent, 30 Prozent, 25 Prozent und 10 Prozent.

Die Wahrscheinlichkeit, dass es irgendwann zu einem Einrasten der Werte kommt, sehe ich bei über 80 Prozent (unter der Annahme, dass die Zivilisation nicht vorher endet und dass es sich dabei nicht um ein einzelnes Wertesystem handelt), und die Wahrscheinlichkeit, dass es noch in diesem Jahrhundert dazu kommt, bei über 10 Prozent.

Die Wahrscheinlichkeit, dass die Zivilisation noch in diesem Jahrhundert endet, sehe ich bei 0,1 bis 1 Prozent, wobei meiner Ansicht nach die größte Gefahr von Krankheitserregern aus dem Labor, Roboterwaffen (auf die ich in diesem Buch nicht eingehen konnte) und bislang unbekannter Technik ausgeht. Ausgenommen ist hier die Möglichkeit, dass Systeme der Künstlichen Intelligenz, deren Interessen nicht mit denen der Menschheit in Einklang stehen, die Kontrolle über die Zivilisation übernehmen; hier schätze ich die Wahrscheinlichkeit für dieses Jahrhundert auf 3 Prozent, auch wenn ich einräumen muss, dass mir die Formulierung »nicht in Einklang mit den Interessen der Menschheit« reichlich vage erscheint. Die größte Gefahr für die Menschheit geht meiner Ansicht nach von Szenarien aus, in denen es zu einem Krieg oder Kalten Krieg zwischen Großmächten kommt.

Die Wahrscheinlichkeit, dass es noch in diesem Jahrhundert zu einer Katastrophe kommt, die uns auf einen vorindustriellen technischen Stand zurückwirft, schätze ich auf 1 Prozent. Die Wahrscheinlichkeit, dass sich die Menschheit mit den aktuellen natürlichen Ressourcen wieder von einer solchen Katastrophe erholt, sehe ich bei 95 Prozent oder mehr; sollten wir bis dahin allerdings sämtliche leicht verfügbaren fossilen Brennstoffe ausgeschöpft haben, sehe ich sie bei unter 90 Prozent.

Der Erwartungswert für den Fortbestand der Zivilisation ist meiner Ansicht nach positiv, doch weit von der bestmöglichen Zukunft entfernt. Wenn ich es in Zahlen fassen sollte, würde ich sagen, dass dieser Erwartungswert weniger als 1 Prozent der bestmöglichen Zukunft wäre (wobei ich unter »bestmöglich« die beste realistisch erreichbare Zukunft meine). Angesichts dieser Wahrscheinlichkeiten hätte eine Kurskorrektur mehr als 100-mal mehr positives Potenzial als die Sicherung des Überlebens der Zivilisation, auch wenn nicht immer klar ist, wie wir bei einigen dieser Kurskorrekturen Fortschritte erzielen könnten.

Es gibt vieles, was wir nach wie vor nicht wissen oder verstehen, darunter auch Dinge, die unsere aktuellen Prioritäten erheblich verändern könnten. Das macht mir Hoffnung, dass wir die Ressourcen schaffen, um in einem Jahrzehnt Maßnahmen ergreifen zu können statt schon heute. Vor allem bin ich zuversichtlich, dass wir eine Bewegung von gewissenhaften, bescheidenen und altruistisch motivierten Menschen auf die Beine stellen können, die nach Möglichkeiten suchen, die Welt langfristig besser zu machen.

Es stimmt mich auch optimistisch, dass wir Maßnahmen ergreifen können, die mit einer großen Bandbreite von Weltanschauungen in Einklang zu bringen sind, selbst wenn diese einen geringeren Erwartungswert haben als andere, ausgehend von einer naiven Einschätzung des Erwartungswerts. (Ich halte die Theorie des Erwartungswerts für die korrekte Entscheidungstheorie, zumindest wenn wir das Problem der winzigen Wahrscheinlichkeiten mit gewaltigem Wert ausklammern; meine Empfehlung, gelegentlich Maßnahmen mit einem vermeintlich geringeren Erwartungswert zu wählen, hängt damit zusammen, wie wir mit unseren beschränkten kognitiven Fähigkeiten diese Theorie des Erwartungswerts in der Praxis umsetzen sollten.) Als Beispiele dafür habe ich grüne Technik und ein Ende der Ausbeutung der fossilen Brennstoffe angeführt. Andere Beispiele wären der Bau von Bunkern, in denen die Menschheit eine globale Katastrophe überleben kann, der Abbau der Kriegsgefahr und ein weiteres Mal der Aufbau einer Bewegung von gewissenhaften, bescheidenen und altruistisch motivierten Menschen.

Mein Freund und Kollege Toby Ord führt eine Liste von Existenzbedrohungen, die das langfristige Potenzial der Menschheit vernichten könnten. Er schätzt die

Existenzbedrohung in diesem Jahrhundert auf 1 zu 6, wobei er die Gefahr einer Pandemie aus dem Labor auf 1 zu 30 und die einer unvorhergesehenen und von Menschen gemachten Bedrohung auf 1 zu 50 schätzt; auch er betont jedoch, dass diese Schätzungen sehr ungewiss sind. Bei allen Gemeinsamkeiten beurteilen wir die Lage etwas unterschiedlich. Ich schätze die Gefahr durch Künstliche Intelligenz und Krankheitserreger aus dem Labor etwas geringer ein als er. Dafür bereitet mir das Einrasten von Werten mehr Kopfzerbrechen als die Machtübernahme durch Künstliche Intelligenz. Ich schätze die Gefahren eines Krieges zwischen Großmächten und des technischen Stillstands größer ein als er. Diese Differenzen sind allerdings überschaubar, und wir hoffen, in den kommenden Jahren mehr Klarheit zu bekommen.

Am größten sind unsere Differenzen hinsichtlich der Erwartung, wie gut unsere Zukunft wird. Ord ist der Ansicht, dass wir, wenn wir in den kommenden Jahrhunderten eine große Katastrophe vermeiden können, mit einer Wahrscheinlichkeit von 50 Prozent die bestmögliche Zukunft erreichen werden. Meiner Ansicht nach stehen die Chancen dafür jedoch bedeutend schlechter. Das ist auch der Hauptgrund, warum ich selbst den Begriff »Existenzbedrohung« meide (siehe auch Anhang) und zwischen Kurskorrekturen und Überlebenssicherung unterscheide. Wir sind uns jedoch beide einig, dass bislang zu wenig darüber nachgedacht wird, wie gut die Zukunft der Menschheit realistisch werden könnte (für den Fall, dass es in den kommenden Jahrhunderten nicht zu einer großen Katastrophe kommt).

23 Siehe whatweowethefuture.com/notes.

24 Mauboussin, o. D.; Mauboussin und Mauboussin 2018.

25 In einem Bericht an Präsident Kennedy und Verteidigungsminister Robert McNamara, der lange der Geheimhaltung unterlag, schrieben die Joint Chiefs of Staff: »die zeitgemäße Durchführung des Plans hat letztlich gute Aussichten auf Erfolg« (Lemnitzer 1961, no 1q). Vielerorts kann man nachlesen, dass diese »guten Erfolgsaussichten« einer Wahrscheinlichkeit von rund 30 Prozent entsprechen (siehe zum Beispiel Tetlock und Gardner 2016). Erstmals erwähnt wurde dies von Peter Wyden in seinem Buch *Bay of Pigs: The Untold Story* (1979) nach Interviews mit Beteiligten. Diese Schätzung geht offenbar auf Brigadegeneral David Gray zurück: »Als wir darüber sprachen, was ›gut‹ bedeutete, sagte Gray, für ihn bedeute das eine Wahrscheinlichkeit von 30 zu 70« (Wyden 1979, S. 89).

26 Siehe zum Beispiel Koonin 2014.

27 Zu den Wissenschaftlern, die diese Ansicht vertreten, zählen unter anderem John Quiggin in »Uncertainty and Climate Change Policy« (Quiggin 2008), Martin L. Weitzman in »Fat-Tailed Uncertainty in the Economics of Catastrophic Climate Change« (Weitzman 2011) und Robert S. Pindyck in »Climate Change Policy: What Do the Models Tell Us?« (Pindyck 2013).

28 Am wahrscheinlichsten scheint aktuell das mittlere Szenario RCP4.5 des Weltklimarats (Climate Action Tracker 2021; Hausfather 2021a; Hausfather und Peters 2020; Liu und Raftery 2021, Grafik 1).

29 Siehe IPCC (2021a, Tabelle SPM.1).

30 Beachten Sie, dass das erwartete TDK nicht gleich erwartete T × erwartete D × erwartete K.

31 M. Fry 2013.

32 Seth 2011, S. 305–308.

33 Siehe whatweowethefuture.com/notes.
34 Zur Geschichte der Entstehung der Verfassung der Vereinigten Staaten siehe US National Archives (2021). Eine Liste der Verfassungsergänzungen mit Datum ihrer Verabschiedung finden Sie in Encyclopedia Britannica (2014).
35 Die drei Verfassungsergänzungen aus der Zeit des Amerikanischen Bürgerkriegs hatten auch andere wichtige Auswirkungen und dienten unter anderem als Grundlage der Körperschaftsgesetzgebung, der zufolge die Bill of Rights nicht nur für die Bundesregierung bindend ist, sondern auch für Staats- und Bezirksregierungen.
36 Siehe whatweowethefuture.com/notes.
37 Siehe zum Beispiel Zaidi und Dafoe 2021.
38 Diese Texte werden erörtert in Kapitel 11 von John Bartons Buch *A History of the Bible: The Book and Its Faiths* (2020). Dazu zählen weitere Evangelien, gnostische Texte und der Kanon der Apostolischen Väter. Einige Versionen der frühchristlichen Bibel enthalten darüber hinaus zahlreiche apokryphe Texte.
39 Wann das Neue Testament seine heutige Form erhielt, ist schwer zu sagen, da aus dieser Zeit nur wenige Dokumente überliefert sind. Im Codex Sinaiticus, einer griechischen Bibel des 4. Jahrhunderts, sind allerdings noch der Barnabasbrief und ein Buch mit dem Titel »Der Hirte des Hermas« aus dem Kanon der Apostolischen Väter enthalten, die heute im Neuen Testament fehlen (Barton 2020, Kapitel 11).
40 Sherwood 2011; Lapenis 1998. Arrhenius' Beitrag zeichnet sich durch seine quantitativen Prognosen aus. Dass Treibhausgase einen Einfluss auf das Klima haben, wurde schon 1864 von dem Physiker John Tyndall beobachtet. Arrhenius soll die Erwärmung allerdings begrüßt haben, da sie Europa ein milderes Klima bescheren würde (Sherwood 2011, S. 38).
41 Capra 2007.
42 *New York Times* 1956. Mehr dazu in Kaempffert (1956).
43 NPR 2019.
44 NPR 2019.

Kapitel 3 – Moralischer Wandel

1 Der Begriff der »Sklaverei« ist schwer zu definieren. Es gibt eine Vielzahl wirtschaftlicher Modalitäten, in denen Arbeitskräfte auf verschiedene Art mehr oder weniger unfrei sind, doch keine davon verdient die Bezeichnung »Sklaverei«. In diesem Kapitel verstehe ich unter »Sklaverei« eine wirtschaftliche Modalität, in der Arbeitskräfte so unfrei sind, dass sie als Eigentum behandelt werden können, auch wenn dies vom Gesetz nicht anerkannt wird. Dazu zählt nicht nur der transatlantische Sklavenhandel, sondern auch die Sklaverei, wie sie in der Vergangenheit in Europa, Indien, China, Afrika, der arabischen Welt, Nord- und Südamerika und so weiter praktiziert wurde. Ausgenommen sind Leibeigenschaft und Lohnknechtschaft.
2 Die Bedeutung der Sklaverei in frühen Agrarkulturen ist gut dokumentiert (Ägypten: Allam 2001; Indien: Levi 2002; Mesopotamien: Reid 2017; China: Yates 2001).
3 Eltis und Engerman 2011, S. 4–5. Informationen zu den Gründen der Versklavung stammen aus einer Befragung, die der Linguist Sigismund Wilhelm Koelle als Mit-

arbeiter der Church Missionary Society zwischen 1847 und 1853 in Sierra Leone durchführte. Siehe Curtin und Vansina (1964).

4 Schätzungen der Anzahl der Sklaven in früheren Gesellschaften sind unsicher, selbst in verhältnismäßig gut dokumentierten Gesellschaften wie dem Römischen Reich. Die meisten Schätzungen halten 10 Prozent für eine angemessene Untergrenze. Walter Scheidel (2012, S. 92) schätzt eine Spanne von 5 bis 20 Prozent bei einer besten Näherung von 10 Prozent, und Harper (2011, S. 59–64) schätzt den Anteil im späten Reich (275–425 n. Chr.) »in einer Größenordnung« von 10 Prozent. Patterson (1982, S. 354) liegt mit seiner Schätzung von 16 bis 20 Prozent für die Jahre 1 bis 150 n. Chr. deutlich höher.

5 Campbell 2010, S. 57; Ware 2011.

6 Rudolph T. Ware III schätzt die Zahl der »im sogenannten arabischen Handel« zwischen 650 und 1900 aus dem südlich der Sahara gelegenen Afrika verschleppten Menschen auf »rund 11,75 Millionen« (Ware 2011, S. 51). Diese Zahl ist jedoch sehr ungewiss, denn aus Europa und Zentralasien verschleppte Menschen sind hier ebenso wenig eingerechnet wie Menschen, die innerhalb des südlich der Sahara gelegenen Afrika versklavt und verkauft wurden. Die Gesamtzahl der über die Sahara oder den Indischen Ozean gehandelten Menschen könnte niedriger sein, es könnten aber auch bis 12 Millionen gewesen sein.

7 Zahlen aus der Datenbank von Slave Voyages (Slave Voyages 2018).

8 »Die meisten Historiker gehen davon aus, dass der Krieg der Kern der Versklavung war und dass es sich bei den meisten der von Afrika nach Amerika verschleppten Menschen um Kriegsgefangene handelte« (Ferreira 2011, S. 118). »In der Anfangsphase des transatlantischen Sklavenhandels gingen die europäischen Händler selbst auf Sklavenjagd, doch mit dem 17. Jahrhundert übernahmen die Afrikaner selbst den Handel« (Higman 2011, S. 493).

9 Magen-Darm-Erkrankungen, Fieber und Atemwegserkrankungen waren auf den Überfahrten die häufigste Todesursache (Steckel und Jensen 1986, S. 62).

10 Manning 1990, S. 257. Diese Zahl wird von der Datenbank von Slave Voyages bestätigt, aus der hervorgeht, dass von den 12,5 Millionen Menschen, die in Afrika auf die Sklavenschiffe verladen wurden, 10,7 Millionen lebend in Amerika ankamen (Slave Voyages 2018).

11 Blackburn 2010, S. 17 (allgemein), S. 133 (Kakao, Gold, Quecksilber und Silber), S. 258 (Reisanbau auf Barbados), S. 397 (Gold, Zucker, Kaffee, Tabak, Reis, Baumwolle, Indigo, Pfeffer, getrocknetes Fleisch und weitere von Sklaven hergestellte Exportprodukte aus Brasilien).

12 Blackburn 2010, S. 331–334. 18-Stunden-Tage erwähnt Blackburn (2010, S. 260; 1997, S. 260). Regelmäßige Arbeitstage von mindestens zehn Stunden nennt ebenfalls Blackburn (2010, S. 339, 424).

13 Blackburn 2010. Die Lebenserwartung von zwanzig Jahren bezieht sich auf Trinidad (John 1988). Daten aus einer Reisplantage in South Carolina zwischen 1800 und 1849 lassen ebenfalls auf eine Lebenserwartung von zwanzig Jahren schließen (McCandless 2011, S. 129).

14 Stampp 1956, nach Gutman 1975, S. 36.

15 »Befürworter der Sklaverei behaupteten auch weiterhin, dass bestimmte Eigenschaften – die als Probleme der Herkunft oder Mängel der Kultur aufgefasst wurden – die Sklaverei rechtfertigten und dass Sklaverei ein Zeichen einer hochstehen-

den Kultur sei« (Blackburn 2010, S. 63). Nordamerikanische Sklavenhalter setzten sich aktiv für eine Gesetzesänderung ein, da ihrer Ansicht nach im englischen Recht, auf dem das Rechtssystem der Kolonien basierte, einige Gesetze ergänzt werden sollten, die ihr Geschäft schützten. Unter anderem wollten sie die christliche Taufe von versklavten Menschen verbieten, um zu verhindern, dass sie auf diese Weise ihre Freilassung erwirkten (Walsh 2011, S. 413).

16 Platon geht nicht direkt auf die Moral oder Unmoral der Sklaverei ein, doch in seinem Dialog *Nomoi* scheint er sie zu dulden, wenn er befindet, dass Sklaven aufgrund ihres Status härter bestraft werden sollten: »Freilich muss man aber andererseits auch die Bediensteten, sobald sie es verdienen, züchtigen und sie nicht etwa verwöhnen, indem man sie wie freie Leute bloß mit Worten zurechtweisen wollte. Die Anrede an einen Bediensteten muss fast jederzeit ein Befehl sein, und man muss auf keine Weise Scherz mit ihnen treiben, mit Mägden so wenig wie mit Knechten, wie es viele zu tun pflegen, die dadurch in recht törichter Weise ihre Bediensteten verwöhnen und so ihnen das Leben schwerer machen zum Gehorchen und sich selbst zum Befehlen« (Platon, *Nomoi*, Buch VI. Nach der Übersetzung von Franz Susemihl. www.opera-platonis.de/Nomoi.html). Aristoteles schreibt in seiner *Politik*: »Denn das Herrschen und Beherrscht-Werden gehört nicht nur zum Notwendigen, sondern auch zum Nützlichen, und gleich bei der Geburt ist manches zum beherrscht werden und anderes zum herrschen eingerichtet worden.« Und: »Somit ist also klar, dass von Natur die Menschen teils Freie, teils Sklaven sind, für welche letztere das Sklavensein nützlich und auch gerecht ist« (Aristoteles, *Politik*, Buch I, übersetzt von J. H. v. Kirchmann. Leipzig 1880. www.projekt-gutenberg.org/aristote/politik/chap002.html). Immanuel Kant schreibt in seinem Aufsatz »Von den verschiedenen Rassen der Menschen«: »Um nur ein Beispiel anzuführen, so bedient man sich in Surinam der roten Sklaven (Amerikaner) nur allein zu häuslichen Arbeiten, weil sie zur Feldarbeit zu schwach sind, wozu man Neger braucht.« Und in seinen *Reflexionen zur Anthropologie*: »Amerikaner und Neger können sich nicht selbst regieren. Dienen also nur zu Sklaven.«

17 Die Haitianische Revolution (1791), die Demerara-Rebellion (1823) und die Rebellion auf Jamaika (1831) stärkten die Sklavereigegner in Großbritannien. Michael Taylor (2021, S. 22) schrieb, »die Demerara-Rebellion von 1823 war ein Meilenstein auf dem Weg zur Abschaffung der Sklaverei im Britischen Weltreich«. Und der Historiker Franklin W. Knight (2000, S. 114) schrieb, die Revolution von Haiti »warf ihren Schatten auf alle Sklavenhaltergesellschaften. Antisklavereibewegungen wurden stärker und mutiger, vor allem in Großbritannien.« Auch die Rebellion von Jamaika »überzeugte viele Briten, … dass eine Fortsetzung der Sklaverei immer neues Blutvergießen riskieren würde« (siehe Taylor 2021, S. 191).

18 Brown 2006, S. 30.

19 Zu den Schlüsselfiguren zählen der Mennonit Peter Cornelius Plockhoy, der Lutheraner Francis Daniel Pastorius und die Quäker William Edmundson, George Keith, John Hepburn und Ralph Sandiford. George Fox, Begründer der Quäker, hatte einige vorsichtige Kommentare gegen die Sklaverei gerichtet und empfohlen, die Sklaven »nach einer angemessenen Frist und gutem Dienst« freizulassen (Fox 1676, S. 16), hatte sich aber nie dazu durchgerungen, die Abschaffung der Sklaverei als solche zu verlangen; ihm ging es mehr um die korrumpierenden Auswirkungen der Sklaverei auf die Sklavenhalter und weniger um das Leid der versklavten Men-

schen selbst. Meine Hauptquelle zu Lays Leben ist Marcus Rediker, *The Fearless Benjamin Lay* (2017).
Plockhoy schien der erste der frühen Sklavereigegner gewesen zu sein. Der Mennonit hatte 1663 eine Siedlung an der Delaware-Bucht gegründet, in der Sklavenhaltung verboten war, doch ab 1664 war er in Germantown nördlich von Philadelphia. Es waren zu den Quäkern übergetretene Mennoniten wie Pastorius, die dort 1688 eine Petition gegen die Sklaverei unterzeichneten.

20 Rediker 2017a, 2017b.

21 Rediker 2017a, 2017b.

22 Rediker 2017a, Kapitel 5–6.

23 »Erschöpfte und ausgemergelte Arbeiter wankten in seinen Laden am Hafen, um kleinere Haushaltswaren und Essen zu kaufen, zu erbetteln und manchmal auch zu stehlen. Anfangs reagierte Lay ungehalten auf die Diebstähle, doch er verstand schnell, dass diese monströse Sklavengesellschaft namens Barbados von größeren Dieben eingerichtet worden war, denen es nicht ums Überleben ging, sondern um Reichtum. Von Schuld geplagt, dass er sich wie ein Sklavenhalter verhalten hatte, beschloss Lay, mehr in Erfahrung zu bringen, indem er mit den versklavten Menschen sprach und sich über ihr Leben informierte« (Rediker 2017a, S. 47).

24 Rediker 2017a, Kapitel 2.

25 Diese Beschreibung stammt von Lydia Childs, geht jedoch zurück auf Isaac Hopper, einen Quäker des 19. Jahrhunderts, der in die Fußstapfen von Lay trat; Hopper berichtete Childs, er habe diese Anekdote als Kind gehört. Siehe Rediker (2017a, S. 83).

26 Rediker 2017a, Kapitel 4.

27 Rediker 2017a, Schluss.

28 Vaux 1815.

29 »Woolman wohnte dem Blut-Spektakel in Burlington, New Jersey, vermutlich bei« (Rediker 2017a, S. 187).

30 Rush 1891.

31 Rediker 2017a, Kapitel 3.

32 Nach Cole 1968, S. 43.

33 »Wenn es im 18. Jahrhundert einen Sklavereigegner gab, der William Lloyd Garrisons zentrale Rolle einnahm, dann war es Anthony Benezet … Benezet nimmt eine zentrale Stelle im Denken der Sklavereigegner ein, und seine Ideen reichen weit über das Quäkertum hinaus« (Sinha 2016, S. 20–22).

34 Die Zahl stammt von Soderlund (1995, S. 34). Wir können den Rückgang der Sklaverei natürlich nur bei Quäkern beobachten, über die Daten vorliegen, weshalb diese Zahlen möglicherweise nicht repräsentativ für die Quäker der Zeit sind. Dennoch ist diese Gruppe vermutlich ausreichend repräsentativ, um einen allgemeinen Rückgang des Sklavenbesitzes unter Quäkern zu beobachten, zumal gemessen am Umfang der Rückgangs.

35 Rediker 2017a, Kapitel 6.

36 Drake 1950, S. 46.

37 James Oglethorpe, der 1733 die Kolonie Georgia gründete, ließ die Sklaverei ausdrücklich verbieten, weil er fürchtete, dass sie die weißen Siedler faul und grausam machen würde. Erst später befreundete er sich mit Granville Sharp und schloss sich den Sklavereigegnern an. Unter den frühen Moralphilosophen, die die Sklaverei

verurteilten, war Samuel Sewall, der 1700 argumentierte, die Sklaverei korrumpiere Sklavenhalter, weil sie in Versuchung kämen, die von ihnen unterdrückten Menschen zu vergewaltigen.

38 Eine päpstliche Bulle aus dem Jahr 1537 verbot die Versklavung von amerikanischen Ureinwohnern mit der Begründung, Jesus habe die Bekehrung aller Menschen verlangt; deshalb hätten sie eine menschenwürdige Behandlung verdient. Die Bulle fand jedoch offenbar keine Beachtung. Mehr zur Verurteilung der Sklaverei durch katholische Geistliche des 16. Jahrhunderts finden Sie in Sinha (2016, S. 10). Bartolomé de las Casas, der im 16. Jahrhundert lebte, wird oft als Gegner der Sklaverei genannt. Entsetzt über die Ermordung und Versklavung der Ureinwohner der Karibik und Mexikos durch die spanischen Siedler, empfahl er zunächst, sie durch versklavte Afrikaner zu ersetzen, offenbar in dem Glauben, sie seien als Straftäter oder Kriegsgefangene »zu Recht« versklavt worden. Er bereute diese Empfehlung jedoch, als er erfuhr, dass viele der Afrikaner in Eroberungsfeldzügen verschleppt und ihre Familien auseinandergerissen worden waren. Grund für seinen Widerstand gegen die Sklaverei war also ihre ungerechte Versklavung und grausame Behandlung auf den Plantagen und weniger eine Verurteilung der Sklaverei als solcher. Zumindest theoretisch ließ er die Möglichkeit zu, dass die Versklavung von Kriegsgefangenen in einem gerechten Krieg legitim sein könnte (Pennington 2018, S. 111).
George Fox, Gründer der Quäker, ist ein Beispiel derer, die eine Freilassung von versklavten Menschen im Namen der Nächstenliebe verlangten. Im Jahr 1657 forderte er Quäker auf, ihre Sklaven mit Güte zu behandeln. Im Jahr 1676 veröffentlichte er ein Büchlein, aus dem er in Predigten auf Barbados zitierte. Er hielt es für »gottgefällig«, die versklavten Menschen »nach einer angemessenen Frist und gutem Dienst« freizulassen (Fox 1676, S. 16).

39 Siehe zum Beispiel Francis Hutcheson oder Denis Diderot.

40 Siehe zum Beispiel die Abschaffung der Sklaverei in China im Jahr 17 n. Chr. durch den aufständischen Minister Wang Mang, der die Macht der Grundbesitzer beschneiden wollte. Oder die Freilassungen des Großmoguls Akbar im 16. Jahrhundert, der offenbar in Sorge war, dass der Export von versklavten Indern die Bevölkerung und damit seine Steuerzahler dezimierte und dass Offiziere zu mächtig wurden, indem sie Sklavenheere aufbauten oder sich am Sklavenhandel bereicherten (Eaton 2006, S. 11 f.). Ähnliches scheint auch der chinesische Kaiser Yongzheng gefürchtet zu haben, als er zwischen 1723 und 1730 verschiedene Formen der Unfreiheit beseitigte und seine Untertanen sämtlich seiner direkten Herrschaft unterstellte (Crossley 2011).

41 Hochschild (2005, S. 5) geht noch weiter und beschreibt die britische Kampagne zur Abschaffung der Sklaverei als historisch ohne jedes Vorbild: Zum ersten Mal habe sich eine große Zahl von Menschen über viele Jahre hinweg für die Rechte anderer eingesetzt. Das Erstaunlichste sei gewesen, dass es sich bei diesen anderen um Menschen anderer Hautfarbe von einem anderen Kontinent gehandelt habe. Niemanden verwunderte das mehr als Stephen Fuller, einen Londoner Agenten der Pflanzer auf Jamaika, der selbst eine Plantage besaß und eine zentrale Stellung unter den Befürwortern der Sklaverei einnahm. Als Zehntausende Bürger Eingaben an das Parlament unterzeichneten, schrieb Fuller verwundert, die Unterzeichner »brachten keine Beschwerde oder Klage gegen etwas vor, das sie selbst betrifft«. Seine Verblüffung ist verständlich – er erlebte etwas vollkommen Neues.

42 Hornick 1975.
43 Hornick 1975.
44 Brendlinger 1997, S. 121 f.
45 Hanley 2019, S. 180.
46 UK Parliament 2021.
47 Sullivan 2020.
48 C. L. Brown 2007, S. 292.
49 *Our World in Data* 2021c.
50 Gershoff 2017.
51 Zu den Dimensionen der internationalen Migration siehe UN (2019a).
52 Pritchett 2018, S. 4.
53 Zur Zahl der in Massentierhaltung getöteten Tiere siehe FAO (2021) sowie Anthis (2019). Wenn wir die Fische hinzuzählen, könnte die Zahl der Tiere in Massentierhaltung die Billion überschreiten (Mood und Brooke 2019).
54 ScotsCare.
55 Siehe Office for National Statistics (2018). Anderen Zahlen zufolge ist das Bruttoinlandsprodukt pro Kopf in Edinburgh höher als in London (Istrate und Nadeau 2012).
56 Gould 1989.
57 T. Y. W. Wong 2019.
58 Losos 2017, Schluss, Kapitel 3.
59 Martini u. a. 2021; Blount u. a. 2018.
60 Populäre Darstellungen der Verkrabbung sind jedoch oft zweifelhaft. McLaughlin und Lemaitre (1997, S. 117) kommen zu dem Schluss: »Die Verkrabbung, verstanden als Herausbildung einer äußerlich krabbenähnlichen Form ist eine Tatsache … Doch die Evolution eines krabbenähnlichen Körpers aus einem in einer Muschel lebenden Pagurus ist unserer Ansicht nach Fiktion.«
61 Van Cleve und Weissman 2015.
62 De Robertis 2008.
63 Die Theorie der kulturellen Evolution wurde in den vergangenen Jahrzehnten zunehmend Gegenstand ernst zu nehmender Forschung, insbesondere seit der Veröffentlichung von Robert Boyd und Peter Richerson, *Culture and the Evolutionary Process* (1988), die mathematische Modelle der Evolutionsbiologie auf kulturellen Wandel anwendete. Diese Theorie sollte allerdings vom verwandten Gebiet der Memetik unterschieden werden, die wissenschaftlich zweifelhafter ist (Chvaja 2020).
64 Bowles und Gintis 2011; Henrich 2004.
65 Henrich 2018, Kapitel 10.
66 Curry u. a. 2019.
67 Daten über den Anteil der Vegetarier in verschiedenen Ländern sind erstaunlich schwer zu bekommen. Ein Beispiel für die Probleme von Umfragen ist, dass einer groß angelegten Untersuchung zufolge rund 40 Prozent aller Menschen, die sich als Vegetarier bezeichnen, Fleisch- oder Geflügelprodukte verzehren (Juan u. a. 2015). Schätzungen des Anteils von Vegetariern gehen in jedem Land weit auseinander. Die hier angegebenen Zahlen stützen sich auf eine weltweite Umfrage zu Ernährungsgewohnheiten, und ich vermute, dass auch hier die Zahl der Vegetarier deutlich überhöht ist (Nielsen 2016, S. 8). Doch die regionalen Unterschiede,

auf die es in diesem Zusammenhang ankommt, bleiben bei aller Unzuverlässigkeit der Daten vermutlich bestehen.

68 OECD 2021a.

69 Tatz und Higgins 2016, S. 214; Martin 2014, Appendix I. Neben dem Albigenserkreuzzug trug auch die Unterdrückung durch den französischen König Ludwig IX. zur Vernichtung der Katharer bei (Encyclopedia Britannica 2007).

70 Jonsen und Toulmin 1989, S. 203.

71 Ellman 2002, S. 1162.

72 Becker 1998, S. 176.

73 Short 2005, Kapitel 11.

74 Locard 2005.

75 *New York Times* 2018.

76 Theodorou und Sandstrom 2015.

77 Die Aussagen zur Beschäftigung von Männern stammen aus dem World Values Survey, Wave 6 (Inglehart u. a. 2014). Anteil an den Beschäftigten aus Schätzungen der Internationalen Arbeitsorganisation nach *Our World in Data* (2021b).

78 Um das Ergebnis zu überprüfen, ob die Einstellung der menschlichen Genmanipulation in Indien tatsächlich ungewöhnlich positiv ist, bat ich die Psychologen Lucius Caviola und David Althaus, das Ergebnis mit einer Kontrollumfrage unter 164 Teilnehmern aus Indien und 167 aus den Vereinigten Staaten zu überprüfen; das Ergebnis war ähnlich, wenngleich weniger deutlich: 49 Prozent der Inder hielten es für angemessen, ein Baby mittels Gentechnik intelligenter zu machen, während nur 14 Prozent der US-Amerikaner dieser Ansicht waren.

79 Es gibt zwar zahlreiche Umfragen zu Einstellungen gegenüber Gentechnik (ein systematischer Überblick nannte zuletzt 41), doch verlässliche und vergleichbare Daten aus unterschiedlichen Ländern sind schwer zu finden. Das spielt auch deshalb eine Rolle, weil Fragen zu strittigen technischen Themen leicht missverstanden werden und kontextabhängig sind. Eine Umfrage von Pew Research stellte jedoch fest, dass die Zustimmung zu einem nicht therapeutischen Einsatz der Gentechnik in keinem nordamerikanischen oder europäischen Land die 20 Prozent übersteigt, während die Zustimmung in Asien generell größer ist. Nach Angaben des Bioethikers Darryl Macer ist die Zustimmung zu Gentests und Gentherapie in China, Indien und Thailand wiederum höher als in anderen asiatischen Ländern (Macer 2012). Doch gerade Meinungsumfragen aus China sind voller Rauschen und wenig aufschlussreich (siehe zum Beispiel Zhang und Lie 2018).

80 Inglehart u. a. 2014; UN 2019a. Wieder einmal scheinen die Daten zum Vegetarismus wenig verlässlich. Das Verhältnis von 10 zu 1 zwischen Indien und Brasilien stammt aus einer Untersuchung, die auf Umfragen zum Haushaltskonsum basiert, und scheint mir etwas verlässlicher als die üblichen Selbstauskünfte. Diese Untersuchung geht davon aus, dass 3,6 Prozent der Brasilianer und 34 Prozent der Inder Vegetarier sind (Leahy u. a. 2010, S. 23, Tabelle A2). Die Daten sind jedoch älteren Datums, die brasilianischen Zahlen stammen aus dem Jahr 1997, die indischen von 1998. Andere Untersuchungen zeigen zum Teil geringere Unterschiede zwischen beiden Ländern. Mehr unter whatweowethefuture.com/notes.

81 Gallup 2018. Sri Lanka war an der Umfrage von 2017 nicht beteiligt, befand sich jedoch zwischen 2013 und 2016 jedes Jahr unter den ersten zehn Ländern das World

Giving Index und 2018 auf Platz 27. Myanmar war zwischen 2013 und 2018 immer unter den ersten zehn (Charities Aid Foundation 2019).

82 Vermutlich wäre bei 10 bis 90 dieser Durchläufe in einer Welt mit dem heutigen technischen Stand mindestens 1 Prozent der Weltbevölkerung versklavt.

83 Brown 2007, S. 289. Mit »wissenschaftlicher Interpretation« bezieht sich Brown auf Williams' Darstellung des Verbots des Sklavenhandels im Jahr 1807, das Brown so beschreibt:
»Im Zeitalter der Revolutionen hebt Williams zwei wirtschaftliche Entwicklungen heraus. Erstens die Trennung der nordamerikanischen Kolonien von karibischen Plantagen und in der Folge das nachlassende Engagement der Briten für das westindische Monopol auf dem heimischen Markt. Und neben der zunehmenden Durchsetzung der marktwirtschaftlichen Ideologie sieht Williams zweitens 1806 und 1807 eine Krise der Überproduktion in den karibischen Kolonien, die die Abschaffung des Sklavenhandels ermöglichte. Williams erkennt die Entschlossenheit und die Fähigkeiten der führenden Sklavereigegner an, hält jedoch an der Behauptung fest, dass sie nur deshalb Erfolg hatten, weil sich die wirtschaftlichen Interessen des Landes zu Beginn des 19. Jahrhunderts erheblich verschoben« (Brown 2007, S. 289).

84 Michael Taylor (persönliche Mitteilung, 15. November 2021) war bereit, eine leicht abweichende Aussage zu bestätigen: »Seit der Veröffentlichung von *Econocide* halten immer weniger Historiker der Sklaverei an der explizit wirtschaftlichen Interpretation der Abschaffung der Sklaverei durch die Briten fest.« Adam Hochschild (persönliche Mitteilung, 6. November 2021) hält Williams' Arbeiten dennoch für sehr verdienstvoll, weil er zeigte, wie die Gewinne aus dem Sklavenhandel den Beginn der industriellen Revolution in Großbritannien mitfinanzierten. Der inzwischen verstorbene David Brion Davis könnte sich dieser Interpretation angeschlossen haben. Er fasst Williams' Argumentation mit den Worten zusammen: »Die Briten haben Sklaverei und Sklavenhandel aus rein wirtschaftlichen Erwägungen abgeschafft« und ergänzt: »Diese These ist alles andere als aktuell. Sie wurde durch Berge von empirischen Beweisen ausgehöhlt und von führenden Experten zur Sklaverei in der Neuen Welt, dem transatlantischen Sklavenhandel und der britischen Antisklavereibewegung widerlegt« (D. B. Davis und Solow 2012). Wie Seymour Drescher nennt er David Eltis, David Richardson, Barry Higman, John J. McCusker, J. R. Ward und Robin Blackburn als führende Wissenschaftler, die Williams' Theorie zurückweisen.

85 Laut Kaufmann und Pape (1999, S. 634) produzierten die britischen Kolonien 1805/06 rund 55 Prozent des gesamten Zuckers der Welt; die Zuckerproduktion machte 4 Prozent des Nationaleinkommens aus. Ende des 18. und Anfang des 19. Jahrhunderts hatte Großbritannien rund 10 Prozent der Bevölkerung von Kontinentaleuropa, konsumierte jedoch 80 Prozent mehr als der gesamte Rest von Europa zusammengenommen. Aus Drescher, *Econocide*: »Die interessanteste Information zum Zuckermarkt von 1787 bis 1806 sind jedoch nicht die Zahlen aus dem Nordatlantikraum. Es kam zu einer dramatischen Verschiebung der Konsummuster zwischen Großbritannien und dem Rest Europas. Von 1787 bis 1805/06 stieg der Zuckerkonsum der Briten um mehr als ein Drittel. Sie steigerten ihre nordatlantischen Importe von 27 auf 39 Prozent. Gleichzeitig sanken die Zuckerimporte Kontinentaleuropas um mehr als ein Fünftel, und der Anteil am Nordatlantikhan-

del sank von fast zwei Dritteln auf knapp die Hälfte … Mit anderen Worten konsumierte Großbritannien mit weniger als 10 Prozent der kontinentaleuropäischen Bevölkerung in den Jahren 1805/06 rund 80 Prozent mehr Zucker als der übrige Kontinent« (Drescher 2010, S. 126).

86 Infolge der Abschaffung der Sklaverei stieg der Zuckerpreis in Großbritannien. Das lag zum einen an den höheren Einfuhrzöllen, die die Entschädigung für die Plantagenbesitzer mitfinanzierten. Der eigentliche Grund war jedoch die sinkende Produktivität der Plantagen in der Karibik. Die Disziplin auf den Pflanzungen sank, und die befreiten Sklaven flohen in Scharen und ließen sich auf Brachland nieder, um dort Getreide und Gemüse für den Eigenbedarf und die regionalen Märkte anzubauen. Die karibischen Zuckerexporte sanken, und in Großbritannien wurde der Zucker drastisch teurer. In den ersten vier Jahren nach der Sklavenbefreiung bezahlten britische Verbraucher 48 Prozent mehr für ihren Zucker als in den vier Jahren zuvor. Zwischen 1835 und 1842 gaben die Briten zusätzlich rund 21 Million Pfund für Zucker aus, womit der Preis für die Abschaffung der Sklaverei auf über 40 Millionen Pfund stieg. Kein Wunder, dass Cobbett und andere radikale Politiker so wenig für die Antisklavereibewegung übrighatten. Wenn dieses Geld unter die arme Stadtbevölkerung verteilt worden wäre, hätte es ihr Einkommen ein Jahrzehnt lang verdoppelt (Fogel 1994, S. 229).

87 *Slave Voyages* 2018.

88 »Das Gesetz musste die Sklavereigegner genauso zufriedenstellen wie die Zuckerlobby, denn Wellington hatte klargemacht, dass die Lords jedes Gesetz ablehnen würden, ›das die Westinder als wichtige Interessengruppe nicht akzeptieren würden‹. Unter dem Emancipation Act sollten die Pflanzer für den Verlust an Eigentum entschädigt werden. Etwa die Hälfte (20 Millionen Pfund) dieser Entschädigung erfolgte in bar, zulasten der britischen Steuerzahler« (Fogel 1994, S. 228).

89 Chantrill 2021.

90 Fogel 1994.

91 Nach Brown 2007, S. 291. Die Schätzung von 2 Prozent stammt von Pape und Kaufman (1999).

92 Zwischen 1807 und 1823 setzten Wilberforce und seine Mitstreiter eher auf ihren persönlichen Einfluss bei Kabinettsmitgliedern als auf öffentliche Kampagnen. Eine Ausnahme war das Jahr 1814, als Viscount Castlereagh bereit schien, Frankreich die Wiederaufnahme des Sklavenhandels zu gestatten, um auf dem Wiener Kongress Zugeständnisse von Ludwig XVIII. zu erhalten. Daraufhin starteten die Sklavereigegner eine landesweite Pressekampagne. In weniger als einem Monat wurden in 800 Petitionen rund 750 000 Unterschriften gesammelt. Es war eine öffentliche Kampagne von beispiellosen Ausmaßen. Etwa jeder achte Erwachsene befürwortete ein internationales Abkommen zur Abschaffung des Sklavenhandels. Castlereagh war verärgert, fühlte sich jedoch »verpflichtet«, den Sklavenhandel zu thematisieren und »mit Drohungen und Zugeständnissen« eine Einigung zu erzielen (Fogel 1994, S. 217 f.).

93 Burrows und Shlomowitz 1992.

94 Im antiken Griechenland arbeiteten Sklaven im Ackerbau, in der Viehzucht, der Metallverarbeitung, im Schreinerhandwerk, in der Leder- und Textilverarbeitung, im Bergbau, in Steinbrüchen, im Haushalt, beim Kochen und Backen, in der Kin-

dererziehung, in der öffentlichen Sicherheit, im Handel, in der Unternehmensführung, im Geldverleih und in der Prostitution (Forsdyke 2021).

95 Dass es unlängst bei den moralischen Werten nur einen einzigen Trend gibt, legt Alexander (2015) dar; von ihm stammt auch das Beispiel der Krawatten.

96 Diese Ansicht vertritt zum Beispiel der Philosoph Michael Huemer (2016).

97 Zahlen über die Zwangsarbeiter der Nationalsozialisten gehen auseinander, die beste Schätzung liegt bei 11 Millionen (Barenberg 2017). Die meisten Quellen stimmen überein, dass drei Viertel davon Zivilisten waren (Davies 2006).

98 Barenberg 2017, S. 653.

99 Gillingham 2014.

100 Wenn Grundbesitz, an den ein Leibeigner gebunden war, verkauft wurde, dann ging dieser zusammen mit dem Land an den neuen Eigentümer über (Walvin 1983).

101 Die Pest verursachte Arbeitskräftemangel; dies sowie die Stärkung der Zentralstaaten und Bauernaufstände trugen zur Abschaffung der Leibeigenschaft und der Entstehung eines freien Bauerntums bis Ende des 15. Jahrhunderts bei (Encyclopedia Britannica 2019b).

102 Perry u. a. (2021) schreiben zum Beispiel, zwischen dem Untergang des Römischen Reichs und dem Beginn des transatlantischen Sklavenhandels »blühte die Sklaverei in allen Teilen der Welt, aus denen Dokumente und Gegenstände überliefert sind. Der Zerfall des Römischen Reichs und der Kontakt mit der Neuen Welt hatte große Auswirkungen darauf, wer versklavt wurde, aber vermutlich weniger auf die Institution der Sklaverei in aller Welt« (Perry u. a. 2021, S. 1).

103 Kahan 1973.

104 Sklaverei in der Han-Dynastie: Wilbur (2011). Belege für frühere Sklaverei in China sind spärlicher – siehe Hallett (2007) und Rodriguez (1997) zur Shang-Dynastie, Yates (2001) zur Qin-Dynastie, die den Han voranging, und Pulleybank (1958) zur Zeit der Streitenden Reiche.

105 Versuche zur Abschaffung der Sklaverei wurden unter anderem in der Han-Dynastie, beim Aufstand der Roten Augenbrauen und in der Song- und der Ming-Dynastie unternommen (siehe Hallet [2007]).

106 »Die Qin eroberten nicht nur die Provinz Liaodong und verleibten sich die chinesisch sprechenden Bauern, Händler und Soldaten ein, sondern verstärkten auch ihre Bemühungen, mehr Zwangsarbeiter aus Korea und China zu bekommen. Laut Wei Qingyuan, führender Experte zum Thema der Sklaverei in der Qin-Dynastie, weisen die Bevölkerungsregister nach der Thronbesteigung des zweiten Khan im Jahr 1626 mehr als 2 Millionen Haus- und Arbeitssklaven aus, verglichen mit einer Gemeinenbevölkerung von weniger als 6 Millionen« (Crossley 2011, S. 201).

107 Hallet 2007.

108 Siehe zum Beispiel Eltis 1999, S. 281–284.

109 Sala-Molins 2006. Die Verfassungsgebende Nationalversammlung verbot Sklaverei 1794 per Dekret, und die Abschaffung wurde auf Saint-Domingue, Guadeloupe und in Guyana umgesetzt, nicht jedoch auf Martinique, im Senegal, auf Réunion, Mauritius oder in Französisch-Indien (Peabody 2014).

110 Daniel Resnick (1972) bezeichnet Brissots Société als Ableger von Clarksons London Society for the Abolition of the Slave Trade.

111 Peabody 2014.
112 Fogel 1994, S. 9–13.
113 Sinha 2016, S. 35.
114 Mehr dazu in Kapitel 9.
115 Die Europäische Menschenrechtskonvention und die Konvention der Menschenrechte und Mindestgrundsätze der Vereinten Nationen für die Behandlung der Gefangenen verbieten die körperliche Züchtigung.
116 Während des Vietnamkriegs wurden 1,86 Millionen Männer eingezogen (US Selective Service System 2021).
117 Cook 2017, S. 1.
118 Cook 2017.
119 »Im Jahr 1913 gab der Stiftungsrat für die zurückliegenden zwei Jahre einen unglaublichen Gewinn von fast 937 000 Dollar an« (W. B. Taylor 1999, S. 41).
120 Das Zuchthaus existiert bis heute (Cook 2017).
121 Es ist schwer zu sagen, wie viel Häftlinge im Durchschnitt arbeiten oder verdienen. Das Unternehmen UNICOR, das die Häftlingsarbeit in den Gefängnissen des Bundes organisiert, gibt an, dass sich mehr als 20 000 Häftlinge oder rund 8 Prozent der Gefängnispopulation an den Arbeitsprogrammen beteiligt (US Federal Bureau of Prisons). UNICOR beziffert den »üblichen Stundenlohn« auf 23 Cent bis 1,15 Dollar (US Federal Bureau of Prisons). Auch in den von den Bundesstaaten verwalteten Gefängnissen gibt es Arbeitsprogramme. Im Jahr 2017 gab der *Economist* die Gesamtzahl der arbeitenden Häftlinge in den Vereinigten Staaten mit 61 000 an (*Economist* 2017). Die letzte Volkszählung unter Häftlingen, die 2005 durchgeführt wurde, ergab jedoch, dass »etwa die Hälfte« aller Häftlinge arbeitete (Stephan 2008). Ausgehend von einer Gefängnispopulation von damals mehr als 1,4 Millionen Menschen, müsste man an die Schätzung des *Economist* also eine Null anhängen.
122 US National Archives 2016.
123 Brown 2012, S. 30. Im privaten Gespräch relativierte Brown die Beschreibung »historischer Unfall«: Die Abschaffung der Sklaverei hatte viele Ursachen, es war kein willkürliches Ereignis. Zur Kontextualisierung zwei weitere Zitate aus *Moral Capital*: »Die britische Antisklavereibewegung, die in den 1780er-Jahren ihren Anfang nahm, ergab sich nicht automatisch aus aufgeklärtem Denken, sozialen Veränderungen und einer Verschiebung der wirtschaftlichen Interessen« (Brown 2012, S. 1). Und: »Die britischen Kampagnen des ausgehenden 18. Jahrhunderts wurden allzu oft als vorhersehbares Produkt ihrer Zeit beschrieben, als logisches Resultat kultureller Entwicklungen, gesellschaftlichen Wandels, politischer Verschiebungen und wissenschaftlicher Kräfte, also als Folge des menschlichen Fortschritts. Doch gerade der Beginn der Antisklavereibewegung zeigt, dass sie ein Glücksfall war, dass sie keineswegs zu diesem Zeitpunkt hätte aufkommen und diesen öffentlichen Zuspruch hätte finden müssen. Das Bemerkenswerte an der britischen Antisklavereibewegung ist nicht, dass sie erst so spät aufkam, dass sie so lange politisch wirkungslos blieb oder dass sie nur begrenzte Ziele verfolgte. Das trifft auf viele Bewegungen dieser Art zu. Das wirklich Erstaunliche an der Antisklavereibewegung ist, dass es sie überhaupt gab« (Brown 2012, S. 461 f.).
124 Wer von den politisch Mächtigen hätte, wenige Jahre nachdem ein Unabhängigkeitskrieg nur knapp abgewendet werden konnte, die britischen Pflanzer vor den

Kopf stoßen wollen? Zwar hätten die Pflanzer kaum Erfolg gehabt, doch man könnte sich vorstellen, dass die Sklavenhalter des Südens und der Karibik ein Bündnis mit einem europäischen Rivalen gesucht hätten, wie dies einige Plantagenbesitzer von Saint-Domingue in der Anfangsphase der Revolution von Haiti taten. Sie hätten versuchen können, die Unterstützung der neuenglischen Kolonien zu gewinnen, indem sie den Angriff auf ihre Interessen als Angriff auf die Rechte der amerikanischen Kolonien darstellten, ob sie die Sklaverei zuließen oder nicht. Unter diesen Umständen hätten die Briten einen Angriff auf die Sklavenhalter und -händler möglicherweise vermieden, um keine neue Debatte um die politischen Rechte der Kolonien zu provozieren (Brown 2012, S. 455).

125 »Der Kampf für die Abschaffung der Sklaverei brachte für seine Anhänger in Frankreich weder Chancen noch Status noch sonstige Vorteile. Im Gegenteil, nach 1788 schadete ihm die Verbindung zu britischen Reformbewegungen … Die Verbindung zwischen der Antisklavereibewegung und dem Jakobinertum bedeutete, dass sie nach der Wiederherstellung der französischen Monarchie mit Chaos und Gewalt in Frankreich und Haiti assoziiert wurde. Die französische Antisklavereibewegung der ersten Hälfte des 19. Jahrhunderts hatte nicht nur die Befürworter der Sklaverei gegen sich, sondern auch die negativen Assoziationen, die die Sklavenbefreiung nach der Unabhängigkeit von Haiti erhielt« (Brown 2012, S. 459).

126 Brown (2012, S. 454–462) entwirft eine kontrafaktische Geschichte, in der eine starke Pflanzerlobby in Großbritannien und den Kolonien den Druck der Antisklavereibewegung erfolgreich abwehrt.

127 Taylor 2021, S. 13. In einer persönlichen Mitteilung bestätigte mir Taylor diese Zeitleiste. Ein weiteres Zitat: »Der Abolition Act war weder das unvermeidliche Ergebnis eines breiten Widerspruchs gegen die Sklaverei und des Triumphs des britischen ›Rechts‹, noch war er der einfache Schlusspunkt der Kampagne. Zur Verabschiedung des Gesetzes waren vielmehr einige Faktoren nötig: der politische Kollaps der Torys, der zu Reformen und zur Wahl eines wohlgesinnten Unterhauses führte; der hartnäckige Druck der Antisklavereibewegung; und die Sklavenaufstände, die die britische Öffentlichkeit davon überzeugten, dass die Sklaverei unmoralisch und unhaltbar war. Ehe diese Faktoren in den 1830er-Jahren zusammenkamen, war die Verteidigung der Sklaverei für die britischen Konservativen, Imperialisten, Ökonomen und so weiter eine tragbare und beliebte Position. Bis 1833 war die Sklaverei in Großbritannien ein wesentlicher Teil des Lebens, so wie die Anglikanische Kirche, die Monarchie oder die in der Glorreichen Revolution erstrittenen Rechte« (Taylor 2021, S. 205 f.).

128 Zu den vom Parlament verabschiedeten Reformen gehörte auch der Catholic Relief Act von 1829, der die Gleichstellung der Katholiken abschloss und die konservativen Abgeordneten spaltete, sowie der Reform Act von 1932, der das Wahlrecht ausweitete (Taylor 2021).

129 Taylor, persönliche Mitteilung (28. September 2021).

130 Taylor 2021, S. 100.

131 Schätzungen zur Bevölkerung von Äthiopien und der Zahl der versklavten Menschen sind ungewiss, doch die meisten Quellen stimmen mit diesen Zahlen überein (siehe Coleman 2008, S. 73, Anm. 34).

132 Goitom 2012.

133 Klein 2014, S. XXIV.

134 Auch hier gibt es keine verlässlichen Angaben über die Zahl der versklavten Menschen, doch britische Ausschüsse gingen davon aus, dass es damals in Saudi-Arabien »zwischen 15 000 und 30 000 Sklaven« gab (Miers 2005, S. 119).
135 Klein 2014, S. XXIV f.
136 Kline 2010; G. R. Searle 1979; Björkman und Widmalm 2010.
137 Cahill 2013.
138 Rush 1891.
139 Cotra (2017) erörtert, ob Hennen in Bodenhaltung besser leben als in Käfigen. Šimčikas (2019) schätzt die Zahl der Hennen in Bodenhaltung.
140 Siehe dazu Garcés, *Grilled: Turning Adversaries into Allies to Change the Chicken Industry* (2019).

Kapitel 4 – Wertestarre

1 Die Bezeichnung ist ein wenig irreführend, denn nur wenige der Philosophien der Zeit wurden wirklich zu Schulen mit Schülern, die versuchten, ihre Lehre systematisch zu erweitern – das trifft vermutlich nur auf die Mohisten und Konfuzianer zu. Außerdem gab es erhebliche Überschneidungen und Austausch zwischen den Schulen, vor allem in späteren Phasen.
Zur Datierung beachten Sie, dass der Niedergang der Zhou-Dynastie allmählich verlief und die Zeit der Hundert Schulen oft zwischen dem sechsten vorchristlichen Jahrhundert, also der ausgehenden Zeit der Frühlings- und Herbstannalen, und vor der Zeit der Streitenden Reiche im fünften vorchristlichen Jahrhundert angesetzt wird. Mehr unter whatweowethefuture.com/notes.
2 Fang 2014.
3 Einige Historiker ergänzen Yin-Yang und die Schule der Namen, womit es sechs Schulen wären.
4 Eine gute Darstellung der Vorstellung der Weisheit in der chinesischen Philosophie finden Sie bei Feng (1997, S. 6–9).
5 Wong 2021.
6 Csíkszentmihályi 2020.
7 Die Legalisten waren keine selbst ernannte und organisierte geistige Strömung; die Bezeichnung wurde erst nachträglich auf verschiedene Denker und Texte übertragen. Zu Problemen der Bezeichnungen siehe auch Goldin (2011).
8 Moderne Darstellungen der Geschichte des Taoismus siehe whatweowethefuture.com/notes.
9 Mengzi 3B9.9; Nach van Norden 2007, S. 185.
10 Mo-tses Prinzip »jiān ài« wird gelegentlich als »allumfassende Liebe« übersetzt (van Norden 2019).
11 Diese Grundsätze finden sich in den zehn Lehren Mo-tses, namentlich dem »bescheidenen Gebrauch« (Fraser 2020).
12 Gladstone 2015.
13 Das Hsün-tse-Zitat nach der Übersetzung von Eric L. Hutton (2005, S. 264).
14 Genauer gesagt waren die Qin beeinflusst von Denkern wie Shang Yang, Shen Buhai und Han Fei, die später als Legalisten bezeichnet wurden (Pines 2018, Abschnitt 1).

15 Nylan 2001, S. 23.

16 Es heißt oft, die Gelehrten seien bei lebendigem Leib begraben worden, doch der Sinologe Derk Bodde schreibt, der fragliche chinesische Begriff bedeute ursprünglich einfach »getötet«. Die Geschichte der Philosophenmorde der Qin ist voller Mythen. Die beliebteste Darstellung stammt von Sima Qian, einem Gelehrten aus der Zeit der Han-Dynastie, den die moderne Geschichtsschreibung nicht für sonderlich zuverlässig hält, weil er eigene Gründe hatte, die Qin zu verleumden. Meine Darstellung folgt dem modernen Konsens, dem zufolge Bücher verbrannt und Gelehrte getötet wurden (Kramers 1986, Kapitel 1, S. 14).

17 Es heißt, der Einfluss des Konfuzianismus sei vollständig getilgt worden. Auch das geht auf Sima Qian zurück, und auch das halten moderne Historiker für übertrieben.

18 Tanner 2009, S. 87; C. C. Müller 2021; Bodde 1986, S. 78–81.

19 Encyclopedia Britannica 2019d, 2021e.

20 Csíkszentmihályi 2006; Kramers 1986.

21 Goldin 2011, S. 99–100. Laut einem Bericht aus dem ersten vorchristlichen Jahrhundert wurde der Konfuzianer Yuan Gu sogar in einen Schweinestall gesperrt, um mit einem Eber zu kämpfen, weil er der Kaiserinmutter gegenüber den klassischen taoistischen Text *Tao te king* als »Geschwätz eines Lakaien« bezeichnet hatte (Sima 1971, S. 364).

22 Die Darstellung des Aufstiegs des Konfuzianismus folgt Liang Cai, *Witchcraft and the Rise of the First Confucian Empire* (2014). Cai widerspricht der verbreiteten Ansicht, dass der Konfuzianismus unter dem Han-Kaiser Wudi zur Staatsdoktrin wurde. Eine quantitative Analyse zeigt, dass Wudi im halben Jahrhundert seiner Herrschaft nur sechs konfuzianische Beamte hatte, während Xuan in 25 Jahren zwölf Konfuzianer zu führenden Ämtern erhob (Cai 2014, S. 29). Cai (S. 3) behauptet, »um ihren Erfolg zu legitimieren«, hätten diese Konfuzianer »in der Rückschau eine blühende konfuzianische Gemeinschaft unter Kaiser Wu konstruiert«. Die verbreitete Sicht finden Sie in Dubs (1938).

23 Kohn 2000.

24 Morris 2010, Kapitel 7.

25 Buddhismus und Taoismus hatten nach wie vor ihren Platz im privaten spirituellen Leben der Menschen, doch der Konfuzianismus war die Philosophie von Staat und Regierung. Zum Drei-Zeichen-Klassiker siehe Zhu and Hu (2011).

26 Im Vorkapitel ging es unter anderem darum, dass Wertewandel in seinen Auswirkungen ungewöhnlich gut vorhersehbar ist. Schon Konfuzius scheint das gewusst zu haben. In den Gesprächen des Konfuzius heißt es:
Dsï Dschang fragte, ob man zehn Zeitalter wissen könne. Der Meister sprach: »Die Yin-Dynastie beruht auf den Sitten der Hia-Dynastie; was sie davongenommen und dazugetan, kann man wissen. Die Dschou-Dynastie beruht auf den Sitten der Yin-Dynastie. Was sie davongenommen und dazugetan, kann man wissen. Eine andere Dynastie mag die Dschou-Dynastie fortsetzen, aber ob es hundert Zeitalter wären, man kann wissen (wie es gehen wird)« (Konfuzius, *Gespräche*. Übers. v. Richard Wilhelm. Buch 2.23).

27 Nach World Values Survey, einer globalen Umfrage, die alle fünf Jahre in über hundert Ländern durchgeführt wird. Der Gedanke, dass eigene Kulturgeschichten für die Unterschiede in den typischen Reaktionen der Menschen verschiedener Länder verantwortlich sind, basiert auf der »World Cultural Map« des World Values Sur-

vey, die Länder mithilfe einer Faktoranalyse in zwei Dimensionen unterscheidet: traditionelle vs. weltliche Werte beziehungsweise Werte des Überlebens vs. Selbstverwirklichung. Ein klar erkennbares Cluster von Ländern wie China und Korea mit »konfuzianischem Erbe« erzielt hohe weltliche Werte und mittlere Werte bei Überleben vs. Selbstverwirklichung. »Protestantische« europäische Länder legen größeren Wert auf Selbstverwirklichung, »orthodoxe« europäische Länder dagegen auf Überleben (World Values Survey 7, 2020, The Inglehart-Welzel World Cultural Map).

Allerdings ist Vorsicht angebracht. Erstens geben die Daten, die der »World Cultural Map« zugrunde liegen, nur »eine Handvoll« der vom World Values Survey erfragten Überzeugungen und Werte wieder. Man könnte zum Beispiel fragen, ob die konkreten Indizien, aus denen sich die »traditionellen Werte« zusammensetzen, die Bedeutung dieses Begriffs so erfassen, wie wir ihn gemeinhin verstehen. Zweitens ist eine ambitionierte Umfrage, die in so vielen Ländern durchgeführt wird, selbst schon ein schwieriges Unterfangen. Die durchschnittliche Antwort auf eine bestimmte Frage in einem bestimmten Land kann von einer Umfrage zur nächsten erheblich abweichen. Das mag zum Teil der statistischen Abweichung geschuldet sein, heißt aber auch, dass die Umfragen keineswegs definitive Ergebnisse liefern. Die Ergebnisse des World Values Survey und der »World Cultural Map« sind daher eher Hinweise, aber keine schlüssigen Belege für kulturelle Unterschiede zwischen Ländern.

28 Die sogenannte Persistenzforschung ist besonders aufschlussreich, wenn es um die Haltbarkeit von Werten geht (siehe Cioni u. a. [2020]). In einer früheren Fassung dieses Buchs habe ich einige erstaunliche Behauptungen dieser Forschungsrichtung erörtert, zum Beispiel über die schädlichen Nachwirkungen der Sklaverei (Nunn 2008; Nunn und Wantchekon 2011). Angesichts der Kritik an der Methodik der Persistenzforschung (Kelly 2019, 2020; Arroyo, Abad und Maurer 2021) habe ich einen quantitativen Überblick über einige zentrale Artikel in Auftrag gegeben (Sevilla 2021ab, siehe whatweowethefuture.com). Aufgrund des Befunds halte ich die Persistenzforschung nicht mehr für ausreichend zuverlässig, um sie hier aufzunehmen. Reaktionen zur jüngeren Kritik an der Persistenzforschung finden Sie bei Voth (2021).

29 Da es keine globalen Statistiken gibt, sind Auflagenzahlen mit Vorsicht zu genießen. Laut der Website Guinness World Records wurden bis 2021 5 bis 7 Milliarden Exemplare der Bibel gedruckt (Guinness World Records, 2021). Laut *Economist* werden jährlich allein von den Kirchen 100 Millionen Bibeln verkauft oder verschenkt (*Economist* 2007). Zum Vergleich: Zwischen 1997 und 2018 wurden 500 Millionen Exemplare der *Harry Potter*-Bücher verkauft (Eyre 2018; Griese 2010).

30 Für den Koran sind Verkaufszahlen genauso schwer zu ermitteln wie für die Bibel. Laut *Southern Review of Books* könnten insgesamt rund 800 Millionen Exemplare verkauft worden sein (Griese 2010). Da die Zahl der Muslime wächst, werden auch die Verkäufe weiter steigen. Der nächste Konkurrent ist Mao Tsetungs *Rotes Buch* mit 800 bis 900 Millionen gedruckten Exemplaren, auch wenn die Nachfrage seit Deng Xiaopings Reformen der 1970er-Jahre deutlich zurückgegangen ist (Griese 2010). Laut *Foreign Policy* waren die Worte des Vorsitzenden Mao Tsetung 2013 in China vergriffen (Fish 2013).

31 China Global Television Network 2017.

32 Babylonischer Talmud, Yevamot 69b, nach Schenker 2008, S. 271; Catholic News Agency 2017; Crane 2014; Prainsack 2006.

33 Kadam und Deshmukh 2020.

34 Eine parallele Diskussion zum Einrasten von Werten als Existenzbedrohung siehe Ord (2020, S. 157).

35 Mehr zu der Frage, wie Künstliche Intelligenz Werte einrasten lassen oder kontingente Merkmale der Zivilisation über lange Zeit festigen könnte, siehe Finnveden, Riedel und Shulman (2022).

36 Silver u. a. 2016, 2017. DeepMind behauptet, AlphaGo sei »seiner Zeit ein Jahrzehnt voraus« (DeepMind 2020). Das könnte sich auf eine Prognose von Rémi Coulom, dem Entwickler des besten Go-Programms vor AlphaGo beziehen (Levinovitz 2014). Das ist jedoch vielleicht übertrieben. Go-Programme verbesserten sich seit Jahren konstant, und eine einfache Extrapolation hätte gezeigt, dass Programme wenige Jahre nach 2016 die besten menschlichen Go-Spieler besiegen würden; siehe zum Beispiel Katja Grace (2013, Abschnitt 5.2). Unter Einberechnung des beispiellosen Hardware-Aufwands von DeepMind scheint AlphaGo im Trend der Verbesserungen zu liegen (Brundage 2016).

37 Konkreter verdanken sich die meisten Durchbrüche auf dem Gebiet der Künstlichen Intelligenz einem speziellen Ansatz des maschinellen Lernens, dem mehrschichtigen Lernen (Goodfellow u. a. 2016; LeCun u. a. 2015). Aktuelle Textanwendungen sind unter anderem sogenannte Transformer wie BERT von Google und GPT-3 von OpenAI (T. Brown u. a. 2020; Devlin u. a. 2019; Vaswani u. a. 2017). Transformer werden auch bei Audioaufgaben (Child u. a. 2019), Bildern (M. Chen u. a. 2020; Dosovitskiy u. a. 2021) und Video (Wang u. a. 2021) erfolgreich eingesetzt. Auf dem Gebiet der Echtzeit-Strategiespiele sind der Sieg von DeepMinds AlphaStar über menschliche Großmeister des Spiels »StarCraft II« und der Sieg von Five von OpenAI über Weltmeister von »Dota 2« (OpenAI u. a. 2019; Vinyals u. a. 2019) zu nennen. Erste Erfolge bei der Bildklassifizierung (siehe zum Beispiel Krizhevsky u. a. 2012) gelten als Beleg für das Potenzial von mehrschichtigem Lernen. Siehe zu Spracherkennung: Abdel-Hamid u. a. (2014); Ravanelli u. a. (2019); Musik: Briot u. a. (2020); Choi u. a. (2018); Magenta (o. J.); bildende Kunst: Gatys u. a. (2016); Lecoutre u. a. (2017). Die Fähigkeit, durch die Kombination von zwei KI-Systemen namens VQGAN (Esser u. a. 2021) und CLIP (OpenAI 2021b; Radford u. a. 2021) über Textbeschreibungen Bilder zu erzeugen, wurde zu einer Sensation auf Twitter (Miranda 2021). Siehe auch Ramesh u. a. (2021).

38 »BERT wird heute in jeder englischsprachigen Suche eingesetzt, so Google, und in einer Reihe von Sprachen verwendet, unter anderem Spanisch, Portugiesisch, Hindu, Arabisch und Deutsch« (Wiggers 2020). BERT ist ein Beispiel für einen Transformer (siehe vorige Anmerkung).

39 Siehe whatweowethefuture.com/notes.

40 Eine Diskussion der potenziellen Auswirkungen künftiger KI-Systeme wird durch die Vielfalt der Begriffe erschwert. Neben dem Begriff der Allgemeinen Künstlichen Intelligenz sind folgende Begriffe im Umlauf: transformative Künstliche Intelligenz (Cotra 2020; Karnofsky 2016), intelligentere als menschliche KI (Machine Intelligence Research Institute), Superintelligenz (Bostrom 1998, 2014a), ultraintelligente Maschinen (Good 1966), Advanced AI (Center for the Gover-

nance of AI, o. J.), hochgradige Maschinenintelligenz (Grace u. a. 2018; V. C. Müller und Bostrom 2016), starke KI (J. R. Searle 1980, seither unterschiedlich verwendet) und menschenähnliche KI (AI Impacts, o. J.). Ich verwende die Bezeichnung Allgemeine Künstliche Intelligenz (AKI), weil das vermutlich die geläufigste und verständlichste ist. In diesem Kapitel geht es mir allerdings darum, wie Künstliche Intelligenz ein dauerhaftes Einrasten von Werten verursachen könnte, und indem ich AKI statt den übrigen genannten Begriffen verwende, will ich keine der möglichen Wege dahin ausschließen. Eine Ursache könnten auch die kumulativen Auswirkungen zahlreicher unterschiedlicher KI-Systeme sein und nicht die AKI, oder vielleicht könnte die KI auch Werte einrasten lassen, obwohl ihr noch einige zentrale Fähigkeiten fehlen, etwa die direkte Manipulation der physischen Umwelt (zum Beispiel wenn die Robotertechnik hinter anderen Gebieten der KI herhinkt).

41 DeepMind 2020.

42 »Unsere Teams erforschen und bauen sichere KI-Systeme. Wir sehen es als unsere Aufgabe an, die Intelligenz zu verstehen, die Forschung voranzubringen und der Menschheit zu nützen« (DeepMind, o. J.). »Unser Ziel ist es sicherzustellen, dass Allgemeine Künstliche Intelligenz der gesamten Menschheit nützt« (OpenAI 2021a).

43 Siehe whatweowethefuture.com/notes.

44 Siehe whatweowethefuture.com/notes.

45 Schrittwieser u. a. 2020a, 2020b.

46 Der Name meiner Großmutter Daphne S. Crouch findet sich in der Bletchley Park Roll of Honour (Bletchley Park) und auf dem Gedenkstein E1:297 auf der digitalen Codebreakers' Wall von Bletchley Park. Dass Good in Bletchley Park arbeitete, ist bekannt (siehe zum Beispiel *Guardian* 2009). Die Vorstellung, dass denkende Maschinen ab einem gewissen Punkt die menschliche Intelligenz rasch überflügeln und »die Kontrolle übernehmen, wie in Samuel Butlers *Erewhon* erwähnt«, wurde von Turing (1951, S. 475) aufgebracht, doch die klassische Beschreibung stammt von Good (1966): »Wir definieren eine ultraintelligente Maschine als eine, die alle geistigen Aktivitäten eines Menschen übertrifft, so intelligent er auch sein mag. Da es sich beim Maschinenbau um eine dieser geistigen Aktivitäten handelt, könnte eine ultraintelligente Maschine noch bessere Maschinen entwickeln; dann käme es zu einer ›Intelligenzexplosion‹, und die Intelligenz des Menschen geriete weit ins Hintertreffen … Die erste ultraintelligente Maschine ist die letzte Erfindung, die der Mensch je zu machen braucht, vorausgesetzt, die Maschine ist so artig, uns zu verraten, wie wir sie unter Kontrolle halten können.«

47 Nordhaus 2021. Einen Überblick zu den Arbeiten von Wirtschaftswissenschaftlern zu den Auswirkungen von Künstlicher Intelligenz auf das Wirtschaftswachstum finden Sie in Trammell und Korinek (2020).

48 Diese Folge aus Nordhaus' Modell wird erklärt in Trammell und Korinek (2020, Abschnitt 3.2).

49 Das nennt Nordhaus (2021, Abschnitt VI) »Angebotssingularität«. Das ist der Kern des Artikels, doch daneben erörtert Nordhaus zwei weitere Möglichkeiten, wie Künstliche Intelligenz das Wachstum beschleunigen könnte. Mehr unter whatweowethefuture.com/notes.

50 Callaway 2020. »Diese Rechenleistung steht für einen erstaunlichen Fortschritt auf dem Gebiet der Proteinfaltung, einer fünfzig Jahre alten Großaufgabe der Biologie.

Die Lösung erfolgte Jahrzehnte früher als von vielen vorhergesehen. Wir dürfen gespannt sein, inwieweit sie die biologische Forschung von Grund auf verändern wird« (Venki Ramakrishnan, Nobelpreisträger und Präsident der Royal Society 2015–2020, nach AlphaFold Team 2020).

51 Aghion u.a. 2019, Abschnitt 9.4.1, Beispiele 2–4. Die empirisch vermutlich plausibelste Erklärung des Wirtschaftswachstums – die sogenannten semiendogenen Wachstumsmodelle (siehe Jones [2021]) – implizieren eine Beschleunigung des Wachstums, sobald Künstliche Intelligenz die menschliche Arbeitskraft ersetzt, vorausgesetzt die Zahl der KI-Arbeitskräfte wächst schneller als die der Menschen. Eine ausgezeichnete Darstellung und weitere Argumente, warum AKI eine Wachstumsexplosion bewirken könnte, finden Sie in Tom Davidson (2021b).

52 Eine entscheidende Frage ist, ob Ideen (wie sie produktivitätssteigernden technischen Fortschritt antreiben) im Laufe der Zeit schwieriger oder einfacher zu finden sind (siehe zum Beispiel Aghion u.a. 2019, S. 251) und wie einfach Künstliche Intelligenz andere Inputs oder Outputs austauschen kann – eine Eigenschaft, die Wirtschaftswissenschaftler als Substitutionselastizität bezeichnen. Letzteres betonen Aghion u.a. (2019, S. 238): »Nicht das, was wir gut können, wird dem Wirtschaftswachstum Grenzen setzen, sondern das, was notwendig, aber schwer zu verbessern ist«; und Nordhaus (2021, S. 311): »Die ausschlaggebende Größe ist die Substitutionselastizität in der Produktion.«

53 Mehr zur Geschichte des globalen Wirtschaftswachstums finden Sie zum Beispiel in DeLong (1998). Einen Überblick über Datenquellen finden Sie in Roodman (2020a) und Roser (2013b).

54 Hanson 2000.

55 Siehe die Diskussion in Garfinkel (2020).

56 Ich danke Paul Christiano für diesen Hinweis (siehe auch Christiano 2017; Roodman 2020b).

57 Auch dies erkannten die frühen Computerpioniere bereits; bei der Erörterung der Risiken der Künstlichen Intelligenz erklärte Turing (1951, S. 475): »Maschinen sterben nicht.«

58 »Pong« kam 1972 als Automatenspiel auf den Markt (Encyclopedia Britannica 2020d) – eine klobige Münzmaschine, die nichts anderes spielen konnte als Pong. (Bilder und eine ausführliche Geschichte finden Sie in Winter). Diese Version funktionierte allerdings ohne Software. Mehr unter whatweowethefuture.com/notes.

59 Verfügbar ist das Spiel zum Beispiel auf der Website RetroGames (Atari 1977).

60 Bostrom und Sandberg 2008; Hanson 2016; Sandberg 2013.

61 Siehe whatweowethefuture.com/notes.

62 Siehe whatweowethefuture.com/notes.

63 Encyclopedia Britannica 2021b.

64 »Selbst vernünftige normative Ansichten empfehlen oft ihr Einrasten, um zu verhindern, dass eine attraktive konkurrierende Sicht übernimmt, mit (vermeintlich) katastrophalen Folgen« (Ord 2020, S. 157).

65 Für den Biophysikpionier Alfred J. Lotka (1922, S. 152) war »die Persistenz stabiler Formen« synonym für das Prinzip der natürlichen Auslese selbst.

66 Der Dichter Rainer Maria Rilke nannte Gilgamesch »das Epos der Todesfurcht« (George 2003, S. xiii). Mehr dazu auf whatweowethefuture.com/notes.

67 Cedzich 2001, S. 1.
68 Needham 1997.
69 Die Sorge, dass künftige Technik totalitäre Regimes festigen könnte, bringen auch Caplan (2008, Abschnitt 22.3.1) und Belfield (unveröffentlicht) zum Ausdruck.
70 Quelle sind die russischen Dissidenten Schores und Roi Medwedew (2006, S. 4).
71 Nach Aussage von Kim Il-sungs ehemaligem Leibarzt Kim So-Yeon, der 1992 nach Südkorea floh (Hancocks 2014).
72 *Guardian* 2012.
73 Isaak 2020.
74 Friend u. a. 2017.
75 Fortson 2017.
76 Alcor 2020.
77 »Altman sagte der *MIT Technology Review*, er sei sich sicher, dass der menschliche Geist noch zu seinen Lebzeiten digitalisiert werde« (Regalado 2018).
78 Cotra 2021.
79 Informatiker wissen längst, dass es bei vielen Anwendungen nützlich ist, wenn sich KI-Systeme selbst verbessern, nach Macht streben, Ressourcen an sich reißen und sich dem Abschalten oder Veränderungen ihrer Ziele widersetzen, weshalb wir davon ausgehen sollten, dass auch ausreichend hoch entwickelte und zielorientierte KI-Systeme diese problematischen Verhaltensweisen an den Tag legen. In ihrem Lehrbuch schreiben Stuart Russell und Peter Norvig (2020, S. 1842), der KI-Pionier Marvin Minsky »meint einmal, dass KI-Programme, die zur Lösung der Riemann-Hypothese entwickelt werden, alle Ressourcen der Erde an sich reißen und leistungsstärkere Supercomputer bauen« könnten. Siehe unter anderem Omohundro (2008) und Bostrom (2012) zur »instrumentellen Konvergenzthese«.
80 Zu den Risiken der AKI siehe unter anderem Christian (2021), Russell (2019) sowie Tegmark (2017).
81 Einige dieser Szenarien werden erörtert in Bostrom (2014b). Interessante aktuelle Erörterungen zur Gefahr von KI wurden nur im Internet veröffentlicht, zum Beispiel Ngo (2020), Carlsmith (2021), Drexler (2019) sowie die Arbeiten von AI Impacts (https://aiimpacts.org). Einen Überblick zu möglichen Szenarien der Machtübernahme durch KI finden Sie in Clarke und Martin (2021).
82 Das AI Alignment Forum (www.alignmentforum.org) ist ein guter Ort, um aktuelle Diskussionen zur KI-Ausrichtung zu verfolgen. Einen konzeptionellen Überblick finden Sie in Christiano (2020). Das Problem, dass die Entwicklung von KI-Systemen, die dem Menschen überlegen sind, wenig wünschenswerte Folgen haben könnte, wird von verschiedenen Autoren unterschiedlich thematisiert. Yudkowsky (2001) beschrieb zum Beispiel die Aufgabe, »freundliche KI« zu entwickeln; Bostrom spricht von einem »Kontrollproblem« (Bostrom 2014b, Kapitel 9) (siehe Christiano 2016, 2018a; Gabriel 2020; Hubinger 2020).
83 Was ist mit Welten, die von Künstlicher Intelligenz kontrolliert werden, ohne dass es zu einem spürbaren Einrasten kommt? Wir könnten uns zum Beispiel eine Gesellschaft von Künstlichen Intelligenzen vorstellen, die moralisch argumentieren und für Meinungsänderungen offen sind. Gegenwärtig habe ich über solche Szenarien wenig zu sagen, weil ich mir nicht sicher bin, wie ich sie einschätzen soll. Ich bin mir nicht sicher, ob eine solche Gesellschaft besser oder schlechter wäre als eine Welt, die an menschliche Werte gebunden ist. Siehe auch Christiano 2018b.

84 Haldane 1927. Mehr unter whatweowethefuture.com/notes.

85 Ich danke Thomas Moynihan für den Hinweis auf diesen Essay. Haldane machte auch auf anderen Gebieten Fehler, die weniger verzeihlich sind. So war er zum Beispiel ein Verfechter der Eugenik, und 1962 beschrieb er Stalin als »großen Mann, der ausgezeichnete Arbeit geleistet hat« (R. W. Clark 2013, Kapitel 13). Auch seine in »The Last Judgment« geschilderte Vision von der Besiedlung des Weltalls durch den Menschen – erst die Venus, dann die Milchstraße und schließlich darüber hinaus – ist zutiefst beunruhigend und ein Beispiel für das Einrasten mangelhafter Werte: Persönliche Freiheit, das Streben nach Glück und Freude an Kunst und Musik werden als »Verirrungen« bezeichnet, die die Menschheit beinahe ausgelöscht hätten; nur dank weitreichender Eugenik entkommen einige Menschen auf die Venus, wo »die Evolution des Individuums unter vollständige Kontrolle durch die Gesellschaft gebracht wurde« und dank eines neuen Sinns »jedes Individuum zu jedem Moment, ob schlafend oder wach, unter dem Einfluss der Stimme der Gemeinschaft steht« (ein Vorgeschmack auf die Borg aus *Raumschiff Enterprise*). Andere Wissenschaftler gaben kaum bessere Prognosen zur Weltraumfahrt ab. Noch 1957 erklärte Lee de Forest, Radiopionier und Erfinder der Audion-Röhre, der Mensch werde nie zum Mond fliegen (*Lewiston Morning Tribune* 1957).

86 »Einige Jahrzehnte lang fiel der Preis für Fotovoltaik, Windenergie und Batterien in etwa exponentiell um rund 10 Prozent pro Jahr. Der Preis für Fotovoltaikanlagen ist seit der Markteinführung im Jahr 1958 um 99,9 Prozent gesunken« (Way u. a. 2021, S. 2). Grafik 4.1 zeigt einen relativ konstanten Preisrückgang seit etwa 1960.

87 »Die meisten Modellrechnungen unterschätzen den Einsatz von erneuerbaren Energien und überschätzen ihren Preis« (Way u. a. 2021, S. 1). Zur Fotovoltaik untersuchte Way »2905 Prognosen auf Grundlage von integrierten Bewertungsmodellen, dem vermutlich verbreitetsten Modell zur Prognose der Kostenentwicklung bei der Energieerzeugung, zu den jährlichen Investitionskosten zwischen 2010 und 2020. Die Modelle sahen im Mittel einen Kostenrückgang von 2,6 Prozent vorher, und keines von mehr als 6 Prozent. Doch in diesem Zeitraum sanken die Kosten um 15 Prozent pro Jahr. Diese Modelle waren durchweg nicht in der Lage, die korrekten Entwicklungen vorherzusehen … Im Gegensatz dazu sind Prognosen durch die Extrapolation von Trends durchweg besser« (Way u. a. 2021, S. 3 f.).

88 Cotra 2020. Eine Zusammenfassung finden Sie in Karnofsky (2021d). Cotra erörtert die Lernvoraussetzungen für ein »transformatives Modell«, definiert als neurales Netzwerk aus einem »einzelnen Computerprogramm, das eine ausreichend große Vielzahl von geistigen Tätigkeiten auf ausreichend hohem Niveau durchführt, um allein einen der industriellen Revolution ähnlichen Übergang zuwege zu bringen«; dieser Übergang erfordert ein Wirtschaftswachstum von 20 bis 30 Prozent pro Jahr, das Zehnfache des heutigen Wachstums. Ihre Definition unterscheidet sich von der AKI, doch für unsere Zwecke sind die beiden Konzepte austauschbar: Einerseits glaube ich, dass die AKI ausreichen würde, um eine industrielle Revolution anzustoßen – eine im weiteren Verlauf des Kapitels erörterte Beschleunigung des Wachstums. Andererseits glaube ich, dass das transformative Modell entweder rasch zur Entwicklung von AKI führen oder ähnliche Konsequenzen haben würde, darunter auch das Einrasten von Werten.

89 »Die KI-Systeme von heute sind manchmal so leistungsfähig wie das Gehirn eines Insekts, aber niemals so leistungsfähig wie das Gehirn einer Maus; das aktuelle

größte Sprachmodell ist das erste, das dem nahekommt, hat jedoch nicht einmal 1 Prozent der Kapazität des menschlichen Gehirns« (Karnofsky 2021d).

90 Die Zahl der Rechenoperationen der größten KI-Programme verdoppelte sich zwischen 2012 und 2017 alle 3,4 bis 3,6 Monate und stieg über den Gesamtzeitraum um das 300 000-Fache (Amodei und Hernandez 2018; Heim 2021). Seither hat sich der Zuwachs verlangsamt: Zwischen 2012 und 2021 wurden 6,2 Monate für eine Verdoppelung benötigt. Auf das Jahrzehnt umgelegt, ist das allerdings immer noch eine Steigerung um den Faktor 670 000 (siehe auch AI Impacts; Hernandez und Brown 2020; Moore 1965; Supernor 2018).

91 »Im kommenden Jahrzehnt erleben wir vermutlich erstmals KI-Modelle, die mit der ›Größe‹ eines menschlichen Gehirns vergleichbar sind« (Karnofsky 2021d). Cotra geht davon aus, dass wir die für AKI nötige Rechenleistung bis 2100 erreicht haben. Siehe Cotra 2020, Teil 4, S. 9.

92 Cotras Modell (und jedes andere) unterliegt zwei Formen der Ungewissheit. Cotra erörtert verschiedene Möglichkeiten des Vergleichs zwischen KI-Systemen und biologischen Systemen und bezeichnet diese unterschiedlichen Vergleichsmöglichkeiten als »biologische Anker«. Die erste Form der Ungewissheit ist im Text angesprochen: Je nach biologischem Anker können wir die für AKI erforderliche Rechenleistung über- oder unterschätzen. Ungewissheiten dieser Art sind im Modell als Wahrscheinlichkeitsverteilungen dargestellt, und daraus lässt sich eine Gesamtwahrscheinlichkeitsverteilung ableiten, mit der sich Aussagen treffen lassen wie »mit 50 Prozent Wahrscheinlichkeit ist AKI bis 2050 erreicht«. Solche Aussagen berücksichtigen jedoch nur diese Art der Ungewissheit. Die zweite Art der Ungewissheit ist die Ungewissheit über Parameter, die im Modell nur als Zahlen wiedergegeben sind und nicht als Wahrscheinlichkeitsverteilungen. Ein Beispiel für einen solchen Parameter ist die Gewichtung jedes biologischen Ankers – also die Wahrscheinlichkeit, dass jeder konkrete Anker die erforderliche Rechenleistung korrekt wiedergibt. Die Aussage »mit einer Wahrscheinlichkeit von 50 Prozent ist AKI bis 2050 erreicht« basiert zum Beispiel auf einem Gewicht von 10 Prozent für den Evolutionsanker. Wenn Sie glauben, dass der Evolutionsanker mit größerer (oder geringerer) Wahrscheinlichkeit »korrekt« ist, dann kommen Sie mit Cotras Modell auf eine andere Wahrscheinlichkeit, mit der AKI bis 2050 erreicht ist. Um die Ungewissheit dieses zweiten Typs sichtbarer zu machen, müssen wir vergleichen, wie sich die Ergebnisse des Modells je nach Annahme zu den Parametern verändern. Die im Text genannten Wahrscheinlichkeiten beziehen sich auf die Ungewissheit des ersten Typs, basierend auf Cotras besten Annahmen zu den Werten der Parameter (»Ich nehme als vorläufige Prognose für TAI ~2050«, Teil 4, S. 15; und »~12 % – 17 %« für 2036, Teil 4, S. 16). Nach Cotras (2020) »konservativer« Annahme wäre die Wahrscheinlichkeit 50 Prozent bis 2090 (Teil 4, S. 15) und 2 bis 4 Prozent für 2036 (Teil 4, S. 16); nach ihrer »aggressiven« Annahme wäre sie 50 Prozent bis 2040 (Teil 4, S. 15) und 35 bis 45 Prozent bis 2036 (Teil 4, S. 16). Der Unterschied zwischen konservativer, bester und aggressiver Annahme geht auf die Ungewissheit des zweiten Typs zurück. Im Internet können Sie sich ansehen, wie sich die Prognosen des Modells je nach Annahmen verändern (Cotra).

93 Wiblin und Harris, 19. Januar 2021. Die zitierten Aussagen finden Sie bei 1:33:38 und 1:35:38 des Podcasts.

94 Grace u. a. 2018. Im Jahr 2019 führte das Centre for the Governance of AI eine Nachfolgebefragung mit mehr oder weniger denselben Fragen durch; die bislang nicht veröffentlichten Ergebnisse bestätigen die im Text beschriebenen (B. Zhang u. a. 2022). Eine (unvollständige) Übersicht zu anderen Umfragen zu KI-Zeitleisten finden Sie bei AI Impacts, einen Überblick zu Prognosen von Einzelpersonen bei Muehlhauser (2016a).

95 Genauer war die »Gruppe der Befragten alle Vortragenden [n = 1,634] der NIPS- und ICML-Konferenzen 2015« (Grace u. a. 2018, S. 730). Davon antworteten n = 352 Wissenschaftler, was einer Rücklaufquote von 21 Prozent entspricht.

96 Grace u. a. 2018, S. 730, 736.

97 Grace u. a. 2018, S. 731.

98 Grace u. a. 2018, S. 732, Grafik 2.

99 »Der Höhepunkt des KI-Hypes war 1956 bis 1973. Durch den Hype waren einige der bekanntesten KI-Prognosen dieser Zeit in der Regel übertrieben« (Muehlhauser 2016b). Eine Geschichte der KI-Forschung finden Sie zum Beispiel in Nilsson (2009).

100 »pr(AKI bis 2036) liegt zwischen 1 und 18 Prozent, meine zentrale Schätzung um 8 Prozent« (Davidson 2021a).

101 Pew Research, o. J.; Pew Research 2014.

102 Der Buddhismus verschwand mit der Eroberung durch die Muslime im 7. Jahrhundert aus Afghanistan, doch die wichtigsten Städte Afghanistans fielen erst um 900 an den Islam, und in einigen abgelegenen Regionen hielten sich heimische Religionen bis ins 19. Jahrhundert. Auch Zoroastrianismus, Hinduismus und heidnische Religionen hatten in der afghanischen Geschichte ihre Anhänger (Azad 2019; Green 2016, Introduction; Runion 2007).

103 Benjamin 2021; Encyclopedia Britannica 2018a; H. P. Ray 2021; Encyclopedia Britannica 2020 g; Green 2016.

104 CIA 2021.

105 »Die Komintern fungierte vor allem als Organ der sowjetischen Kontrolle über die internationale kommunistische Bewegung« (Encyclopedia Britannica 2017). »Der VII. Kongress der Comintern war zugleich der letzte« (Rees 2013).

106 *Our World in Data.*

107 Yglesias 2020.

108 Wenn wir die gesamte auf der Erde eintreffende Sonnenenergie auffangen könnten, entspräche das einer Leistung von $1{,}3 \times 10^{17}$ Watt. Wenn wir eine Dyson-Sphäre um die Sonne legen könnten, würde diese 4×10^{26} Watt auffangen, oder 3 Milliarden Mal so viel. Die Milchstraße besteht aus rund 100 Milliarden Sternen (Murphy 2021, Abschnitt 1.2). Wenn man diese Überfülle an Energie anzapfen könnte, ließen sich die Energieknappheit und damit zusammenhängende Probleme wie Nahrungsproduktion, Wasserfilterung und Konflikte um Öl schnell beseitigen. Damit hätten wir außerdem Energie zur Verfügung, um die Bodenschätze von Asteroiden und Nachbarplaneten zu heben (Ord 2020, S. 227 f.).

109 Stark 1996.

110 Stark 1996, S. 4–13.

111 Stark 1996, S. 7.

112 Pew Research 2015. Eine Definition von »ohne Religionszugehörigkeit« finden Sie dort in Anhang C.

113 Pew Research 2015.
114 World Bank 2021f; Roser u. a. 2019.
115 World Bank 2021c; Gramlich 2019.
116 Gramlich 2019. Zahlen nach den Bevölkerungsschätzungen der Vereinten Nationen. Wie ich in einer Anmerkung zu Kapitel 7 ausführe, scheint mir die Prognose von Vollset u. a. (2020) überzeugender, der zufolge die erwähnten Effekte noch größer wären. Mehr dazu im Internet.
117 Wood u. a. 2020.
118 »Fünfzig Jahre nach dem ersten Kontakt mit Kolumbus und seiner Mannschaft war die einheimische Taino-Bevölkerung der Insel Hispaniola, geschätzt 60 000 bis 8 Millionen Menschen, mehr oder weniger ausgestorben (Cook, 1993)« (Nunn und Qian 2010, S. 165).
119 Die meisten Länder nähern sich westlichen Werten an, doch mit unterschiedlichen Geschwindigkeiten, und in einigen Fällen entfernen sich die Werte auch voneinander. Wenn sich die Entwicklung fortsetzt, werden sich die meisten Länder bei westlichen Werte angleichen, da es eine Grenze gibt, wie »westlich« ein Land werden kann (Kaasa und Minkov 2020).
120 Siehe auch Hanson (2020).
121 BioNTech 2021; Moderna 2021.
122 Cochrane 2020. Nach deren Test gestatteten einige Länder den freien Verkauf der Impfstoffe (Menon 2021).
123 Japan marschierte zwar schon 1937 in China ein, doch als Beginn des Zweiten Weltkriegs gilt im Allgemeinen der Überfall Deutschlands auf Polen am 1. September 1939. Zu Hitlers internationalem Ansehen und Sympathien in den Vereinigten Staaten siehe zum Beispiel Hart (2018, S. 27), der schreibt: »Wenn man bedenkt, wie weit sich der Nationalsozialismus ohne Beihilfe in den Vereinigten Staaten verbreitete, kann man von Glück reden, dass die Deutschen ihren Vorteil nicht auszunutzen verstanden.« Einer der infamsten britischen Hitler-Sympathisanten war Harold Sidney Harmsworth, Mitgründer der Tageszeitung *Daily Mail*, der in den 1930er-Jahren mehrfach mit Hitler zusammentraf und mit ihm korrespondierte (Kershaw 2005). Mehr unter whatweowethefuture.com/notes.
124 Evan Williams (2015).
125 Vielleicht zucken Sie bei der Vorstellung zusammen, dass es so etwas wie eine »moralisch beste« Gesellschaft geben soll. Ich behaupte hier nicht, dass es die eine und objektive moralische Wahrheit gibt, auch wenn ich glaube, dass diese Vorstellung mehr für sich hat, als manche glauben. Ich behaupte jedoch sehr wohl, dass moralische Vorstellungen besser oder schlechter sein können: dass zum Beispiel Vorstellungen, die die Sklaverei befürworten, schlechter sind als solche, die sie ablehnen; oder dass es falsch ist, Kindesmisshandlung gutzuheißen. Ohne in eine gruselige Metaphysik der objektiven moralischen Wahrheiten zu verfallen, lässt sich eine moralisch korrekte Vorstellung als eine verstehen, zu der Sie kämen, wenn Sie sämtliche Informationen und unbegrenzt Zeit zum Nachdenken hätten, eine Vielfalt von Leben erfahren könnten und alle relevanten Argumente kennen würden.
126 Einem verbreiteten Mythos zufolge wuchs Shenzhen innerhalb weniger Jahrzehnte von einem Fischerdorf zur Millionenstadt, doch das stimmt so nicht. Im Jahr 1979 war Shenzhen eine kleinere Industriestadt mit 310 000 Einwohnern (Du 2020,

Kapitel 1). Auch andernorts wurden Sonderwirtschaftszonen eingerichtet, doch im Gegensatz zu Shenzhen wuchsen die meisten im Durchschnitt nicht schneller als der Rest des Landes (Bernard und Schukraft 2021).

127 Im Jahr 1980 betrug das Pro-Kopf-Einkommen umgerechnet 122 US-Dollar, im Jahr 2019 war es 29 498 US-Dollar (Charter Cities Institute 2019; *China Daily* 2020; Yuan u. a. 2010, S. 56).

128 Roser und Ortiz-Ospina 2017; Yuan u. a. 2010.

129 Esipova u. a. 2018.

130 Toby Ord (2020) nennt ein weiteres Beispiel für dieses Paradoxon. Er schlägt vor, sich auf die Verpflichtung festzulegen, unsere eigene Auslöschung oder andere schreckliche Katastrophen zu verhindern, aber nicht auf mehr.

131 Forst 2017. Siehe auch Belfield.

132 Mehr dazu siehe Bostrom (2004).

Kapitel 5 – Aussterben

1 Arthur C. Clarke, *Rendezvous mit Rama*. Der Rama-Zyklus, Bd. 1. Übers. v. Roland Fleissner und Marion von Schröder. München: Heyne, 1975.

2 Alvarez u. a. 1980; Wignall 2019a, S. 90 f.

3 Chapman 1998.

4 NASA 2021; Crawford 1997. Das Atomwaffenarsenal der Welt hatte 2019 eine Gesamtsprengkraft von 2,4 Milliarden Tonnen (Schätzung von van der Merwe [2018] nach Daten von Kristensen u. a. [2018], Kristensen und Korda [2018, 2019a, 2019b, 2019c, 2019d], Kristensen und Norris [2011, 2017]).

5 NASA 2019.

6 Asay u. a. 2017, S. 338.

7 S. Miller 2014.

8 *Science* 1998. Der Komet Shoemaker-Levy wurde von David Levy sowie Carolyn und Gene Shoemaker entdeckt.

9 Chapman 1998. Im DVD-Kommentar zu *Armageddon* (Bay 1998) erklärte Ben Affleck, er habe den Regisseur Michael Bay gefragt, »warum es einfacher ist, Ölbohrarbeiter zu Astronauten auszubilden als Astronauten zu Ölbohrarbeitern«. Die Antwort: »Er hat mir gesagt, ich soll mein Scheißmaul halten, und das war's« (servomoore 2016).

10 A. Harris 2008.

11 Clarke 1998.

12 A. Harris und Chodas 2021, S. 8.

13 Alan Harris, persönliche Mitteilung, 4. Oktober 2021.

14 Ord 2020, S. 71; Alan Harris, persönliche Mitteilung, 4. Oktober 2021.

15 Newberry 2021.

16 Schätzung der Übersterblichkeit durch COVID-19 bis 22. November 2021 (*Economist* 2021c). 17 Millionen Tote werden als beste Schätzung genannt, doch die Ungewissheit ist groß: Die wahre Zahl der Opfer liegt mit 95-prozentiger Wahrscheinlichkeit zwischen 10,8 und 20,1 Millionen. Die Übersterblichkeit wird ermittelt, indem man die Zahl der während der Pandemie Verstorbenen mit Schätzungen vergleicht, wie viele Menschen ohne die Pandemie gestorben wären. So sollen

Probleme bei der Zählung von gemeldeten Coronatoten korrigiert werden. Mehr unter whatweowethefuture.com/notes.

17 *Economist* 2021b.

18 Wetterstrand 2021; BC 2018, Grafiken 6 und 7; Boeke u. a. 2016, Grafik S1 A, S. 2 von Supplementary Materials. Zur Anwendung des Moore'schen Gesetzes auf die Kostenentwicklung siehe Flamm (2018).

19 Wetterstrand 2021.

20 Ord 2020, S. 137.

21 Dennoch ist es vielen Ländern gelungen, ihre Atomwaffenprogramm geheim zu halten, auch wenn das schwerer ist, wenn ein Land ein ziviles Atomprogramm unterhält (Miller 2017).

22 Anderson 2002, S. 49.

23 Anderson 2002, S. 10.

24 Anderson 2002, S. 5, 8.

25 Das Unternehmen, das Impfungen gegen die Maul- und Klauenseuche entwickelte, war Merial Animal Health, doch es ist nicht auszuschließen, dass das Leck vom Pirbright Institute of Animal Health stammte. Merial befand sich auf dem Gelände des Pirbright Institute, das ebenfalls zur Maul- und Klauenseuche forschte. Behörden kamen nur deshalb zu dem Schluss, dass der Ausbruch von Merial stammte, weil Merial mehr Viren produzierte (Spratt 2007, S. 5, 10).

26 Anderson 2002, S. 11.

27 Spratt 2007, S. 9.

28 Anderson 2002, S. 8, 11.

29 Anderson 2002, S. 107.

30 Manheim und Lewis 2021, Tabelle 1; Okinaka u. a. 2008, S. 655; Tucker 1999, S. 2.

31 Alibek und Handelman 2000, S. 74.

32 Zelicoff 2008, S. 106–108.

33 Bellomo und Zelicoff 2005, S. 101 f.

34 Es ist unklar, ob die Frau Symptome hatte oder nicht. Baian Bisenowa gab zwar an, sie habe keine Symptome gehabt, doch die Sowjets behaupteten, sie habe bereits erste Symptome gezeigt (Zelicoff 2003, S. 105).

35 Zelicoff 2003, S. 100.

36 Furmanski 2014.

37 Hansard 1974.

38 Shooter 1980.

39 National Research Council 2011, Tabelle 2.6.

40 National Research Council 2011, Tabelle 2.6.

41 Während des Kalten Krieges entwickelten die Sowjets ein ähnliches System für Atomwaffen, die »Tote Hand«, das atomare Gegenschläge ausführen sollte, selbst wenn die Vereinigten Staaten in einem Erstschlag ihre Kommandozentralen ausschalteten (Ellsberg 2017, Kapitel 19; Hoffman 2013).

42 Carus 2017b, S. 144.

43 Carus 2017b, S. 144.

44 Carus 2017b, S. 148.

45 Carus 2017b, S. 146; Ouagrham-Gormley 2014, S. 96.

46 Carus 2017b, S. 147.

47 Carus 2017b, S. 129–153; Meselson u. a. 1994; Ouagrham-Gormley 2014; P. Wright 2001.

48 Lipsitch und Inglesby (2014) schätzen, dass es pro hundert festangestellte Mitarbeiter zu einer unbeabsichtigten Infektion kommt. Doch ihre Probe ist klein, und bei einer größeren Probe (National Research Council 2011, S. 34, Tabelle 2.6) wird eine Infektion pro 250 Mitarbeiter plausibler. Auch Lipsitch war nach einer E-Mail-Anfrage am 3. Oktober 2021 der Ansicht, dass man von der größeren Probe ausgehen sollte.

49 Shulman 2020.

50 Siehe zum Beispiel Alibek und Handelman 2000, S. 198. Alibek gilt jedoch als unzuverlässiger Zeuge (Leitenberg u. a. 2012, S. 7).

51 Manheim und Lewis 2021, S. 11.

52 Michaelis u. a. 2009, Tabelle 1; Nakajima u. a. 1978; Rozo und Gronvall 2015; Scholtissek u. a. 1978; Wertheim 2010; Zimmer und Burke 2009. Michaelis u. a. (2009) geben keine Quelle für die geschätzte Opferzahl der russischen Grippepandemie an, weshalb sich ihre Zuverlässigkeit nicht prüfen lässt; andere offizielle Zahlen habe ich leider nicht gefunden.

53 S. H. Harris 2002, S. 18 f.

54 L. Wright 2002.

55 Leitenberg 2005, S. 28–42.

56 Abgeleitet aus drei Fragen von Metaculus:
(1) »Wird die Weltbevölkerung bis 2100 über einen beliebigen Zeitraum von fünf Jahren um mindestens 10 Prozent zurückgehen [›globale Katastrophe‹]?«;
(2) »Wenn es vor 2100 zu einer globalen Katastrophe kommt, sind die Hauptursache dann biotechnisch hergestellte Organismen?«;
(3) »Wenn dem so ist, wird die Weltbevölkerung dann gegenüber dem Niveau vor der Katastrophe um mehr als 95 Prozent sinken?« (Tamay 2019).
Mit Stand vom 18. November 2021 sahen die Prognosen die Gefahr, dass eine Pandemie mindestens 95 Prozent der Menschheit töte, bei 0,6 Prozent. Diese Schätzungen werden sich in Zukunft sehr wahrscheinlich ändern.

57 Ord 2020, S. 71.

58 Die Wahrscheinlichkeit, dass ein Flugzeug abstürzt, ist weniger als eins zu einer Million. (UK Civil Aviation Authority 2013).

59 NASA 2021.

60 Neben Asteroiden, Kometen und Krankheitserregern aus dem Labor gibt es zahlreiche natürliche und von Menschen gemachte Gefahren, die die Menschheit in ihrer Existenz bedrohen. Zum Beispiel der Ausbruch eines Supervulkans, ein Gammastrahlenblitz, Atomkrieg und Klimawandel. Diese Risiken erörtert Ord (2020). In Kapitel 6 gehe ich auf die Gefahr von Atomkrieg und Klimawandel ein.

61 Der Begriff »langer Friede« wurde 1986 von John Lewis Gaddis geprägt und meint ein systemisches Ausbleiben von Kriegen, nicht nur Kriegen zwischen Großmächten (Gaddis 1986). In *Gewalt: Eine neue Geschichte der Menschheit* behauptet der Psychologe Steven Pinker, der langfristige Rückgang der Kriege, vor allem seit dem Zweiten Weltkrieg, sei Teil eines allgemeinen Rückgangs der Gewalt in der Zivilisation (Pinker 2011). Politikwissenschaftler wie John Mueller (2009) und Azar Gat (2013, S. 149) machen eine ähnliche Beobachtung.

62 Laut der Datenbank des Future of Life Institute stand die Welt während des Kalten Krieges 25-mal kurz vor dem Krieg (Future of Life Institute).

63 Pinker 2011, S. 208.

64 Bear Braumoeller, Experte für internationale Beziehungen, rechnet vor, wenn die

Wahrscheinlichkeit für einen »systemischen« Krieg bei 2 Prozent pro Jahr liegt, dann ist die Wahrscheinlichkeit für eine siebzigjährige Friedensphase bei rund 25 Prozent (Braumoeller 2019, S. 26–29). Die Statistiker Pasquale Cirillo und Nassim Taleb haben gezeigt, dass ähnlich lange Friedenszeiten statistisch vereinbar mit dauerhafter Kriegsgefahr sind (Cirillo und Taleb 2016ab).

65 World Bank 2021h.

66 Die Theorie der Machtverschiebung wurde 1958 von dem Politikwissenschaftler A. F. K. Organski aufgestellt und ist seither Forschungsgegenstand. In seiner Zusammenfassung der Belege für mögliche Kriegsgründe schreibt der Politikwissenschaftler Greg Cashman (2013, S. 485): »In der Vergangenheit stieg die Gefahr einer schweren Krise zwischen Großmächten vor allem in Übergangsphasen des globalen Systems (oder regionaler Untersysteme), in denen sich das Gleichgewicht zwischen der Vormacht des Systems und ihrem Rivalen stark verschiebt.« Einen aktuellen Überblick zu dieser Theorie finden Sie in Tammen u. a. (2017).

67 Siehe Cashman 2013, S. 416–418. Laut Cashman liegen die Schätzungen für die Basiskonfliktrate je nach Daten und Methode um bis zu 50 Prozent auseinander. Dennoch gibt es Hinweise, dass künftige Machtverschiebungen eine geringere Kriegsgefahr darstellen, und manche Wissenschaftler sind der Ansicht, dass die Kriegsgefahr nicht von einer Machtverschiebung, sondern einer Machtgleichheit ausgeht.

68 Siehe whatweowethefuture.com/notes.

69 »Historisch große und mächtige Staaten sind mit größerer Wahrscheinlichkeit in Kriege verwickelt als kleinere, weniger mächtige Staaten« (Cashman 2013, S. 479).

70 Bulletin of the Atomic Scientists 2021.

71 Siehe *Our World in Data* 2019g, 2019f. Nach UN 2019b.

72 Indien meldete zwanzig Todesopfer infolge des Konflikts. China veröffentlichte keine Opferzahlen, doch amerikanische Geheimdienste gehen davon aus, dass 35 chinesische Soldaten fielen (*US News* 2020). Die meisten Opfer stürzten bei den nächtlichen Kämpfen auf einem unwegsamen Hochgebirgspass in den Tod (*Guardian* 2020).

73 Gokhale 2021.

74 Laut Cashman (2013, S. 478 f.) herrscht Einigkeit unter Sozialwissenschaftlern, dass bilaterale Kriege »fast immer« zwischen benachbarten Staaten ausgetragen werden. Wahrscheinlichster Auslöser ist ein Gebietskonflikt. Weitere Muster sind:
– »Große Machtunterschiede zwischen Staaten begünstigen den Frieden.«
– An einem »unverhältnismäßig großen Teil der Kriege sind strategische Rivalen beteiligt«, also Staaten »mit einer Vorgeschichte der feindlichen Auseinandersetzungen, vor allem Krisen und militärischen Auseinandersetzungen und möglicherweise einer Vorgeschichte der Kriege«.
– Große und mächtige Staaten beginnen eher einen Krieg als kleine, weniger mächtige; ein Krieg zwischen »reifen Demokratien« ist »hochgradig unwahrscheinlich«.
– Den meisten Kriegen »gehen in einer Art Konfliktspirale militarisierte Streitigkeiten oder Krisen und Eskalationen voran«.

75 Laut Daten der World Bank 2021n. Der Zusammenhang zwischen der wirtschaftlichen Verflechtung und der Kriegswahrscheinlichkeit ist jedoch unklar und wird von einigen Wissenschaftlern infrage gestellt (Levy und Thompson 2010, S. 70–77).

76 Waltz 1990.
77 Siehe zum Beispiel Tannenwald 1999.
78 Jgalt 2019.
79 Der Historiker Ian Morris (2013, S. 175) versucht sich an einer Quantifizierung der Kriegskapazität der Menschheit, verstanden als »die Zahl der einsetzbaren Soldaten, modifiziert durch die Reichweite und Stärke der Waffen, die Menge und Geschwindigkeit, mit der sie sich einsetzen lassen, ihre Verteidigungskraft und ihre logistischen Kapazitäten«. Seiner Schätzung zufolge hat sich diese Kapazität im Laufe des 20. Jahrhunderts verfünfzig- bis verhundertfacht. Fortschritte in der Automatisierung, der Biotechnik und der Waffentechnik werden diese Kapazitäten in Zukunft weiter steigen lassen. Bear Braumoeller analysiert die langfristigen Entwicklungen der Tödlichkeit internationaler Konflikte und beendet sein Kapitel so: »Als ich mich hinsetzte, um den Schluss dieses Kapitels zu schreiben, spürte ich den Impuls zu tippen: ›Wir werden alle sterben!‹ und es dabei zu belassen … Wenn sich die Parameter, die über die Eskalation eines Krieges entscheiden, nicht verändert haben – und es gibt keinen Anlass zu diese Annahme –, dann ist es nicht unwahrscheinlich, dass wir noch zu unseren Lebzeiten einen Krieg erleben, der die beiden Weltkriege an Letalität übertrifft« (Braumoeller 2019, S. 130).
80 Rose 2006, S. 50. Schätzungen gehen auseinander, wann Schimpansen und Menschen getrennte Wege gingen; vor 5,7 Millionen Jahren (Reis u. a. 2018, Tabelle 1, Strategy B, Minimum) bis vor 12 Millionen Jahren (Moorjani u. a. 2016); mehr unter whatweowethefuture.com/notes.
81 Schlaufman u. a. 2018. Krauss und Chaboyer (2003) schätzen das Alter der Milchstraße auf 13,4 Milliarden Jahre.
82 Bostrom 2002.
83 Los Alamos National Laboratory 2017.
84 Bostrom 2002.
85 Sandberg u. a. 2018. Das von Sandberg u. a. (2018) verwendete Modell wurde von James Fodor (2020) kritisiert. Mehr unter whatweowethefuture.com/notes.
86 Die Erde kühlte sich vor 4 Milliarden Jahren (plus minus einige Hundert Millionen Jahre) auf eine lebensfreundliche Temperatur ab (Knoll und Nowak 2017, Grafik 1). Unbewohnbar wird sie in 0,8 bis 2 Milliarden Jahren werden (Lenton und von Bloh 2001; O'Malley-James u. a. 2013; Ord 2020, S. 221 f.; von Bloh 2008; Wolf und Toon 2014).
87 Hanson u. a. 2021.
88 Hanson (1998) ist der Ansicht, sein Modell lasse einen bis sieben schwere Schritte zu.

Kapitel 6 – Kollaps

1 Scheidel 2021, S. 102, Grafik 7 sowie S. 103, Tabelle 2.2. Mehr unter whatweowethefuture.com/notes.
2 Ionescu u. a. 2015, S. 244.
3 Jackson u. a. 2013, 2017.
4 National Geographic Society 2018; Encyclopedia Britannica 2011.
5 Das Römische Reich hatte eine Fläche von mindestens 4 Millionen Quadratkilo-

metern und wahrscheinlich über 5 Millionen, je nachdem, wie viel Wüste man mitrechnet (Scheidel 2019, S. 34). Die Europäische Union hat eine Fläche von etwas über 4 Millionen Quadratkilometer (World Bank 2021i).

6 Temin 2017, Kapitel 8; G. K. Young 2001. Es gibt Hinweise auf Handel zwischen dem Römischen und dem Koreanischen Reich (UNESCO).

7 Der römische Senator und Dichter Titus Petronius, auch bekannt unter dem Namen Petron, verspottete die Neureichen in seinem satirischen Roman *Satyricon*, der während Neros Herrschaft im ersten nachchristlichen Jahrhundert entstand. Nach Schätzung von Scheidel und Friesen (2009, S. 84 f.) genossen rund 10 Prozent der Bevölkerung ein mittleres Einkommen, »definiert als das 2,4- bis 10-Fache des Überlebensnotwendigen«.

8 Ward-Perkins 2005, S. 94 f.

9 Morris 2013, S. 147 f., Tabelle 4.1, und 155 f., Tabelle 4.2. Wobei Morris darauf hinweist, das die antike Demografie eine sehr ungewisse Angelegenheit ist.

10 Scheidel 2019, S. 81 f.

11 »Zur Erinnerung an die Witwe Marcella, an die Jungfrau Principia« (Brief 127). In: *Des heiligen Kirchenvaters Eusebius Hieronymus ausgewählte Schriften*, übers. v. Ludwig Schade. München: J. Kösel, 1914.

12 Siehe whatweowethefuture.com/notes.

13 Morris 2013, S. 151. Rom hatte zwischen 1 und 200 n. Chr. eine maximale Einwohnerzahl von rund einer Million; diese Größe erreichte die Stadt erst im 20. Jahrhundert wieder (Morris 2013, S. 147 f., Tabelle 4.1), und zwar in den 1930er-Jahren (Ufficio Di Statistica E Censimento 1960).

14 Morris 2013, Tabelle 4.1.

15 Nach Scheidel 2019, S. 128.

16 Scheidel 2019, S. 129.

17 Scheidel 2019, Kapitel 5.

18 Exakt waren es 336 Jahre (Kemp 2019).

19 Ward-Perkins 2005, S. 164.

20 Ward-Perkins 2005, S. 108.

21 Dies führt Walter Scheidel in *Escape from Rome* aus, wo er die verschiedenen Vertreter dieser Theorie erörtert (Scheidel 2019, S. 538, Anm. 19).

22 National Geographic Society 2021; Encyclopedia Britannica 1998, 2021f, 2020e, 2020c, 2019c.

23 Das hängt von den Datenquellen ab. Laut Daten der Weltbank fiel das globale Bruttoinlandsprodukt insgesamt sechsmal gegenüber dem Vorjahr und hatte den Einbruch binnen zweier Jahre wieder wettgemacht (World Bank 2021d). Andere Quellen gehen davon aus, dass das Bruttoinlandsprodukt in den letzten hundert Jahren nur viermal gesunken ist: während der Weltwirtschaftskrise 1930 bis 1932, am Ende des Zweiten Weltkriegs 1945/46, während der Finanzkrise 2009 und zu Beginn der Coronapandemie 2020 (IEA 2020b, nach 2020 Maddison Database [Bolt und van Zanden 2020] und Geigers [2018] Auswertung der 2014 Maddison Database [Bolt und van Zanden 2014]).

24 Roser 2020a. Der Autor einer aktuellen Untersuchung zur Spanischen Grippe geht davon aus, dass es in diesem Jahr nicht zu einem Bevölkerungsrückgang kam (Spreeuwenberg u. a. 2018, persönliche Mitteilung, 18. August 2021).

25 Human Security Project 2013, S. 36 f.; Roser u. a. 2019.

26 G. Parker 2008; Zhang u. a. 2011.
27 Zhang u. a. 2011.
28 Zhang u. a. 2011, S. 297; G. Parker 2008, S. 1059.
29 Ord 2020, S. 349 f.
30 Ord 2020, S. 124.
31 Ord 2020, S. 350. Einige Wirtschaftshistoriker gehen sogar davon aus, dass die Pest das folgende Wirtschaftswachstum beschleunigte. Im folgenden Jahrhundert verdoppelten sich die Reallöhne in Europa; einem Argument zufolge gab es aufgrund der vielen Todesopfer mehr Land pro Kopf. Damit stieg der Wert der Arbeit pro Landfläche, und der Anreiz für Kapitalinvestition und Innovation wurde größer (Clark 2016).
32 Die Sprengkraft der über Hiroshima abgeworfenen Atombombe entsprach 15 000 Tonnen TNT (Malik 1985). Die größte konventionelle Bombe des Zweiten Weltkriegs, die »Grand Slam«, hatte eine Sprengkraft von zehn Tonnen TNT-Äquivalent (Encyclopedia Britannica 2021d).
33 Encyclopedia Britannica 2021d; Lifton und Strozier 2020; US Strategic Bombing Survey 1946.
34 US Department of Energy.
35 Wellerstein 2020.
36 Hiroshima Peace Memorial Museum.
37 McCurry 2016.
38 Chugoku Shimbun 2014. Zu abweichenden Darstellungen siehe whatweowethe future.com/notes.
39 US Department of Energy; Kuwajima 2021; Wada 2015.
40 Hiroshima Convention and Visitors Bureau.
41 Angaben zur Einwohnerzahl von Hiroshima vor der Bombardierung gehen auseinander und liegen zwischen 255 000 und 343 000 (Encyclopedia Britannica 2021d; French u. a. 2018). Im Jahr 1955 hatte die Stadt wieder 357 000 Einwohner (UN 1963, S. 341).
42 Center for Spatial Information Science 2015.
43 D. R. Davis und Weinstein 2008, S. 38.
44 D. R. Davis und Weinstein 2008.
45 Miguel und Roland 2011.
46 Dartnell 2015a, S. 47 f.
47 Dartnell 2015a, S. 193.
48 Cochran und Norris 2021.
49 Wellerstein 2021.
50 Roser und Nagdy 2013.
51 Ord 2020, S. 26.
52 Ord 2020, S. 96 f.
53 Roser und Nagdy 2013.
54 Siehe whatweowethefuture.com/notes.
55 Einige Untersuchungen gehen davon aus, dass ein russischer Angriff auf die Vereinigten Staaten mehrere Zig- bis Hundert Millionen Menschenleben kosten würde, je nach Angriffsstrategie. Die globalen Opferzahlen eines totalen Krieges wären höher, doch diese Zahlen müssten um die größere Population und die kleineren Arsenale korrigiert werden (Helfand u. a. 2002; Ord 2020, S. 334, Anm. 24). Luisa

Rodriguez (2019) schätzt, dass ein Krieg zwischen Russland und der NATO bei den heutigen Arsenalen 51 Millionen Menschenleben kosten würde.

56 Coupe u. a. 2019, Grafik 7; Robock u. a. 2007, Grafik 2.

57 Coupe u. a. 2019, Figures 10, S. 12.

58 Robock 2010. Die Modelle zum nuklearen Winter sind umstritten, einige gehen von einer deutlich schwächeren Abkühlung aus. Seit seiner Vorstellung in den 1980er-Jahren wird das Szenario kontrovers diskutiert (siehe zum Beispiel Maddox 1984; Penner 1986). Reisner u. a. (2018) kritisieren die Schätzungen des nuklearen Winters mithilfe aktueller Klimamodelle.

59 IFLA 2021. Mehr unter whatweowethefuture.com/notes.

60 Roser 2013c; Rapsomanikis 2015, S. 9. Rund zwei Drittel der 3 Milliarden Einwohner leben in rund 475 Millionen kleinbäuerlichen Haushalten und bestellen eine Fläche von weniger als zwei Hektar.

61 Robock u. a. 2007.

62 Coupe u. a. 2019, Grafik 9.

63 Shead 2020.

64 Roser und Ritchie 2013; Ritchie und Roser 2020b; US Energy Information Administration 2021a. Mehr unter whatweowethefuture.com/notes.

65 Siehe Belfield (unveröffentlicht) und whatweowethefuture.com/notes.

66 Daraus ergibt sich, dass eine kleine Bevölkerung nicht automatisch einen Zusammenbruch der Zivilisation bedeutet; der Vergleich hinkt ein wenig, wie mir Matthew van der Merwe mitteilte, denn es ist nicht dasselbe, ob eine Bevölkerung von Anfang an klein ist oder nach einer gewaltigen Katastrophe. Als ich das letzte Mal zwanzig Kilogramm gewogen habe, war ich sechs Jahre alt, und damals war dieses Gewicht nicht lebensbedrohlich für mich. Aber wenn ich heute auf zwanzig Kilogramm abmagern würde, dann würde ich das mit Sicherheit nicht überleben.

67 Doebley u. a. 1990, Grafik 2.

68 Renner u. a. 2021; National Science Foundation 2020.

69 Dartnell 2015a, S. 52 f.

70 Allard 2019.

71 Barclay 2007; Engelen u. a. 2004.

72 Barclay 2007; Gupta u. a. 2019; Perez u. a. 2009; Whitford u. a. 2013.

73 Balter 2007.

74 Balter 2007.

75 Richerson u. a. 2001.

76 Wir wissen nicht, wie lange verschiedene Kulturen bis zur Industrialisierung gebraucht hätten, wenn sie nicht mit Europa und dem Kolonialismus in Kontakt gekommen wären. Im Jahr 1500 waren zum Beispiel die Kulturen Amerikas weit von jeder Industrietechnik entfernt, obwohl sie seit Jahrtausenden die Landwirtschaft praktizierten. Wir wissen nicht, wann oder ob sie eine Industrialisierung erlebt hätten, wenn sie nicht von den Europäern kolonialisiert worden wären. Vielleicht befanden sich die dortigen Gesellschaften in einem anderen Gleichgewicht und strebten keine Industrialisierung an, oder vielleicht ist die Industrialisierung sehr schwer zu erreichen. Doch da in einer Welt nach einem Kollaps das Wissen um industrielle Verfahren vermutlich verfügbar wäre, dürfte es nach einem solchen Kollaps weniger Hürden auf dem Weg zu einer neuerlichen Industrialisierung geben.

77 Viele Betongebäude aus dem antiken Rom haben überdauert; der moderne Stahl-

beton ist dagegen nicht sonderlich haltbar und zeigt bereits nach zwanzig Jahren erste Verschleißerscheinungen (Alexander und Beushausen 2019; Daigo u. a. 2010).

78 Daigo u. a. 2010.

79 Siehe Bill McKibben (2021).

80 IEA 2020a, S. 195.

81 Hausfather 2021b; US Energy Information Administration 2021b.

82 Hausfather 2021b.

83 Kavlak u. a. 2018; Sivaram 2018, Kapitel 2; Roser 2020b; Ritchie 2021.

84 Ritchie und Roser 2020b.

85 McKerracher 2021, Grafik 2.

86 Mohr u. a. 2015; Welsby u. a. 2021, SI Abschnitt 2.

87 Siehe whatweowethefuture.com/notes.

88 Ein Großteil der Klimaliteratur bezieht sich auf das extreme Emissionsszenario RCP8.5, dem zufolge sich die Erde in diesem Jahrhundert um 4 bis 5 Grad Celsius erwärmen wird (Hausfather und Peters 2020).

89 Buzan und Huber 2020, Grafik 10; Prudhomme u. a. 2014.

90 Sloat u. a. 2020; Zabel u. a. 2014. Laut Weltklimarat hat eine lokale Erwärmung von 5 Grad Celsius in gemäßigten Klimazonen kaum Auswirkungen auf die Erträge (IPCC 2014b, S. 498). Erträge der wichtigen Nutzpflanzen haben sich in den vergangenen sechzig Jahren verdoppelt und verdreifacht (H. Ritchie und Roser 2021).

91 Buzan und Huber 2020.

92 So stellen zum Beispiel Ramirez u. a. (2014) fest, dass bei »der schwärzesten aller möglichen Annahmen« ihr Modell 3300 ppm (Parts per million) erreicht, ein Kohlendioxidniveau, das mit den bekannten fossilen Brennstoffreserven vermutlich nicht zu erreichen ist (siehe auch Goldblatt und Watson 2012; Wolf und Toon 2014).

93 Hansen u. a. 2013, S. 17. Popp u. a. (2016) kommen zu dem Schluss, dass die simulierte Erde bei einer Kohlendioxidkonzentration von 1520 ppm in einen feuchten Treibhauszustand überginge. Wenn wir alle bekannten fossilen Brennstoffe verbrennen, erreichen wir vermutlich 1600 ppm (Lord u. a. 2016, Grafik 2). Allerdings war die Temperatur der simulierten Erde 6 Grad über derjenigen der heutigen Erde. Das heißt, die erforderliche Kohlendioxidkonzentration muss deutlich höher sein, damit die Erde in einen feuchten Treibhauszustand übergeht. Mehr unter whatweowethefuture.com/notes.

94 Das Modell ergab, dass die Erwärmung über einen Monat hinweg stattfinden würde, doch in Wirklichkeit nähme der Übergang mehr Zeit in Anspruch (Schneider, persönliche Mitteilung, 20. August 2021; Schneider u. a. 2019). Mehr unter whatweowethefuture.com/notes.

95 Lord u. a. 2016, Grafik 2. Mehr unter whatweowethefuture.com/notes.

96 Hausfather 2019; Voosen 2019.

97 Foster u. a. 2017, Grafik 4.

98 Die tödliche Obergrenze für die meisten Nutzpflanzen liegt bei 40 bis 50 Grad Celsius (King u. a. 2015). Einige Länder in den Tropen würden diese Grenze bei einer Erwärmung von 15 Grad Celsius überschreiten. Nordamerika, Europa und China jedoch nicht.

99 Der Klimawandel könnte auch andere Katastrophenrisiken erhöhen, etwa die Kriegsgefahr. Die Auswirkungen des Klimawandels auf Konflikte sind strittig; es gibt Hinweise auf einen Zusammenhang zwischen klimatischen Veränderungen

und einer Zunahme der Bürgerkriege in Afrika, doch viele Konfliktforscher halten die Auswirkungen für vernachlässigbar im Vergleich zu anderen Faktoren wie der Leistungsfähigkeit eines Staates und dem Wirtschaftswachstum. Unterschiedliche Standpunkte zum Zusammenhang von Klima und Konflikt finden Sie in Buhaug u. a. (2014) und Hsiang u. a. (2013). Zu einer Umfrage unter führenden Klima- und Konfliktforschern siehe Mach u. a. (2019).

100 Lord u. a. 2016; Talento und Ganopolski 2021. Mehr unter whatweowethefuture.com/notes.

101 Der Verlust von Wissen nach einem Bevölkerungseinbruch ist als Tasmania-Effekt bekannt. Mehr unter whatweowethefuture.com/notes.

102 Es gibt einige wichtige Ausnahmen. Argentinien und Brasilien verwendeten zunächst vor allem Wasserkraft, Öl und Gas statt Kohle; die Philippinen verwendeten zunächst vor allem Öl und stiegen dann auf anderen Energiequellen um (Ritchie und Roser 2020b).

103 Dartnell 2015b. Siehe auch Belfield.

104 Davis u. a. 2018.

105 Dartnell 2015b.

106 J. Ritchie und Dowlatabadi 2017; Rogner u. a. 2012, Abschnitt 7.4.

107 Rogner u. a. 2012, Tabelle 7.18.

108 Rogner u. a. 2012, Tabelle 7.18.

109 Banerjee 2017; BNSF Railway 2018, S. 14.

110 Von 1800 bis 1850 verbrauchte die Welt 44 Exajoule Energie (Ritchie und Roser 2020b). Die 900 Millionen Tonnen Kohlenstoff in der Kohle von North Antelope Rochelle entsprechen rund 24 Exajoule.

111 Im Jahr 2010 verblieben noch rund 7800 Exajoule an Energie in oberflächennahen Kohlelagerstätten (Rogner u. a. 2012, Tabelle 7.18). Von 1800 bis 1980 wurden rund 7400 Exajoule aus fossilen Brennstoffen verbraucht (Ritchie und Roser 2020b).

112 US Energy Information Administration 2021a. Für alle Länder außer die Vereinigten Staaten stammen die aktuellsten Daten zu oberflächennahen Lagerstätten aus Rogner u. a. (2012, Tabelle 7.18). Zu oberflächennahen Kohlelagerstätten siehe Elagina (2021); Geoscience Australia (2016); Huang u. a. (2017); Mukherjee und Pahari (2019); US Energy Information Administration (2021a).

113 L. Roberts und Shearer 2021. Die künftige Nachfrage nach Kohle ist ungewiss. Der aktuelle Rückgang hängt auch mit dem Preisrückgang bei Erdgas aus Fracking zusammen. Doch im vergangenen Jahrhundert bewegten sich die Preisschwankungen bei Kohle und Gas in einem relativ schmalen Bereich. Empirisch begründete Kostenschätzungen gehen davon aus, dass sich der Preis für Kohle und Gas in Zukunft kaum ändern wird, sodass unklar ist, ob sich die Umstellung von Kohle auf Gas fortsetzt, zumal die weltweite Nachfrage nach Gas steigt (Way u. a. 2021, Grafik 3).

114 Siehe whatweowethefuture.com/notes.

115 Der exakte Anteil der schwer zu ersetzenden Emissionen beträgt 27 Prozent (Davis u. a. 2018, Grafik 2).

116 Ingersoll und Gogan; Way u. a. 2021. Mehr unter whatweowethefuture.com/notes.

117 Bandolier 2008.

Kapitel 7 – Stillstand

1 Bagdad war die Hauptstadt des Abbasidenkalifats, das als Beginn des Goldenen Zeitalters des Islam gilt (Chaney 2016; Encyclopedia Britannica 2020b).
2 Al-Amri u. a. 2016, S. 9; Zhang und Yang 2020, S. 49; Long u. a. 2017; online.
3 Dral-Khalili 2014, Kapitel 7 und 8.
4 Dral-Khalili 2014; Hasse 2021; Lyons 2010; Tbakhi und Amr 2007.
5 Wissenschaftler sind sich uneins, wann sich der wissenschaftliche Fortschritt in der islamischen Welt verlangsamte und wie weitreichend diese Entwicklung war. Revisionistische Forscher glauben heute, es habe diese Verlangsamung gar nicht gegeben oder sie sei erst nach dem 12. Jahrhundert eingetreten. Mehr unter whatweowethefuture.com/notes.
6 Chaney 2016; Kuru 2019, Part II.
7 Goldstone 2002.
8 Laut Morris (2004) stieg das Pro-Kopf-Einkommen in dieser Phase deutlich, auch wenn seine Schätzungen viel zu hoch scheinen (pseudoerasmus 2015a, 2015b).
9 Eine ähnliche Sicht auf Nachhaltigkeit finden Sie bei Bostrom (2014c).
10 Crafts und Mills 2017; Roh-TFP-Daten von Fernald 2014. Das Produktivitätswachstum beschleunigte sich kurzzeitig Ende der 1990er-Jahre mit dem Boom der Informationstechnik. Es handelte sich jedoch um einen vorübergehenden Aufschwung, seither hat das Produktivitätswachstum seinen Abwärtstrend wiederaufgenommen. Mehr zur Frage, ob es sich bei diesem Abschwung um eine fehlerhafte Messung handelt, finden Sie unter whatweowethefuture.com/notes.
11 Soweit nicht anders vermerkt, stammen die weiteren Angaben aus Gordon (2016).
12 Gordon 2016, S. 57.
13 O'Neill 2021a; *Our World in Data* 2019c.
14 Cowen 2018.
15 Die von den Wachstumsbefürwortern geforderten Veränderungen, zum Beispiel die Steigerung der Effizienz von Forschungseinrichtungen, hat kaum dauerhafte Auswirkungen auf die Wachstumsraten. Unsere besten Modelle des Wirtschaftswachstums gehen davon aus, dass solche dauerhaften Wachstumseffekte sehr unwahrscheinlich sind; Interventionen hätten höchstens stabilisierende Auswirkungen. Daher gehe ich in meinem Beispiel von einem Anstieg des Wirtschaftswachstums von 1,5 auf 2 Prozent aus (was schon enorm schwierig wäre). Mehr zu Wachstumseffekten in semiendogenen Wachstumsmodellen siehe Jones (2005).
16 Arbeiten, die ausdrücklich mehrere Jahrhunderte weit denken, sind zum Beispiel Acemoglu u. a. (2005), Galor und Weil (2000), Jones (2001) sowie Kremer (1993). Zwei Modelle lassen sich zumindest theoretisch auf diese Dimensionen anwenden, das endogene und das semiendogene Modell des Wirtschaftswachstums. Zu bahnbrechenden Arbeiten in dieser Tradition siehe zum Beispiel Romer (1990); einen aktuellen Überblick finden Sie in Jones (2021).
17 Einen Überblick finden Sie in Appendix B von Davidson (2021b). Die Literatur vernachlässigt die Möglichkeiten von beschleunigtem exponentiellem Wachstum und Nullwachstum, da sie nicht den Kaldor-Fakten entsprechen (Kaldor [1957]), die nur das beobachtete Wachstum des Industriezeitalters beschreiben. Aktuellere Ausnahmen sind Nordhaus (2021) und Aghion u. a. (2019) zu beschleunigtem Wachstum und C. Jones (2020) zu Nullwachstum.

18 Technischer Fortschritt ist notwendige Voraussetzung für anhaltendes Wirtschaftswachstum in den Modellen von Solow (1956) und Swan (1956), die von der modernen Wachstumstheorie ausgehen. Diese Erkenntnis wird weithin akzeptiert. Jones hält zum Beispiel in seinem Lehrbuch fest, Solow »unterstreicht die Bedeutung des technischen Fortschritts als ultimativer Motor des anhaltenden Wirtschaftswachstums« (Jones 1998, S. 2). Wirtschaftswissenschaftler fassen ihren Technikbegriff allerdings sehr weit. Daher warnt zum Beispiel Acemoglu (2008): »Wirtschaftswissenschaftler verwenden den Begriff Technik als Kürzel für alles, was nicht unter physisches oder menschliches Kapital fällt und die Wirtschaftsleistung beeinflusst. Wir müssen daher bedenken, dass länderspezifische technische Unterschiede nicht nur Unterschiede in der Fertigungstechnik und der Qualität der verwendeten Maschinen betreffen, sondern auch Unterschiede in der produktiven Effizienz (zum Beispiel die Organisation von Märkten)« (Acemoglu 2009, S. 19).

19 Die beste mir bekannte Schätzung der globalen Bevölkerungsentwicklung wurde vom Institute for Health Metrics and Evaluation der University of Washington für die Global Burden of Disease Study erstellt und in *The Lancet* veröffentlicht (Vollset u. a. 2020). Für den Fall, dass Frauen weiterhin besseren Zugang zu Bildung und Verhütung erhalten, geht diese Schätzung davon aus, dass die Weltbevölkerung »kurz nach der Jahrhundertmitte ihren Höhepunkt erreicht und bis 2100 spürbar zurückgeht« (Vollset u. a. 2020, S. 1286; siehe auch Grafik 5, S. 1296, die einen etwa exponentiellen Rückgang vorhersieht). Die häufig zitierte Bevölkerungsprognose der Vereinten Nationen (2019b) geht dagegen davon aus, dass das Bevölkerungswachstum nicht vor 2100 endet; dem halten Vollset u. a. (2020, S. 1286) überzeugend entgegen, dass diese Prognose den langfristigen Rückgang der Fruchtbarkeit unterschätzt.

20 Das deuten endogene und semiendogene Wachstumsmodelle an (Jones 2021, S. 27). Eine detaillierte Analyse des Szenarios des Bevölkerungsrückgangs finden Sie in Jones (2020).

21 Siehe whatweowethefuture.com/notes.

22 ATLAS Collaboration 2019; CERN 2017; Cho 2012.

23 Bloom u. a. 2020.

24 Gesamtwirtschaftsdaten, Bloom u. a. (2020, Tabelle 7, S. 1134), ausgehend von einem β von rund 3. In einem semiendogenen Wachstumsmodell bedeutet dieser Faktor, dass im Gleichgewicht ein 3-prozentiger Anstieg des Forschungsaufwands ein 1-prozentiges Wachstum beim technischen Fortschritt bedeutet (Bloom u. a. 2020, S. 1135). Mehr dazu, warum ich im Text von einem β von 2 ausgehe, finden Sie unter whatweowethefuture.com/notes.

25 Das ist lediglich ein Beispiel und soll nur ganz grob andeuten, welche Art der Innovation an der ersten Verdoppelung auf technischer Ebene beteiligt gewesen sein könnte. Eine Erörterung der »Ideeneinheiten«, die diesem Modell zugrunde liegen, finden Sie in Bloom u. a. (2020, S. 1108).

26 Bloom u. a. (2021, S. 1105) haben ermittelt, dass die Forschungsproduktivität in den Vereinigten Staaten seit den 1930er-Jahren um 97,56 Prozent zurückgegangen ist. Der Rückgang um 99,998 Prozent seit 1800 ist ein grober Überschlag – mehr unter whatweowethefuture.com/notes.

27 Bloom u. a. 2020, Grafik 1, S. 1111.

28 Die Erkenntnis, dass ein großer Teil aller Wissenschaftler heute noch am Leben ist, geht zurück auf den »Vater der Szientometrie« Derek de Solla Price (1975, S. 176),

der schätzte, dass »rund 80 bis 90 Prozent aller Wissenschaftler, die es jemals gab, noch heute leben«. Auf whatweowethefuture.com/notes erkläre ich, warum ich eine konservativere Zahl wähle.

29 Jones 2021, Grafik 2, S. 15.

30 Jones 2021, Grafik 2, S. 15. Die Behauptung, dass Bevölkerungswachstum das Pro-Kopf-Einkommen steigert (und nicht nur das Bruttoinlandsprodukt durch eine einfache Vermehrung von Arbeitskräften), ist der Kern der semiendogenen Wachstumstheorie: Mehr Menschen haben mehr Ideen, und diese machen alle produktiver.

31 Geologen würden sagen, dass wir uns noch immer in einer Eiszeit befinden, da sich die Polkappen unter einer Eisschicht befinden und es in den Gebirgen Gletscher gibt. Mehr Einzelheiten und Hinweise zur Isolation der fünf Regionen finden Sie unter whatweowethefuture.com/notes.

32 Kremer 1993, S. 709. Ein Vorbehalt wäre, dass diese Regionen um 10 000 v. Chr. mit erheblichem technischem Unterschied ins Rennen gingen. In Mesopotamien gab es damals bereits Landwirtschaft, in den anderen Regionen dagegen nicht (Stephens u. a. 2019, Grafik S2). Angesichts der Ergebnisse im Jahr 1500 scheint es dennoch zu stimmen, dass die technischen Unterschiede größer statt kleiner wurden.

33 Da Quellen für 10 000 v. Chr. und 1 n. Chr. unterschiedliche Zahlen angeben, verwende ich ungefähre Zahlen. Einen Überblick über die unterschiedlichen Schätzungen finden Sie in *Our World in Data* (2019a).

34 Jones 2001; Mokyr 2016.

35 Im Jahr 2019 entfielen 3,1 Prozent des Bruttoinlandsprodukts der Vereinigten Staaten auf Forschung und Entwicklung (OECD 2021b). Jones und Summers (2020, S. 19) halten diese Zahlen jedoch für zu konservativ. Sie zitierten eine Umfrage, der zufolge der Posten »Forschung und Entwicklung« nur 55 Prozent der Innovationskosten erfasst. Auch Investitionen von Risikokapitalgebern in Start-ups sollten als Investitionen in Forschung und Entwicklung gelten, doch das wird nur teilweise von den offiziellen Zahlen erfasst. Um diese Dynamik abzubilden, korrigiere ich die 3 Prozent der OECD nach oben.

36 UN 2019b; Vollset u. a. 2020, Grafik 5, S. 1296.

37 In den Grafiken 7.3 und 7.4 meint »Geburten pro Frau« die Gesamtfertilitätsrate (TFR). Mehr unter whatweowethefuture.com/notes.

38 World Bank (2021b, Länderdaten für 2019) und UN (2019b, Durchschnitt für Länder mit hohen Einkommen, 2015–2020).

39 *Economist* 2018; Vollset u. a. 2020, Grafik 8, S. 1299. Aufgrund der Trägheit der Bevölkerungsentwicklung kann die Population hinter Veränderungen der Fruchtbarkeitsrate herhinken. Wenn eine Population zum Beispiel rasch gewachsen ist und die Fruchtbarkeitsrate dann unter das sogenannte »Ersatzniveau der Fertilität« sinkt, kann die Population noch eine Weile lang weiter wachsen, weil die größeren mittelalten Kohorten die kleineren älteren Kohorten ersetzen. Langfristig wird die Bevölkerung jedoch bei einer Fruchtbarkeit unter dem Ersatznivau schrumpfen.

40 https://population.un.org/wpp/Download/Standard/Fertility. Im Jahr 2020 könnte die Fruchtbarkeitsrate in China auf 1,3 (Marois u. a. 2021, S. 1) und in Indien auf 2,0 gefallen sein – erstmals unter das Ersatzniveau (NFHS 2021, S. 3). Es bleibt abzuwarten, ob es sich hier um die vorübergehenden Auswirkungen der Coronapandemie handelte.

41 Vollset u. a. 2020, S. 1290 ff., und Grafik 3B, S. 1295. Auch Australien erwartet signifikantes Bevölkerungswachstum, doch dieser Ausreißer ist der ungewöhnlich hohen Zuwanderung geschuldet. Auch für Zentralasien wird für dieses Jahrhundert anhaltendes Bevölkerungswachstum prognostiziert, doch langfristig trifft dasselbe zu wie auf Afrika.
42 Vollset u. a. 2020, Grafik 5, S. 1296; Bricker und Ibbitson 2019.
43 Vollset u. a. 2020, Grafik 3, S. 1295.
44 Vollset u. a. 2020, S. 1285, 1290 ff.
45 Siehe whatweowethefuture.com/notes.
46 Walker 2020; Witte 2019; OECD 2020; Szikra 2014, S. 494 f.
47 World Bank 2021a.
48 Siehe auch Jones 2021, Abschnitt 6.2.
49 In Kapitel 4 habe ich einen Überblick über die verschiedenen Theorien gegeben, bis wann die Allgemeine Künstliche Intelligenz entwickelt wird (Expertenbefragungen: Grace u. a. 2016; Zhang u. a. 2021; Vergleiche mit biologischen Systemen: Cotra 2020; Vergleichsprognosen: Davidson 2021a). Alle stimmen überein, dass die baldige Entwicklung von AKI zumindest plausibel ist und diese mit 10 Prozent Wahrscheinlichkeit bis 2036 und mit 50 Prozent Wahrscheinlichkeit bis 2050 entwickelt worden sein könnte. Das bedeutet jedoch nicht, dass wir die Entwicklung von AKI mit sehr hoher Wahrscheinlichkeit in diesem Jahrhundert erwarten können. Davidsons Prognose ist »pr(AKI bis 2100) liegt zwischen 5 % und 35 %, meine zentrale Schätzung um 20 %«; Cotra (2020, Teil 4, S. 17) kommt zu der Einschätzung, dass »TAI mit einer Wahrscheinlichkeit von ~60 % bis ~90 % in diesem Jahrhundert entwickelt wird«; und unter von Grace u. a. und Zhang u. a. befragten Experten gingen die Meinungen so weit auseinander, dass einige die Entwicklung von AKI in diesem Jahrhundert für unwahrscheinlich hielten und selbst der Durchschnitt davon ausgeht, dass die Entwicklung der AKI mit 25-prozentiger Wahrscheinlichkeit noch mehr als ein Jahrhundert auf sich warten lässt. Qualitative Expertenmeinungen zu den verbleibenden Hürden auf dem Weg zur AKI werden erörtert in Cremer (2021).
50 Mu-Ming Poo, einer der an der Klonung von Makaken beteiligten Wissenschaftler, sagte 2018: »technisch gibt es kein Hindernis für die Klonung von Menschen« (nach Cyranoski 2018, S. 387).
51 Bouscasse u. a. 2021.
52 Oben habe ich argumentiert, die Allgemeine Künstliche Intelligenz könne einen Mechanismus bieten, um Werte dauerhaft einrasten zu lassen. Doch in dieser Phase des Stillstands gäbe es noch keine AKI, denn diese würde die Stagnation verhindern. Ohne AKI wäre im Laufe der Jahrtausende dennoch ein Kulturwandel möglich. Irgendwann wird eine Kultur entstehen, die das Wachstum wieder ankurbelt.
53 Siehe zum Beispiel Neilsons (2005) Sammelband zum »Stark-Argument«; Rodney Starks (1984, S. 18) Behauptung, dass die Mormonen »bald eine weltweite Anhängerschaft haben werden, vergleichbar dem Islam, dem Buddhismus, dem Christentum, dem Hinduismus und anderen Weltreligionen«. Starks Argument stützt sich allerdings mehr auf die erfolgreiche Missionierungsarbeit der Mormonen und weniger auf ihre Fruchtbarkeit: »Ein Grund für das Wachstum der Mormonen ist ihre ausreichend große Fruchtbarkeit, die Sterblichkeit und Austritte ausgleicht.

Wichtiger ist jedoch die rasche Missionierung. Die Mehrheit der heutigen Mormonen wurden nicht als solche geboren, sondern bekehrt« (Stark 1984, S. 22). Nach Kaufmann (2010, S. 30) war dies bis vor Kurzem noch der Fall, doch »das endogene Wachstum [also die höheren Geburtenraten] ist oft dauerhafter«, da »rasche Bekehrung oft von raschem Austritt begleitet« wird.

54 Perlich 2016.

55 Arenberg u. a. 2021, S. 3–5.

56 Makdisi 1973, S. 155–168; Gibb 1982, S. 3–33; Bisin u. a. 2019.

57 Siehe whatweowethefuture.com/notes.

58 Die Rückkehr zu ausreichend großen Populationen dauert so lange, dass sie keine unmittelbaren Auswirkungen hätte – Bevölkerungswachstum macht ein Land erst ein Jahrhundert später reicher. Das Bevölkerungswachstum bräuchte also andere als rein wirtschaftliche Anreize.

59 Siehe Bostrom (2003); Christiano (2013).

60 Friedman 2005.

61 Diese Überlegung ist auch relevant für die Erörterung des Zusammenbruchs der Zivilisation. Sollte die Zivilisation kollabieren, wird die Welt auch nach einem Wiederaufbau von ganz anderen Werten geleitet als heute.

62 Ord 2020, Tabelle 6.1.

63 Eine Phase der Stagnation würde das Gesamtrisiko lediglich vergrößern. Nach dem Ende der Stagnation bliebe immer noch das Risiko, das wir zuvor angehäuft haben (zum Beispiel das Risiko, das von künftiger Technik ausgeht).

Kapitel 8 – Ist das Glück der Menschheit ein wertvolles Gut?

1 Quellen für diesen Abschnitt sind persönliche Bekannte sowie Dancy (2020), Edmonds (2014), Srinivasan (2017), McMahan (2017; persönliche Mitteilungen, 12. Oktober 2021), MacFarquhar (2011). Parfits Frau Janet Radcliffe-Richards, ebenfalls eine prominente Moralphilosophin, merkte einmal an: »Derek kennt kein Gebäude ohne Verwalter und Quästur« (nach Edmonds 2014).

2 Student Statistics 2021.

3 Colson 2016.

4 Das endete vor einigen Jahren (ASC 2021).

5 MacFarquhar 2011.

6 Für die Mohisten, eine in Kapitel 4 erwähnte chinesische Denkschule, war das Gute gleichbedeutend mit materiellem Wohlstand, einer großen Bevölkerung und gesellschaftlicher und politischer Ordnung. Sie interessierten sich allerdings nicht für die Kosten und den Nutzen des Bevölkerungswachstums und kannten daher auch keine Populationsethik, wie sie uns hier interessiert (Fraser 2020; persönliche Mitteilung, 11. Oktober 2021). Mehr zur Geschichte der Populationsethik unter whatweowethefuture.com/notes.

7 Parfit 1984, S. 453.

8 Parfit 2011, S. 620.

9 Narveson 1973, S. 80.

10 Broome 2004, Kapitel 10. Mein Zweitgutachter war Krister Bykvist.

11 Broome 2004, Vorwort. Bestätigt in persönlicher Mitteilung (25. November 2021).

12 Huemer 2008, Abschnitt 4.
13 Caviola u. a. 2022.
14 Parfit 1984, Kapitel 16.
15 Die Situation ist etwas anders gelagert im Falle der künstlichen Befruchtung. Mehr unter whatweowethefuture.com/notes.
16 »Wenn Menschen von Zeitreisen in die Vergangenheit sprechen, haben sie Angst, durch eine winzige Handlung die Gegenwart radikal zu verändern. Aber kaum jemand denkt an die Möglichkeit, dass sich die Zukunft durch winzige Handlungen in der Gegenwart radikal verändern lässt.« Ich danke dem Reddit-Forum r/Showerthoughts, besonders Brian Christian. (Das Zitat stammt von Nutzer u/MegaGrimer, 2. Dezember 2017; einen ähnlichen Gedanken postete u/kai1998 am 5. November 2016.)
17 Ausgehend von der Annahme, dass ein durchschnittlicher Mensch in seinem Leben ein Kind zeugt, kommt es alle 29 000 Personentage zu einem Zeugungsereignis.
18 Broome 2004, Kapitel 10; Greaves 2017.
19 Roberts 2021.
20 Parfit 1984, S. 378–441.
21 Broome 1996, Abschnitt 4. Zum Beispiel: »Wenn das Bevölkerungswachstum und das Wachstum des Pro-Kopf-BIP unabhängige Größen sind, dann würde größeres Bevölkerungswachstum größeres Wirtschaftswachstum bewirken. Wie Piketty (2014) feststellt, würde allerdings nur das Wachstum des Pro-Kopf-BIP das wirtschaftliche Wohl steigern« (Peterson 2017, S. 6). Ord erörtert weitere Beispiele. Caviola u. a. (2022, S. 13, Abschnitt 14.1.2.) fragten Teilnehmer, welche einer Bandbreite von Zivilisationen ihrer Ansicht nach die bessere sei. Zum Beispiel fragten sie: »Zivilisation A besteht aus 4000 Menschen mit einem Glück von +60 … Zivilisation B besteht aus 6000 Menschen mit einem Glück von +40 … Welche Zivilisation ist besser?« Die Teilnehmer hielten im Durchschnitt Zivilisation A für besser, auch wenn beide dasselbe Gesamtwohl haben, das heißt, die Befragten stellten das durchschnittliche Wohl des Einzelnen in beiden Zivilisationen in den Vordergrund.
22 Eine Variante der Theorie des Durchschnitts betrachtet das durchschnittliche Wohl jeder Generation und hält diejenige Welt für die bessere, in der das durchschnittliche Wohl aller Generationen am größten ist. Auch von dieser Sicht gehen viele Wirtschaftswissenschaftler (implizit oder explizit) aus. Aber auch sie hat gravierende Probleme. Wenn wir zum Beispiel in der nächsten Generation wählen könnten zwischen einer Population von 10 Millionen Menschen mit einem Wohl von -100 oder einer Population mit denselben 10 Millionen Menschen und weiteren 10 Milliarden mit einem Wohl von -99,9, dann wäre dieser Sicht zufolge Letztere besser, weil das durchschnittliche Wohl größer ist (Ord).
23 Huemer 2008, Abschnitt 6.
24 Parfit 1984, Kapitel 17.
25 Parfit 1986, S. 148.
26 Parfit 2016, S. 118.
27 Zuber u. a. 2021.
28 Arrhenius 2000.
29 Blackorby und Donaldson 1984; Blackorby u. a. 1997; Broome 2004.
30 In einer alternativen Version der kritischen Schwelle sind die zusätzlichen Leben

zwischen null und der kritischen Schwelle nicht schlecht, sondern neutral. Wenn sich also zwei Populationen nur in einem einzigen zusätzlichen Leben zwischen null und der kritischen Schwelle unterscheiden, dann sind diese Populationen hinsichtlich ihres Wertes nicht vergleichbar (das heißt, keine ist besser als die andere, und sie sind auch nicht gleich gut). Stattdessen kann man sagen, dass sie »auf gleicher Höhe« sind (Chang 2002). Damit die Diskussion in diesem Kapitel nicht aus dem Ruder läuft, lasse ich dieses Thema beiseite.

31 Greaves 2017, Abschnitt 4.

32 MacAskill u. a. 2020.

33 Greaves und Ord 2017. Meine Kollegen Teruji Thomas und Christian Tarsney (2020) haben gezeigt, dass andere Theorien der Populationsethik in ihren Implikationen auf die Theorie der kritischen Schwelle hinauslaufen.

34 Yglesias 2020, S. 52.

35 Wynes und Nicholas 2017.

36 Ord 2014.

37 Die Zahl der 20 Milliarden Galaxien stammt aus Ord (2020, S. 233). Erklärungen zum Begriff des »erreichbaren Universums« und dem Unterschied zum »beobachtbaren Universum« siehe Ord (2021).

38 Mehr dazu bei Armstrong und Sandberg (2013).

Kapitel 9 – Wird die Zukunft gut oder schlecht?

1 Wenn Wirbellose ebenfalls zu den fühlenden Wesen gezählt werden, dann wäre Ihr Leben noch einmal um ein Vielfaches länger: Nun würden Sie hunderttausend Billionen Billionen Jahre leben. Ihre Zeit als Wirbeltier wäre nun nur noch ein winziger Bruchteil Ihrer Gesamterfahrung, die meiste Zeit würden Sie in Gestalt von Nematodenwürmern verbringen, die im Meer und an Land vorkommen.

2 Das älteste bekannte Wirbeltierfossil kommt aus der Gattung der Myllokunmingia und ist rund 520 Millionen Jahre alt, doch es gibt einige weitere Kandidaten (Shu u. a. 1999; Donoghue und Purnell 2005, Box 2).

3 Zu den Zahlen dieses Gedankenexperiments siehe whatweowethefuture.com/notes.

4 Schopenhauer, *Parerga und Paralipomena: Kleine philosophische Schriften*. Zweite und beträchtlich vermehrte Auflage, aus dem handschriftlichen Nachlasse des Verfassers herausgegeben von Julius Frauenstädt, Druck und Verlag A. W. Hahn, Berlin 1862. Zwei Bände. Band 2, XII: »Nachträge zur Lehre vom Leiden der Welt«, § 157.

5 Benatar 2006, S. 164. Ich danke Andreas Mogensen für den Hinweis auf die Zitate von Schopenhauer und Benatar und die sehr aufschlussreichen Gespräche zum Thema dieses Kapitels.

6 Parfit 2011, S. 616–618. Nietzsche-Zitat nach Friedrich Nietzsche: Werke in drei Bänden. München 1954, Band 2, S. 205 f. www.zeno.org/nid/20009253955.

7 WHO 2021a.

8 *Our World in Data* 2021a.

9 Das mittlere globale Jahreseinkommen beträgt umgerechnet 2438 US-Dollar pro Jahr. In Großbritannien beträgt das mittlere Jahreseinkommen bei Vollzeitbeschäftigung 31 772 Pfund Sterling (Francis-Devine 2021).

10 Crisp 2021.
11 Diener u. a. 2018a.
12 Eine vierte Methode sind Umfragen, die Teilnehmer nach der Bilanz von positiven und negativen Emotionen im Leben fragen. Diese scheinen mir wenig aussagekräftig, da sie die Intensität der Emotionen nicht gewichten.
13 Dabei handelt es sich um die sogenannte Cantril-Leiter.
14 Diener u. a. 2018a; Diener u. a. 2018b, S. 168. Die Schlussfolgerungen ihrer Untersuchungen waren optimistischer: »74 Prozent der Befragten geben an, ›gestern‹ mehr positive als negative Empfindungen gehabt zu haben, und bei nur 18 Prozent überwogen die negativen Empfindungen.« Allerdings sind die Ergebnisse schwer zu interpretieren: Die Größe »mehr positive als negative Empfindungen« ergab sich, indem man von der durchschnittlichen Zahl der positiven Antworten auf zwei Fragen zu positiven Emotionen (Hatten die Teilnehmer am Vortag gelacht oder gelächelt? Hatten sie Freude empfunden?) die durchschnittliche Zahl von positiven Antworten auf zwei Fragen zu negativen Emotionen abzog (Hatten die Teilnehmer am Vortag Sorge, Trauer, Niedergeschlagenheit und Wut empfunden?). Wir können nur sagen, dass die affektive Bilanz positiv war, wenn wir davon ausgehen, dass die positiven und negativen Affekte als durchschnittlich gleich stark wahrgenommen wurden. Das scheint jedoch schwer nachvollziehbar: Der positive Affekt, der nötig ist, um einmal am Tag lachen oder lächeln zu können, scheint deutlich schwächer zu sein als der negative Affekt, der nötig ist, um zu sagen, dass man sich niedergeschlagen fühlt.
15 Ng 2008.
16 Das ist der sogenannte »Referenzgruppeneffekt« (Credé u. a. 2010).
17 Ponocny u. a. 2016, Tabelle 3. Das unterscheidet sich von der »hedonistischen Adaptation«, die sich einstellt, wenn Menschen nach einer Veränderung der äußeren Lebensumstände zu ihrem früheren stabilen emotionalen Zustand zurückkehren. Wenn wir zum Beispiel aus einem Unfall eine dauerhafte Beinverletzung davontragen, dann kann uns das zunächst sehr unglücklich machen, doch aufgrund der hedonistischen Anpassung an die neue Situation kehren wir im Laufe der Zeit zu unserem ursprünglichen Glücksniveau zurück. Und nach einer Beförderung können wir zunächst zufriedener sein, doch nach etwa einem Jahr sind wir wieder am Ausgangspunkt angelangt.
18 Ghana, Kenia: Redfern u. a. 2019, S. 92 f.; Großbritannien: Peasgood u. a. 2009, S. 7–11.
19 Laut Helliwell u. a. 2017, S. 14, Grafik 2.1, geben rund 5 Prozent der Weltbevölkerung ihre Lebenszufriedenheit mit 0 oder 1 an, weitere 5 Prozent mit 2. Mehr dazu unter whatweowethefuture.com/notes.
20 Ortiz-Ospina und Roser 2017.
21 Haybron 2008, S. 214–221.
22 Johansson u. a. 2013.
23 Killingsworth u. a. 2020.
24 Eine Einschränkung dieser Untersuchung könnte sein, dass in dem Ergebnis eventuell die Ungeduld der Teilnehmer zum Ausdruck gebracht wird, zur nächsten Erfahrung zu kommen, und weniger ein Urteil darüber, dass sie eine Erfahrung als wertlos bewerten. Auch wenn ich eine Fahrt zu einem Freizeitpark genieße, möchte ich sie möglicherweise überspringen, weil ich die Zeit im Freizeitpark noch mehr

genießen würde. Der Impuls zum Überspringen scheint natürlich, doch er ist auch irrational. Denn ob ich die Fahrt überspringe oder nicht, erlebe ich den Freizeitpark doch sowieso, das heißt, indem ich diese Fahrt überspringe, nehme ich mir eine positive Erfahrung und reduziere meine Lebensdauer ohne positiven Nutzen. Dennoch gibt es einige Gründe zu der Annahme, dass dies hier nicht der Fall ist. Erstens stellte die kleinere Untersuchung zur Rekonstruktion des Vortags fest, dass die Teilnehmer ähnlich viel Zeit überspringen würden wie in der größeren Experience-Sampling-Untersuchung. Bei einer rückblickenden Einschätzung ist Ungeduld keine überzeugende Erklärung, warum Teilnehmer eine Erfahrung überspringen wollen. Zweitens, wenn es stimmt, dass Teilnehmer zur nächsten Erfahrung vorspringen wollen, wenn diese besser ist, dann sagt diese Methode nichts über den absoluten Wert einer Erfahrung aus, sondern nur über ihre relative Rangfolge für die betreffende Person. Zu Ende gedacht könnte das bedeuten, dass glückliche und unglückliche Menschen dieselbe Zahl von Erfahrungen überspringen würden. Doch die Daten sagen das Gegenteil aus. Der Anteil der übersprungenen Erfahrungen steht in engem Zusammenhang zur durchschnittlichen Zufriedenheit eines Menschen: Je zufriedener Sie sind, umso weniger wollen Sie überspringen. Das heißt, Überspringen ist kein Ausdruck der Ungeduld, zu einer vergleichsweise besseren Erfahrung vorspringen zu wollen, sondern eine Aussage darüber, ob eine Erfahrung an sich als wertvoll empfunden wird oder nicht (Matt Killingsworth, persönliche Mitteilung, 28. September 2021).

25 Laut persönlicher Korrespondenz (4. Dezember 2020, 29. Dezember 2020, 31. Dezember 2020, 3. Januar 2021, 4. Januar 2021) sehen die Autoren dies ähnlich.

26 Bertrand und Kamenica 2018.

27 Caviola u. a. 2021.

28 Ortiz-Ospina und Roser 2017.

29 Easterlin 1974.

30 Easterlin und O'Connor 2020.

31 Stevenson und Wolfers 2008.

32 Die vertikale Achse in Grafik 9.1 bezieht sich auf Antworten zu den folgenden Fragen: »Stellen Sie sich eine Leiter mit elf Sprossen vor, die von 0 (unterste Sprosse) bis 10 (oberste Sprosse) durchnummeriert sind. Das obere Ende der Leiter steht für das bestmögliche Leben für Sie und das untere Ende der Leiter für das schlechtestmögliche Leben für Sie. Auf welcher Sprosse der Leiter stehen Sie Ihrer Ansicht nach gerade?« (Helliwell u. a. 2021, S. 1).

33 Chan 2016

34 Lustigs Geheimnis besteht darin, dass er seinen Gewinn investiert: »Lottospielen ist wie eine Investition«, erklärte er in einem Interview. »Man investiert, um etwas zurückzubekommen. Die meisten Leute kaufen ein Los für einen Dollar, und wenn sie zehn Dollar gewinnen, stecken sie sie in die Tasche.« Diese Leute spielen seiner Ansicht nach falsch. Wer zehn Dollar gewinnt, sollte für elf Dollar neue Lose kaufen, denn: »Wenn Sie verlieren, dann verlieren Sie nur einen Dollar.« Es ist nicht klar, ob Lustigs Nettogewinne positiv sind oder nicht (Little 2010). Lustig hat auch ein Computerprogramm namens Lottery Maximiser veröffentlicht, das er für 97 Dollar verkauft, und einen Kurs namens »Lottery Winner University« veranstaltet.

35 Oswald und Winkelmann 2019. Frühere Untersuchungen kamen zu dem Schluss,

dass ein Lottogewinn kaum Auswirkungen hat, doch diese verwendeten kleinere Proben als Oswald und Winkelmann.

36 Zur Definition und Geschichte der extremen Armut siehe Anmerkung 16 zu Kapitel 1.

37 Clark u. a. 2016.

38 Stevenson und Wolfers 2008.

39 Roser und Nagdy 2014.

40 Dahlgreen 2016.

41 Mummert u. a. 2011.

42 Dies wurde in den 1970er-Jahren diskutiert mit Marshall Sahlins' (1972) These der »ursprünglichen Wohlstandsgesellschaft«. Sahlins' These ist umstritten (siehe zum Beispiel Kaplan 2000). Karnofsky (2021e) und andere schätzen die Lebensqualität prähistorischer Wildbeutergesellschaften deutlich pessimistischer ein.

43 Kelly 2013, S. 12 ff.

44 Kelly 2013, S. 243 ff. Siehe auch Marlowe 2010, S. 43 ff.

45 Marlowe 2010, S. 67 f.

46 National Geographic Society 2019. Zur Ernährung siehe whatweowethefuture.com/notes.

47 Frackowiak u. a. 2020, Tabelle 4. Siehe auch Biswas-Diener u. a. 2005. Williams und Cooper (2017) beobachten, dass auch die halbsesshaften Hirtennomaden der Himba bei Befragungen zur Lebenszufriedenheit bessere Werte erzielen als Teilnehmer aus Großbritannien.

48 Kelly 2013, Kapitel 10.

49 Kelly 2013, Tabelle 7.8.

50 Zum Beispiel Turnbull 2015; Everett 2008; Marlowe 2010; Lee 1979; Rival 2016; Suzman 2017.

51 Volk und Atkinson 2013, Tabelle 1; *Our World in Data* 2018b.

52 UK Office for National Statistics 2019.

53 Einen Überblick finden Sie in Kelly (2013, Kapitel 7). Pro siehe Pinker (2012). Kontra siehe Lee (2018); Fry (2013).

54 *Our World in Data* 2020d.

55 Christensen u. a. 2018.

56 Die Daten stammen aus der Datensammlung FAOSTAT der Ernährungs- und Landwirtschaftsorganisation der Vereinten Nationen (FAO), zusammengefasst in Šimčikas (o. J.).

57 Deutlich mehr Fische sterben, ehe sie geschlachtet werden können.

58 Siehe zum Beispiel Humane Society of the United States 2009, 2013.

59 Laut offiziellen Zahlen von staatlich inspizierten Schlachthöfen der Vereinigten Staaten wurden 2019 rund 440 000 Hühner bei lebendigem Leib überbrüht. Da ein Siebtel des Fleischkonsums der Welt auf die Vereinigten Staaten entfällt und die Standards dort hoch sind, sterben vermutlich weltweit Millionen von Hühnern auf diese Weise (National Agricultural Statistics Service 2021).

60 Andere Masttiere erleiden ein noch schlimmeres Schicksal, zum Beispiel Enten und Gänse, die zur Herstellung von Leberpastete gemästet werden: »Den Enten und Gänsen wird ein Schlauch in die Speiseröhre gelegt, um ihnen unnatürliche Mengen an Nahrung direkt in den Magen zu pumpen … Die für Leberpastete gemästeten Vögel leiden unter schweren gesundheitlichen Problemen, darunter Frustration des natür-

lichen Verhaltens, Verletzungen, Lebererkrankungen, Lahmheit, Erkrankungen der Atemwege und des Verdauungstrakts, und ihre Sterblichkeit ist größer als die nicht zwangsernährter Enten« (Humane Society of the United States 2009, S. 2).

61 Compassion in World Farming 2021.

62 Animal Charity Evaluators 2020, Appendix, Tabelle 4.

63 Compassion in World Farming 2009, S. 12.

64 Mood und Brooke 2012, S. 22 f.; Poli u. a. 2005, S. 37.

65 Compassion in World Farming 2021.

66 Zu den seltenen Ausnahmen zählt Bailey Norwood, der in seinem Buch *Compassion by the Pound* behauptet, das Wohl der meisten Masthühner sei positiv. Sein Mitautor Jayson Lusk sieht das allerdings anders (Norwood und Lusk 2011, Kapitel 8).

67 Siehe Schukraft (2020).

68 Bar-On u. a. 2018, S. 6507, Grafik 1.

69 Polilov 2008, S. 30; Menzel und Giurfa 2001, S. 62; Olkowicz u. a. 2016, Tabelle S1; Azevedo u. a. 2009.

70 Das trifft nur zu, wenn Wirbellose ausgenommen sind. Wenn wir sie mitzählen und nur Nervenzellen zählen, dann ginge es fast ausschließlich um Nematodenwürmer.

71 Bar-On u. a. 2018, Supplementary Information, S. 36 f.

72 Bar-On u. a. 2018, Grafik 1.

73 Bar-On u. a. 2018, Supplementary Information, S. 34 ff.

74 Triki u. a. 2020, S. 3, ausgehend von der Annahme, dass es sich bei der Hälfte der Hirnzellen um Nervenzellen handelt.

75 Houde 2002, S. 68 f. Karpfen können bis zu 38 und Europäische Welse bis zu achtzig Jahre alt werden (Froese und Pauly 2021ab).

76 Houde 2002, Abschnitt 3.3.

77 Einige Menschen behaupten, Tiere in Gefangenschaft hätten ein besseres Leben als Wildtiere. Verschiedene Untersuchungen haben bei Wildtieren mehr Stresshormon Cortisol gefunden als bei domestizierten Tieren (Wilcox 2011; Davies 2021, S. 307–313).

78 Diese Ansicht vertritt auch ein aktueller Artikel zum Wohl von Wildtieren (Groff und Ng 2019, S. 40). Im Vorkapitel habe ich argumentiert, bei moralischer Ungewissheit sollten wir einer Populationsethik folgen, die der kritischen Schwelle nahekommt. In diesem Fall müssten wir die Existenz der meisten Wildtiere negativ beurteilen. Selbst wenn das Wohl dieser Tiere positiv ist, liegt es vermutlich unterhalb einer kritischen Schwelle.

79 Bessei 2006, S. 10; Berg u. a. 2000, S. 36; Knowles u. a. 2008, Tabelle 1.

80 Bar-On u. a. 2018, S. 6508.

81 Christensen u. a. 2014; Bar-On u. a. 2018.

82 Ritchie und Roser 2021a; Dirzo u. a. 2014, S. 401–406; Tomasik 2017, 2018.

83 Hurka 2021; Brennan und Lo 2021.

84 Ritchie und Roser 2021c.

85 Ritchie und Roser 2021a; McCallum 2015, S. 2512.

86 Roser 2013a.

87 Roser 2013d.

88 Russell 2010, S. 1. Deutsche Ausgabe: *Autobiographie*, Bd. 1., übers. v. H. Kahn. Frankfurt: Suhrkamp 1972, S. 7 f.

89 F. M. Dostojewski, *Literarische Schriften*, Bd. 12. Zur Einführung. Von N. N. Strachoff. München: Piper 1921, S. 18.
90 S. W. Kowalewskaja, *Jugenderinnerungen*. Bremen: Europäischer Literaturverlag 2010, S. 108.
91 Diesen Absatz verdanke ich einem ausgezeichneten Blogeintrag von Althaus und Baumann (2020).
92 Chang und Halliday 2006, Kapitel 8, S. 23, 48.
93 Glad 2002, S. 14. Siehe auch zum Thema insgesamt J. Fest, *Staatsstreich. Der lange Weg zum 20. Juli*. Berlin: Siedler 1994.
94 Für diesen Hinweis danke ich Carl Shulman.

Kapitel 10 – Was tun?

1 Siehe Núñez und Sweetser (2006). Aymara ist die bekannteste Ausnahme dieser Regel, doch es könnte weitere geben. Laut einer Untersuchung kann die Zeit auch im Vietnamesischen von hinten kommen und sich nach vorn in die Vergangenheit fortsetzen (Sullivan und Bui 2016). Nach dem Verständnis der Yupno läuft die Zeit bergauf und bergab, und für die Pormpuraawan von Ost nach West (Núñez u. a. 2012; Boroditsky und Gaby 2010).
2 Encyclopedia Britannica 2016. In Bolivien leben mehr als eine Million Aymara-Sprecher (Instituto Nacional de Estadística 2015, Cuadro 7), in Peru eine halbe Million (Instituto Nacional de Estadística e Informática 2018, Cuadro 2.69), in Chile sind es 150 000 (Instituto Nacional de Estadística 2018, S. 16) und in Argentinien 20 000 (Instituto Nacional de Estadística y Censos 2012, S. 281).
3 Das eigentümliche Verständnis der Zeit könnte darauf zurückzuführen sein, dass Aymara durch Satzbau und Betonung klar zwischen Wissen aus eigener Wahrnehmung und Wissen aus zweiter Hand unterscheidet. In Aymara ist es kaum möglich, etwas auszusagen, ohne eine Quelle dafür anzugeben.
4 Clarke u. a. 2021ab.
5 Clarke u. a. 2021a.
6 Muehlhauser 2021.
7 Rumsfeld 2002.
8 »Peinliche Auszeichnung. Rumsfeld für unsinnigste Aussage prämiert«. *Spiegel Online*, 2.12.2003.
9 Dartnell 2015a, S. 53 f. Die Organisation ALLFED (https://allfed.info) entwickelt Nutzpflanzen, die kein Sonnenlicht benötigen.
10 Bei einer 2021 unter KI-Forschern und -Instituten durchgeführten Umfrage wurden 135 Wissenschaftler angesprochen, sodass 120 eine plausible Untergrenze ist (Clarke u. a. 2021ab). Hauptsponsor ist Open Philanthropy, das jährlich zig Millionen für diesen Bereich spendet (siehe Open Philanthropy 2021).
11 Eine längere Themenliste finden Sie auf der Forschungsagenda von GPI unter https://globalprioritiesinstitute.org/research-agenda.
12 Fluorchlorkohlenwasserstoffe (FCKWs) waren die Hauptursache für das Ozonloch, doch auch andere Substanzen spielten bei der Zerstörung der Ozonschicht eine Rolle (Ritchie und Roser 2018a).
13 DuPont hielt rund ein Viertel des weltweiten FCKW-Markts, und der Weltmarkt

wurde von nur fünf Unternehmen beherrscht. Der Markt hatte einen Wert von nur 600 Millionen Dollar. Zum Vergleich: Der Markt für fossile Brennstoffe ist Billionen wert (Falkner 2009, S. 52). Die Ersatzstoffe für FCKWs führten nur kurzfristig zu einer Verdopplung bis Verdreifachung der Kosten (US National Academy of Sciences 1992).

14 Molina und Rowland veröffentlichten ihren Artikel zum Zusammenhang von FCKWs und der Ozonschicht im Jahr 1974. Später erhielten sie den Nobelpreis für Chemie. Das Montreal-Protokoll trat 1989 in Kraft (Ritchie und Roser 2018a). Heute sind die Emissionen von FCKW und anderen Substanzen, die die Ozonschicht zerstören, nahe null. Das Ozonloch stabilisierte sich in den 1990er-Jahren und schrumpft seit etwa 2005 (Ritchie und Roser 2018a).

15 Eine Zusammenfassung der Herausforderungen des Klimawandels für die politische Ökonomie finden Sie in Cullenward und Victor (2020).

16 Im Jahr 2019 wurden 5 bis 9 Milliarden Dollar für den Klimawandel gespendet (Roeyer u. a. 2020). Zahlen zu den Ausgaben von Regierungen und Unternehmen finden Sie in UN 2021a. Rund ein Drittel der jungen Menschen in den Vereinigten Staaten nennt die Bekämpfung des Klimawandels als wichtigstes persönliches Anliegen (Tyson u. a. 2021).

17 Wynes und Nicholas 2017, Supplementary Materials 4, Grafik 17.

18 Ritchie und Roser 2018b.

19 Wynes und Nicholas 2017, Supplementary Materials 4.

20 Hier handelt es sich um konsumbasierte Emissionen pro Kopf. Eingeschlossen ist hier auch der Kauf von Produkten, die unter Verwendung fossiler Brennstoffe im Ausland hergestellt werden. In Großbritannien fallen jährlich 7,7 Tonnen Kohlendioxid pro Kopf an (Ritchie 2019).

21 Wenn diese Zahlen im Vergleich zu den Kosten für die direkte Reduzierung von Emissionen unglaubwürdig niedrig scheinen, dann bedenken Sie, dass hier verschiedene Multiplikatoren zusammenwirken: Die Optimierung der staatlichen Mittelvergabe durch Interessenvertreter, die Förderung meist vernachlässigter Klimatechnik und die Innovation zur Suche nach Lösungen, die sich weltweit einsetzen lassen. Founders Pledge schätzte 2018, dass Clean Air Task Force in der Vergangenheit pro Dollar eine Reduzierung von einer Tonne Kohlendioxid erreicht hat, und prognostizierte für künftige Projekte eine noch höhere Kostenwirksamkeit (Halstead 2018a, Abschnitt 3.2).

22 Van Beurden 2019.

23 Wiblin 2020; Edlin u. a. 2007.

24 Schein u. a. 2020; Green und McClellan 2020.

25 Quoidbach u. a. 2013, Supplementary Materials 6; Orr 2015.

26 Wiblin und Harris 2019.

27 Todd 2021a, nach Daniel und Todd 2021.

28 Todd 2021b, Anm. 1.

29 Siehe auch Karnofsky 2021a.

30 BBC 2021.

31 Yan 2021.

32 MacAskill u. a. 2020.

33 Gerbner 2007.

34 Ford 2010.

35 Encyclopedia Britannica 2020 f. Mit dem Representation of the People Act erhielten britische Frauen 1918 das Wahlrecht; allerdings konnten Männer schon ab einem Alter von 21 Jahren wählen, Frauen erst ab dreißig und nur, wenn sie Grundeigentum nachweisen konnten. Erst der Equal Franchise Act von 1928 stellte Männer und Frauen gleich (UK Parliament 2021a).
36 Dabei handelt es sich nur um einen Bruchteil der gesamten Sonnenkapazität, nicht die gesamte von der Sonne erzeugte Energie (Sivaram 2018, S. 36).
37 *Our World in Data* 2019h.
38 Trotzdem hat die Umweltbewegung in Deutschland nicht nur Positives bewirkt. Die Partei der Grünen förderte zwar die Solarenergie, setzte sich aber gleichzeitig für den Ausstieg aus der Atomenergie ein, was dem Klima schadete, weil die Atomkraft überwiegend durch Kohle ersetzt wurde. Einer Schätzung zufolge verursachte die zusätzliche Luftverschmutzung weitere 1100 Todesfälle pro Jahr (Jarvis u. a. 2019).
39 UN 2021b. Eine der Quellen ist Toby Ord (2020).
40 Die Nachfrage nach Nutzenergie, die Way u. a. (2021, S. 9) als »den Anteil der Energie, die auf Energiedienstleistungen wie Wärme, Licht und Bewegung entfällt«, definieren, wuchs in der Vergangenheit um durchschnittlich 2 Prozent pro Jahr. Da fossile Brennstoffe im Vergleich zu erneuerbaren Energien viel Energie verschwenden, müsste die grüne Stromversorgung möglicherweise nicht um 2 Prozent pro Jahr zunehmen, um die steigende Nachfrage nach Energie zu decken.
41 Sprüche der Väter 1:14.
42 Roser 2013d.

Aktualisiertes Nachwort zur deutschen Ausgabe 2023

1 OpenAI 2022.
2 Hu 2023.
3 Roser 2023.
4 Information des Stockholm International Peace Research Institute.
5 Persönliche Mitteilung der Clean Air Task Force (CATF); siehe auch Untersuchungen von Founders Pledge zur Wirkung von CATF (Halstead 2020).
6 Rudner und Toner 2021.
7 Welch u. a. 2018.
8 Die Bipartisan Commission on Biodefense, ein Ausschuss hochrangiger amerikanischer Politiker, sieht in der Entwicklung einer neuen Generation von persönlicher Schutzausrüstung eine technische Priorität (Bipartisan Commission on Biodefense 2021).
9 Union of Concerned Scientists 2015.
10 Ritchie und Roser 2023.
11 Tong u. a. 2021.
12 Rudner und Toner 2021.
13 80,000 Hours geht davon aus, dass einige gravierende globale Probleme nur 1 Prozent der Aufmerksamkeit erhalten, die auf andere entfällt (Todd 2021).

Begrifflichkeiten

1 Greaves und MacAskill 2021.

2 Mogensen 2020. Zu sehr kleinen Wahrscheinlichkeiten siehe Beckstead und Thomas (2021), Tarsney (2020a), Wilkinson (2020) und Bostrom (2009); eine gut verständliche Erörterung finden Sie in Kokotajlo (2018). Zum Handeln bei unklarer Beweislage siehe Lenman (2000), Greaves (2016), Mogensen (2021), Tarsney (2020b [2019]) und Cowen (2006).

3 Ord 2020. Siehe auch Bostrom 2002, 2013.

4 In der Folge spreche ich von *p* und *q* als möglichen Welten, doch es kommt vor allem auf eine klare Definition von $V_s(p)$, $V_s(q)$, $T_s(p)$ und $T_s(q)$ an. Das heißt, *p* und *q* könnten auch Aussagen beinhalten, wie lange sich die Welt mindestens im Zustand *s* befindet und welchen Wert dies bedeutet.

5 Dieses Beispiel dient der Veranschaulichung, doch die Behauptung, QWERTZ-Tastaturen seien ein Beispiel für das Einrasten schlechter Werte, ließe sich so wohl nicht halten. Als Grund für die Tastaturbelegung QWERTZ wird oft genannt, sie solle das Tippen verlangsamen, damit sich die Typenhebel nicht verhaken, doch das ist ein Mythos. Beweise für die Überlegenheit von Dvorak sind rar, und wenn die Tastatur einen derart guten Ruf genießt, dann verdankt sie das offenbar vor allem der Werbung und den verzerrten Studien des Erfinders August Dvorak selbst (Liebowitz und Margolis 1990).

6 Hier gehe ich davon aus, dass der durch den Standard Dvorak geschaffene Wert in Zeitraum 4 in Welt X und O derselbe ist (siehe Tabelle). Das Analysewerkzeug TDK sollte möglicherweise um die Anforderung erweitert werden, dass der von Zustand *s* erzeugte Wert nur davon abhängt, wie lange sich die Welt in diesem Zustand befindet, da die Verwendung von $T_s(p)$ - $T_s(p)$ bei der Definition von Tragweite und Kontingenz sonst wenig sinnvoll ist.

7 Ungewissheit hat zwei mögliche Ursachen: die Wirkung *p* der fraglichen Handlung und den Status quo *q*.

8 Open Philanthropy.

9 Diese Abwandlung der Formel von Owen Cotton-Barratt (2016) erfolgt auf Vorschlag von Teruji Thomas. Die beiden Formeln unterscheiden sich in der Bewertung von Lösbarkeit und Vernachlässigung. Mehr unter whatweowethefuture.com/notes.

10 Beckstead und Thomas 2021.

11 Zu moralischer Ungewissheit siehe MacAskill u. a. 2020.

12 Siehe Kapitel 1.

13 Eine grobe Schätzung lässt vermuten, dass einige Maßnahmen zur Abwendung dauerhafter Katastrophen ungewöhnlich kostenwirksam sein könnten, selbst im Vergleich zu vielen Maßnahmen zur Verbesserung der Lebensqualität heute lebender Menschen, zum Beispiel den Gesundheitsausgaben in wohlhabenden Ländern (Lewis 2018). Siehe auch Wiblin und Harris (2021, 5. Oktober).

Personenregister

Sachregister